Voegelin · Ordnung und Geschichte V

D1943302

PERIAGOGE

– Texte –

Herausgegeben von

Peter J. Opitz

in Verbindung mit dem

Eric-Voegelin-Archiv an der
Ludwig-Maximilians-Universität München

2003

Eric Voegelin
Ordnung und Geschichte
Herausgegeben von
Peter J. Opitz und Dietmar Herz

I. *Die kosmologischen Reiche des Alten Orients – Mesopotamien und Ägypten*
Hrsg. von Jan Assmann

II. *Israel und die Offenbarung: Die Geburt der Geschichte*
Hrsg. von Jörg Jeremias und Friedhelm Hartenstein

III. *Israel und die Offenbarung: Moses und die Propheten*
Hrsg. von Jörg Jeremias und Friedhelm Hartenstein

IV. *Die Welt der Polis: Gesellschaft, Mythos und Geschichte*
Hrsg. von Jürgen Gebhardt

V. *Die Welt der Polis: Vom Mythos zur Philosophie*
Hrsg. von Jürgen Gebhardt

VI. *Platon*
Hrsg. von Dietmar Herz

VII. *Aristoteles*
Hrsg. von Peter J. Opitz

VIII. *Das Ökumenische Zeitalter: Die Legitimität der Antike*
Hrsg. von Thomas Hollweck

IX. *Das Ökumenische Zeitalter: Weltherrschaft und Philosophie*
Hrsg. von Manfred Henningsen

X. *Auf der Suche nach Ordnung*
Hrsg. von Paul Caringella und Gilbert Weiss

Eric Voegelin

Ordnung und Geschichte

Herausgegeben von Peter J. Opitz und Dietmar Herz

Band V

Die Welt der Polis

Vom Mythos zur Philosophie

Herausgegeben
von Jürgen Gebhardt

Aus dem Englischen
von Dora Fischer-Barnicol und Gabriele von Sivers-Sattler

Wilhelm Fink Verlag

Titel der amerikanischen Originalausgabe:
Order and History, Volume II:
The World of the Polis, S. 165-373
© University of Missouri Press

Bibliografische Information Der Deutschen Bibliothek

Die Deutsche Bibliothek verzeichnet diese Publikation in der Deutschen Nationalbibliografie; detaillierte bibliografische Daten sind im Internet über http://dnb.ddb.de abrufbar.

Alle Rechte, auch die des auszugsweisen Nachdrucks, der fotomechanischen Wiedergabe und der Übersetzung, vorbehalten. Dies betrifft auch die Vervielfältigung und Übertragung einzelner Textabschnitte, Zeichnungen oder Bilder durch alle Verfahren wie Speicherung und Übertragung auf Papier, Transparente, Filme, Bänder, Platten und andere Medien, soweit es nicht §§ 53 und 54 URG ausdrücklich gestatten.

ISBN 3-7705-3841-2
© 2003 Wilhelm Fink Verlag, München
Gesamtherstellung: Ferdinand Schöningh GmbH, Paderborn

Coniugi Dilectissimae

In consideratione creaturarum non est vana et peritura curiositas exercenda; sed gradus ad immortalia et semper manentia faciendus.

Augustinus, *De Vera Religione*

Inhaltsverzeichnis

Die Welt der Polis

Erster Teilband:
Gesellschaft, Mythos und Geschichte
(in: *Ordnung und Geschichte,* Band IV)

Zweiter Teilband:
Vom Mythos zur Philosophie

ANALYTISCHES INHALTSVERZEICHNIS

TEIL II: *VOM MYTHOS ZUR PHILOSOPHIE*

Kapitel 6

Der Bruch mit dem Mythos

§ 1. Das Auftauchen der Philosophie

Unser Bild von der griechischen Geistesgeschichte ist immer noch stark beeinflußt von den historiographischen Konventionen der hellenistischen Periode. Die Entstehung von Philosophenschulen im 4. Jahrhundert v. Chr. veranlaßte spätere Historiker, die selber Mitglieder von Schulen waren, ihre Gründung in früheste Zeiten zu projizieren und die berühmten „Nachfolgen" zu konstruieren. Das Ergebnis dieser Konstruktion war eine lineare Entwicklung des griechischen Denkens von der „Schule" von Milet bis zu Sokrates sowie eine zwei- bzw. dreifache Verzweigung der Schulen in seiner Nachfolge.

Das Bild, das sich aus einem kritischen Studium der Geschichte ergibt, zeigt völlig andere Züge. Die hellenische Zivilisation erstreckte sich über ein großes Gebiet von Sizilien bis nach Anatolien und von den makedonischen bis zu den nordafrikanischen Außenposten. Die politische und intellektuelle Entwicklung in diesem ausgedehnten Gebiet war weder gleichförmig noch kontinuierlich; und sie wurde nicht nur von den Philosophen, sondern vor allem von den Dichtern getragen. Wir haben uns mit Trägern wie Homer und Hesiod, den Dichtern des 8. Jahrhunderts, befasst; und nebenbei haben wir die ionische Lyrik des 7. Jahrhunderts sowie die milesische Spekulation des 6. Jahrhunderts gestreift. Die milesische Spekulation fand aber keine unmittelbaren Nachfolger. Die Eroberung durch die Perser im Jahre 546 v. Chr. hatte die innere Entwicklung der anatolischen Poleis offensichtlich schwer gestört. Xenophanes aus Kolophon (ca. 565-470) emigrierte nach Italien; im Jahre 494 wurde Milet zerstört. Im 6. Jahrhundert dann breitete sich in Griechenland die orphische Bewegung mit ihrem Mysterium der Reinigung der Seele aus, während in Italien die verwandte pythagoreische Bewegung entstand; beide Bewegungen bereicherten mit ihrer Erfahrung der Seele das Werk der Philosophen an der Wende des 6. zum 5. Jahrhundert. Überall in den Werken von Xenophanes und Heraklit (ca. 535-475) war das orphische Wissen von der Seele präsent. Beide großen Philosophen sprachen mit der Autorität des Mystikers und repräsentierten die Ordnung der Seele in Opposition zur Ordnung der Polis. Mitte des 5. Jahrhunderts schließlich verlagerte sich der philosophische Schauplatz aus dem Italien des Parmenides und Zenon in das Athen des Anaxagoras und Demokrit.

Der wichtigste Punkt ist jedoch, dass es „Schulen" in irgendeinem vorstellbaren Sinn des Wortes nicht gab. Der Stil der hellenischen Zivilisation ist eindeutig durch das Fehlen temporaler und ekklesiastischer Bürokratien charakterisiert. Durch ein Wunder der Geschichte blieb das geographische Gebiet der hellenischen Zivilisation seit der Dorischen Wanderung bis zu den Perserkriegen, das heißt etwa von 1100 – 500 v. Chr., von Invasionen Fremder verschont. Während im Vorderen Orient und Fernen Osten die imperialen Zivilisationen mit ihren unvermeidlichen Bürokratien gegründet, vernichtet und wieder errichtet wurden, konnte das geopolitische Paradies rund um die Ägäis sechshundert Jahre lang „freie" Zivilisationen entwickeln – zunächst solche lokaler Sippen und Aristokratien, später dann die von Poleis, die so klein waren, daß eine bürokratische Verwaltung größeren Umfangs nicht benötigt wurde. Unter diesen einzigartigen historischen Bedingungen konnte der Übergang vom archaischen zum klassischen Hellas die Gestalt von intellektuellen Abenteuern einzelner Menschen annehmen und wurde nicht durch den Druck von Hierarchien behindert, die dazu neigen, an Traditionen festzuhalten.

Das am frühesten aufgezeichnete Abenteuer dieser Art, das homerische Epos, zeigte die freie Handhabung eines Mythenbestandes. Die mythische Form wurde in das Bild einer aristokratischen, höfischen Gesellschaft von Göttern und Menschen transformiert, in eine Welt meisterlich gezeichneter intelligibler Persönlichkeiten von jener „olympischen" Klarheit, die sich der radikalen Eliminierung chtonischer Schrecken verdankt. Hier wurde die ionische Komponente der griechischen Religiosität geboren und geformt, die in eigentümlicher Weise frei von Schrecken und frei vom *tremendum* vor einem „furchtbaren Gott" ist. Der Mensch stand nicht mit einem Schauder angesichts seiner eigenen Nichtigkeit den Unsterblichen gegenüber, sondern mit einem Gefühl der Erbärmlichkeit als „Eintagsgeschöpf" angesichts des Glanzes solchermaßen gesteigerten Lebens, oder mit dem homerischen Staunen, das allmählich in Bewunderung übergeht, wenn Achilleus sich umwendet und Athene hinter sich stehen sieht, die ihm mit einem höflichen „deinen Zorn zu besänftigen kam ich, ob du wohl hörtest"* zur Zurückhaltung rät. Aus der respektvollen Intimität solchen Staunens (*thambos*) erwächst die staunende Bewunderung, das ionische *thaumazein*, vor dem Schauspiel des Kosmos, in dem noch Aristoteles den Ursprung des philosophischen Fragens sieht.

Das nächste Abenteuer, das Hesiods, ließ urtümliche chtonische Gottheiten in das Material der Spekulation einströmen. Dieser Zustrom war charakteristisch für das griechische Festland, wo die Kontinuität des Mythos weniger unterbrochen war als in den ionischen Flüchtlingsstädten, die von den Gottheiten ihrer Flüsse und Berge und ihrer angestammten Erde getrennt waren. Wiewohl Hesiod also über eine breitere mythische Grundlage verfügte als Homer, war sein Werk doch das erste, das sowohl das Erwachen wie die Auswirkungen der Spekulation dokumentiert. Die Materialien des Mythos des Volkes wurden in unglaublich freier und unbekümmerter Weise den Anforderungen des spekulativen Suchens nach den Ursprüngen des Seins und der Ordnung unterworfen. Überdies mußte im dynamischen Zentrum des mythopoetischen und spekulativen Bemühens nicht, wie im Falle Homers, über die Persönlichkeit eines großen Dichters und Denkers gemutmaßt werden; der Urheber des Werkes präsentierte sich persönlich und war sich voll bewußt, was er tat, als er das Prinzip seiner neuen Aletheia der Unwahrheit älterer Pseudo-Inspirationen entgegensetzte. In dem Maße, in dem sich die Dike des Zeus als Siegerin über die kosmischen und tellurischen Götter zeigte, zeigte sich auch das Selbstbewusstsein des Denkers als Träger einer neuen Wahrheit in Geschichte. Mit Hesiod wurde die Persönlichkeit des Menschen, der Grundwahrheiten der Ordnung unterscheiden und Symbole zu ihrem Ausdruck schaffen kann, ein neues Element in der Struktur der Realität.

Dieser Stil des intellektuellen Abenteuers war auch charakteristisch für das Philosophieren der großen Milesier Thales, Anaximander und Anaximenes, als sie bei ihrer Suche nach den Ursprüngen die göttlichen Gestalten des Mythos durch Symbole ersetzten, die von Objekten und Substanzen aus der Welt der Sinneswahrnehmung abgeleitet waren. Leider wissen wir allzu wenig von ihren Werken, da die Eroberung durch die Perser, wie bereits erwähnt, offensichtlich die Bildung einer Tradition unterbrach. Die Erinnerung an Thales wurde durch Anekdoten am Leben gehalten; seine Werke sind so vollständig verloren gegangen, daß man nicht ganz sicher sein kann, ob er je eine Abhandlung verfaßt hat. Anaximander und Anaximenes waren völlig vergessen. Ihre Namen tauchten wieder auf, als Aristoteles und seine Schule sich auf die Suche nach Vorgängern machten; praktisch alles, was wir über ihr Werk wissen, stammt aus Exzerpten eines Manuskripts, das Aristoteles und Theophrastos zur Verfügung gestanden haben muß. Das soll aber nicht heißen, daß das Werk der Milesier wirkungslos geblieben wäre. Denn die Eliminierung der mythischen Figuren aus der eigentlichen Spekulation war vollzogen. Weder Xenophanes' Angriff auf den Mythos noch Heraklits Analyse der Seele, und nicht einmal die Spekulation des Parmenides, ungeachtet der Tatsache, daß sie in einen *mythos* eingebettet ist, sind ohne den milesischen Hintergrund gut vorstellbar.

Eine „Schule" im Sinne einer Generationenfolge von Denkern, die sich auf eine vom „Gründer" bereitgestellte gemeinsame Substanz beziehen, ist nur möglich, wenn die Substanz in geistiger und intellektueller Hinsicht gehaltvoll genug ist, um ein wirksames Zentrum zur Organisation der Seelen der Menschen in Konkurrenz zu dem gemeinsamen Traditionsbestand zu werden, oder wenn sie eine spezifische, intensive Variante innerhalb der Tradition ist. Vor der Gründung der Akademie unter dem Eindruck von Sokrates auf Platon können nur zwei Männer mit entsprechenden Qualifikationen als Gründer von „Schulen" angesehen werden, nämlich Pythagoras und Parmenides.

Die pythagoreische Vereinigung war eine religiöse Gemeinschaft mit einer bestimmten „Lebensweise"; sie beruhte auf Lehren vom Schicksal der Seele und folgte einer Disziplin, die erforderlich war, um die Reinigung und das Unsterblichwerden der Seele sicherzustellen. Der Fall des Pythagoreismus als einer Schule muß jedoch aufgrund des politischen Charakters der Gemeinschaft näher bestimmt werden. Soweit die unzulänglichen Quellen ein Urteil erlauben, waren die Pythagoreer eine politische Organisation oder ein Club vom Typ der *hetaireia,* die zu unterschiedlichen Zwecken wie Krieg, Plünderung und friedlichen Gelagen in der Zeit vor der Polis aus dem freien Zusammenschluß von Adligen hervorgegangen waren und zu kleinen aristokratischen Clubs in der demokratischen Polis des 5. Jahrhunderts wurden. Die Pythagoreer unterschieden sich von den gewöhnlichen *hetaireia* durch die beträchtliche Größe ihrer Vereinigung sowie durch die interne hierarchische Gliederung in Initiierte und Novizen. Es spricht vieles für die Auffassung, der Pythagoreismus sei, soziologisch gesehen, eine aristokratische (oder oligarchische) Richtung der Bewegung der Mysterienreligionen gewesen, die auf der Seite des Volkes in orphischen Kultgemeinschaften zum Ausdruck kam.[1]

---

1 Zu den politischen Aspekten des Pythagoreismus vgl. Kurt von Fritz, *Pythagorean Politics in Southern Italy,* New York, 1940, und Edwin. L. Minar, Jr., *Early Pythagorean Politics,* Baltimore, 1942.

Andererseits gab es im Falle von Parmenides überhaupt keine Anzeichen einer formalen Organisation. Der Effekt einer „Schule" ergab sich aus der Natur seines Lehrgedichts, das in der Geschichte der Philosophie zum ersten Mal ein kohärentes, argumentatives Stück ontologischer Spekulation bereitstellte. Es war eine Fundgrube für metaphysische, epistemologische und logische Fragestellungen, die sich gut von den Nachfolgern weiter bearbeiten ließen, welche auch ohne soziale Formalitäten aufgrund der aus ihrer gemeinsamen Quelle abgeleiteten theoretischen Intentionen eine „Schule" darstellten.

Anders als die mesopotamischen Zivilisationen wuchs Hellas nicht durch imperiale Reichseinigung und die Entwicklung eines politischen Summodeismus vom selben symbolischen Typus wie der Mythos der einzelnen Stadtstaaten über das Niveau eines Stadtstaats hinaus, sondern durch die Anstrengungen einzelner Menschen, die jenseits der Ordnung der Polis die Ordnung der menschlichen Psyche entdeckten und ihre Entdeckung in der symbolischen Form artikulierten, die sie Philosophie nannten. Deshalb war Philosophie mehr als eine intellektuelle Bemühung, bei der einzelne Griechen sich hervortaten; sie war eine symbolische Form, die bestimmte Ordnungserfahrungen in Opposition zur Polis zum Ausdruck brachte. Die Spannung zwischen dem Hellas der Dichter und Philosophen und der Polis, zu der sie sich in Opposition befanden, war die eigentliche Form der hellenischen Zivilisation. Und doch hatte diese Form etwas Unbestimmtes verglichen mit den nahöstlichen Reichen, denn die persönliche Ordnung einer Seele durch Ausrichtung auf transzendente Realität konnte nicht institutionalisiert werden, sondern mußte sich darauf verlassen, daß Individuen sie eigenständig gestalteten. Und da das Unbestimmte dieser Form der Grund für den Irrtum ist, Philosophie sei eine „intellektuelle" oder „kulturelle" Aktivität, die in einem Vakuum ohne Bezug zu den Problemen der menschlichen Existenz in Gesellschaft stattfinde, ist es umso wichtiger zu betonen, dass die Wurzeln der Philosophie in der Ordnung der Polis liegen. Dieses Problem lässt sich am besten verdeutlichen, wenn man einen Vergleich darüber anstellt, wie im hellenischen und im israelitischen Fall die Hypothek der Gesellschaft die symbolische Form belastet.

Der Seinssprung führte in Israel und in Hellas zu unterschiedlichen Ergebnissen. In Israel nahm er die Form der historischen Existenz eines Volkes unter Gott an, in Hellas die Form der personalen Existenz von Individuen unter Gott. Wenn die strittige Frage in dieser Weise formuliert wird, ist offensichtlich, daß die „immerwährende Hypothek des welt-immanenten, konkreten Geschehens auf die transzendente Wahrheit, die bei dieser Gelegenheit offenbart wurde", von der wir im Falle Israels[2] zu sprechen hatten, für die hellenische Philosophie eine geringere Belastung war als für die israelitische Offenbarung. Die universale Gültigkeit transzendenter Wahrheit, die Universalität des einen Gottes für die eine Menschheit, ließ sich von der Entdeckung eines einzelnen Menschen, daß seine Seele unter den Göttern existiert, leichter ablösen als von der Offenbarung auf dem Sinai, daß ein Volk unter Gott existiert. Aber so wie Israel die Bürde Kanaans zu tragen hatte, mußte die Philosophie die Bürde der Polis tragen. Denn die Entdeckungen wurden von Individuen, nämlich von Bürgern einer Polis gemacht; und sobald die neue Ordnung der Seele von ihren Entdeckern und Urhebern kommuniziert wurde, befand sie sich unvermeidlich in Opposition zur öffentlichen Ordnung, da sie die Mitbürger stillschweigend oder explizit dazu aufforderte, ihr persönliches Verhalten, die Sitten der Gesellschaft und letzten Endes die Institutionen in Übereinstimmung mit der neuen Ordnung zu reformieren. Daher wurde die hellenische Philosophie in zunehmendem Maß zur Artikulation der wahren Ordnung der Existenz innerhalb des institutionellen Rahmens einer hellenischen Polis. Das ist nicht unbedingt der große Defekt, für den ihn die Moderne häufig hält. Denn schließlich gedieh die Philosophie innerhalb der Polis; und wahre philosophische Existenz ist vielleicht nur in einer Umgebung möglich, die der Kultur und den Institutionen der Polis ähnelt. Dies ist jedoch eine komplizierte Frage; sie wird uns ausführlich in den späteren Bänden dieser Untersuchung beschäftigen, wenn wir uns mit den Problemen einer spezifisch „christlichen" und „modernen" Philosophie zu befassen haben*; für den Augenblick mag es genügen zu sagen, daß diese Frage keineswegs beantwortet ist. Jedenfalls waren in Hellas die Institutionen der Polis ein die Erforschung der Ordnung einschränkender Faktor bis hin hin zu den großen Konstruktionen von paradigmatischen Poleis durch Platon und Aristoteles.

Die vorausgegangenen Überlegungen mögen trotz ihrer Kürze als vorläufige Orientierung genügen. Denn Philosophie als symbolische Form unterscheidet sich vom Mythos und von Geschichte durch ihr reflexives Selbstbewußtsein. Was Philosophie ist, braucht nicht durch diskursives Reden *über* Philosophie festgestellt zu werden; sie kann

---

2 *Order and History*, Bd. I., S. 164, 180.*

und muß durch das Eintreten *in* den spekulativen Prozess bestimmt werden, in dem der Denker seine Ordnungserfahrung expliziert. Der bewußte Bruch der Philosophen mit der Form des Mythos fand um 500 v. Chr. statt. Die individuellen Schritte hin zu einer differenzierten Erfahrung der Seele führten während der zwei Jahrhunderte nach Hesiod in ihrer Gesamtheit dazu, die selbstbewußte Seele als die tentative Quelle der Ordnung in Konkurrenz zum Mythos und zur aristokratischen Kultur der archaischen Polis in Erscheinung treten zu lassen. Die ionische Lyrik und die milesische Spekulation, die Revision der politischen *aretai* durch Tyrtaios und Solon, Tyrannis und Demokratisierung, die orphische Bewegung, die Pythagoreer und die öffentliche Anerkennung der dionysischen Kulte – sie alle hatten zur Erfahrung der Seele und ihrer Ordnung beigetragen, die nun zur motivierenden Kraft in den Werken von Xenophanes (etwa 565-470), Parmenides (*fl.* ca. 475) und Heraklit (ca. 535-475) wurde.

Mit Ausnahme einiger längerer Passagen aus dem Lehrgedicht des Parmenides ist das Werk der drei Mystiker-Philosophen nur in kleinen Fragmenten erhalten. Eine Rekonstruktion dahingehend, daß die einzelnen Sätze in ihrem Kontext verstanden werden könnten, ist unmöglich. Wir werden also im weiteren so verfahren, daß wir Gruppen von Fragmenten auswählen, die sich auf die grundlegenden Fragen in der Revolte gegen den Mythos beziehen und folglich die Bedeutung der neuen Ordnung erhellen. Die erste Gruppe besteht aus einigen Fragmenten von Xenophanes. Er war der erste Denker, der die Autorität von Homer und Hesiod grundsätzlich in Frage stellte, eben weil beide in ihrem Werk sowohl den Mythos wie die anthropomorphe Vorstellung von den Göttern akzeptierten.[3]*

---

3 In den folgenden Kapiteln beziehen sich alle Zitate aus Werken der vorsokratischen Denker auf *Die Fragmente der Vorsokratiker*, hrsg. von Walther Kranz, übers. von Hermann Diels (im folgenden abgekürzt Diels-Kranz, d. Übers.), 7. Aufl., Berlin, 1954, falls nicht andere Quellen angegeben werden. Eine vollständige englische Übersetzung der B-Fragmente liegt vor von Kathleen Freeman, *Ancilla to the Pre-Socratic Philosophers*, Oxford, 1948. Eine wertvolle Hilfe ist das Buch derselben Autorin, *The Pre-Socratic Philosophers*, Oxford, 1946. Die meisten Fragmente liegen in englischer Übersetzung auch vor bei John Burnet, *Early Greek Philosophy*, 4. Aufl., London, 1948. Die Fragmente des Xenophanes sind ins Englische auch von J. M. Edmonds übersetzt worden, *Elegy and Iambus* I, Loeb Classical Library. Die am häufigsten benutzten interpretierenden Arbeiten sind Werner Jaeger, *Paideia* I, 2. Aufl., New York, 1945*; Olof Gigon, *Der Ursprung der griechischen Philosophie*, Basel, 1945**; Werner Jaeger, *The Theology of the Early Greek Philosophers*, Oxford, 1947***; und Bruno Snell, *Die Entdeckung des Geistes*, 2. Aufl., Hamburg, 1948****. Immer noch grundlegend ist Eduard Zeller, *Die Philosophie der Griechen* I/1-2, 6. und 7. Aufl., Leipzig, 1920-23.

§ 2. Xenophanes' Angriff auf den Mythos

1. Die Angemessenheit der Symbole

Der Mythos hat seine panhellenische Form durch die Dichter erhalten: „Von Anfang an [*ex arches*] haben alle nach Homer gelernt..."[4] Damit mußte der Anspruch auf eine Wahrheit, die in Widerspruch zum Mythos stand, mit Notwendigkeit die Form eines Angriffs auf dessen Schöpfer annehmen. Xenophanes war der erste, der dies wagte. Und seine Attacke wurde zum paradigmatischen Ausdruck für die Spannung zwischen dem Mystiker-Philosophen und dem Dichter, die noch im 4. Jahrhundert Platons Angriff auf Homer in der *Politeia* motivierte.

Die Spannung entstand nicht aus einer banausenhaften Aversion gegen die Dichtung – obwohl Kritiker Platons selbst heute noch dieser wilden Vermutung frönen - der Grund lag vielmehr in der Autorität, die der Dichter in Hellas erlangt hatte. Homer und Hesiod hatten die primitiven und lokalen Mythen in die Zwischenform eines im gesamten hellenischen Gebiet verbreiteten spekulativen Mythos umgewandelt. Hinsichtlich des rechten Verständnisses der Ordnung menschlicher Existenz hatten sie im Bereich der hellenischen Zivilisation eine öffentliche Autorität gewonnen, die den königlichen und priesterlichen Autoritäten in den Reichen des Vorderen Orients entsprach. Xenophanes' Angriff richtete sich nicht gegen die Dichtung (die es in dieser bourgeoisen Abstraktion in Hellas nicht gab), sondern gegen die Form des Mythos als eines Hindernisses zum angemessenen Verständnis der Ordnung der Seele. Die dichterische Form selbst stellte er keineswegs in Frage, sondern akzeptierte sie als das adäquate Instrument, um seine eigene Wahrheit zum Ausdruck zu bringen. Xenophanes verwandte hauptsächlich die Form der *silloi*, kurzer satirischer Gedichte. Selbst eine Wahrheit in Opposition zum Mythos mußte noch in Verse gefaßt werden, um vor der Öffentlichkeit im Gewand der Autorität auftreten zu können; Prosa war noch kein Vehikel autoritativer Kommunikation.

Wir gliedern die einschlägigen Fragmente in drei Gruppen:

(1) Der Angriff selbst richtete sich gegen die unangemessene Darstellung der Götter. „Alles haben Homer und Hesiod den Göttern aufgeladen, was bei Menschen Schimpf und Schande ist: stehlen und ehebrechen und sich gegenseitig betrügen" (B 11).* Den Grund für

4 Diels-Kranz, Berlin, 1954, Xenophanes B 10.

diese Fehlinterpretation suchte und fand Xenophanes offensichtlich in der Naivität der frühen Dichter. „Aber die Sterblichen wähnen, die Götter würden gezeugt und sie hätten menschliche Kleidung, Sprache und Gestalt" (B 14). Die Menschen erschaffen Götter nach ihrem Bild bis hin zu rassisch unterschiedlichen Merkmalen: „Die Äthiopen behaupten, ihre Götter seien stumpfnasig und schwarz, die Thraker, blauäugig und rothaarig" (B 16). Und wenn Pferde und Rinder und Löwen Kunstwerke machen könnten wie die Menschen, „so würden die Pferde die Gestalten der Götter Pferden ähnlich und die Rinder den Rindern ähnlich malen, und jeder würde ihre Leiber nach dem Bilde seiner eigenen Gestalt machen" (B 15).

(2) Derartigen Phantasievorstellungen stellte Xenophanes seine eigene Vorstellung von Gott entgegen: „Ein Gott ist der Größte unter Göttern und Menschen und an Körper und Gedanken [*noema*]* den Sterblichen nicht gleich" (B 23). Das Göttliche ist ein Lebewesen (*zoon*), wiewohl nicht von ausgeprägter Form, denn es „ist ganz Sehen, ganz Denken, ganz Hören" (B 24). Doch ohne Mühe lenkt es alle Dinge mit dem geistigen Sinn (*phreni*) des Nous (B 25).** „Stets aber am selbigen Ort verharrt es, sich gar nicht bewegend, und es geziemt [*epiprepei*] ihm nicht hin- und herzugehen bald hierhin bald dorthin" (B 26).

(3) Was die Quelle und die Gewißheit seines Wissens angeht, erhob Xenophanes keine besonderen Ansprüche: „Wahrlich nicht von Anfang an haben die Götter den Sterblichen Wissen über alle Dinge gewährt, sondern allmählich finden sie suchend das Bessere" (B 18); und „es war und wird auch nie jemand sein, der Wissen hat über die Götter und alle Dinge, die ich erwähne. Selbst wenn es einem zufällig gelänge, etwas Geschlossenes*** auszusprechen, so wüßte er doch nicht, daß er dies täte: Schein haftet an allen Dingen" (B 34).

Wir wissen nichts über den größeren Kontext dieser Fragmente; jedes muß für sich selber stehen. Die Anordnung in drei Gruppen spiegelt nicht eine Absicht ihres Autors wider.

Der Schlüssel zum Verständnis der Fragmente liegt in dem Wort *epiprepei*, das so viel bedeutet wie „es ist angemessen". Was Homer und Hesiod über die Götter zu sagen haben, ist unangemessen; was Xenophanes seinerseits zu sagen hat, ist angeblich angemessen. Kriterien für die Angemessenheit werden jedoch nicht gegeben, und die Fragmente 18 und 34 weisen darauf hin, daß sie sich historisch herausbilden. Es gibt ein Element des Schein-Meinens (*dokos*) in den Behauptungen über Götter und andere Dinge, von denen Xenophanes spricht; und da es keine objektiven Kriterien gibt, wird die volle Wahrheit als solche nicht erkannt, selbst wenn sie erreicht wird. Xenophanes selbst könnte ähnlichen Vorwürfen ausgesetzt werden, wie er sie gegen Homer und Hesiod erhebt, wenn die Vorstellungen über das, was angemessen ist, sich wandeln sollten.

Genau dies widerfuhr Xenophanes in der nächsten Generation von Seiten Heraklits. Denn der Ephesier sagte: „Vielwisserei [*polymathie*]* lehrt nicht Verstehen [*noon*]. Sonst hätte sie's Hesiod gelehrt und Pythagoras, ferner auch Xenophanes und Hekataios" (B 40). Bei dieser Gelegenheit wurde jedoch deutlich, daß die Kriterien für Angemessenheit nicht beliebig waren, auch wenn sie sich veränderten. Denn Heraklit gab, wenn schon nicht eine Definition der Kriterien, so doch zumindest einen Hinweis auf den Bereich der Erfahrung, aus dem die Vorstellung des Angemessenen ihre Geltung erhielt; in einem der Fragmente (B 45) sagte er: „Der Seele Grenzen kannst du im Gehen nicht ausfindig machen, und ob du jegliche Straße abschrittest; so tief ist ihr *logos*." Heraklit hatte die Seele und ihre Tiefendimension entdeckt; er vermochte das „Tiefenwissen" (*bathys*) dem „Vielwissen" (*polys*) gegenüberzustellen. Die Tiefe der Seele offenbarte sich als die neue Quelle des Wissens. Wir kommen im Kapitel über Heraklit auf dieses Problem zurück.

Obwohl der Gedanke des *epiprepei* noch weiterer Ausarbeitung bedurfte, war es doch Xenophanes, der ihn zum ersten Mal konzipierte. Mit seiner Opposition gegen den Mythos bei Homer und Hesiod setzte die bewußte Unterscheidung zwischen unterschiedlichen Typen symbolischer Formen ein, wie sie sich in den folgenden Jahrhunderten entfaltete und schließlich in Varros Klassifizierung der *genera theologiae* als mythische, zivile und physische Theologie kulminierte. Über Varros *De rebus divinis* und Ciceros *De natura Deorum* fand sie Eingang in die christliche Literatur und wird bei Augustinus zur Unterscheidung zwischen einer *theologia naturalis* (der früheren physischen oder philosophischen) und einer *theologia civilis* (Augustinus tendierte dazu, ihr auch die dichterische oder mythische Theologie unterzuordnen); diesen beiden letztgenannten Kategorien wurde dann die christliche *theologia supranaturalis* gegenübergestellt.[5]** Die Klassifizierung symbolischer Formen hat also eine lange Geschichte, die mit Xenophanes beginnt.

Epochemachend in dieser Geschichte war Platons Abhandlung des Problems in der *Politeia*, Buch II, da hier der Terminus *Theologie* ge-

---

5 Jaeger, *Theologie*, S. 1 ff. und S. 50 ff.

schaffen wurde. Bei der Diskussion um die Erziehung der Kinder, die zu Wächtern in seiner Politeia heranwachsen, stellte Platon die Frage, welche Art Geschichten der Jugend erzählt werden sollten, um ihren Seelen die richtigen Charakterzüge einzuprägen. Wieder wurden die Fabeln Homers und Hesiods als dazu ungeeignet angegriffen, und diesmal wurde die Ungeeignetheit ausdrücklich durch den Ausdruck „Lüge" (*pseudos)* charakterisiert (377 d-e). Der Terminus *pseudos* setzte das Verfahren Hesiods (*Theogonie* 27)* fort, die älteren Mythen als Falschheit (*pseudea*) zu bezeichnen. Als Beispiele für Lügen nannte Platon Fälle unmoralischen Verhaltens, Verletzungen der kindlichen Pietät, Kriege unter den Göttern, Gigantomachie und Titanomachie. Derartige Lügen sollten bei der Erziehung der Jugend durch Geschichten mit passenderen Vorbildern ersetzt werden. Und bei dieser Gelegenheit führte Platon als *terminus technicus* für solche Vorbilder den Ausdruck „Typen der Theologie" (*typoi peri theologias)* ein (379 a). Im Rest von Buch II ging es dann um eine Exposition der wahren „Typen".

Platons Exposition gipfelte in dem Gedanken der „wahren Lüge" (*alethos pseudos)*, der Lüge im Herzen der Seele, wo wir um die wahre Natur der Götter wissen. Eine falsche Auffassung von den Göttern ist keine gewöhnliche Lüge, für die mildernde Umstände geltend gemacht werden könnten. Sie ist die allergrößte Lüge, die in einer „Unwissenheit in der Seele" (*en te psyche agnoia)* besteht (382 a-b). Die Unwissenheit der Seele ist die Quelle der mythopoetischen Erfindungen. Den *phantasmata* oder *plasmata* des Mythos stellte Platon die Wahrheit der Idee gegenüber. Insofern es bei seinen eigenen „Typen der Theologie" um das Gute, um Unwandelbarkeit und Wahrhaftigkeit ging, gab Platon in diesem Abschnitt der *Politeia* die expliziteste Selbstinterpretation der Philosophie als der neuen Theologie in Opposition zu den Typen des älteren Mythos.

2. *Anthropomorphismus*

Die bewußte Differenzierung der neuen Theologie vom Mythos beginnt mit Xenophanes' *epiprepei*. Ehe wir jedoch die angemessenen und unangemessenen Merkmale selbst untersuchen können, müssen wir ein anderes Problem ausräumen, das die Philosophie der symbolischen Formen seit Xenophanes umgetrieben hat.

Xenophanes schilt die Dichter nicht einfach deswegen, weil sie den Göttern schändliche Handlungen zuschreiben, er entwickelt auch eine Theorie hinsichtlich der Motive derartig unangemessener Zuschreibungen sowie eine Theorie bezüglich des in ihnen enthaltenen Irrtums. Die Götter, so meint er, werden mit unangemessenen Attributen ausgestattet, weil der Mensch die Götter nach seinem Bild schafft. Dies ist der Irrtum, den moderne Soziologen „Anthropomorphismus" nennen. Laut Comte bewegt sich die Geschichte des Denkens von der anthropomorphen Theologie über die Metaphysik zur positiven Wissenschaft. Xenophanes ist die Formulierung der Theorie zu verdanken, der Mythos sei eine anthropomorphe Darstellung der Gottheit, die mit fortschreitender Einsicht durch angemessenere Symbole ersetzt werden müsse. Da diese Theorie weitreichende Konsequenzen gehabt hat, müssen wir kurz die Natur dieses Problems untersuchen.

Die Charakterisierung der mythischen Symbolisierung als anthropomorph ist ein theoretischer Fehler. Zunächst bedürfte die Theorie gewisser elementarer Korrekturen, um überhaupt diskutabel zu sein. Im griechischen Mythos wurden die Götter offensichtlich nie wirklich als menschliche Wesen dargestellt. Die Götter unterschieden sich von den Menschen durch ihre Unsterblichkeit; physiologisch unterschieden sie sich dadurch, daß sie besondere Nahrung zu sich nahmen; und sie waren mit einer Vielzahl nichtmenschlicher Eigenschaften wie höherem Wissen und überlegener Kraft ausgestattet, mit der Fähigkeit, unsichtbar zu sein und ihre Erscheinungsform zu ändern und so weiter. Ohne diese näheren Bestimmungen von einer anthropomorphen Darstellung der Götter zu sprechen, ist ebenso unangebracht wie festzustellen, die Engel in einem Renaissance-Gemälde seien „realistisch" dargestellt, denn damit würde die Kleinigkeit übersehen, daß die Darstellung menschlich geformter Geschöpfe, die auf Wolken dahingleiten, in sich unrealistisch ist. Sobald jedoch derartige Korrekturen gemacht werden und die Bedeutung des Begriffs Anthropomorphismus korrekterweise auf die Darstellung von Göttern als Wesen beschränkt wird, die gelegentlich menschliche Gestalt annehmen und wie Menschen sprechen und handeln, werden wir des fundamentalen theoretischen Problems gewahr, daß eine solche partielle Übertragung menschlicher Eigenschaften (die die wesenhafte Göttlichkeit der Götter nicht beeinträchtigt) womöglich etwas mit der Vorstellung des Menschen von sich selbst zu tun hat. Ist es nicht wahrscheinlich, so könnten wir fragen, daß menschliche Eigenschaften nur so lange auf Götter übertragen werden, wie die Bereiche des Göttlichen und Menschlichen nicht ganz deutlich von einander geschieden sind? Daß „Anthropomorphismus" nur so lange möglich ist, wie die Vorstellung vom Menschen nicht allzu deutlich differenziert ist? Daß „Anthropomorphismus" nur dann auftritt, wenn er überhaupt nicht auftreten kann, weil eine Vorstellung vom Menschen, die sich auf die Götter übertragen ließe, sich noch gar nicht entwickelt hat? Und daß er die Tendenz hat, genau dann zu verschwinden, wenn sich endlich eine übertragbare Vorstellung vom Menschen gebildet hat?

Als historisches Faktum zeigt sich das Problem des Anthropomorphismus, wie im Fall von Xenophanes, sobald die Psyche und ihr Selbstbewußtsein in Erscheinung treten. Dies ist der Anlaß, bei dem Denker entdecken, daß mit der Darstellung der Götter etwas nicht stimmt, selbst wenn sie nicht wissen, was genau daran „unangemessen" ist. Gewiß, zum Teil liegt das Unangemessene darin, dass die Götter mit menschlicher Gestalt, Stimme und Kleidung ausgestattet werden; schwerer wiegt aber die Zuschreibung eines Verhaltens, das unter Menschen als „schändlich und verwerflich" gilt. Mit einer neuen, differenzierten Sensibilität erkennt der Mensch, daß unschicklich unter Göttern ist, was unschicklich unter Menschen ist. Mit der Entdeckung der Psyche und ihrer Ordnung als spezifisch menschlichem Charakteristikum müssen die Götter den neuen Maßstäben der Menschen entsprechen. Dies ist selbst für Hesiod das Problem, auch wenn es in seinem Werk noch nicht auf die Ebene kritischer Diskussion durchbricht. Schließlich erzählt die Geschichte der *Theogonie* ja, wie die „unangemessenen" Götter durch die Titanomachie eliminiert werden und die angemessenere Ordnung des Zeus und seiner Dike auf den Plan tritt. Xenophanes setzt gerade durch seinen Angriff auf Hesiod die Reinigung des Mythos fort, die der Dichter vor ihm begonnen hatte. Daher können wir sagen, daß die anthropomorphe Darstellung von Göttern dann als peinlich erfahren wird, wenn die Götter *nicht* so handeln wie ein differenzierterer, sensiblerer Mensch handeln würde. Anthropomorphismus erscheint im Rückblick als eine Symbolisierung von Göttern, die einer vergangenen Phase im Selbstverständnis des Menschen entspricht. Das Problem taucht nicht innerhalb einer gegebenen Phase des Selbstverständnisses auf, weil in jeder Gegenwart die Symbolisierung der Götter mit dem Grad der Differenzierung, die der Mensch erreicht hat, übereinstimmt. Während er Hesiod wegen seines Anthropomorphismus kritisiert, beunruhigt Xenophanes zum Beispiel seine eigene Symbolisierung Gottes als eines Wesens, das hört, sieht und denkt und stets am selben Ort weilt, nicht im geringsten. Hinter dem Terminus Anthropomorphismus, der ein szientistisches Klischee geworden ist, verbirgt sich der

Prozess der Differenzierung der Vorstellung vom Menschen einerseits und in Korrelation dazu der Symbolisierung von Transzendenz andererseits.

Offensichtlich hat dieser Prozess eine Grenze. Er erreicht seinen Höhepunkt, wenn die Differenzierung des Menschen an dem Punkt angelangt ist, an dem der Kern der Geist-Seele, die *anima animi* im Sinne von Augustinus, entdeckt wird. An diesem unaussprechlichen Punkt der Offenheit zur transzendenten Realität, in diesem Herzen der Seele, wo das Einströmen der Gnade erfahren wird, wird auch die Gottheit unaussprechlich. Der Gott des Mystikers ist namenlos, jenseits dogmatischer Symbolisierung. Auf diesem Höhepunkt des Prozesses geht das Problem des Anthropomorphismus in das neue Problem der *nomina Dei,* der analogen Prädikate für das unsagbare *ens perfectissimum*, über. Dieses Problem hat durch Thomas von Aquin den technischen Namen *analogia entis* erhalten. Insofern ist Xenophanes' Kritik des Mythos sowie sein Postulat der Angemessenheit der erste bewußte, wiewohl noch primitive Versuch, sich mit der Analogie des Seins zu befassen.[6]

Der Irrtum, einen älteren Komplex von Symbolen als eine rationale Konstruktion so zu interpretieren, als ob ihr ein späterer Differenzierungsgrad von Erfahrungen zugrunde läge, wie wir ihn zum ersten Mal bei Xenophanes finden, ist bis zum heutigen Tag ein Muster für historische Fehlinterpretation geblieben. Wir müssen kurz auf eine moderne Variante dieses Irrtums, den Animismus bei Tylor, eingehen, weil er über Rohdes *Psyche* zu einer Quelle des Missverständnisses bezüglich der hellenischen Geschichte der Ordnung geworden ist.[7]

Tylor hat Xenophanes' Trugschluß zu einem historiographischen Prinzip entwickelt. „Was die religiösen Lehren und Gebräuche betrifft, so sind sie als Bestandtheile theologischer Systeme zu behandeln, welche durch menschliche Vernunft ohne übernatürliche Hülfe oder Offenbarung erfunden worden sind, mit anderen Worten als Entwicklungsprodukte der natürlichen Religion."[8] Die lobenswerte Entschlossenheit, Symbole ohne Rücksicht auf eine transzendente In-

6 Zum Auftreten des Problems der *analogia entis* innerhalb der kompakten Form des kosmologischen Mythos vgl. *Order and History*, Bd. I, S. 87.*

7 Sir Edward B.Tylor, *Primitive Culture* (1871) die Zitate sind der 3. Aufl., New York, 1889, entnommen.* Erwin Rohde, *Psyche. Seelenkult und Unsterblichkeitsglaube der Griechen*, Freiburg, 1891-94.

8 Tylor, *Die Anfänge der Cultur*, Bd. I, S. 421.*

spirationsquelle als historische Phänomene zu behandeln, wurde (über eine komplizierte Kette von Missverständnissen, die wir hier nicht auflösen können) durch die Annahme zum Entgleisen gebracht, die Symbolisierung von Transzendenz sei ein „durch menschliche Vernunft erfundenes System". Folgerichtig schuf Tylor die Gestalt des „wilden Philosophen alter Zeit"[9], der die erstaunlichsten logischen Großtaten vollbrachte, die in der Lehre von „geistigen Wesen" gipfelten. „Ich beabsichtige hier unter dem Namen Animismus die tiefeingewurzelte Lehre von geistigen Wesen zu untersuchen, welche die Grundidee des Spiritualismus gegenüber der materialistischen Philosophie darstellt."[10]

Es ist heute kaum nötig, weiter auf den Anachronismus einzugehen, derartige Begriffe in primitive Kulturen hineinzuprojizieren. Wir wollen lediglich erwähnen, daß der „wilde Philosoph" über den „Unterschied zwischen einem lebenden Körper und einem todten"[11] spekulierte, während selbst bei Homer die Idee eines lebendigen Körpers noch nicht existiert; oder, daß „eine persönliche Seele oder ein persönlicher Geist" „das persönliche Bewußtsein und den Willen seines körperlichen früheren oder jetzigen Besitzers"[12] besitze, während wiederum die homerischen Figuren keine persönliche Seele oder ein persönliches Bewußtsein haben und während selbst bei Platon die Bedeutung des Willens (die griechische Sprache hat übrigens kein Wort dafür) noch so wenig entwickelt ist, daß die Probleme der Ethik nur anläßlich konkreter Entscheidungen (*proairesis*) bewußt werden können.[13]

---

9 A..a.O., S. 422.

10 A..a.O., S. 419.

11 A..a.O., S. 422.

12 A..a.O., S. 429.

13 Die Kritik soll nicht die Verdienste schmälern, die Tylors Theorie zu seiner Zeit hatte. Als Religionstheorie stellte Tylors Animismus eine deutliche Verbesserung gegenüber den plumpen Annahmen dar, die von Völkerkundlern Mitte des 19. Jahrhunderts vertreten wurden. Sie ist vor dem Hintergrund von Anschauungen zu sehen wie sie nach J. D. Lang die Aborigines Australiens hätten: „Nichts, was irgend wie den Charakter der Religion oder religiöser Gebräuche hätte, wodurch sie sich von den Thieren unterschieden" (Tylor, a.a.O., S. 412). Die unserer Kritik zugrunde liegenden Prinzipien unterscheiden sich nicht wesentlich von denen bei Cassirer in: *Philosophie der Symbolischen Formen*, Bd. II: *Das Mythische Denken*, Berlin, 1925, S. 191 ff. Die neukantianische Terminologie und die eigentümliche Vagheit von Cassirers philosophischem Stil nehmen seiner Argumentation leider viel von ihrer Effektivität, die sie ihrem Gehalt nach besitzt. Umso mehr möchte ich betonen, dass Cassirers Arbeit immer noch der ernsthafteste Versuch ist, sich prinzipiell mit dem Problem des Mythos auseinanderzusetzen.

3. Die Universalität des Göttlichen

Die Kritik an der anthropomorphen Darstellung erscheint unter einem neuen Aspekt, wenn man die Alternative zum homerischen und hesiodischen Mythos bei Xenophanes betrachtet. Solange die Menschen Götter nach ihrem Bilde auf dem verhältnismäßig undifferenzierten Niveau schaffen, das Xenophanes beschrieb und kritisierte, wird es so viele verschiedene Götter geben wie es Menschen gibt, die in solchen Schöpfungen schwelgen. Erst wenn diese primitive Symbolisierung aufgegeben wird, ist es möglich, den „einen Gott, der am größten ist" als einen allen Menschen gemeinsamen Gott und dementsprechend das für alle Menschen identische Humanum anzuerkennen. Hinter der Kritik des Anthropomorphismus taucht als motivierende Kraft die Erfahrung der göttlichen und menschlichen Universalität auf. Primitive Symbolisierungen partikularisieren das Göttliche zusammen mit dem Menschlichen und engen es ein; ein für alle Menschen universaler Gott bedarf eines anderen „Typus" der Symbolisierung. Wenn wir von Gott in Analogien sprechen, und wir können nicht anders, sind nicht alle Analogien in gleichem Maße der Universalität seiner Natur und der Universalität der menschlichen Natur angemessen. Die Sorge um das Angemessene erweist sich also als Sorge um die adäquate Darstellung eines universalen Gottes. Indem er diesem Problem nachging, stellte Xenophanes sich gegen Homer und Hesiod, wobei er aber tatsächlich ihr Werk fortsetzte; denn die homerische und hesiodische Schöpfung ersetzte die lokalen Mythen durch einen panhellenischen Mythos, während Xenophanes den nächsten Schritt in Richtung auf die Schaffung einer universalen Gottheit tat.

Ich habe den Universalismus in der Theologie des Xenophanes stärker hervorgehoben als dies gewöhnlich geschieht, weil er ein unabhängiger Faktor in dem neuen Typus der Symbolisierung zu sein scheint, von gleichem Rang wie die Ein-heit der Gottheit. Dieser Punkt ist aus zwei Gründen von Bedeutung.

Erstens hat Xenophanes selbst keinen besonderen Terminus, mit dem er die Universalität seiner Gottheit ausdrückt; das Problem erfährt bereits im Werk seines jüngeren Zeitgenossen Heraklit eine terminologische Differenzierung. In Heraklits Spekulation über die gesellschaftliche Ordnung wird der Faktor in dem Göttlich-Einen, der Gemeinschaft unter den Menschen konstituiert, terminologisch als *xynon*, als das, was „gemeinsam" ist, gekennzeichnet. Dieser Faktor tritt bei Xenophanes noch nicht so deutlich hervor, allerdings spricht dieser Umstand für die Kontinuität des Problems.

Wenn wir zweitens die Universalität als unabhängiges Motiv im Denken von Xenophanes erkennen, hilft uns das ein Problem zu verstehen, das verwirrend bleiben muß, solange wir unsere Aufmerksamkeit ausschließlich auf die Einheit von Xenophanes' Gott konzentrieren. Die Evokation des Einen Gottes*, der der größte unter den Göttern und Menschen ist (B 23), ist ein bedeutendes Ereignis in der religiösen Geschichte der Menschheit, und hat als solches unter Gelehrten eine Debatte hinsichtlich der Frage in Gang gesetzt, ob Xenophanes ein monotheistischer Denker gewesen sei. Einige neigen dazu, die Frage zu bejahen. Andere weisen auf die Tatsache hin, daß Xenophanes mehr als einmal von Göttern im Plural spricht und deswegen doch als Polytheist zu gelten habe. Und wieder andere verweisen auf Fragmente wie „Und was sie Iris nennen, auch das ist seiner Natur nach nur eine Wolke, purpurn und hellrot und gelbgrün zu schauen" (B 32)**, und optieren für Pantheismus. Die Debatte über diese Frage ist unseres Erachtens unangebracht, weil sie die Symbolisierung der Gottheit als eine Sache theoretischer Systeme mißversteht. Sie beruht auf der Annahme, daß „Religion" in der Anhängerschaft an ein „System" aus Aussagen bezüglich der Existenz und der Natur Gottes bestehe. Mehr noch, sie nimmt an, ein Denker sei verpflichtet, sich für das eine oder das andere der einander ausschließenden Systeme zu entscheiden – denn offensichtlich könne man, wenn man die Existenz vieler Götter annehme, logischerweise nicht zugleich die Existenz nur eines Gottes annehmen; und wenn man die Existenz eines einzigen persönlichen, transzendenten Gottes annehme, könne man nicht gleichzeitig eine einzige unpersönliche, weltimmanente Gottheit annehmen.*** Im Gegensatz zu dieser rationalistischen Haltung möchte ich an einen Ausspruch Goethes erinnern: „Wir sind naturforschend Pantheisten, dichtend Polytheisten, sittlich Monotheisten."****

Jahrhunderte rationaler theologischer und säkularisierter Spekulation haben unser Bewußtsein für die vorspekulative Komplexität der Erfahrungen verkümmern lassen, in denen Transzendenz vom Menschen wahrgenommen wird. Das Göttliche kann als universal (oder als gemeinsam im Sinne Heraklits) erfahren werden, ohne notwendig als das Eine erfahren zu werden; Xenophanes konnte den Einen Gott als universalen Gott evozieren, ohne dem Attribut der Einheit eine systematische Bedeutung beizulegen. Er war ein religiöses Genie, das die Teilhabe an einem namenlosen Realissimum als das Wesen seiner Humanität entdeckte. Mehr noch, er verstand das Wesentliche seiner Entdeckung zumindest so weit, daß er sie in dem Symbol eines

„größten Gottes" für alle Menschen auszudrücken vermochte – was implizierte, daß das Realissimum mit der erfahrenen Transzendenz der Existenz, die allen Menschen gemeinsam ist, korrelierte. Es war die Universalität des Realissimum, die alle idiosynkratischen Darstellungen von Einzelgöttern „unangemessen" erscheinen ließ. Nichtsdestoweniger waren die unangemessen dargestellten Götter immer noch die Götter; die Unangemessenheit betraf ihre Darstellung, nicht ihre Göttlichkeit. Xenophanes konnte den Thales zugeschriebenen Spruch: „Die Welt ist voll von Göttern" für sich selbst durchaus akzeptieren. Die von ihm entdeckte Universalität von Transzendenz schaffte die alten Götter nicht ab; sie vertiefte lediglich deren Verständnis.

Wir gewinnen einen Eindruck von der Praxis dieser neuen Religiosität in der wunderbaren Elegie vom Gastmahl, die mit den Worten beginnt:

„Denn nun ist ja der Fußboden rein und aller Hände und Becher. ..."

Wenn die Vorbereitungen für das Gastmahl getroffen sind und der Altar mit Blumen geschmückt ist, „ziemt's zuerst wohlgesinnten Männern dem Gott lobzusingen mit Göttergeschichten, die heilig rein sind und mit reinen Worten". Und wenn das Gastmahl seinen Lauf nimmt und die Zeit gekommen ist, daß die Männer ihr Mythengedächtnis unter Beweis stellen, sollen sie nicht erzählen von „Kämpfen der Titanen oder der Giganten oder auch der Kentauren – phantastische Dinge [*plasmata*] der Vorzeit – oder von heftigem Bürgerzwist, denn darin ist nichts Wertvolles; aber der Götter allzeit fürsorglich zu gedenken [*prometheia*], das ist gut" (B 1).[14]*

4. Die Göttlichkeit des Einen

Wir haben eine der Erfahrungskomponenten isoliert, die in das Symbol des „größten Gottes" eingegangen ist. Aber es kommt darin mehr zum Ausdruck als die bloße Transzendenzerfahrung. Denn der neue Gott ist ungeboren, er ist nicht geworden wie die Götter Hesiods (B 14), er verharrt stets an derselben Stelle und „geht nicht bald hierhin bald dorthin" (B 26), und aus seiner Unbewegtheit lenkt er alle Din-

14 Vgl. Platon, *Politeia* 378 b-c. Die Formulierung des Xenophanes ist ein „Typus" der neuen Theologie geworden.

ge durch den geistigen Sinn des Nous (*noou phreni*) (B 25).* Kurz, er zeigt bereits eine bemerkenswerte Ähnlichkeit mit dem aristotelischen ersten Beweger. Auch wenn die Debatte über einen Monotheismus bei Xenophanes auf irrigen Annahmen beruht, ist ihr Motiv sicher ein reales Problem.

Glücklicherweise geben uns einige Beobachtungen von Aristoteles Auskunft über die Natur des Problems. In *Metaphysik* I gibt Aristoteles einen Überblick über die Varianten der monistischen Philosophie. Parmenides verstand das Eine „nach dem Logos"; Melissos verstand es „nach dem Stoff" (*hyle*); Xenophanes jedoch traf keinerlei klare Feststellung und schien die Natur keiner dieser Ursachen erfaßt zu haben. Nichtsdestoweniger war Xenophanes der erste der Denker über das Eine (*henizontes*), denn „indem er zum ganzen Himmel" (*ten holon ouranon*) aufblickte, sagte er: ‚Das Eine ist der Gott.'"[15] Laut Aristoteles ist Xenophanes also der erste aus einer Gruppe monistischer Denker. Anders als die späteren Eleaten hat er die Spekulation noch nicht so weit vorgetrieben, daß er das Eine entweder als Logos oder als Hyle interpretiert. Sein Genie ist von einer eigentümlichen geistigen Direktheit, die in dem Blick zum Himmel spürbar wird, dem die Versicherung folgt, daß das Eine Gott ist. Der wichtigste Teil dieses Berichts ist für uns die Formulierung dieser Versicherung. Gott ist vielleicht nicht einer, aber das Eine ist der Gott. Die Erfahrung betrifft das Eine, und von diesem Einen wird ausgesagt, daß es göttlich ist.

Daß das Eine mit dem Attribut der Göttlichkeit versehen wird, legt nahe, daß die milesische Spekulation über die Natur (*physis*) Xenophanes' Denken beeinflußt hat; genauer noch, man kann den Einfluß bestimmter Gedanken Anaximanders spüren. Die Milesier hatten das Problem des Ursprungs seines mythischen Gewandes entkleidet, das es in Hesiods *Theogonie* noch umgab. Hesiod hatte sorgfältig unterschieden zwischen seiner archaischen Dreiheit (Chaos, Gaea, Eros) und den Generationen der Götter; aber selbst seine Urgottheiten waren noch „geworden", weil dies der „Typus" für die Götter des Mythos war. In der milesischen Spekulation über das Werden (*physis*) wurde das Medium des Mythos aufgegeben, und als Folge davon konnte eines der Dinge oder eine der Substanzen der Sinneserfahrung als das Etwas postuliert werden, aus dem die Welt der erfahrenen

15 Aristoteles, *Metaphysik* I, 986 b 18 ff. Diels-Kranz, Xenophanes A 30. Es gibt keinen Grund, die Zuverlässigkeit der Information zu bezweifeln. Vgl. Jaeger, *Theologie*, S. 55 ff.

Dinge entstand. In diesem Sinne hatte Thales das Wasser als den Ursprung der Dinge postuliert. Anaximander machte dann den entscheidenden Schritt, das hervorbringende Etwas aller Eigenschaften, die in der endlichen Erfahrung gegeben waren, zu entkleiden und ein unendliches Etwas als den Ursprung des qualitativ differenzierten Inhalts der Welt zu postulieren. Er nannte dieses Etwas das Unbegrenzte, *apeiron*.

Wieder ist es Aristoteles, der uns über die Spekulation bezüglich des Apeiron unterrichtet. „Alles ist entweder ein Anfang oder Folge eines Anfangs, von Unbegrenztem [*apeiron*] aber gibt es keinen Anfang, sonst hätte es eine Grenze [*peras*]. Insofern es ein Anfang [*arche*] ist, ist es unvergänglich. Denn was geworden ist, muß notwendig ein Ende nehmen; und ein Ende gibt es auch bei allem, was vergänglich ist. Deshalb, wie wir ja sagen, hat es [das Unbegrenzte] keinen Anfang [*arche*], sondern ist selbst der Anfang aller Dinge." Dieses Apeiron „umfaßt alles und lenkt alles, so sagen es die, welche keine anderen Ursachen neben das Apeiron stellen", wie zum Beispiel den Nous des Anaxagoras oder die Philia des Empedokles. Und dann schließt Aristoteles mit der Formulierung, die von Xenophanes inspiriert scheint: „Und dies ist das Göttliche [*to theion*], denn es ist unsterblich und unvergänglich, wie Anaximander und die meisten der alten Naturdenker [*physiologoi*] behaupten."[16]

Der Sinn dieser Passage ist klar genug, vorausgesetzt, man vermeidet modernistische Fehldeutungen. Bei den Milesiern steht *physis* der Bedeutung des Verbs *phynai* (wachsen, hervorgehen) noch nahe; *physis* kann deshalb als Synonym für *genesis* verwendet werden.[17] Da die Natur etwas ist, das gewachsen ist, kann eine Untersuchung der Natur sich entweder mit dem Prozeß oder mit dessen Resultat befassen. Und wenn die Untersuchung sich dem Prozeß zuwendet, kommt das Problem des Anfangs sowie das seiner Dialektik in den Blick. Die daraus resultierende Spekulation über *physis* wird dann eine Symbolik sein, die ein Mittelding ist zwischen der hesiodischen Theogonie und der späteren Spekulation über Zeit und Schöpfung, wie wir sie zum Beispiel bei Augustinus finden. Denn die Milesier spekulierten in der Weise Hesiods über den Ursprung, obwohl ihr Philosophieren nicht mehr durch die Form des Mythos gebunden war. Sie hatten eine der

16 Aristoteles, *Physik* III, 203 b 6 ff.; Diels-Kranz, Anaximander A 15. Es ist bezweifelt worden, daß die Passage eine korrekte Wiedergabe der Gedanken Anaximanders darstellt. Zu den Argumenten, die dafür sprechen, vgl. Jaeger, *Theologie*, Kap. III, besonders die Anmerkungen.

17 Jaeger, *Theologie*, S. 28 ff.*

großen differenzierenden Einsichten in der Geschichte der Menschheit geleistet, als sie die in der Sinneserfahrung gegebene Natur als autonomen Bereich entdeckten; und ihre Spekulation bewegte sich in diesem neuen Medium. Auch wenn die Milesier den Bereich der Natur und den Prozeß der Natur differenziert hatten, hatten selbst sie die Dialektik, als eine Logik des Prozesses, und das Unendliche noch nicht differenziert; daher konnte ihre Dialektik des Apeiron sich nicht von der spezifischen Spekulation über den Prozeß der Natur lösen. In dieser Zwischensituation entstand aufgrund der milesischen Entdeckung die Erfahrung vom Naturprozeß als eines unendlichen. Als die Offenheit des Menschen zur Natur als neuer Typus der Transzendenzrichtung in die Unbegrenztheit der Welt erfahren wurde, fand sie in Anaximanders Apeiron das passende Symbol. Die Transzendenz in die Natur bei den Milesiern hat als unabhängige Erfahrung neben der universalen Transzendenz bei Xenophanes zu gelten. Der „Physiologe" im aristotelischen Sinn ist ein eigenständiger Philosoph der Transzendenz neben dem „Theologen". Die zwei Transzendenzerfahrungen, die im 4. Jahrhundert jeweils durch Platon und Aristoteles repräsentiert werden, sind bis heute die motivierenden Kräfte für die beiden Typen des Philosophierens geblieben.

Sobald jedoch der neue Transzendenztypus entdeckt war, wurde sein Verhältnis zur Transzendenz der Götter problematisch. Der aristotelische Bericht ist im Hinblick auf diese Frage aufschlußreich. Das „Unbegrenzte", das als Anfang (*arche*) aller Dinge erfahren wurde, mußte „ungeboren und unvergänglich" sein; es war etwas, das „alles umfaßte und alles lenkte". Dies waren jedoch die Attribute der Göttlichkeit. Indem er argumentierte, dieses Etwas sei „unsterblich und unvergänglich", stattete Anaximander es mit dem Prädikat „das Göttliche" aus. Es war dies das erste Mal, daß das abstrakte *to theion* auftauchte. In Anaximanders Formulierung konvergierten die „physiologischen" und die „theologischen" Transzendenzerfahrungen in Richtung auf den Punkt, wo das Eine der Gott der „Monisten" wurde. In der immanenten Logik dieses Prozesses gibt es keinen Grund, weshalb die Vermischung der Erfahrungen eher zu einem „Monismus" als zu einem „Pantheismus" führen sollte. Im Gegenteil, die Analyse zeigt, daß eine Fixierung theologischer Systeme solange unwahrscheinlich war, wie die sie verursachenden Erfahrungen lebendig waren. Mehr noch, die Erfahrungen ließen Variationen zu, die in kein theologisches „System" passen; und das galt in besonderem Maße für die xenophaneische Variante. Denn Xenophanes' „Blick auf den ganzen Himmel", durch den er das Eine als den Gott erkannte, war weder eine Spekulation über *physis* noch die Erfahrung universaler Transzendenz, sondern eine Erfahrung *sui generis*, in der die Religiosität des späten Platon und des Philippus von Opus, ja selbst die des aristotelischen *bios theoretikos* vorgebildet ist.[18]

18 Durch die Aristoteles-Vermittlung ist dieser Komplex von Erfahrungen und Spekulationen als „Typus" des Theologisierens im westlichen Christentum beibehalten worden. Xenophanes' Formulierung „das Eine ist der Gott" ist noch in dem thomistischen *primum ens quod Deum dicimus* (*Contra gentiles* I, 14) erkennbar. Der Leser sollte unsere Textanalyse mit der *Summa contra gentiles* I, 10-14 des Thomas von Aquin vergleichen, d.h. mit dem klassischen Beispiel für die Übertragung des Komplexes vorsokratischer Erfahrungen in das christliche Medium des Theologisierens.

Kapitel 7

Die Aretai und die Polis

1. Die Sophia des Xenophanes

Xenophanes gelangte zu seinen Einsichten in Opposition zur Kultur seiner Gesellschaft. Glücklicherweise ist das Fragment einer Elegie (B 2) erhalten, in der der Dichter selbst näher auf den Konflikt und dessen Natur eingeht:

> „Aber, wenn einer mit der Schnelligkeit der Füße den Sieg gewönne oder im Fünfkampf, dort wo des Zeus heilige Flur ist am Pisasquell in Olympia, oder im Ringen oder auch weil er die Kunst des schmerzensreichen Faustkampfes besitzt oder eine gewisse schreckliche Kampfart, die sie Allkampf (*pankration*) benennen, so wäre er zwar für die Bürger glorreicher anzuschauen als zuvor, er erwürbe den weithin sichtbaren Ehrensitz bei den Kampfspielen und die Speisung auf öffentliche Kosten von der Stadt und eine Gabe, die ihm ein Kleinod wäre; und auch wenn er mit seinen Rossen den Sieg gewönne, so erhielte er alle diese Ehren; und doch wäre er nicht so würdig wie ich. Denn besser als Männer- oder Rossekraft ist doch unsere Weisheit [*sophie*]. Vielmehr ist das eine gar sinnlose Sitte, und es ist nicht recht [*dikaion*] die Stärke der heiligen Weisheit [*sophie*] vorzuziehen. Denn wenn auch ein tüchtiger Faustkämpfer unter den Bürgern wäre oder wer im Fünfkampf oder in der Ringkunst hervorragte, oder auch in der Schnelligkeit der Füße, was ja den Vorrang hat unter allen Kraftstücken, die sich im Wettkampfe der Männer zeigen, so wäre doch um dessentwillen die Polis nicht in besserer Ordnung [*eunomie*]. Nur geringen Genuß hätte die Stadt davon, wenn einer an Pisas Ufern den Wettsieg gewönne; denn das macht die Kammern der Polis nicht fett."*

Die Elegie ist ein kostbares Dokument für das Ordnungsbewußtsein des Philosophen zu einer Zeit, als seine Spekulation sich in Opposition zur Gesellschaft begibt. Mit der stolzen Erklärung seines eigenen Wertes in der ersten Person folgt Xenophanes dem Paradigma Hesiods, das inzwischen durch zwei Jahrhunderte der Persönlichkeitsentwicklung von den lyrischen Dichtern bekräftigt worden war. Zudem ist sein Selbstbewußtsein in der Autorität seiner *sophie* verwurzelt, so wie das Hesiods in der Autorität seiner spezifischen *aletheia* (Wahrheit). Die genaue Bedeutung des Terminus *sophie* läßt sich nicht durch eine einfache Übersetzung wiedergeben. Wir haben es mit „Weisheit" übersetzt, um die terminologische Kontinuität von der xenophaneischen zur platonischen *sophia* zu wahren. Andere übersetzen es mit „Kunst" oder „Fertigkeit" – aber viel ist nicht gewonnnen durch solche interpretierenden Übersetzungen, deren Bedeutung wiederum herausgearbeitet werden müßte. Die Bedeutung von *sophie* läßt sich nur aus dem Ganzen des xenophaneischen Werkes ermitteln; zusammen mit dem damit einhergehenden Korpus des Wissens, der im vorigen Kapitel in dem Abschnitt über „Xenophanes' Angriff auf den Mythos" untersucht wurde, sollte sie im weitesten Sinne als Differenzierung der Persönlichkeit verstanden werden. Mit dieser umfassenden Bedeutung von *sophie* vor Augen können wir uns dann mit der Rebellion im Namen der neuen Vortrefflichkeit (*arete*) des Menschen gegen die aristokratische, agonale Kultur der hellenischen Polis befassen, in der der Sieger in Olympia Nachfolger des homerischen Helden geworden ist.

Der Angriff auf Homer und Hesiod wird in der Elegie durch den Angriff auf den Ruhm der panhellenischen Vortrefflichkeit erweitert. Seiner theoretischen Struktur nach ähnelt der neue Angriff stark dem früheren gegen die Dichter. Die Entdeckung der *sophie* geht mit einer Einsicht bezüglich des Ranges des neu differenzierten Seelenbereichs einher; der Philosoph weiß, daß „es nicht recht ist", Stärke höher zu bewerten als Weisheit; die Formel „es ist nicht recht", die bei dieser Gelegenheit auftaucht, entspricht dem früheren „es ist nicht angemessen". Theoretisch unterliegt die neue Formel daher demselben Trugschluß wie die erste, insofern diejenigen, die die olympischen Tugenden hochhalten, diese nicht wirklich höher bewerten als die xenophaneische Weisheit, aus dem guten Grund, daß sie von letzterer gar nichts wissen. Die neue Weisheit als „Wissen um" die Dinge, von denen Xenophanes spricht, ist nur denen zugänglich, die sie existentiell als Gewahrwerden und Gewöhnung der Seele entwickelt haben. Xenophanes spricht daher mit Recht besitzergreifend von „unserer Weisheit", denn die anderen, die ihr angeblich keine gebührende Achtung erweisen, besitzen sie ja gar nicht.

Wissen und Existenz sind von einander abhängig; die Seinsordnung wird nur für diejenigen sichtbar, deren Seelen wohlgeordnet sind. Diese Wechselbeziehung, die anläßlich der Angriffe des Xenophanes zu einem akuten Problem wird, entwickelte sich zum fundamentalen Problem einer Epistemologie der politischen Wissenschaft, das heißt, zu dem Problem des doppelten Status der Erkenntnistypen als (a) kognitive Funktionen des Geistes und (b) als Vortrefflichkeiten oder Tugenden der Seele.* Bei Platon werden wir sehen, wie sich das Problem zu der Einsicht entfaltet, daß die „wahre" Wissenschaft vom Menschen in Gesellschaft nur den Philosophen zugänglich ist, die das Agathon geschaut haben. Und bei Aristoteles werden wir auf die Erkenntnistypen (Weisheit, Wissenschaft, Kunstfertigkeit, Klugheit oder Wohlberatenheit und Vernunft) als die dianoetischen Tugenden stoßen, die dem Menschen ermöglichen, den *bios theoretikos* zu führen. Bei Xenophanes taucht das Problem noch in einer rudimentären Form auf und ist eingebettet in den praktischen Akt der Rebellion einer „heiligen Weisheit" gegen einen Ruhm, der nichts zur rechten Ordnung (*eunomia*) der Polis beiträgt.

Die praktischen Aspekte der Rebellion legen ein weiteres Muster fest, das die hellenische Politik bis zu Aristoteles beherrschte. Der Irrtum, Menschen ihrer Präferenzen wegen zu schelten, während sie doch unschuldig in einer Tradition leben, ohne eine bessere Alternative zu kennen, war mehr als ein theoretisches Problem; wie so häufig bei Irrtümern dieser Art verbarg sich hinter der Fassade eines theoretischen Fehlers ein praktisches Problem. Xenophanes gab sich nicht damit zufrieden, seine Weisheit gefunden zu haben; er wollte auch öffentliche Anerkennung. Dieser Wunsch darf nicht in dem billigen Sinn unseres modernen Sprachgebrauchs verstanden werden. Xenophanes wollte keine Aufmerksamkeit für Idiosynkrasien. Er hatte neue Bereiche der Erfahrung entdeckt; und er wußte, daß die Differenzierung derartiger Erfahrungen eine Aktualisierung des gemeinsamen Wesens der Menschen darstellte. Die traditionelle Kultur der Polis hatte die neue Ebene der menschlichen Aktualisierung noch nicht erreicht; aber er spürte, daß dieser Aufstieg die Pflicht jedes einzelnen Menschen wie der Gemeinschaft als ganzer war. Die Charakterisierung der kulturellen Tradition als „Präferenz" (wiewohl eine solche Präferenz ja nicht existiert), muß daher vor dem Hintergrund des implizierten Postulats verstanden werden, daß Wissen im Hinblick auf die Menschenwesentlichkeit eine Pflicht ist und daß Unwissen in derartigen Angelegenheiten folglich eine Präferenz darstellt.

Die Entdeckung von Transzendenz, von intellektueller und geistiger Ordnung, findet zwar in der Seele individueller Menschen statt, ist aber keine Angelegenheit der „subjektiven Meinung"; sobald die Entdeckung gemacht ist, hat sie für jeden Menschen die Qualität eines autoritativen Appells, den er in seiner eigenen Seele aktualisieren muß; die Differenzierung des Menschen, die Entdeckung seiner Natur, ist eine Quelle gesellschaftlicher Autorität. Der Anspruch auf solche Autorität sowie der Appell an die Unwissenden, die Entwicklungsmöglichkeiten ihres Menschseins zu aktualisieren, ist ein permanenter Faktor in der Dynamik der Ordnung. Er ist seiner Natur nach sogar noch erkennbar in der Rechtfertigung so abscheulicher Verirrungen wie der Kolonialisierung „rückständiger" durch „fortschrittlichere" Völker. Während die objektive Autorität des Appells den Propheten oder Entdecker, von dem sie ausgeht, nicht mit einem subjektiven Recht ausstattet, seine unwissenden Mitmenschen schlecht zu behandeln, gibt es auf der anderen Seite aber kein subjektives Recht auf Unwissenheit ein. Die Einheit der Menschheit ist die Gemeinschaft des Geistes. Mit der Entfaltung der Natur des Menschen in der Geschichte sind die Menschen, welche die bislang schlummernden Entwicklungsmöglichkeiten in ihren Seelen aktualisieren, dazu verpflichtet, ihre Einsichten an ihre Mitmenschen weiterzugeben; und den anderen obliegt die Pflicht, in Offenheit für solche Kommunikation zu leben.[1]

Diese fundamentale Struktur des Fortschritts der Menschheit in Geschichte muß bei Xenophanes' Angriff auf die agonale Kultur vorausgesetzt werden. Der Angriff ist keine persönliche Angelegenheit, sondern ein typenbildendes Ereignis. Kritik an der Gesellschaft mit der Autorität des geistigen Appells bleibt von nun an ein Typus für die Artikulation politischen Denkens. Wenn wir dieses von Xenophanes geschaffenen Typus' gewahr werden, hilft uns das, gewisse Aspekte des platonischen Werkes zu verstehen, die sonst womöglich rätselhaft bleiben würden. Die eigentümliche Spannung der *Politeia* geht zum Beispiel auf ihren Charakter als Appell zurück, der mit der geistigen Autorität des Philosophen an die Athener gerichtet ist. Es wäre ein verhängnisvolles Mißverständnis, diesen dringenden Aufruf zu geistiger Reform als einen rationalen Entwurf für eine „ideale Verfassung" zu interpretieren.

Mehr noch, selbst die spezifische Begrenztheit des xenophaneischen Appells hat einen Typus für die spätere hellenische Politik geschaffen. Prinzipiell könnte der Appell an die gesamte Menschheit gerichtet sein; er könnte über die Grenzen der Polis, ja selbst

---

1 Es ist zu beachten, daß der gewalttätige Anspruch auf ein Recht auf Unwissenheit hinsichtlich der Menschenwesentlichkeit, der charakteristisch ist für zeitgenössische Bewegungen wie Progressivismus, Positivismus, Kommunismus und Nationalsozialismus, insofern ein epochales Ereignis in der Geschichte der Ordnung ist, als zum ersten Mal Bewegungen von weltweiter Wirkung systematisch die Zerstörung der Einheit der Menschheit propagieren.

über die Grenzen von Hellas hinausgehen. Tatsächlich akzeptiert Xenophanes aber sowohl in seiner Rebellion wie in seinem Appell die Polis als gesellschaftliches Feld. Die agonale Kultur wird angegriffen, weil ein Sieg in Olympia nichts zur *eunomia* der Polis beiträgt; und umgekehrt soll die neue Tugend der *sophia* nicht vom Menschen, sondern vom Bürger anerkannt werden. Die Begrenztheit von Xenophanes' Appell ist für die spätere Spekulation über die Existenz des Menschen in Gesellschaft typisch geblieben. Trotz seiner Sorge um die geistige Reform von Hellas ließ selbst Platon seine institutionelle Vorstellungskraft nicht über eine hellenische Föderation unter der Hegemonie einer Retter-Polis hinausgehen. Und noch Aristoteles sah den Menschen als *politikon zoon* im strikten Sinne, das heißt, als ein Lebewesen, das die Tugend des *bios theoretikos* nur als Bürger einer Polis aktualisieren kann. Der Prozess der geistigen und intellektuellen Differenzierung des Menschen wurde bis zum bitteren Ende, der makedonischen Eroberung, als mit der Poliskultur verknüpft verstanden.

2. Der wilde Kampfesmut bei Tyrtaios

Xenophanes wollte seine *sophie* von der Polis anerkannt wissen; er rebellierte gegen die agonale Kultur, nicht gegen die Polis selbst. Letztere akzeptierte er, zusammen mit den Tugenden, die sie geschaffen hatten und die sie am Leben erhielten; und diese schöpferischen und Bestand verleihenden Tugenden waren offensichtlich nicht erschöpft durch jene Vortrefflichkeiten, die einem Mann den Sieg in Olympia bescherten. Durch seine Ermahnungen möchte Xenophanes einen bereits existierenden Bestand an Vortrefflichkeiten neu ordnen. Es gilt nun, diesen Bestand zu untersuchen, soweit die vorhandenen Fragmente dies erlauben. Wir beginnen mit einer Elegie des Tyrtaios.

Die Elegie des Xenophanes brachte nur insofern einen neuen Typus hervor, als sie der Opposition des Mystiker-Philosophen gegen die agonale Kultur der Polis Ausdruck gab; die für diesen Zweck verwendete literarische Form war jedoch bereits ein eigener Typus. Die Struktur der tyrtäischen Elegie, mit der wir uns befassen wollen, ist dieselbe wie die der späteren xenophaneischen.[2] Zunächst werden die Vortrefflichkeiten aufgezählt, die hohes traditionelles Ansehen genießen; dann folgt die Ermahnung, der neuen *arete* gemäß zu leben.

2 *Elegy and Iambus*, hrsg. und übers. von J. M. Edmonds, Loeb Classical Library, Bd. I, Tyrtaeus 12 [[9]]*.

Tyrtaios beginnt: „Ich würde einen Mann nicht des bleibenden Gedächtnisses für wert halten und nicht von ihm reden, weder um der Tüchtigkeit [*arete*] seiner Füße noch um seiner Ringkunst willen, und wenn auch seine Größe und Kraft gewaltig wie die der Kyklopen wäre und er den thrakischen Nordwind im Lauf besiegte. Und wenn er auch schöner als Titonos wäre und reicher als Midas und Kinyras und wenn er königlicher wäre als Pelops, des Tantalos Sohn, und eine schmeichelnder redende Zunge hätte als Adrastos."* Dieser Katalog der Vortrefflichkeiten, die zwar nicht zurückgewiesen, aber doch auf den zweiten Platz verwiesen werden, ist archaischer als der bei Xenophanes. Während die Opposition gegen den Rang, den die olympischen Siege in der öffentlichen Wertschätzung haben, bereits spürbar ist, sind in der Aufzählung noch Schönheit, Reichtum, Königswürde und Überredungsgabe enthalten, mit anderen Worten die homerischen Vortrefflichkeiten der frühen aristokratischen Gesellschaft.[3] Auch wenn ein Mann wegen all dieser traditionellen Tugenden berühmt wäre, würde er, Tyrtaios, ihn doch nicht rühmen, falls er nicht auch die neue Tugend besäße, die alle anderen übertrifft, *thouris alke*, den „wilden Kampfesmut": „Denn er wird sich im Kampfe nicht bewähren, wenn er es nicht erträgt, das blutige Morden des Krieges mit anzusehen und nicht im Nahkampf dem Gegner auf den Leib rückt. Das ist Tugend [*arete*]! Das ist der höchste und ruhmvollste Preis, den man unter Menschen als junger Mann erringen kann! Das ist ein gemeinsames Gutes [*xynon esthlon*] für die Polis und ihr ganzes Volk, wenn ein Mann unter den Vorkämpfern ausharrt, sich jeden Gedanken an Flucht aus dem Kopf schlägt und mit Leib und Seele fest steht."

Die Struktur der tyrtäischen Elegie (so weit wir sie wiedergegeben haben) ist dieselbe wie bei Xenophanes. Bei näherer Betrachtung weist seine Elegie jedoch Eigentümlichkeiten auf, die erlauben, die Beziehung zwischen den hellenischen literarischen Formen und den Gedanken, die sie übermitteln, besser zu verstehen. Der Ursprung der Elegieform ist dunkel; Tyrtaios hat sie nicht erfunden, setzte sie aber zu einem spezifischen Zweck ein. In diesem Fall benutzte er sie, um eine konkrete Zuhörerschaft aus lakedaimonischen Bürger-Soldaten anzusprechen und sie dazu anzuhalten, die Tugend des „wilden Kampfesmuts" zu praktizieren. Dies wirft die grundsätzliche Frage auf, ob es bei Tyrtaios eine Verbindung zwischen der lyrischen Form

3 Die olympischen Aufzeichnungen beginnen 776 v. Chr.; die Elegie des Tyrtaios muß auf ca. 640 v. Chr. datiert werden.

und deren protreptischem Inhalt gibt. Wir sind dem Problem der Mahnrede bereits bei Homer und Hesiod nachgegangen. In den homerischen Gedichten waren die Ermahnungen innerhalb des Epos von einer Person an eine andere gerichtet; der mahnende Bezug fand sich nur im Gedicht selbst; der Dichter trat nicht persönlich auf und ermahnte seine Zuhörer – wiewohl wir als gegeben voraussetzen dürfen, daß das Vortragen nicht nur der ermahnenden Passagen, sondern auch der Großtaten der Helden von den Zuhörern als Aufforderung dahingehend verstanden wurde, es den großen Vorbildern gleichzutun. Hesiods *Werke und Tage* brachten insofern die erste große Neuerung, als die Ermahnung sich nicht mehr innerhalb der Erzählung abspielte und somit die Zuhörer nur indirekt erreichte, sondern nun in direkter Rede gefaßt war, die der Dichter persönlich an spezifische andere Personen richtete. Dies gilt auch für die tyrtäische Elegie; und es besteht für uns kein Zweifel, daß Tyrtaios dem Vorbild Hesiods folgte. Wir begegnen jedoch einer weiteren Neuerung, nämlich daß die Paränese nun vom Pathos der Polis beseelt ist. Tyrtaios war weder ein Rhapsode, der, wie Homer, in seinem Epos die Großtaten und Vortrefflichkeiten einer aristokratischen Gesellschaft feierte; noch war er wie Hesiod ein bescheidener Bauer in einer friedfertig-korrupten Gemeinschaft, der seinen Bruder und die Dorfoberen ermahnte, die Tugenden rechtschaffenen Verhaltens und harter Arbeit zu kultivieren. Auch wenn nichts Verläßliches über seine persönlichen Lebensumstände bekannt ist, tritt Tyrtaios in seinen Gedichten als Mitglied einer Gesellschaft von Bürger-Soldaten auf, der seine Gefährten ermahnt, sich in der Tugend des „wilden Kampfesmutes" auszuzeichnen, weil in einem tödlichen Kampf gegen Untertanen und Nachbarn, die sich, seltsam genug, von der spartanischen Herrschaft befreien möchten, die Existenz der Polis von der Ausübung dieser Vortrefflichkeit abhängt.

Das protreptische Lob des „wilden Kampfesmutes" als der spezifischen Tugend der Polis ist ein weiterer neuer „Typus" in der Geschichte der Ordnung und ihrer Symbolisierung. Es führt ein Problem ein, das die politische Spekulation bis auf den heutigen Tag umtreibt – das Pathos der Polis erzeugt den Willen, für die Gemeinschaft zu kämpfen, ob deren Sache nun gerecht ist oder nicht. Das Pathos der Polis spaltet ihr Ethos. Es darf nicht gefragt werden, ob die messenische Revolte nicht der durchaus gerechtfertigte Freiheitskampf eines unterdrückten Volkes war; auch nicht, ob, militärisch gesehen, die so genannte spartanische „Polis und ihr Volk" nicht eine äußerst tüchtige Bande von Räubern war, die über ein Land hergefallen war, es geplündert und seine Bewohner auf ihrem ehemals eigenen Land zu Leibeigenen gemacht hatte. Die Frage nach der Gerechtigkeit zu stellen, wäre Verrat und Desertion. Die tyrtäische Untersuchung der Natur der wahren Arete akzeptiert das Faktum der Eroberung; sie beginnt mit der spartanischen Polis und deren unbezweifelbarer historischer Existenz.[4] Das Pathos der Existenz in Gemeinschaft erscheint also neben der Dike, um die es Hesiod ging, bei Tyrtaios in einer Theorie der Ordnung und der Tugenden, die sie aufrechterhalten, als eigenständiger Faktor. Folglich erschöpft sich eine Theorie der Politik nicht in einer Theorie der Gerechtigkeit oder in einer Moralphilosophie; das *mysterium iniquitatis* gehört zur Existenz des Menschen in Gesellschaft. Indem Tyrtaios den bedingungslosen „wilden Kampfesmut" preist, wird dieses Problem im hellenischen Denken deutlich.

In der Situation eines Existenzkampfes gewinnt die protreptische Dichtung des Tyrtaios besondere Schärfe. Gewiß, der Dichter tritt als ein Sprecher auf, der seine Zuhörer ermahnt – eine Ermahnung setzt immer jemanden voraus, der sie nötig hat -, aber Tyrtaios spricht weder mit der Autorität der Wahrheit wie Hesiod noch mit der Autorität der Weisheit wie Xenophanes. Er ist kein Prophet, der gegen die Gesellschaft opponiert, sondern vielmehr der Sprecher *für* die Gemeinschaft. Während die äußere, literarische Form der Anrede die Spannung zwischen Sprechendem und Zuhörern impliziert, hebt die Substanz des Gedichts sie auf. Denn der Dichter identifiziert sich mit seinen Zuhörern, er ist die Stimme der Gemeinschaft selbst; deshalb ist seine Elegie von ihrer inneren Form her an gar niemanden gerichtet. Die Gesänge des Tyrtaios haben eine so starke Anziehungskraft, weil sie der lyrische Ausdruck von Glanz und Schrecken der Existenz sind, von Leben in Todesgefahr; und dank dieser Qualität sind sie unsterblich geworden.

Dennoch ist die literarische Form der Ermahnung nicht ohne Bedeutung. Die Arete bei Tyrtaios ist eine Vortrefflichkeit, die sich historisch in einer Gemeinschaft herausgebildet hat; sie ist keineswegs unbestrittener Besitz jedes lakedaimonischen Kriegers. Die Frage, ob eine lakedaimonische Polis historisch überhaupt weiter existieren wird, hängt ausdrücklich davon ab, ob die Tugend des „wilden

4 Es existiert das Fragment eines Gedichts mit dem Titel *Eunomia* (Tyrtaios 2) [[2]], in dem „diese Polis" als Geschenk gepriesen wird, das Zeus selbst „den Herakliden" gemacht habe. Tyrtaios scheint sich also der Notwendigkeit zur Rechtfertigung bewußt gewesen zu sein.

Kampfesmutes" in der Seele jedes einzelnen Lakedaimoniers eine lebendige Kraft ist oder nicht; und ihre protreptische Artikulation durch den Dichter ist einer der Faktoren, der sie ins Bewußtsein hebt, sie ausbildet und bewahrt. Die tyrtäische Arete ist eine Gewöhnung der Seele, die es im Widerstreit mit anderen Motivationen herbeizuführen gilt. „Süß ist es und ehrenvoll, für das Vaterland zu sterben" – aber kein Krieger, der aus der Schlacht heimgekehrt ist, hat sich je aus Verzweiflung darüber, daß solche Süße ihm nicht zuteil geworden ist, das Leben genommen. Wenn der Mensch die Liebe zur Süße des Lebens mißachtet, läuft der Lyrismus vom „wilden Kampfesmut" und vom Tod in der Schlacht Gefahr, in romantischen Unsinn umzuschlagen. Der Mahner Tyrtaios ist aber kein Romantiker; im Gegenteil, er ist durchaus gewillt, seinem Lobpreis der tödlichen Arete dadurch Nachdruck zu verschaffen, daß er an den Überlebenswillen appelliert. In einer anderen Elegie hält er die jungen Männer dazu an, sich nicht vor der großen Anzahl der Feinde zu fürchten (was sie offensichtlich tun), in vorderster Reihe zu kämpfen (worauf sie nicht besonders erpicht sind), sich nicht hinter ihrem Schild zu verstecken, um den Geschossen zu entgehen (was sie vorzuziehen scheinen), und das Leben zu ihrem Feind zu machen und die schwarzen Geister des Todes mehr zu lieben als die Strahlen der Sonne (eine psychologische Perversion, an der sie wenig Geschmack finden).* Und nach solchen Vorhaltungen, die offenbar an eine demoralisierte Armee gerichtet sind, erklärt er trocken, daß Kämpfen in vorderster Reihe, Schulter an Schulter mit den Kameraden, eine bessere Überlebenschance gewähre als davonzulaufen und damit den feindlichen Verfolgern das Töten leicht zu machen (11) [[8]].

Tyrtaios ist also kein Romantiker. Aber es ist gerade seine Common-sense-Spekulation über die Überlebenschancen, die letzten Endes sein Lob des Kampfesmutes untergraben würde, hätte die *arete* nicht eine Anziehungskraft eigener Art. Diese spezifische Anziehungskraft enthüllt der Dichter im zweiten Teil der großen Elegie. Kampfesmut in der Schlacht ist das „gemeinsame Gut" der Polis - und die Polis hält einen Lohn für den tapferen Dienst bereit, auch für die Gefallenen. Denn den Mann, der sein „liebes Leben" in der Schlacht verliert und dadurch „seine Stadt, seine Mitbürger und seinen Vater" mit Ruhm bedeckt hat, den beklagt jung und alt, und in schmerzlicher Sehnsucht trägt die ganze Polis um ihn Leid. „Sein Grabhügel und seine Kinder sind unter den Menschen geehrt und seine Kindeskinder und sein späteres Geschlecht, und niemals geht sein edler Ruhm [*kleros*] noch sein Name [*onoma*] zugrunde, sondern obwohl er unter der Erde liegt, wird er unsterblich [*athanatos*]" (12, 20-44) [[9]].

Um das volle Gewicht des tyrtäischen Appells zu ermessen, müssen wir uns ins Gedächtnis rufen, daß die Menschen des 7. Jahrhunderts v. Chr. keine unsterbliche oder sonstwie geartete Seele besaßen. Die Termini Unsterbliche und Sterbliche waren einfach Bezeichnungen für Götter und für Menschen. Ein Mensch konnte nur dadurch unsterblich werden, daß er ein Gott wurde. Das Versprechen des Tyrtaios, durch den Tod im ewigen Gedächtnis der Polis transfiguriert zu werden, zeigt den Wunsch nach Unsterblichkeit als eine motivierende Erfahrung ihrer Ordnung. Die Unsterblichkeit der aristokratischen Gesellschaft durch die Mnemosyne der Dichter ist durch das Überleben im Gedächtnis der dankbaren Polis zur Unsterblichkeit des Bürgers geworden. Gewiß haben auch andere Faktoren bei der Entstehung der Polis mitgewirkt, und das Versprechen des Tyrtaios ist nicht der Schlüssel zu all ihren Rätseln. Hier berühren wir aber die Erfahrung, die das Pathos der Polis entscheidend bestimmt hat, den leidenschaftlichen Charakter ihrer Existenz, der auch durch die offensichtlichsten Erfordernisse rationaler Politik nicht zu brechen war. Das Leben in der Polis war wahrhaft Leben in einem für Christen in ihrer Vorstellung schwer zu rekonstruierenden Sinn, weil dies eine undifferenzierte Kompaktheit der Erfahrung voraussetzt, die wir nicht mehr haben. Es ist eine Kompaktheit, in der durch die Präfiguration der Unsterblichkeit von Ruhm und Namen soeben Transzendenz aufzuleuchten beginnt. Die Zählebigkeit der Polis wird verständlich, wenn wir sie als den unsterblich machenden Glauben von Menschen verstehen, deren differenzierendes Selbstbewußtsein bis zum Stadium des „Namens", aber noch nicht bis zu dem der Seele gelangt ist. Ihre Kraft sollte daran gemessen werden, daß selbst Platon und Aristoteles letzten Endes über den Glauben an die Polis nicht hinausgingen.

Wenn die tyrtäische Antwort auf das Problem der Arete nun neben die des Xenophanes gehalten wird, beginnt sich ein theoretisches und ein historisches Muster abzuzeichnen. Die hellenischen Dichter und Denker waren auf der Suche nach Arete. Was sie fanden, war nicht die eine, wahre Arete, sondern eine ganze Reihe von Aretai. Mit jeder neuen Entdeckung wurde der Anspruch auf den überlegenen Rang der vorherigen Entdeckung hinfällig; und am Ende mußte das Problem auftauchen, ob die jüngste Entdeckung alle früheren entkräftete oder ob jede Entdeckung einen bestimmten Ausschnitt menschlicher Erfahrung differenzierte, so daß nur eine ausgewogene Ausübung aller Aretai die Möglichkeiten des Menschen voll zum

Ausdruck brachte. Diese letzte Phase einer systematischen, ordnenden Übersicht über die Aretai wurde im Werk Platons erreicht, insbesondere in der *Politeia* mit ihrer hierarchischen Ordnung der Vortrefflichkeiten von der Weisheit bis zur Mäßigung.

Der Übergang von der Entdeckung neuer Aretai zu deren systematischer Ordnung darf jedoch nicht als eine Art mysteriösen Erwachens eines „wissenschaftlichen Geistes" oder als der Beginn einer „Wissenschaft" der Ethik mißverstanden werden; er zeigt vielmehr, daß die Suche an ihr Ende gekommen ist. Die Suche nach der wahren Arete endet mit der Entdeckung, daß die Aretai Gewöhnungen der Seele sind, die das Leben des Menschen auf die transzendente Wirklichkeit einstimmen; mit der vollständigen Differenzierung des Feldes der Aretai taucht das „wahre Selbst" des Menschen auf, das Zentrum, in dem er in Offenheit für das transzendente höchste Gute, das platonische Agathon, lebt. Der Übergang zur ordnenden Erfassung der Aretai bedeutet, daß das Agathon als Ordnungsprinzip in der Seele entdeckt worden ist.

Sobald der gesamte Bereich der Aretai als durchsichtig für das Leben auf das Realissimum hin verstanden wird, müssen die einzelnen Aretai einer Neubewertung durch Relativierung unterzogen werden. Die Kompaktheit, die eine Arete in der Erfahrung ihrer Entdeckung hat, muß sich unter dem Eindruck weiter differenzierender Entdekkungen, und insbesondere unter dem Eindruck der Entdeckung des Agathon, auflösen. Die Überzeugungskraft der tyrtäischen Elegie ist auf die Tatsache zurückzuführen, daß die Erfahrung der neuen Arete das ganze Gewicht der Transzendenzerfahrung in sich trägt. Mit der zunehmenden Differenzierung der Seele, mit der Entdeckung der Weisheit und des Nous, wird die Transzendenz durch den „wilden Kampfesmut", auch wenn sie die ihr nun einmal eigene Wahrheit behält, auf eine vergleichsweise niedrige Stufe herabsinken. Dieses Schicksal war der Arete des Tyrtaios durch die Hand des alles abwägenden Platon beschieden. In den *Nomoi* (629 f.) reflektierte er über die tyrtäische Elegie. Er stellte fest, daß der „wilde Kampfesmut" seine Meriten als Tugend in Kriegen gegen Fremde habe, aber nicht viel zu einer gerechten Ordnung der Polis beitrage. Was der Bürger-Soldat als Krieger tun könne, könne auch durch Söldner verrichtet werden, die bereit seien auf ihrem Posten zu sterben; und doch seien diese, mit wenigen Ausnahmen, unverschämte, ungerechte, brutale und ziemlich unvernünftige Individuen. Der Mut des Tyrtaios rangiert somit nur an vierter Stelle in der Ordnung der Vortrefflichkeiten, nach der Weisheit, der Gerechtigkeit und der Mäßigung.

3. Die Eunomia bei Solon

Der tyrtäische Kampfesmut erhält die Polis in einer tödlichen Krise am Leben, aber er ist keine Tugend der bürgerschaftlichen Ordnung. Gewiß, ganz ohne Ordnungsgehalt ist er nicht; denn im Vergleich mit der homerischen Aristokratie setzt der Kampfesmut des Bürger-Soldaten bereits eine Demokratisierung der Gesellschaft voraus. Dennoch beschränkte sich die spartanische Demokratisierung auf die freien Männer der Clans; das Volk in seiner Gesamtheit blieb der herrschenden Gruppe der Lakedaimonier unterworfen. Sparta entwickelte nie eine politische Ordnung des Volkes; seine Verfassung war, wie gesagt, die versteinerte Ordnung der Eroberung. Die Symbole der Ordnung für ein ganzes Volk mit seinen Interessenkonflikten wurden von Solon in Athen entwickelt. Er war sowohl Staatsmann wie Denker und Poet; und es sind ausreichend viele seiner Gedichte erhalten, um uns über die Entwicklung seiner Gedanken seit der Krise vor der Reform von 594 v. Chr. bis zur Tyrannis des Peisistratos nach 561 v. Chr. zu informieren.

In einer Elegie, die vor der Reform entstanden ist, denkt Solon über das wahrscheinliche Schicksal „unserer Polis" nach.[5] Nie werde sie durch den Willen der Götter zugrunde gehen, sondern nur durch die Unvernunft ihrer eigenen Bürger. Die Anführer des Volkes seien nicht rechtschaffen; ohne Respekt vor geheiligtem oder öffentlichem Besitz würden sie stehlen nach rechts und links; und sie achteten nicht die ehrwürdigen Grundfesten der Dike. Aber in ihrem Schweigen sehe Dike diese Machenschaften sehr wohl, und stets komme am Ende ihre Vergeltung. Unausweichlich (*aphyktos)* manifestierten sich die Folgen des Zuwiderhandelns gegen die Dike in Bürgerzwist. Heimliche Faktionen (*synodoi*) würden gebildet, wie die Ungerechten sie lieben, und die Herrschaft falle in die Hände der Feinde der Polis, während die Armen in die Fremde in die Knechtschaft verkauft würden. Das öffentliche Übel (*demosion kakon*) dringe in jedes Privathaus; verschlossene Türen hielten es nicht fern, denn es springe über hohe Mauern; und es finde jeden im innersten Winkel seines Hauses. Von Sorge erfüllt angesichts solcher Aussichten schließt Solon: „Mir gibt das Herz [*thymos*] den Befehl, die Athener so zu lehren" – nämlich daß ein Mangel an Rechtlichkeit (*dysnomia*) viel Übel für die Polis schaffen wird, während Rechtlichkeit (*eunomia*) die Dinge gut und angemessen ordnet (*eukosma kai artia*). Eunomia werde den Unge-

5 *Elegy and Iambus*, Bd. I, Solon 4 [[3]].*

rechten Einhalt gebieten, die Maßlosigkeit eindämmen, die Hybris mindern, krumme Urteile begradigen, Parteienbildung und Bürgerzwist beenden und „alle menschlichen Angelegenheiten angemessen und vernünftig" gestalten.

Die Elegie ist sorgfältig aufgebaut und enthält die grundlegenden Gedanken, die Solon in anderen Gedichten ausarbeitet. Wir können uns ihrer Führung anvertrauen und die Themen der Reihe nach betrachten.

Die Elegie beginnt mit einer Überlegung zu den Ursachen der Krise Athens. Die Verantwortung dafür liegt nicht bei den Göttern, sondern in der Unvernunft der Menschen. Es ist das große Thema der Theodizee, die dem Paradigma der *Odyssee* folgt. Solon geht bei der Untersuchung des Problems jedoch weit über Homer hinaus. Später, als die Tyrannis des Peisistratos etabliert ist, schilt er seine Landsleute, sie sollten nicht den Göttern die Schuld geben, wenn sie ihrer eigenen Feigheit wegen zu leiden hätten. Die Athener selbst haben dem Tyrannen die Aufseher gegeben, die sie nun knechten; sie bewegen sich wie Füchse, haben aber keinen Verstand; sie vertrauen der Rede eines Mannes und sehen nicht auf seine Taten (10) [[8, 9, 10, 11]]. Zum ersten Mal erscheint der historisch-politische Prozeß als eine Kette von Ursache und Wirkung; menschliches Handeln ist die Ursache für Ordnung oder Unordnung in der Polis. Die Quelle der neuen Aitiologie wird in dem folgenden Fragment deutlich: „Aus der Wolke kommen Schnee und Hagel, auf den Blitz folgt notwendig der Donner; durch mächtige Männer geht eine Polis zugrunde, und das Volk fällt durch seine Dummheit in die Knechtschaft eines Alleinherrschers" (9) [[8, 9, 10, 11]]. Die historische Kausalität ist der Kausalität der Natur nachgebildet, die zu dieser Zeit gerade von den ionischen Physikern entdeckt wurde.

Aber wir sind noch weit entfernt von einer Kausalität der Politik wie bei Thukydides. Noch sind die Handlungen des Menschen eingebettet in eine kosmische Ordnung, die von den Göttern beherrscht wird. Schlechtes Verhalten führt zu schlechten Resultaten, denn die beleidigte Dike wird sich rächen. Dies ist der Aspekt der Theodizee, den Solon in dem großen *Gebet an die Musen* (13) [[1]] gründlich untersucht. Gewährt mir Reichtum (den homerischen *olbos*), bittet er die Musen, und einen guten Ruf bei den Menschen; und mit dem Reichtum kommt die Macht, die, so erfleht er, „den Freunden süß und bitter sei meinen Feinden". Aber das Gebet um die Vortrefflichkeiten eines homerischen Aristokraten wird aus Sorge um die hesiodische Dike abgemildert: „Reichtum möchte ich haben – doch unrechtmäßig erwerben will ich ihn nicht; denn immer ereilt uns Dike." Zeus selbst wacht durch seine Dike über die Handlungen des Menschen; die Werke der Hybris und der Gewalt werden langsam aber sicher seinen Zorn erregen; der eine wird früher bezahlen, der andere später; und wenn er selbst davonkommt, werden seine schuldlosen Kinder und deren Nachkommen für seine Missetaten entgelten. Dann erweitert sich das Gedicht zu einer grandiosen Meditation über die Verblendungen des Menschen. Jeder von uns, ob gut oder schlecht, lebt in seine eigene Illusion (*doxa*)* versunken, bis er leidet. Die Kranken hoffen gesund und die Armen reich zu werden; die Feiglinge glauben, sie wären tapfer und der Häßliche hält sich für gutaussehend. Und jeder geht seinen Geschäften nach und hofft auf Gewinn – sei es als Fischer, Bauer, Handwerker, Arzt oder Seher; und er läßt sich nicht abhalten durch harte Arbeit, Fehlschläge und geringen Profit. Doch die Güter der Schönheit und der Gesundheit, des Erfolgs und des Reichtums stehen dem sterblichen Handeln nicht frei zur Verfügung. Moira, Schicksal, bringt den Sterblichen Gutes und Böses; und die Gaben der Unsterblichen müssen angenommen werden. Ehrliches Bemühen kann fehlschlagen, und die Schlechten haben womöglich Erfolg. Und doch ist diese Ordnung der Dinge nicht sinnlos; sie erscheint nur dann ohne Sinn, wenn die illusionären Wünsche und Bestrebungen des Menschen anstelle des Sinns der Götter gesetzt werden. Die Quelle der Sinnlosigkeit ist die Illusion (*doxa*) des Menschen. Und insbesondere das Streben nach Reichtum, das höchste Ziel aller Mühen, kann kein Prinzip der Ordnung sein. Für dieses Streben gibt es kein klar erkennbares Ziel (*terma*) ; denn die Reichsten unter uns sind doppelt so begierig, mehr zu haben als die anderen; und wer sollte sie alle satt kriegen? Gewiß, die Besitztümer kommen von den Göttern; aber es klebt ein Verhängnis an ihnen, das mit ihnen von Hand zu Hand weitergereicht wird.

In dem meditativen Gebet des Solon wie in der Elegie des Tyrtaios behauptet sich die Polis gegen die Vortrefflichkeiten der alten Aristokratie. Der Bürger einer Polis kann nicht das Heldenleben eines homerischen Fürsten führen. Wenn jeder Agamemnon oder Achilleus spielen möchte, wird dies nicht zu einer aristokratischen Kultur führen, sondern zum Krieg aller gegen alle und zur Zerstörung der Polis. In einer Polis verkommt die heroische Existenz zu Ausbeutung und Tyrannis. Der Konflikt gibt Solon die Gelegenheit, die politische Ethik nochmals gründlich zu überdenken. Falls die athenischen Aristokraten die Überlegenheit ihrer ökonomischen Position voll ausnutzen, droht die Gefahr, daß Athen untergeht und in der Tat homerische Zustände wieder aufleben. In seiner *Geschichte des Peloponnesischen Krieges* stellte Thukydides scharfsinnig fest, daß die am weitesten zurückgebliebenen Regionen in Hellas ahnen ließen, welche Zustände in dem Zeitalter herrschten, das Homer schilderte. Solon erkannte die Wahrheit der homerischen Vortrefflichkeiten; aber er wußte auch, daß die Polis eine neue Mäßigung brauchte. Das naive Glück und der Prunk des Helden konnten nicht mehr als Arete des Menschen gelten. „Viele Schurken sind reich, viele Redliche sind arm; dennoch tauschen wir nicht: nimmer um schnöden Besitz geben wir Arete in Kauf. Denn Arete ist fest und beständig, aber von Hand zu Hand wandert die Ware, das Geld" (15) [[4]]. Die wahre Arete wird als etwas weniger Greifbares erkannt als der Besitz, in dem der Held die Bestätigung seines Wertes findet. Aber worin genau besteht die neu entdeckte Arete? Das religiöse Genie Solons zeigt sich darin, daß er eine positive Antwort verweigert. Die Vortrefflichkeit des Menschen kann ihre Erfüllung nicht im Besitz endlicher Güter finden. Die Güter, nach denen der Mensch mit seinem Handeln trachtet, sind nur Scheingüter; sie gehören zur *doxa* seiner Wünsche und Bestrebungen. Die wahre Arete besteht darin, daß der Mensch einer universalen Ordnung gehorcht, die nur den Göttern vollständig bekannt ist. „Es ist sehr schwer, das unsichtbare Maß des richtigen Urteils zu erkennen; und doch enthält dieses Maß allein die richtigen Grenzen [*peirata*] aller Dinge" (16) [[16]].* Die wahre Arete ist ein Akt des Glaubens an die unbekannte Ordnung der Götter, die dafür sorgen, daß der Mensch, der seiner *doxa* entsagt, in Übereinstimmung mit Dike handelt. Einerseits: „Der Sinn der Unsterblichen ist den Menschen verborgen" (17) [[17]]; andererseits aber:„Auf Geheiß der Götter habe ich getan, was ich sagte" (34, 6) [[24]]. Wir sind dem platonischen Agathon schon sehr nah, über das sich positiv nichts sagen läßt, obwohl es die Quelle der Ordnung in der Politeia** ist.

Die Doxa ist die Quelle der Unordnung; der Verzicht auf Doxa ist die Bedingung für die richtige Ordnung, Eunomia. Wenn der Mensch die Obsession seiner Doxa überwindet und sein Handeln nach dem unsichtbaren Maß der Götter richtet, dann wird Leben in Gemeinschaft möglich. Das ist Solons Entdeckung. Im Kern seiner Eunomia findet sich als belebende Erfahrung die Religiosität eines Lebens in der Spannung zwischen dem leidenschaftlichen menschlichen Verlangen nach den Gütern für ein üppiges Dasein und dem diesem Verlangen auferlegten Maß durch den letztlich unerforschlichen Willen der Götter. Keine der beiden Komponenten des Lebens wird durch die andere außer Kraft gesetzt. Weder ist Solon ein mittelständischer Typ, der in einer mittelmäßigen Situation die Tugend entdeckt, die zu seiner mittelmäßigen Statur paßt; noch ist er ein gebrochener Titan, der sich damit abfindet, daß das Schicksal seine Wünsche vereitelt. Leidenschaftlich liebt er die Pracht und die Üppigkeit des Lebens; aber er erfährt sie als Geschenk der Götter, nicht als Ziel, das es auf krummen Wegen gegen die göttliche Ordnung zu verwirklichen gilt. Durch Offenheit gegenüber der Transzendenz wird die Leidenschaft des Lebens als die Doxa enthüllt, der um der Ordnung willen Einhalt geboten werden muß.

Die Konkretisierung dieses unsichtbaren Maßes, seine Übersetzung in Verhaltensregeln, ist durch die Existenz der Polis bestimmt. Konkret wird die Politik Solons zum Appell und zur Praxis des Staatsmannes, der einen Ausgleich zwischen den widerstreitenden Wünschen der gesellschaftlichen Gruppen herbeizuführen sucht, so daß deren Koexistenz innerhalb der Polis und damit die Existenz der Polis selbst möglich wird. Das folgende Fragment eines Appells ist typisch :

> „Ihr, bis zum Überdruß satt von der strotzenden Fülle des Guten, stillt euer herrisches Herz, bringt es im Busen zur Ruh! Setzt eurem hochfahrenden Sinn [*megan noon*] ein Maß." (28c) [[4]].

Und dasselbe Prinzip der Zügelung des Übermaßes an Leidenschaft liegt seinem Rat zugrunde, wie mit der Menge umzugehen sei:

> „Fülle gebiert die Hybris, wenn nämlich üppiger Wohlstand [*olbos*] jemandem folgt, der nicht redlich zu denken vermag" (6) [[5]].

Solon stand zwischen zwei Faktionen: derjenigen der adligen Grundbesitzer, die keines ihrer Privilegien aufgeben wollten, und derjenigen der Besitzlosen, die nach mehr gierten als ihre persönliches Format vertrug, und mußte einen Ausgleich schaffen. Und er rühmte sich, daß er dem Volk genügend Privilegien einräumte und daß die Reichen und Mächtigen durch seine *Reform* nicht ungebührlicher Härte ausgesetzt waren: „Mein kräftiger Schild beschirmte sie beide, keinem gewährte mein Spruch wider das Rechte den Sieg" (5) [[5]].

Der wichtigste Teil der Politik Solons war jedoch sein eigenes Verhalten. Nicht nur, daß er als Schiedsrichter und Gesetzgeber für die in Konflikt geratenen gesellschaftlichen Gruppen fungieren mußte, er mußte auch der Versuchung widerstehen, seine enorme Macht zum eigenen Vorteil zu nutzen und sich der Polis als Tyrann aufzuzwingen. In seiner Rechtfertigung, in dem iambischen Gedicht, erinnert er seine Kritiker daran, daß, wenn ein anderer „ein unbesonnener, auf Gewinn erpichter Mann die Zügel in die Hand genommen hätte, er das Volk nicht gebändigt hätte" [[24]]. Die Oberschicht sollte ihn sehr wohl als Freund preisen, „denn hätte ein anderer solche Ehre erhalten, er hätte nicht das Volk beruhigt, hätte nicht geruht, bevor er den Rahm sich abgeschöpft" (36 und 37) [[25]]. Die Versuchung muß groß gewesen sein, denn die Menschen erwarteten mehr oder weniger von ihm, daß er die Rolle des Tyrannen übernähme; nicht nur, daß sie das geduldet hätten, sie hielten ihn vielmehr für einen Narren, weil er sich die Gelegenheit nicht zunutze machte. Es gab viele, die ihn verhöhnten, weil er seine Chance nicht wahrgenommen hatte und die lauthals verkündeten, daß sie später gerne jede Strafe auf sich genommen hätten, wenn sie nur zuerst Reichtümer hätten zusammenraffen und einen einzigen Tag lang die Tyrannis über Athen hätten ausüben können (33) [[23]]. Entgegen dieser populären Meinung bekannte Solon, er schäme sich nicht, daß er nicht nach der Tyrannis gegriffen und dadurch seinen guten Namen geschändet habe (32) [[23]]. Solche Kritik und solcher Hohn müssen beschwerlich gewesen sein, denn gelegentlich seufzte er: „Große Taten – noch nie waren sie allen genehm" (7) [[5]]. Er verließ Athen für zehn Jahre, um solchen Belästigungen zu entkommen; und was das Urteil der Bürgerschaft anging, appellierte er stolz an den „Richterstuhl der Zeit" (36) [[24]].

Verallgemeinernde Urteile in solchen Dingen sind so leicht wie sie gefährlich sind. Dennoch wagen wir zu sagen, daß Solon aufgrund seiner Beherrschtheit und der ihr zugrunde liegenden Motivation die bedeutendste Einzelpersönlichkeit in der hellenischen Politik war. In der Geschichte der Menschheit hat es sehr wenige Individuen, wie Alexander oder Cäsar, gegeben, die dazu ausersehen waren, einen neuen Persönlichkeitstypus zu schaffen. Solon war einer von ihnen. Er schuf den Typus des Gesetzgebers, den *nomothetes* im klassischen Sinn, nicht nur für Hellas, sondern als Modell für die Menschheit. Er war ein Staatsmann, der nicht über den Parteien stand, sondern zwischen ihnen; er teilte die Leidenschaften *des* Volkes und konnte sich somit in der Politik zu einem der Ihren machen; und er konnte mit Autorität als Staatsmann *für* das Volk handeln, weil er in seiner Seele diese Leidenschaften der universalen Ordnung unterworfen hatte. Die Eunomia, die er in der Polis schuf, war die Eunomia seiner Seele. Mit seiner Person entstand der Prototyp des geistigen Staatsmannes. Seine Seele war von einzigartiger Weite und Spannkraft. Er konnte den Pessimismus der Ionier teilen, wenn er schrieb: „Kein Mensch ist glücklich. Mühebeladen sind alle Sterblichen, auf die die Sonne herabblickt" (14) [[15]]; und er konnte sich wünschen, achtzig Jahre alt zu werden (20) [[22]], weil er das Gefühl hatte, daß sein Geist noch wuchs: „Älter werd' ich und stets lern' ich noch vieles hinzu" (18) [[22]]. Zudem hat das Wunder seines Lebens die spätere Beschäftigung mit der Ordnung insofern unschätzbar bestimmt, als das Werk Platons ohne Solons paradigmatisches Leben kaum vorstellbar und sicher nicht verständlich wäre. Rückblickend interpretiert Platon im *Timaios* die *Politeia* als die solonische Phase seines eigenen Lebens. Die Konzeption der Politeia als „großgeschriebener Mensch" ist im Grunde die solonische Konzeption von der Polis, deren Ordnung die Eunomia der Seele verkörpert; die Konzeption des Philosophen-Königs als Substanz der Ordnung geht hingegen auf das Paradigma Solons als der substantiellen Quelle der athenischen Ordnung zurück. Zwischen Solon und Platon liegt die Geschichte der athenischen Polis – von der Erschaffung ihrer Ordnung durch die Seele Solons bis zu ihrer Auflösung, als die Erneuerung der Ordnung durch die Seele von Sokrates und Platon verworfen wurde. Die Einheit von menschlichen Leidenschaften und göttlicher Ordnung in der Eunomia fiel auseinander in die Leidenschaften des Demos und die Ordnung, die durch das Werk Platons lebt.

4. „Ich aber sage euch ..."

Das Thema der Aretai ist durch die vorausgehende Analyse bei weitem nicht erschöpft. Es müßte noch eine beträchtliche Menge an Details hinzugefügt werden, um das Bild zu vervollständigen. Wir haben zum Beispiel das erste Auftauchen der Vortrefflichkeit der *andreia*, der Mannhaftigkeit, in einem Gedicht des Simonides von Chios[6] nicht erwähnt, obwohl es sich um die Vortrefflichkeit handelt, die später eine wichtige Rolle in der platonischen Hierarchie der Tugenden spielt. Wir haben uns noch nicht mit Pindars Verherrlichung der aristokratischen Vortrefflichkeiten befaßt, zu einer Zeit als, politisch gesehen, die Aristokratie der hellenischen Polis schließlich der aufstrebenden Demokratie unterlag, während wiederum der Aristokratismus Platons kaum begreiflich ist ohne die Kraft, mit der Pindars *Oden* im Bewußtsein des Volkes lebten. Wir haben uns auch nicht mit den Gedichten des Theo-

6 *Lyra Graeca*, hrsg. und übers. von J. M. Edmonds, Loeb Classical Library, Bd. II, Simonides 65. Simonides lebte ca. 556-468 v. Chr.

gnis beschäftigt, die die Aristokratie in der Krise ihres Übergangs von einem herrschenden Stand zu einer politischen Partei innerhalb der Polis und ihre Vortrefflichkeiten an dem Punkt zeigen, an dem sie sich zu Loyalitäten und Verhaltensregeln eines politischen Clubs mit konspirativen Zügen wandeln. Aber wir müssen der Versuchung widerstehen, eine Studie über Ordnung und Geschichte zu einer Studie über die hellenische politische Kultur auszuweiten – die Analyse muß sich auf die repräsentativen Denker beschränken, deren Entdeckungen das Verständnis der Ordnung von Mensch und Gesellschaft entscheidend vorangebracht haben.

Dennoch bedarf das Thema der Aretai und der Polis einiger abschließender Reflexionen über einen Erfahrungstypus, der erst durch die platonisch-aristotelischen und christlichen Theoretisierungen vollständig artikuliert worden ist, sowie über die symbolische Form, die zu jener Zeit entwickelt wurde, um sie zum Ausdruck zu bringen.

In der Elegie des Xenophanes über die Sophia folgte der Aufzählung der öffentlich geschätzten Tugenden die Gegenüberstellung der neuen Tugend, die von nun an den höheren Rang einnimmt. Die Elegie des Tyrtaios über den „wilden Kampfesmut" erwies sich also als Prototyp der Ausdrucksform von Xenophanes. Und schließlich zeigten Solons Gedichte dieselbe Opposition der neuen Arete gegenüber den älteren aristokratischen Tugenden. Wenn auf diese Form zurückgegriffen wird, dann ist dies nicht einfach eine Sache der Imitation, nicht einmal dann, wenn eine der Elegien einer anderen als literarisches Modell dient; vielmehr drängt sich die Wiederholung deshalb auf, weil die Erfahrungssituation sich wiederholt. Wie diese Situation genau beschaffen ist, zeigt sich deutlicher in der unpolitischen Lyrik als in den formalen, politischen Bekundungen. Als sie in der Dichtung Sapphos auftaucht, offenbart sie sich in ihrer Reinheit. Betrachten wir daher die folgende Stanze Sapphos:

> Reiterheere mögen die einen, andre
> halten Fußvolk oder ein Heer von Schiffen
> für der Erde köstlichstes Ding, - ich aber
> das, was man lieb hat.[7]*

Die Stanze hat dieselbe formale Struktur wie die Elegien von Tyrtaios und Xenophanes; wir können hier aber deutlicher sehen, daß eine volkstümliche Form zu dem spezifischen Zweck benutzt wird, die Bevorzugung von etwas vor etwas anderem (die sogenannte „Präam-

7 *Lyra Graeca*, Bd. I, Sappho 38 [[27 a]].

bel") zu dem spezifischen Zweck zum Ausdruck zu bringen, ein autoritatives Urteil den allgemein akzeptierten Meinungen gegenüberzustellen.[8] So verwendet, wandelt sich die Bedeutung von Präferenz radikal. Denn Sappho gibt nicht ihrer persönlichen Neigung nach; im Gegenteil, sie zählt eine Anzahl von Vorlieben auf, um sie gewissermaßen zu einem Angebot an konventionellen Vorlieben zusammenzufassen; und in Abgrenzung gegen diesen ganzen konventionellen Bereich erklärt sie: „Das Schönste [*kalliston*] ist, was man liebt [*eratai*]." Eros ist die Leidenschaft, die dem „wirklich" Schönen gegenüber der bloßen Subjektivität konventioneller Vorlieben Gültigkeit verleiht. Mit der Differenzierung von Eros als der Quelle der Objektivität bei der Beurteilung nimmt die Konvention das Charakteristikum der „Subjektivität" an.

Das Problem der Subjektivität entsteht, wenn die nicht hinterfragten Werte der archaischen Gesellschaft durch die neue Autorität der differenzierenden Seele in Frage gestellt werden. Im Laufe dieses Prozesses werden die qualitativen Unterschiede zwischen den Menschen, die sich in ihren Vorlieben ausdrücken, bewußt. In der *Ilias* ist dieses Bewußtsein noch nicht stark entwickelt; aber bereits in der *Odyssee* gibt der Held bekannt, daß er mehr Geschmack am Krieg findet als an der Landbestellung oder an der Sorge für einen Haushalt – „denn unterschiedliche Männer finden Gefallen an unterschiedlichen Tätigkeiten".[9] Und Archilochos, der die Zeile Homers aufnimmt, sagt: „Des einen Herz freut dieses, anderen liegt mehr das."[10]* Gerade in den Gedichten des Archilochos hat die Einsicht in die Vielfalt der Vorlieben einen Anflug von „Entlarvung"; die konventionellen Vorlieben erscheinen illusionär, wenn nicht gar heuchlerisch und es werden ihnen besser fundierte Urteile gegenübergestellt, zum Beispiel in den Versen:

> Nicht kann ich den großen Feldherrn leiden, dessen Gang gestelzt,
> den nicht, der auf seine Locken stolz ist, und nicht den, der glattrasiert.
> Lieber ist mir da ein kleiner, mögen krumm die Waden sein,
> wenn er sicher auf den Füßen dasteht und ist voller Mut.[11]*

Die Vorliebe für die militärische „Erscheinung eines Mannes" ist so formuliert, daß der hochgewachsene Feldherr eher wie ein Poseur

8 Zu den Fragen dieses und des folgenden Abschnitts s. Snell, *Entdeckung des Geistes*, a.a.O., S. 60 ff.

9 *Odyssee* XIV, 228.

10 *Elegy and Iambus* II, Archilochos 36 [[41 D]].

11 A.a.O., Archilochos 58 [[60 D]].

wirkt, dessen gestelzter Schritt sich womöglich so beschleunigt, daß er anfängt zu rennen. Der Gegensatz zwischen den beiden Typen präformiert den theoretischen Konflikt zwischen Anschein und Wirklichkeit. In der soeben zitierten sapphischen Stanze wird der Kontrast noch klarer artikuliert bis zu dem Punkt, wo die Leidenschaft des Eros als Quelle des Wissens um die wahre Realität verstanden wird. Und in dem meditativen *Gebet* des Solon schließlich wird der Begriff Doxa eingeführt, um den trügerischen Charakter des gewöhnlichen Meinens im Gegensatz zur Wahrheit des unsichtbaren Maßes zu bezeichnen.

Die Wiederholung der literarischen Form ist also keine nachahmende Spielerei. In ihrer Wiederholung ist die Form bestimmt durch die Erfahrung einer Wahrheit, die durch die Differenzierung der Seele und in Opposition zu den Verblendungen der allgemein akzeptierten Meinung gewonnen wurde. Und da die Differenzierung der Seele kein kollektiver Prozeß ist, sondern in den einzelnen Seelen spezifisch begabter Menschen stattfindet, wird der Ausdruck immer pointierter je mehr die Universalität der Wahrheit als von Einzelpersonen in Opposition zur Gemeinschaft vermittelt verstanden wird. Je näher wir der Offenbarung einer für die ganze Menschheit geltenden transzendenten Wahrheit kommen, desto stärker wird die Einsamkeit der Vermittler. In der Elegie des Xenophanes ist die Sophia noch „unser" Besitz. In der Apologie des Sokrates werden Xenophanes' Formeln wiederholt, aber die Isolation ist verhängnisvoll geworden. Sokrates fordert als Belohnung, im Prytaneion verköstigt zu werden; wie Xenophanes behauptet er stolz, daß er diese Ehre eher verdiene als der Sieger in Olympia; und dann fährt er fort: „Denn der Sieger bewirkt nur, daß ihr glückselig scheint, ich aber, daß ihr es seid."[12] Die xenophaneische Revolte gegen die ungerechten Urteile der Konvention hat sich dahingehend zugespitzt, daß der Vermittler tödliche Ablehnung durch sein Volk erfährt. Im *Gorgias* verdeutlicht Platon seine eigene Position noch weiter, wenn er die maßgebende Staatskunst Athens gegen die namhaften Führer geltend macht, die nur dem Anschein nach Repräsentanten der Polis sind,[13] bis diese Formel dann in der Fülle der Zeit zum Gefäß für den Autoritätsanspruch Christi gegenüber dem Alten Gesetz wird mit den eindrücklichen Wiederholungen:

> „Ihr habt gehört, daß zu den Alten gesagt ist ...
> Ich aber sage euch ..." *

---

12 Platon, *Apologie* 36 d-e.*
13 Platon, *Gorgias* 517-521.

Kapitel 8

Parmenides

Bei Tyrtaios wird der tapfere Mensch im Erinnerungs-Pathos der Polis unsterblich; bei Solon wird die Doxa des Menschen durch die Erfahrung des „unsichtbaren Maßes" innerhalb der Polis zur Eunomia gemildert; bei Xenophanes reicht die Sophia des Mystiker-Philosophen über die Polis hinaus in Richtung auf ein universales, auf die Menschheit verweisendes Realissimum. Aber auch bei Xenophanes ist die Polis selbst noch nicht transzendiert; auch der Mystiker-Philosoph ist eine Figur im Wettkampf um die Gestaltung der Polis. Und dies bleibt, wie wir gezeigt haben, bis zur makedonischen Eroberung die Struktur, die das hellenische Philosophieren über Ordnung begrenzt. Dennoch ist in der Reihe der Entdeckungen die Entwicklungsrichtung der Erfahrung festzustellen, die aufgrund ihrer inneren Logik die Seele bis zu dem Punkt artikuliert, wo sie sich ihrer übernatürlichen Bestimmung bewußt wird. In der Generation nach Xenophanes (da er aber sehr alt wurde, noch zu seinen Lebzeiten), wurde dieses Stadium der Artikulation durch Parmenides erreicht.

In seinem Lehrgedicht (ca. 485) schuf der eleatische Philosoph den symbolischen Ausdruck „Weg der Wahrheit"*, der den Menschen über die Taubheit und Blindheit der Doxa hinaus zur Erfüllung führt. „Weg der Wahrheit" war ein „Typus" im platonischen Sinn. Dieser Weg vom unsterblich machenden Pathos der Polis zur Wahrheit für die individuelle Seele läuft zeitlich parallel zu dem Weg in der Geschichte Israels, der vom Auserwählten Volk bis zum Leidenden Knecht des Deutero-Jesaja führt. Der Prozeß, in dem sich die Seele aus der kollektiven Existenz löst und auf die transzendent-göttliche Realität einstimmt, war in beiden Fällen grundsätzlich derselbe – jedoch mit dem wichtigen Unterschied, daß in keinem Abschnitt der jüdischen Geschichte vor dem Erscheinen Christi die Artikulation des Lebens der Seele und des Weges der Wahrheit eine Intensität und eine Präzision der Symbolik erreicht hatte, die der hellenischen des 5. und 4. Jahrhunderts v. Chr. vergleichbar wäre. Erst mit Jesus taucht das Symbol „Weg der Wahrheit" im jüdischen Bereich auf. Aber als Jesus auf die Frage des Apostels mit seinem „Ich bin der Weg, die Wahrheit und das Leben" (Jh 14, 6) antwortet, nimmt er mit Entschiedenheit den Philosophen das Symbol weg. Von nun an wird die Seele durch Christus erlöst; die Komponente der Erlösung, die im kompakten Philosophieren des Parmenides noch gegenwärtig ist, ist nun in ihrem wahren Sinn offenbar geworden; und Philosophie, für die Polis die einzige Quelle transzendenter Ordnung, ist für die Menschheit eine von zwei Quellen der Ordnung geworden: die der Vernunft an der Seite der Offenbarung.

Parmenides' Gedicht ist gegliedert in einen Prolog, der von der Entrückung des Philosophen in die Gegenwart der namenlosen Göttin des Lichts erzählt, und in zwei Teile, die über das von der Göttin empfangene Wissen in bezug auf Wahrheit (*aletheia*) und Schein (*doxa*)* berichten. Der Prolog und der größere Abschnitt des Teils über die Wahrheit sind erhalten; von dem Teil über den Schein sind nur Fragmente geblieben, die schätzungsweise ein Zehntel des Textes ausmachen.[1]

1. Der Weg

Der Prolog berichtet in mythischen Symbolen über die Entrückung des Philosophen. Wahrscheinlich drückt er eine Erfahrung aus, die Parmenides in jüngeren Jahren gemacht hatte, denn er läßt die Göttin ihn mit „Jüngling" anreden.[2] Er beschreibt sie als Fahrt in einem von Pferden gezogenen Wagen. Die „vielverständigen Rosse", denen die Mädchen der Sonne den Weg weisen, tragen ihn auf dem „vielberühmten Weg" zur Göttin. Es ist der Weg, der „unversehrt den Wissenden führt, soweit sein Herz es erlaubt [oder: begehrt]. Während es so vorangeht, beschleunigen die Sonnenmädchen die Fahrt; und nachdem sie das Haus der Nacht verlassen haben und das Gespann sich dem Licht nähert, stoßen sie mit den Händen den Schleier von ihrem Haupt zurück. Das Tor, an dem sich die Pfade der Nacht und des Tages scheiden, ist erreicht, und die Wächterin Dike öffnet es auf Überredung der Sonnenmädchen. Der Wagen und sein Geleit fahren hindurch. An diesem Punkt, an dem die eigentliche Schau des Lichts

1 Immer noch grundlegend ist die Ausgabe mit Übersetzung, Einleitung und Kommentar von Hermann Diels, *Parmenides. Lehrgedicht*, Berlin, 1897. Die folgende Interpretation verdankt das meiste Francis M. Cornford, *Plato and Parmenides*, London, 1939, und den Kapiteln über Parmenides bei Olof Gigon, *Der Ursprung der griechischen Philosophie*, sowie Jaeger, *Theologie*.

2 Diels-Kranz, *Die Fragmente der Vorsokratiker*, Parmenides B I, 24. Alle weiteren Zitate beziehen sich auf diese Ausgabe.

beginnt, hört alle Bildersprache auf. Wir hören nur von einer Göttin (die nicht beschrieben wird und namenlos bleibt), die den Jüngling huldreich willkommen heißt: „Nicht eine schlechte Moira hat dich diesen Weg geleitet (denn wahrlich, weitab liegt er von den Bahnen der Menschen), sondern Themis und Dike. So sollst du denn alles erfahren: sowohl der wohlgerundeten Wahrheit [*aletheia*] unerschütterliches Herz, als auch der Sterblichen Schein-Meinungen [*doxa*], denen nicht innewohnt wahre Gewißheit. Doch wirst du trotzdem auch dieses kennenlernen und zwar so, wie das Scheinende [*dokounta*] auf eine probehafte, wahrscheinliche Weise sein müßte, indem es alles ganz und gar durchdringt."* Nach diesen einleitenden Bemerkungen beginnt die eigentliche Unterweisung (B 1).

Der Prolog nimmt eine Anzahl von Themen auf, die wir bereits aus früheren Kontexten kennen. Wir können in der Suche nach einer Wahrheit, die den allgemein akzeptierten Falschheiten entgegentritt, sowie in der Bildersprache der zwei Wege, die entweder ins Elend oder zur wahren *arete* führen, das Paradigma Hesiods spüren. Und der gesamte Aufbau des Gedichts mit der Verbürgung der Wahrheit durch die namenlose Göttin folgt dem Modell Hesiods, wenn er seinem neuen Mythos durch die helikonischen Musen Glaubwürdigkeit verschafft. Zudem spitzt sich die solonische Gegenüberstellung von unsichtbarem Maß und menschlicher Doxa so zu, daß nun eine mystische Schau der Wahrheit den Verblendungen der Sterblichen gegenübersteht. Diese traditionellen Themen werden jedoch einem neuen Typus von Sprachbildern untergeordnet. Wir hören von dem „vielberühmten Weg" der Göttin, der weit weg führt von den „Pfaden der Menschen"; wir erfahren, daß dieser Weg nicht für jedermann, sondern nur für den „wissenden Menschen" sicher ist; daß andere ihn nicht „unversehrt" befahren können";[3] daß der Mensch teils durch sein „Herzensbegehren" auf ihn gedrängt, teils durch Themis und Dike auf ihn geleitet wird; und schließlich, daß es ein Weg ist, der aus der Nacht zum Licht führt. In dieser Bildersprache können wir die Symbolik einer Mysterienreligion erkennen, die den Aufstieg des Eingeweihten zur vollen Offenbarung der Wahrheit zum Ausdruck bringt, und wir dürfen sicher sein, daß sie der Orphik und dem Pythagoreismus des 6. Jahrhunderts entstammt. Leider wissen wir aber sehr wenig über ihre Quellen; die vorhandenen Fragmente über diese Bewegungen sind so spärlich, daß die Entwicklung der Symbole

3 Ich folge der Emendation von Jaeger.*

nicht kontinuierlich verfolgt werden kann.[4] Wir wissen lediglich mit Sicherheit, daß in den Mysterienreligionen dieser Periode die essentielle Göttlichkeit der Seele in den Mysterienreligionen dieser Periode erfahren wurde und daß die Erfahrung im Glauben an die Unsterblichkeit der Seele zum Ausdruck kam.[5]

Da ein Verständnis der neuen Seelenvorstellung für die Parmenides-Interpretation wichtig ist und die frühen Quellen nicht ausreichen, wählen wir eine spätere Formulierung, die sie höchstwahrscheinlich genau wiedergibt; es ist eine Passage bei Platon.[6] Platon sagt im *Timaios* 90 a-b:

> Hinsichtlich der Art von Seele, die in uns herrscht, sollten wir bedenken, daß Gott sie einem jeden als einen *daimon* gegeben hat, der, wie wir gesagt haben, im obersten Teil des Körpers wohnt; und der uns wegen seiner Verwandtschaft mit dem Himmel von der Erde wegzieht, denn wahrhaftig, wir sind ein himmlisches Gewächs, kein irdisches. Denn das Göttliche [*to theion*] richtete unsern Kopf dorthin, von wo der erste Ursprung der Seele ausging und wo sie sozusagen ihre Wurzel hat, und gab so dem Körper seine aufrechte Haltung. Wer sich daher seinen Begierden [*epithymia*] und dem Ehrgeiz [*philonikia*] überläßt und ihnen unmäßig frönt, dessen Gedanken [*dogmata*] werden alle notwendig sterblich, und folglich wird er mit jedem Stück sterblich, soweit dies möglich ist, weil er dem sterblichen Teil in sich Nahrung gegeben hat. Wer dagegen ernsthaft seine Liebe zum Wissen und zur wahren Weisheit gepflegt hat, wer vor allem seine Fähigkeit, unsterbliche und göttliche Dinge zu denken geübt hat, der wird – weil er auf diese Weise die Wahrheit berührt – notwendig unsterblich, soweit es der menschlichen Natur möglich ist, an der Unsterblichkeit teilzuhaben. Denn unaufhörlich ist er mit der Verehrung des Göttlichen beschäftigt; und weil er den ihm innewohnenden *daimon* in guter Ordnung hält [*eu kekosmemenon*], wird er selbst vollkommen *eudaimon* [glückselig] werden.

Die Passage artikuliert eine Vorstellung von der Seele, die nicht nur im Werk des Parmenides, sondern auch bei Xenophanes und Heraklit vorausgesetzt werden muß. Die Artikulation ist konzis in dem Sinn, daß sie die wesentlichen Punkte einer Lehre von der Seele herausarbeitet, aber sie geht kaum über bloße Grundzüge hinaus. Aufgrund

---

4 Über die Herkunft der parmenideischen Entrückung vgl. den Überblick in Diels, *Parmenides*, S. 13 ff.

5 Einen Überblick über dieses Problem und eine Bibliographie s. Jaeger, *Theologie*, Kapitel „Der Ursprung der Lehre von der Göttlichkeit der Seele".

6 Ich folge einer Anregung von Francis M. Cornford, *Plato and Parmenides*, S. 27.

dieser Prägnanz, in der sozusagen ein Minimaldogma von der Seele entwickelt wird, fühlen wir uns berechtigt, sie an diesem Punkt bei der Interpretation des parmenideischen Gedichts als Instrument heranzuziehen.

Zunächst akzentuiert die Passage die Verbindung zwischen Göttlichkeit und Unsterblichkeit. Im archaischen griechischen Denken sind Menschen sterblich und Götter unsterblich; wenn der Mensch unsterblich wird, erlangt er solche Unsterblichkeit durch das, was göttlich in ihm ist. Wenn der Seele Göttlichkeit zugeschrieben wird, darf dies jedoch nicht als die nutzlose Befriedigung eines „Wunsches nach Unsterblichkeit", vielleicht als „Rationalisierung" im Sinne heutiger, ideologisierender Psychologie verstanden werden. Die Erfahrung der Unsterblichkeit ist eine fundamentale menschliche Erfahrung, die historisch der Entdeckung der Seele als der Quelle solchen Wissens vorausgeht. Den Göttern wird Unsterblichkeit zugesprochen, lange ehe die Seele als das Subjekt differenziert ist, von dem, mit gewissen Einschränkungen, ebenfalls Unsterblichkeit ausgesagt werden könnte. Wir könnten sagen, daß die Erfahrung der Unsterblichkeit aus dem archaischen Dunkel zur Helle des Bewußtseins fortschreitet, in welchem deutlich wird, daß das Göttliche als unsterblich erfahren werden kann, weil die erfahrende Seele Teil des Göttlichen ist oder an ihm partizipiert (*metaschesis*). Diese Teilhabe wird jedoch als prekär erfahren; sie ist etwas, das zunehmen oder abnehmen, das gewonnen oder verloren werden kann. Also wird die Seele entweder das sterbliche oder das unsterbliche Element in sich nähren. Die Kultivierung des unsterblichen Teiles in der Beschäftigung des Geistes mit unsterblichen und göttlichen Dingen wird als „kultische Verehrung" des Göttlichen, symbolisiert als *daimon,* verstanden; und durch ein Leben in solcher Kultpraxis wird die Seele selbst *eudaimon.*

Die Metapher vom Menschen als himmlisches Gewächs (*phyton ouranion)* verdient besondere Beachtung. Der szenische Hintergrund der Metapher ist noch hesiodisch; der Mensch lebt in der Spannung zwischen Gäa und Uranos. Aber mit der Einführung der Vorstellung des Wachstums, *physis,* verlagern sich die Bedeutungen der Symbole in subtiler Weise. Unter dem „Typus" des hesiodischen Mythos „entstehen" Götter und Menschen oder „sind gemacht"; und da stehen sie Seite an Seite als statische Figuren. Nun wird der Mensch als „Gewächs" aufgefaßt; die irdischen und himmlischen, die sterblichen und unsterblichen Eigenschaften werden verinnerlicht in einer „Seele", die das Subjekt ist, das in die eine oder andere Richtung wachsen kann. Leben ist die Verehrung des Göttlichen im Inneren der Seele, und durch diesen Kult wächst die Seele in ihre eigene Göttlichkeit hinein. In Parmenides' Gedicht finden wir mit der Spannung der Seele zwischen Nacht und Licht ebenfalls den mythischen Symbolapparat Hesiods; und weiter finden wir eine Bezeichnung, wenn nicht gar eine Beschreibung der Kräfte in der Seele, die Antrieb und Richtung des Wachstums bestimmen. *Thymos* (das Herz), das den Denker antreibt, ist die Seelenkraft, die später im Werk Platons der Eros des Philosophen wird; und die Richtung ist durch Themis und Dike vorgegeben, die Göttinnen der rechten Ordnung und der Gerechtigkeit, die auch in Platons *Politeia* als Dike, das heißt als bemessende Ordnungskraft in der Seele, wieder auftauchen. Die dritte platonische Seelenkraft, Thanatos, wird in Parmenides' Gedicht nicht direkt genannt, ist aber überall in der Vorstellung des kathartischen Weges präsent, der den Menschen aus der Nacht der Sterblichen (die unterseeische Existenz bei Platon) ins Licht der ewigen Wahrheit führt.

2. Die Wahrheit des Seins

Was ist die Wahrheit des Seins? Mit dieser Frage wenden wir uns von der Erfahrung der mystischen Entrückung der philosophischen Artikulation der Vision zu.[7]

Zunächst muß der enge Zusammenhang zwischen dem Inhalt der Wahrheit und der mystischen Entrückung betrachtet werden. Parmenides' Philosophie ist eine Spekulation über *Eon*, über Sein. Das Symbol „Sein" erscheint zum ersten Mal, und ohne Übertreibung kann gesagt werden, daß mit Parmenides die Geschichte der eigentlichen Philosophie, die Erforschung der Seinsverfassung, beginnt. Parmenides' Sein ist nicht wie in der ionischen Spekulation ein Ursprung der sinnlich erfahrenen Entitäten (*ta onta*). Es ist das Etwas, das in der Erfahrung der Entrückung gegeben ist. Also kann seine Existenz nicht spekulativ abgeleitet werden als *arche*, als Anfang* des Stromes erfahrener Entitäten, (der als Strom zugleich ein Werden ist), sondern ist der Spekulation als unmittelbares Datum der Erfahrung gegeben. Der Ursprung des Seins in der Erfahrung der mystischen Entrückung muß richtig verstanden werden, denn sonst bleibt das historische Auftauchen des neuen Gegenstandes der Spekulation rätsel-

7 Wir sind nur an den Aspekten von Parmenides' Werk interessiert, die auf die Genese der Ordnungsspekulation einen Einfluß haben. Eine umfassendere Darlegung s. Gigon, *Ursprung*.

haft. Parmenides hat keine Vorläufer und sein Seinsbegriff hat keine Vorgeschichte.[8] Der historische Prozeß, der zum Seinsbegriff führt, bewegt sich selbst nicht auf der Ebene philosophischer Spekulation; er ist vielmehr der Prozeß der Seele, in dem Sein als absolute Transzendenz letztlich erfahrungsmäßig faßbar wird. Wenn wir nach den Vorläufern von Parmenides suchen, dürfen wir nicht nach einer früheren primitiveren Seinsphilosophie Ausschau halten, sondern nach einer weniger differenzierten Transzendenzerfahrung, wie zum Beispiel dem Universalismus von Xenophanes.

Da der visionäre Philosoph über den Bereich der Sinneswahrnehmung hinausgegangen ist, spekuliert er nicht über die Vielfalt der Dinge, wie sie den Sinnen gegeben sind. Seine Schau hat einen spezifischen Inhalt, und um ihn bewußt wahrzunehmen, bedarf er einer spezifischen Fähigkeit der Seele. Parmenides nannte diese Fähigkeit *nous*: „Schau mit dem Nous, wie das Abwesende anwesend ist mit Sicherheit" (B 4). Der Nous wird als das Organ der Erkenntnis entdeckt, das nichtsinnliche, intelligible Realität für den Menschen faßlich macht. An diesem Punkt ist jedoch etwas Vorsicht angebracht; denn Nous ist ein ziemlich kompaktes Symbol, und selbst bei Aristoteles hat es noch einen Bedeutungshorizont, der von Vernunft bis Glauben reicht. Um nicht spätere, differenziertere Bedeutungen in den Terminus hineinzulesen, sollten wir ihn strikt als das Organ der Seele verstehen, das „Sein" faßlich macht, so daß seine weitere Bestimmung von der Bedeutung von „Sein" abhängen wird. Mehr noch, obwohl der Nous Sein faßlich macht, artikuliert er nicht dessen Inhalt. Der Inhalt von Sein wird durch eine weitere, bei dieser Gelegenheit zum erstenmal auftauchende Fähigkeit artikuliert, nämlich durch den *logos* im engeren Sinn logischer Argumentation. Zusammen mit dem Logos ist Nous das parmenideische Erkenntnisorgan zur Bestimmung der Natur von Sein.

Die Offenbarung der Wahrheit über das Sein nimmt die Form einer Klassifizierung der verschiedenen Wege der Untersuchung an. Indem sie die Metapher des „Weges" ausspinnt, unterrichtet die Göttin Parmenides über die allein denkbaren „Wege der Untersuchung". Die Bedeutung von Weg, *hodos*, verlagert sich in dieser Eröffnung vom mystischen zum logischen Weg, und läßt die Bedeutung von *methodos*, der Methode wissenschaftlicher Untersuchung,

8 Vgl. Gigon, a.a.O., S. 270 f: „Der Ursprung des Begriffs des Seienden bei Parmenides bleibt ein Rätsel. Es ist zwischen ihm und den unmittelbaren Vorgängern des Parmenides eine Lücke, die historisch nicht zu überbrücken ist."

vorausahnen. Es gibt zwei solche Wege: „Der eine Weg, daß *Ist* und daß *Nicht ist* nicht sein kann,[9] das ist der Weg der Überzeugung [Peitho], die der Wahrheit [Aletheia] folgt. Der andere Pfad aber ist gänzlich unerforschbar, denn Nichtsein kannst du weder wissen noch aussprechen; denn dasselbe [*auto*] ist Denken* und Sein" (B 2 und 3). Die Göttin warnt Parmenides, er möge sich vom zweiten Pfad fernhalten. Und dann unterrichtet sie ihn über den dritten, ebenso zu meidenden Pfad, nämlich anzunehmen, daß sowohl Sein als auch Nichtsein existierten. Dies ist der Weg, auf dem „nichts wissende Sterbliche einherschwanken, die Doppelköpfe. Denn Ratlosigkeit steuert in ihrer Brust den hin und her schwankenden Geist. Sie aber treiben dahin stumm und blind zugleich, die Verblödeten, unentschiedene Haufen, denen Sein und Nichtsein für dasselbe und nicht dasselbe gilt [*nenomistai*], und für die es bei allem eine gegenstrebige Bahn gibt" (B 6).

Diese dichten Zeilen enthalten das erste Stück methodischen Philosophierens in der westlichen Geschichte. Gegenstand der Untersuchung ist die Wahrheit über Sein. Die Untersuchung erfolgt durch (1) eine logisch erschöpfende Aufzählung von Thesen die Natur des Seins betreffend und (2) die Eliminierung der falschen Thesen. In diesem Kontext können wir die technischen Details des Eliminierungsprozesses nicht durchgehen; wir möchten lediglich versuchen, die Aufmerksamkeit auf einen Punkt zu lenken. Der Philosoph wird vor dem zweiten Weg gewarnt (daß Nichtsein existiere): „Halte du von diesem Weg der Forschung den Gedanken [*noema*] fern, und es soll dich nicht vielerfahrene Gewohnheit auf diesen Weg zwingen, walten zu lassen das blicklose Auge und das dröhnende Gehör und die Zunge, nein, mit dem Argument [*logos*] bring zur Entscheidung die streitreiche Prüfung" (B 7). Der Logos ist das Instrument zur Ermittlung der Wahrheit; und parallel mit dem Logos taucht die Quelle des Irrtums auf, nämlich der Habitus oder die Gewohnheit (*ethos*) der „Vielerfahrenheit", die unkritisch durch Ohr, Auge und Zunge vermittelt wird. Die allgemein akzeptierte „Erfahrung" (*polypeira*) rückt auf erkenntnistheoretischer Ebene in die Position allgemein akzeptierter Bewertungen, gegen die sich die neue Einsicht von Sappho bis Xenophanes stark machte. Dieser gemeinsamen Erfahrung wird eine weitere Bedeutungsnuance durch die Charakterisierung des dritten Weges hinzugefügt, auf dem Sein und Nichtsein als dasselbe „gelten" oder „angesehen" (*nenomistai*) werden und die (im griechischen Ter-

9 oder mehr diskursiv: „daß Sein ist und daß Nicht-Sein nicht ist."

minus) impliziert, daß der *nomos*, Gewohnheit, die Quelle der Verwirrung ist. Diese Bedeutung von *nomos* bei Parmenides wird später zu einer wichtigen Komponente in dem späteren sophistischen Begriffspaar *physis* und *nomos*.

In der Beschreibung des einen wahren Weges der Untersuchung des Seins fällt eine Merkwürdigkeit des Ausdrucks auf, die unter Philosophen viel debattiert wird. Der Leser wird bemerkt haben, daß in der Beschreibung des Weges, „daß *Ist* und daß *Nicht ist* nicht sein kann", „Ist" kein Subjekt im grammatischen Sinn hat. Übersetzer ergänzen oft ein Subjekt, wie „Es ist," oder „Sein ist". Soweit es den Sinn der Stelle betrifft, ist der Zusatz „Sein" als grammatisches Subjekt durchaus legitim; und *Eon* erscheint an anderen Stellen tatsächlich in dieser Funktion. In diesen vorläufigen Formulierungen kommt es aber nicht vor, und wir geben uns nicht mit der Erklärung zufrieden, (die so leicht von der Hand geht im Umgang mit den frühen griechischen Denkern), daß der gute Mann „unbeholfen" war und noch nicht so recht wußte, wie er mit dem philosophischen Vokabular umgehen sollte, das er gerade schuf. Wir vermuten eher, daß es einen guten Grund dafür gab, daß Parmenides zögerte, das Subjekt *Eon* zu verwenden und daß sich in seinem Zögern sein wahres philosophisches Genie offenbart. Denn das „Sein", das Gegenstand der Untersuchung wird, kann in der mystischen Entrückung erfaßt werden, und der Bereich der Seele, in dem der Gegenstand erfahren wird, kann Nous genannt werden; aber das macht „Sein" noch nicht zu einem Datum im immanenten Sinn, zu einem Ding mit einer Form, das durch *noesis* erkannt werden kann. Wenn über einen solchen Gegenstand, der kein Gegenstand ist, in Aussagen mit Subjekt und Prädikat gesprochen wird, sollte einem das zu denken geben. Die Frage der Prädikate eines transzendenten Subjekts ist prinzipiell durch die thomistische *analogia entis* geklärt worden; aber selbst die thomistische Exposition des Problems läßt die Frage des Subjekts völlig offen. Das Subjekt „Gott" zu nennen, wie es in der christlichen Theologie geschieht, ist bequem, aber für eine kritische Philosophie ziemlich unbefriedigend. Mit großer Umsicht hat Parmenides der Versuchung widerstanden, sein Sein Gott zu nennen, – eine Versuchung, die angesichts der vorangegangenen ionischen und italischen Spekulation groß gewesen sein muß; und wie es scheint, zögerte er sogar, es mit dem Namen „Sein" zu belegen.[10] Was durch den Nous

10 In anderen Kontexten wie z.B. in Parmenides B 8, 53 erscheint das „Namengeben" als eine Quelle des Irrtums.

faßlich wird, wird nicht in der Weise eines Gesprächsgegenstandes faßlich. Das Vordringen auf dem Weg zum Licht gipfelt in der Erfahrung einer höchsten Realität, die nur mit dem exklamatorischen „Ist!"* ausgedrückt werden kann. Wenn der Philosoph mit dieser überwältigenden Realität konfrontiert ist, verliert das „Nicht ist" für ihn seine Bedeutung. Mit dem Ausruf „Ist!" kommen wir dem Kern der parmenideischen Erfahrung am nächsten.* Die Aussageformen „Sein ist" und „Nichtsein kann nicht sein" sind bereits „unbeholfene" Umschreibungen.

Ein genaues Verständnis dieses Punktes ist besonders wichtig, weil das griechische Philosophieren der nächsten drei Generationen ihn weitgehend mißverstanden hat. Die erfahrungsmäßige Gewißheit des „Ist!", die durch den Nous erfaßt wird, hat Parmenides in der bereits zitierten Formel ausgedrückt, daß Denken und Sein dassselbe sind, daß Nichtsein nicht sein kann, weil es nicht zu denken (*noein*) ist, usw. Wenn solche Formulierungen nicht so verstanden werden, daß sie nur im Kontext einer Untersuchung des „Ist!" wahr sind, wenn sie zu logischen Theorien verallgemeinert werden, die auf Aussagen über immanente Gegenstände anwendbar sind, erwachsen daraus phantastische Konsequenzen. Wenn wir annehmen, daß alles, was denkbar ist, auch ist, können wir zu dem Schluß kommen, daß Irrtum unmöglich ist; wenn Irrtum sich auf Nichtsein bezieht, ist Irrtum unmöglich, weil Nichtsein nicht existiert – und dies war tatsächlich die Theorie des Antisthenes. Da das Ergebnis absurd ist, können andere zu dem gegenteiligen Schluß gelangen, daß Sein undenkbar und nur Nichtsein denkbar ist – wie es Gorgias oder Aristippos taten. Und wenn die These, daß das Denkbare ist, eine subjektive Färbung erhält, sind wir beim Prinzip des Protagoras, daß der Mensch das Maß aller Dinge sei.[11] Das Problem bleibt eine der ungelösten Komponenten in Platons *Parmenides*, und über Platons Vermittlung hat es die neoplatonische Spekulation mitbestimmt. Die Unfähigkeit, Klarheit darüber zu erlangen, bestimmt noch Aristoteles' Angriff auf die platonische Vorstellung, Ideen seien gesondert existierende Formen.

Wenden wir uns nun vom Subjekt den Prädikaten in Parmenides' Aussagen über das Sein zu:

1.) Eine erste Gruppe von Prädikaten führt die Negationen der früheren Spekulation fort und entwickelt sie weiter. Parmenides spricht von den vielen Merkzeichen (*semata*) des Seins auf dem einen

---

11 Zu einer tentativen Klassifizierung der Konsequenzen des parmenideischen Prinzips in der sophistischen und sokratischen Philosophie s. Gigon, *Ursprung*, S. 253 ff.

wahren Weg der Untersuchung. Sie sind: ungeworden, unvergänglich, ganzgliedrig (oder vollkommen), unerschütterlich (oder unbeweglich) und ohne Ende (*ateleston*) (B 8, 1-4).* Das letztgenannte Prädikat scheint zu bedeuten, daß Sein nicht auf ein Ende hin existieren kann, weil ein Ende, wie immer es verstanden wird, ein Werden oder ein Aufhören implizieren würde.

2.) Der Aufzählung folgt ein neuer Typus der Prädizierung im Hinblick auf die Zeit: „Und es war nie und es wird nie sein, weil es im Nun [*nyn*] zusammen vorhanden ist als Ganzes" (B 8, 5). Sein ist kein Fließen mit einer Vergangenheit und einer Zukunft. Die Prädizierung bringt zum Ausdruck, was wir für die Primärerfahrung des Parmenides hielten, das „Ist!". In Form eines Ausrufs wiederholt er die Frage: „*Ist* oder *Ist nicht*" (B 8, 16). Wenn wir uns für *Ist* entscheiden, kann es kein Werden haben. „Also ist ‚Werden' ausgelöscht und ‚Vergehen' unerkundbar" (B 8, 21).** Die Prädizierung gelangt mit diesem spekulativen Vorstoß zur Philosophie der Zeit, die Platon und Augustinus weiterentwickelt haben, nämlich zu einer Philosophie des Seinsgrundes in der Ewigkeit des *nunc stans*. Parmenides kommt durch die Argumentation über das „Ist" dorthin. „Dike hat [*sc.* das „Ist"] weder zum Werden noch zum Vergehen freigegeben, indem sie die Fesseln lockert, sondern sie hält fest „ (B 8, 13-15). Wäre es anders, würde das Präsens des „Ist" negiert, weil Parmenides das Werden oder das Vergehen, sei es in der Vergangenheitsform oder im Futur, gleichsetzt mit „es war" oder „es wird sein". Die Konzeption von *Nyn*, Nun, als dem Prädikat von Sein, ergibt sich aus der Bedeutung des „Ist".

3.) Ein ähnliches Argument wird verwendet, um das Kontinuum von Sein als Eines, Homogenes und Unteilbares (B 8,6 und 22ff.) zu begründen. Als Dasselbe in Demselben verharrt es am selben Ort, in sich selbst ruhend. Die machtvolle Ananke (Notwendigkeit) hält es in den Grenzen der Bande, die es rings umschließen, weil Sein nicht unbegrenzt (*ateleuteton*) sein darf. Denn Sein ist unbedürftig; fehlten ihm aber die Grenzen, wäre es ganz und gar bedürftig (B 8, 29-33). Das in sich geschlossene, homogene Kontinuum ist das räumliche Prädikat von Sein und entspricht dem zeitlichen Nun. Wie das Nun wird es in der späteren Philosophie ausführlich weiterentwickelt, erst zur Theorie des Seinskontinuums bei Anaxagoras und dann zur Konzeption von homogenen, unteilbaren (*atomos*) Materiepartikeln in Demokrits Atomismus.

4.) Von besonderem Interesse ist die abschließende metaphorische Beschreibung des Seins als „wohlgerundete Kugel" (B8, 42-49). Die

Idee von einer Grenze des Seins wird also anhand des Gedankens einer räumlichen Form ausgearbeitet, die durch ihre Begrenzung dem Sein eine Gestalt verleihen würde, die von Nichtsein umgeben ist. Für die eleatische Nachfolge, schon für Melissos, schien diese Konzeption von der Grenze des Seins unzulässig; und sowohl Anaxagoras wie Demokrit kehrten zu dem Gedanken von der Unendlichkeit des Seins zurück. Parmenides äußert sich jedoch präzise über den Punkt, daß Sein zwar „vergleichbar" mit einer solchen Kugel, aber nicht wirklich eine sei. Das Bild der Kugel wird eingeführt, um von Sein eine Homogenität der Ausdehnung in alle Richtungen zu prädizieren, vergleichbar der Äquidistanz aller Punkte auf der Oberfläche einer Kugel von ihrem Zentrum. In moderner Terminologie können wir sagen, daß Parmenides versuchte eine Qualität der Ausdehnung in Symbolen der euklidischen Geometrie zu bestimmen, die sich nur in Symbolen des nichteuklidischen gekrümmten Raumes adäquat ausdrücken lassen.

Der Leser sollte sich bewußt sein, daß unsere Analyse nicht viel mehr als das bloße Skelett einer umfangreichen Argumentation darstellt. Selbst bei dieser Verkürzung wird jedoch deutlich geworden sein, daß wir in Parmenides' Gedicht den Ausbruch einer neuen Kraft miterleben. Die Autonomie des Logos macht sich geltend; kritische Spekulation – in dem fruchtbaren parmenideischen Sinn von logischen Unterscheidungen und Entscheidungen (*krinein*) – entwickelt nicht nur eine Methode sondern, was ebenso wichtig ist, ein Ethos. Die Unnachgiebigkeit im Argumentationsverlauf ist ein höchst eindrucksvolles Charakteristikum des Philosophierens von Parmenides. Jener Ausbruch hat einen spezifischen Anlaß, denn die logischen Operationen werden nicht an einem indifferenten Stoff, sondern an der durch den Nous erfaßten Realität durchgeführt. Kritische Spekulation, Philosophie im technischen Sinn, entsteht als logische Operation an der Erfahrung des „Ist!".

In Parmenides' Spekulation sind die zwei Komponenten, die erfahrungsmäßige und die operationale, nicht zu trennen. Für Parmenides ergibt sich aus dieser Kombination die Wahrheit über das Sein, die sich von unkritischer Doxa unterscheidet. Im Prolog versichert die Göttin dem Philosophen, sie werde ihm das „unerschütterliche" Herz der „wohlgerundeten" Wahrheit enthüllen (B 1, 29). Die Attribute der Wahrheit, die in dieser Versicherung vorkommen, sind dieselben (*atremes, eukyklos*), die später als Prädikate des Seins auftauchen (B 8, 4 und 43). Das Ergebnis der Spekulation ist somit nicht nur eine Wahrheit *über* das Sein; es ist die Wahrheit *des* Seins, die durch den „Wissenden“ verlautbart wird. Im Medium der Spekulation reproduziert der Philosoph das Sein selbst; die wohlgerundete Sphäre des Seins wird zur wohlgerundeten Sphäre der spekulativen Ordnung. Philosophische Spekulation ist eine Inkarnation der Wahrheit des Seins. Diese hieratische Kompaktheit des Philosophierens macht Parmenides' Größe aus.

Die Nachfolger von Parmenides konnten diese hieratische Spannung nicht aufrechterhalten. Die Ausweitung der logischen Operationen auf die immanenten Seinsbereiche führte, wie angedeutet, zu einer beträchtlichen Konfusion. Die Äquivokationen zwischen immanentem Sein und dem Sein, das grammatisch die Erfahrung des „Ist!“ explizierte, führte zu den logischen Verwirrspielen, die wir als eleatische Paradoxa kennen, zu den epistemologischen Trugschlüssen von Protagoras und zum Atomismus.* In der eristischen Logik der Sophisten löste sich der operationale Logos völlig von der Substanz der Wahrheit. Doch bliebe die Wirksamkeit von Parmenides, die sich selbst in derartigen Entgleisungen zeigt, ohne den ursprünglichen Sinn seines Werkes unverständlich. Dieser Sinn wurde im Werk Platons zurückgewonnen und großartig angereichert. Die *Politeia* ist beseelt von der parmenideischen Vorstellung der Schau des Lichts, die dem Philosophen die Wahrheit des Seins faßlich werden läßt, und von der Inkarnation der paradigmatischen Ordnung im Werk des Philosophen, das heißt, in der Ordnung seiner Politeia**. Parmenides und Platon sind die Urheber von Philosophie im strikten Sinn, jenem aus der himmlischen Wurzel wachsenden Baum der Spekulation.

3. *Doxa*

Traditionell gilt Parmenides als Philosoph des Seins, und diese Stellung wird dadurch betont, daß man ihm Heraklit als Philosoph des Werdens gegenüberstellt. Tatsächlich ist uns nicht bekannt, ob der eine Philosoph von dem Werk des anderen wußte; und die traditionelle Charakterisierung dieser zwei entgegengesetzten Typen, wiewohl durch die Autorität Platons gestützt, ist von zweifelhaftem Wert. Gewiß, Parmenides spekulierte über die Erfahrung des „Ist!“; er fand im *Eon* das Realissimum, die in sich geschlossene, homogene Existenz im ewigen Nun jenseits der Realität der Sinneserfahrung und Gewohnheit. Mehr noch, er verstand die Ananke dieses Seins als die Ananke des Logos, die die Seinsprädikate bestimmte. Dennoch konnte er die Erfahrung des „Ist!“ ohne die Erfahrung des Weges, der allein zu ihm führt, nicht machen; und er hätte die Erfahrung des Weges nicht machen können ohne die Erfahrung, daß er in der Welt *kata doxan* seinen Anfang nimmt, das heißt, gemäß der Schein-Meinung der Sterblichen. Parmenides konnte nicht zur Wahrheit des Seins gelangen, ohne den Bereich des Scheins zu verstehen. Daher ist der zweite Teil seines Lehrgedichts, der Teil über die Schein-Meinungen (*doxai*) – im Plural – der Menschen, ebenso wesentlich für seine Philosophie wie der erste Teil über die Aletheia.

Welchen Sinn die parmenideische Doxa hat und in welchem Verhältnis sie zur Wahrheit steht, ist Gegenstand einer tausendjährigen Debatte. Die Hauptpunkte sind im Laufe der Zeit geklärt worden; aber im Hinblick auf das Problem als Ganzes haben wir immer noch kein überzeugendes Bild. Der Hauptgrund für diesen Stand der Dinge scheint der Trugschluß zu sein, der die große Entdeckung schon in der unmittelbaren Nachfolge des Parmenides verzerrte, daß nämlich das Begriffspaar „Wahrheit – Schein" im parmenideischen Sinn und das Paar „wahr – falsch" in dem Sinn, in dem wir von wahren oder falschen Aussagen im Hinblick auf Objekte der immanenten Erfahrung sprechen, latent oder offen gleichgesetzt wurden. Wenn die Philosophie des Seins aus wahren Aussagen besteht, so das Argument, dann müssen die *doxai* falsche Aussagen über die Natur des Seins sein. Solche Irrtümer in der Argumentation können nur vermieden werden, wenn wir uns der Bedeutung von Doxa im Kontext des Gedichtes selbst vergewissern und uns nicht in spekulativen Vermutungen über die Bedeutung ergehen, die ein solcher Terminus im allgemeinen Sprachgebrauch notwendigerweise hat.

Im Kontext des Gedichtes selbst ist Doxa einfach eine Kosmologie im ionischen Sinn. Ihrer Konzeption nach ist sie dualistisch, denn sie nimmt Licht und Nacht als die zwei Prinzipien (oder Formen) an, aus deren Wechselwirkungen und Vermischungen die Phänomene der Welt der Erfahrung, inklusive der Welt des Menschen, entstehen. Dieser Kosmos hat einen Anfang, ein Wachstum in die Zukunft, und wird ein Ende haben. Die komplizierten Details sind für uns nicht von Belang. Uns interessiert vielmehr die Frage, weshalb diese Kosmologie – die recht gut für sich selbst stehen könnte – als zweiter Teil in einem Lehrgedicht steht, dessen erster Teil „Wahrheit" heißt, und warum sie „Schein" genannt wird. Die Bedeutung von Schein läßt sich offensichtlich nicht im Inhalt des zweiten Teils selber finden; sie läßt sich nur finden, wenn man diesen zweiten Teil auf die Bedeutung von Wahrheit im ersten Teil bezieht. Nur weil die Auslegung des ersten Teiles „Wahrheit" ist, kann der Inhalt des zweiten Teiles

„Schein" genannt werden. Wir müssen zum Kern dieser Wahrheit zurückehren, nämlich zur Erfahrung des „Ist!".

Der Philosoph erfährt in seiner Entrückung die Präsenz einer höchsten Realität; wir können sie, wie wir es getan haben, als Realissimum bezeichnen. Parmenides argumentiert nun folgendermaßen:

(1) Wenn Sein genannt werden soll, was in der Erfahrung des „Ist!" gegeben ist, dann muß, was in dieser Erfahrung einer homogenen Präsenz nicht gegeben ist, per definitionem Nichtsein genannt werden.

(2) Wenn der Logos auf diese Eingangssituation angewandt wird, gelangen wir zu einem Korpus von Prädikaten über das Sein; und dieses Korpus ist dann die „Wahrheit" über das Sein.

(3) Alle Aussagen, die die Eingangssituation verkennen und Materialien in den Kreis der Spekulation einbeziehen, die nicht in der Erfahrung des „Ist!" zu finden sind, sind gezwungen, das als Sein zu behandeln, was gemäß der Eingangsdefinition Nichtsein ist. Alle derartigen Aussagen sind „Schein".

Der Konflikt zwischen Wahrheit und Schein ist also nicht ein Konflikt zwischen wahren und falschen Sätzen. Tatsächlich ist der Schein ebenso wahr wie die Wahrheit, wenn wir unter Wahrheit die adäquate und konsistente Artikulation einer Erfahrung verstehen. Der Konflikt entsteht zwischen zwei Erfahrungstypen. Wahrheit ist die Philosophie des Realissimum, das wir erfahren, wenn wir dem Weg des Unsterblichwerdens in der Seele folgen; Schein ist die Philosophie der Realität, die wir als Menschen erfahren, die in einer Welt leben und sterben, die selbst eine zeitliche Ausdehnung mit einem Anfang und einem Ende hat. Die Charakterisierung dieser Philosophie der Realität als Schein leitet ihre Rechtfertigung ab aus der Erfahrung von einer höheren Realität, von einem unsterblichen Grund der sterblichen Welt. Der Konflikt geht letztlich auf die Erfahrung zurück, daß die Seele sterbliche und unsterbliche Komponenten hat.

Die Wahrheit ist eine, der *doxai* sind viele. Dennoch bedeutet die Vielheit der *doxai* nicht, daß die Philosophie der sterblichen Realität ein anarchisches Feld ausufernder Phantasievorstellungen wäre. Die Erfahrung der Welt ist allen Sterblichen gemeinsam, und die Artikulation der Erfahrung kann mehr oder weniger adäquat, vollständig und konsistent sein. Der Teil über Doxa ist daher nicht ein Bericht über die Ansichten anderer Philosophen, wie zuweilen angenommen wird, sondern enthält Parmenides' eigene Kosmologie. Die Licht-Göttin selbst unterrichtet ihn, so wie sie ihn über die Wahrheit unterrichtete; und sie verspricht, ihm von der Einrichtung der Welt (*dia-*

kosmos) als dem in allen Stücken Wahrscheinlichen (*eoikota panta*) zu erzählen (B 8, 60), damit die Ansichten anderer Sterblicher seinen Bericht nicht übertreffen (B 8, 61). Diese Vorstellung von einem „wahrscheinlichen" Bericht, von einem Bericht, der mehr oder weniger wahr sein kann, von einer im Vergleich mit der strikten Wahrheit des Logos spezifisch kontingenten Wahrheit, war von großer Tragweite in der Ideengeschichte, weil sie in der platonischen Vorstellung vom *eikos mythos*, vom „wahrscheinlichen" Mythos oder der „wahrscheinlichen" Erzählung im *Timaios* fortgeführt und weiterentwickelt wurde. Besonders im Spätwerk Platons wurde der Mythos zum Ausdrucksmittel für gewisse Erfahrungsbereiche, die Parmenides der Doxa zugewiesen hatte.

Die eigentümliche Entwicklung, daß die Doxa bei Parmenides nachgeordnet ist, während der Mythos im Spätwerk Platons vorrangige Bedeutung erlangt, geht damit einher, daß der Gegenstand des Philosophierens immer umfangreicher wird, und wir müssen dabei einen Augenblick lang verweilen. Parmenides stellt Sein und Schein nebeneinander, ohne das Problem zu berühren, daß die Realität, wie sie im „Ist!" gegeben ist, und die Realität der Scheins in irgendeiner Weise ontologisch verbunden sein müssen.[12] Sein und Schein sind nicht zwei verschiedene Welten; es sind zwei Aspekte einer einzigen Welt, die in zweierlei kognitiven Erfahrungen ein und desselben Menschen gegeben ist. Parmenides beschreibt jedoch einfach den scheinhaften Kosmos. Die Komponenten Licht und Dunkel durchdringen ihn ganz und gar; und weil der Mensch an der Mischung partizipiert, erfährt er den Kosmos in seinem scheinhaften Dualismus. Hinzu kommt, daß Parmenides die Götter im Schein ansiedelt. Im Zentrum des physischen Kosmos befindet sich ein weiblicher *daimon*, der über seine Ordnung wacht; und diese zentrale Göttin erschafft die anderen Götter, Eros als „ersten von allen" (B 12 und B 13). Wie das Sein, das offensichtlich nicht Gott oder *ein* Gott ist, jemals zur Welt des Scheins – einschließlich der Götter – gekommen ist, bleibt ein Geheimnis. Mit diesem Mysterium wird Platon sich beschäftigen. In seinem Mythos vom Kosmos füllt er die Leerstelle in der Philosophie des Parmenides mit dem Symbol des Schöpfer-Gottes, des Demiurgen. Der Demiurg ist der Mittler zwischen Sein und Kosmos; er verkörpert das ewige Paradigma in der Welt. Der

12 Die Fragmente des Teils über Doxa sind spärlich; aber sie genügen, um die Schlußfolgerung zu erlauben, daß die ontologische Verbindung zwischen homogenem Sein und dualistischer Welt tatsächlich nicht berührt wurde.

wahrscheinliche Mythos stellt das Bindeglied zwischen dem Sein und der Welt der wahrscheinlichen Doxa dar. Wir können die Verallgemeinerung wagen, daß der späte platonische Mythos vor allem dazu dient, die Inkarnation von Sein zum Ausdruck zu bringen – und nicht nur die Inkarnation von Sein im physischen Kosmos, sondern auch (und dies ist unser spezielles Interesse) in der Ordnung von Gesellschaft und Geschichte. Der Teil über Platon in der vorliegenden Studie setzt sich ausführlich mit diesem Problem auseinander.*

4. Die Rivalität zwischen den Wegen der Wahrheit

Wir haben unsere Studie über Parmenides mit Reflexionen über die Symbolik von Weg und Wahrheit und ihre Vollendung in der johanneischen Symbolik von Christus als dem Weg und der Wahrheit begonnen. Die zuletzt genannten Reflexionen über die Entwicklung der Doxa zum Mythos eröffnen eine völlig andere historische Perspektive. Der Weg des Parmenides führt aus der Dunkelheit der Welt, wie Sterbliche sie erfahren, zum Jenseits einer Schau des Lichts, in der der Mensch kraft seines Nous die unsterbliche Gegenwart des „Ist!" erfährt. Die Natur dieses unsterblichen Seins ist durch die Notwendigkeit des Logos bestimmt; und dieselbe Notwendigkeit bestimmt seine kognitive Artikulation. Es ist reine logische Struktur und ruht in sich selbst; es hat weder Seele noch Willen noch schöpferische Macht; und was am bezeichnendsten ist, es kann sich nicht einmal selbst offenbaren, sondern muß durch eine Lichtgöttin offenbart werden. Die Erfahrung des „Ist!" sowie seine logische Artikulation sind von einer Symbolik der Offenbarung durch göttliche Mächte umgeben. Dieses Offenbarungsszenario wirft interessante Fragen auf, weil in der Offenbarung selbst die Götter in die Welt des Scheins versetzt werden. In welchem Verhältnis stehen die Götter, die in der Offenbarung über den Schein auftreten, und die Göttin, die die Götter als dem Schein Verhaftete offenbart? Wäre es möglich, daß wir also doch nicht aus der Doxa heraustreten in die Wahrheit des Seins, sondern daß die Wahrheit des Seins von der Doxa umschlossen ist? Oder sind die dem Schein nicht verhafteten Götter jenseits des Seins? Oder ist die von einer Göttin ausgehende Offenbarung der Wahrheit vielleicht selbst Schein? Das Gedicht gibt keine Antworten auf solche Fragen; wie haben die Grenzen und die Begrenztheit des parmenideischen Philosophierens erreicht.

Diese Fragen ergeben sich aus der Struktur des Gedichtes selbst, werden aber nicht beantwortet. Das Offenbarungsszenario ist gleichermaßen Ausdruck von Parmenides' Erfahrungen wie Inhalt der Offenbarung. Als Dichter hat Parmenides daher eine viel größere Reichweite der Sensibilität als der Seinsphilosoph. Diese größere Reichweite ist zu berücksichtigen, wenn wir die historische Stellung von Parmenides und das Geheimnis seiner Wirkung ganz verstehen wollen. Wie wir sehen, sind Doxa und Offenbarungs-Prolog mit Problemen schwanger, die zur Artikulation drängen. In der Herausbildung des wahrscheinlichen Mythos aus der wahrscheinlichen Doxa erkennen wir den ersten Schritt einer solchen Artikulation, die die Kluft zwischen Schein und Wahrheit überbrückt; der Mythos erweitert das Reich der Doxa, um die Inkarnation der Wahrheit mit einzubeziehen. Wenn die Artikulation der parmenideischen Probleme in diese Richtung über Platon hinaus weitergeführt würde, wäre zu erwarten, daß die Doxa so weit ausgedehnt würde, daß sie den Bereich der Offenbarung einschlösse; Doxa als Offenbarung wäre eine Wahrheit jenseits der parmenideischen Wahrheit des Seins. Dieser letzte Schritt wurde in der hellenischen Philosophie nicht getan, obwohl er der Logik ihres Verlaufs immanent war, sondern nur in der hebräisch-christlichen Offenbarung.

In der Offenbarung hat die Doxa sich zu einer Wahrheit jenseits von Parmenides' Wahrheit und Schein erweitert. Um zu dieser höheren Wahrheit zu gelangen, mußte der Mensch jedoch die Erkenntnis des Glaubens entdecken; und der Weg der Pistis (Glauben) ist nicht der Weg des Logos, der über die Erfahrung des „Ist!" spekuliert. Wie bei der Analyse des Xenophanes sind wir wieder mit dem Problem einer Vielfalt an Erfahrungen konfrontiert, in denen Transzendenz faßlich wird. In Glauben und Offenbarung werden Ebenen der Transzendenz jenseits der Wahrheit des Seins zugänglich – aber die Symbolik von Glaube und Offenbarung behält die Qualitäten der „Wahrscheinlichkeit", die Doxa und Mythos im Unterschied zur Ananke des Logos charakterisierten. Offenbarung schafft die Wahrheit des Seins nicht ab. Mit dem Einzug der Offenbarung in die Geschichte treten wir daher in die Geschichte permanenter Rivalität zwischen den zwei Quellen der Wahrheit ein. Es ist eine Rivalität, die jüdische, christliche und islamische Denker beschäftigt hat. Sie konnte in der Forderung zum Ausdruck kommen, die Wahrheit des Philosophen solle der offenbarten Wahrheit unterstellt werden, die Philosophie solle der Heiligen Schrift oder der Theologie als Magd dienen; oder in der Forderung nach einer allegorischen Interpretation der Heiligen Schrift, um deren Sinn der Philosophie anzupassen; oder in der Theorie einer Harmonisierung von Glaube und Vernunft; oder in der arabischen Vorstellung, daß eine Heilige Schrift dem Volk dieselbe Wahrheit in doxischer Form gäbe wie die Spekulation dem Philosophen in logischer Form. Oder schließlich, daß der Intellekt in die Offensive gehen und die Wahrheit der Spekulation durch die Wahrheit des Glaubens ersetzen könnte, wie es in den modernen gnostischen Bewegungen des Progressivismus, Hegelianismus, Comteismus und Marxismus geschehen ist.

Der Kampf zwischen den Wegen der Wahrheit ist bis heute die fundamentale Auseinandersetzung der westlichen Geistesgeschichte seit der Verschmelzung von Hellenismus und Christentum. Und Parmenides ist der Denker, der den „Typus“ für diesen welthistorischen Kampf geschaffen hat, indem er beharrlich den Weg des Logos bahnte.

Kapitel 9

Heraklit

Die Spekulation des Parmenides konzentriert sich ganz auf die Erfahrung des „Ist!"*. Innerhalb des viel weiter reichenden, von der Offenbarung bestimmten Kontextes des Gedichts ist das Licht des Logos auf die eine Erfahrung gerichtet, die alles andere ins Nichtsein verweist. Wenn man also mit der historiographischen Tradition bricht, Parmenides als „Seinsphilosophen" einzustufen, und die nichtlogifizierten Abschnitte seines Werkes als ebenso wesentlich erachtet wie seine Logifizierung des „Ist!", lassen sich mehrere Gegenstandsbereiche unterscheiden und auf einer Skala abnehmender logischer Durchdringung anordnen. Der Bereich maximaler Durchdringung ist die Erfahrung des „Ist!"; der zweite ist das Reich der Doxa, in dem Parmenides die Möglichkeit mehr oder weniger „wahrscheinlicher" Symbolisierungen erkennt, ohne zu einer Klarheit über das Kriterium zu gelangen; der dritte ist der Offenbarungsbereich des Prologs, in dem sogar die Frage nach der doxischen Wahrscheinlichkeit erlischt; und der vierte Bereich (falls man ihn als solchen bezeichnen darf) ist die ontologische Lücke zwischen den Bereichen Sein und Nichtsein, in dem nicht einmal der Versuch einer Symbolisierung gemacht wird. Die Erfahrung des Weges, der aus der Dunkelheit zum Licht führt, und die der Lichtvision selbst haben Parmenides' spekulative Kraft in einem Maße absorbiert, daß alle anderen Erfahrungsbereiche, die als Quellen der Erkenntnis eine ebenso sorgfältige spekulative Artikulation verdienen würden, vernachlässigt werden. Insbesondere beobachten wir die rein logische Struktur des Seins, die nicht nur Materie, sondern auch Geist, Willen und Kreativität ausschließt. Eine Komponente des Lebens der Seele hat sich durchgesetzt und blendet alles andere aus. Darin liegt Parmenides' Stärke; er hat die innere Dimension der Seele in ihrer ganzen Fülle, sozusagen ihren von transzendentem Sein überwölbten höchsten Punkt, erfahren. Und die paradigmatische Artikulation dieser inneren Dimension ist Teil der *philosophia perennis*[1] geworden.

---

1 Der platonische Mythos im *Phaidros* führt diese Erfahrung des Parmenides fort und entwickelt sie weiter.

Wenn wir also die Seinsphilosophie in den weiteren Kontext des parmenideischen Gedichts stellen, wird die Richtung sichtbar, die bei der Erforschung der Seele eingeschlagen werden mußte. Sein wird faßlich, weil der Denker sich der inneren Dimension seiner Seele bewußt geworden ist; mit dem Verständnis von der Seele als einem Etwas, das eine innere Dimension hat, geht das Bewußtsein von einer Grenze dieses Etwas und von einem Jenseits dieser Grenze einher. Sein wird nicht von einem statischen Menschen entdeckt, denn im Akt der Entdeckung differenziert sich die Seele des Menschen selbst und wird sich ihrer Dimension bewußt. Mit dem parmenideischen Bewußtsein vom Weg, der zur Grenze der Transzendenz führt, begibt sich die Seele selbst auf das Feld der philosophischen Spekulation. Wir können über transzendentes Sein spekulieren, weil die Seele ein Sensorium der Transzendenz ist. Das Licht des Parmenides wird nicht ohne ein Licht in der Seele geschaut, das den Weg erhellt, der an ihre Grenze führt. Die Weiterentwicklung der Spekulation mußte daher eng an die systematische Erkundung der inneren Dimension der Seele gebunden werden, an die mannigfaltigen erfahrungsmäßigen Quellen des Wissens, die allein die Spekulation authentisch machen und sie über die bloße „Wahrscheinlichkeit" erheben können. Diese Erforschung der Seele war das Werk Heraklits.

1. Das Schicksal der Seele bei Pythagoras

Wieder müssen wir uns mit dem irritierenden Problem der Seele befassen – irritierend insofern, als die vorhandenen literarischen Dokumente so spärlich sind, daß die Entwicklung in Richtung auf ein Selbstverständnis der Seele nicht kontinuierlich nachvollziehbar ist. Es gibt eine Periode, in der ein Wissen von der Seele noch nicht existiert; wir können sie grob die „homerische" Periode nennen; und dann ist plötzlich, wahrscheinlich unter dem Einfluß der pythagoreischen Bewegung, die Bedeutung der Seele im Werk von Xenophanes, Parmenides und Heraklit präsent.

In der homerischen Periode gibt es noch kein „Leben der Seele". Der Terminus *psyche*, mit dem die Seele später belegt wird, existiert zwar, meint aber die Lebenskraft, die im Tode aus dem Menschen entweicht. Die homerische *psyche* führt eine eigentümliche Existenz als „Schatten", der auch in Träumen erscheinen kann, ist aber keine unsterbliche Seele mit einem Leben nach dem Tode. Was wir die „Person" eines Menschen – *thymos* in der Sprache Homers - nennen würden, stirbt mit ihm. Da es keine Vorstellung von einer Seele, von einer *anima* im christlichen Sinne, gibt, kann es auch keinen beseelten „Leib" geben. Der Terminus, mit dem später der Körper eines lebendigen Menschen bezeichnet wird, *soma*, taucht auch bei Homer auf, hat dort aber die strikte Bedeutung von „Leichnam"; wir haben bei Homer keinen Ausdruck für „Körper". Bei Xenophanes erscheinen die Termini dann in ihrer neuen Bedeutung. In einem der Fragmente erzählt er eine Anekdote über Pythagoras: „Er erlebte einmal im Vorübergehen, daß ein Hund geschlagen wurde. Da ergriff ihn Mitleid und er sagte: Halt ein! Schlag ihn nicht, denn es ist die Seele [*psyche*] eines Mannes, eines Freundes, den ich wiedererkannt habe, als ich den Schrei seiner Stimme vernahm!" Und in dem bereits zitierten Fragment über die Tiere, die ihren Göttern die Form von Tieren geben würden, wenn sie in der Lage wären, Kunstwerke herzustellen, heißen diese Gebilde *somata*.[2] Hier haben wir lebendige Körper von Tieren, Menschen und Göttern; und wir haben eine Psyche, die in ein Tier wandern kann und dabei ihre Identität wahrt.

In Fragment B 7 wird nahegelegt, daß der Pythagoreismus die Quelle der neuen Vorstellung ist. Da direkte pythagoreische Quellen fehlen, haben wir uns bereits in dem Abschnitt über Parmenides mit einer Stelle bei Platon über den Daimon* im Menschen beholfen. Wir gehen nun genauso vor und unterlegen die pythagoreischen Ideen hinsichtlich des Schicksals der Seele, die als Hintergrund für das Philosophieren Heraklits vorausgesetzt werden müssen, mit einer späteren Quelle, den *Katharmoi* (*Reinigungen*) des Empedokles (*fl.* ca. 450 v. Chr.).

Empedokles spricht von einem alten Orakel der Ananke (Notwendigkeit), einem Beschluß der Götter: Wann immer einer der Daimonen, dem ein sehr langes Leben zugemessen ist, sich sündhaft mit Blut befleckt oder einen Meineid geschworen hat, muß er dreimal zehntausend Jahre fernab von den Wohnstätten der Glückseligen umherirren, in allerlei sterbliche Formen geboren werden und die Pfade des Lebens wechseln.[3] Der *daimon* (der uns schon aus dem Abschnitt im *Timaios* bekannt ist) führte einst ein glückseliges Leben und verwirkte es durch eine befleckende Tat. Der Missetat folgten der Absturz in die Sterblickeit und die Wanderung von einem sterblichen Körper in den anderen. Aus der Wohnstätte der Glückseligen

---

2 Diels-Kranz, Xenophanes B 7 und B 15.
3 A.a.O., Empedokles B 115.

„gelangten wir in diese überdachte Höhle".[4] „Aus welchem Range, aus welcher Höhe der Glückseligkeit bin ich gestürzt, um hier auf Erden unter sterblichen Wesen zu wandeln!" (B 119). „Ich weinte und jammerte, als ich den ungewohnten Ort erblickte", den Ort des Todes und des Grolls und der Fäulnis (B 118, B 121). Die Daimonen werden jedoch nicht notwendig zu Menschen; sie können auch Tiere oder Bäume werden (B 127); zuletzt aber werden sie Propheten, Dichter, Ärzte oder Fürsten unter den Sterblichen; und aus dieser letzten Inkarnation steigen sie empor zu den Unsterblichen und gesellen sich wieder zu den Göttern (B 146, B 147).

Aus der allgemeinen Vorstellung von der Seele als einem *daimon*, der aus der Glückseligkeit gefallen ist und nacheinander in eine Reihe sterblicher Körper eingekerkert wird, ergeben sich die pythagoreischen Regeln für die Reinheit und die Reinigung des Lebens.[5] Aus der Mannigfaltigkeit der Details erwähnen wir nur den Abscheu vor dem „Schlachten" zu Opferzwecken und vor dem Verzehr von Fleisch als eine der Wurzeln des Vegetarismus.

Von größerem Interesse ist für uns die Frage: Woher beziehen Pythagoras und Empedokles ihr Wissen von der Metempsychosis? Für die Beantwortung dieser Frage stehen uns nur äußerst dürftige Hinweise zur Verfügung. In einem Fragment, von dem selbst die hellenische Antike meinte, daß es sich auf Pythagoras bezieht, spricht Empedokles von einem Mann mit ungewöhnlichem Wissen, der, wenn er all seine Geisteskraft anspannte, alles „in seinen zehn und zwanzig Menschenleben" (B 129) sehen konnte. Von sich selber weiß er zu sagen, daß er vor seinem jetzigen Leben einst ein Knabe und ein Mädchen, eine Pflanze und ein Vogel und ein Fisch war (B 117). Diese Fragmente scheinen auf eine ekstatische Erfahrung hinzuweisen, in der sich der Geist bis zum äußersten „reckt" oder „anspannt" (*orexaito* in B 129). Aus einer Ekstasis dieser Art, die (wie die Formulierung nahelegt) möglicherweise durch eine Übung herbeigeführt wurde, stammt wahrscheinlich die feste Überzeugung, der Empedokles in seiner Rede an die Bürger von Akragas Ausdruck verleiht:

4 Empedokles B 120. Die Symbolik der Welt der Sterblichen als Höhle unter dem Dach des Himmels wird von Platon in der *Politeia* zum ‚Höhlengleichnis' entwikkelt.

5 Die Vorstellung vom Körper (*soma*) als Gefängnis oder Grab (*sema*) der Seele ist pythagoreisch. Sie taucht in Platons *Phaidon* (62) auf und wird Philolaos zugeschrieben, auch wenn ein älterer Ursprung impliziert wird. Vgl. Platons *Gorgias* (493), wo die *soma-sema*-Vorstellung einem „Weisen" zugeschrieben wird, und *Phaidros* (250 c), wo Platon von dem Zustand spricht, in dem die Seelen noch „rein und nicht eingekerkert" sind.

„Ich wandle unter euch als ein unsterblicher Gott, nicht mehr als Sterblicher“ (B 112). Diese Zusicherung wesenhafter Göttlichkeit zusammen mit der Erfahrung des Absturzes in die sterbliche Verkörperung und einem hohen Maß an Empathie für die Psyche im pflanzlichen und tierischen Leben scheint das erfahrungsmäßige Aggregat zu sein, aus dem sich auf der Ebene der Lehre die Vorstellung von der Seelenwanderung ergibt.[6]

2. Die Erforschung der Seele

Die Vorstellung von der unsterblichen Seele, von ihrem Ursprung, ihrem Fall, ihren Wanderschaften und ihrer höchsten Glückseligkeit, die wir soeben aus den Fragmenten des Empedokles zusammengestellt haben, muß bei den Denkern der Generation um 500 v. Chr. vorausgesetzt werden. Vor allem muß sie bei Heraklit vorausgesetzt werden, der bewußt die Dimensionen seiner Seele erforscht.[7]

Die neue Zielstrebigkeit und Radikalität der Untersuchung ist vielleicht am deutlichsten in dem berühmten Fragment „Charakter – dem Menschen – Daimon“ (B 119) zu spüren. Es ist nicht leicht, die volle Bedeutung des Fragments zu ermessen, weil es ein isoliertes Fragment ist. Bei einer ersten Annäherung sollte man ihm so wenig technische Bedeutung wie möglich zuschreiben und es lediglich als eine Formulierung betrachten, die sich gegen konventionelle Ansichten über den Charakter als dem inneren und dem Daimon als dem äußeren Faktor menschlicher Bestimmung wendet. Auch bei solcher Vorsicht bleibt als wichtige Tatsache, daß der Daimon immanentisiert und mit dem Charakter (*ethos*) identifiziert wird. Wenn wir das Fragment jedoch im Kontext der pythagoreischen Seelenvorstellung betrachten (eine Vorgehensweise, die uns durchaus gerechtfertigt erscheint), dann identifiziert Heraklit darin *daimon* im pythagoreischen Sinn mit jener Struktur der Seele, die er mit dem Terminus *ethos* bezeichnet. Diese Identifizierung würde den folgenschweren Bruch mit

---

6 Die pythagoreische Seelenwanderung wurde bei Platon zum Totengericht weiterentwickelt.

7 Die folgende Interpretation Heraklits beruft sich hauptsächlich auf Olof Gigons *Untersuchungen zu Heraklit*, Leipzig, 1935, sowie auf *Der Ursprung der griechischen Philosophie* dieses Autors, a.a.O.; ferner auf Werner Jaegers *Die Theologie der frühen griechischen Denker*, a.a.O. Sehr wertvoll waren die Seiten über Heraklit in Bruno Snells *Die Entdeckung des Geistes*, 2. Aufl., Hamburg, 1948, S. 32 ff. Die genannten Werke haben das Heraklit-Verständnis auf eine neue Grundlage gestellt.

dem archaischen, unaufhebbaren Zusammenhang von Unsterblichkeit und Göttlichkeit implizieren. Um unsterblich zu sein, müßte die Seele kein *daimon* sein; und wir würden uns von einer theomorphen auf eine wahrhaft menschliche Seelenvorstellung zubewegen. Die Grundlage für eine kritische, philosophische Anthropologie wäre geschaffen.[8]

Wir glauben in der Tat, daß darin die große Leistung Heraklits besteht. Und wir sehen uns in unserer Deutung bestärkt, wenn wir das Fragment in den Kontext der heraklitischen Bedeutungszusammenhänge stellen. Denn selbst wenn B 119 so verstanden wird, daß *daimon* und *ethos* miteinander identifiziert werden, haben wir noch nicht viel erreicht, so lange wir nicht wissen, was Heraklit unter *ethos* versteht, und die herkömmliche Übersetzung mit „Charakter" hilft nicht weiter. Die benötigte Hilfe kommt von B 78: „Menschliches *ethos* hat keine Einsichten, wohl aber göttliches." Menschliches *ethos* unterscheidet sich vom göttlichen durch das Fehlen von Einsicht (*gnome*). Folglich muß die Bedeutung des Terminus *ethos* über die von Charakter hinausgehen; *ethos* muß also die „Natur" eines Seienden im allgemeinen bezeichnen, sei es menschlich oder göttlich (*theion*). Zudem ist der Unterschied zwischen menschlichem und göttlichem *ethos* sehr erheblich. Das Verhältnis kommt in B 79 zum Ausdruck: „Der Mann heißt kindisch vor der Gottheit [*daimon*] so wie das Kind vor dem Mann." *Daimon* wird in diesem Fragment eigens für die Unterscheidung von Gott und Mensch verwendet. Jenseits dieses Punktes stoßen wir leider auf gewisse Schwierigkeiten, weil die Texte nicht besonders gut erhalten sind. Es scheint, daß Heraklit das Prädikat „das Allein Weise" für seine Gottheit verwendet hat, wie in B 32: „Eins, das Allein Weise [*to sophon mounon*], will doch und will nicht mit dem Namen Zeus benannt werden." Und weiter, in B 108 hält er die Erkenntnis, „daß das Weise von allen Dingen getrennt ist" für das entscheidende Charakteristikum seines Philosophierens. Aber in B 41 spricht er von *hen to sophon,* von dem Einen, das weise ist, als das „Verstehen der Einsicht [*gnome*], die alle Dinge durch alle Dinge steuert [das heißt, das Universum regiert]". *Sophon* scheint eine menschliche Weisheit zu bezeichnen in bezug auf *gnome,* die die Welt

8 Der Terminus „theomorph" hat theoretische Implikationen, die an dieser Stelle nicht ausgeführt werden können. Bei dem so genannten „Anthropomorphismus" archaischer Symbolisierung handelt es sich nicht um eine Symbolisierung von Göttern in menschlicher Gestalt, sondern im Gegenteil um eine Symbolisierung von Bereichen und Kräften der Seele durch Gottheiten. Der „Anthropomorphismus" verschwindet, wenn die Gottheiten in die Seele aufgenommen werden.

regiert.[9] Wenn wir beide Fragmente, so wie sie dastehen, akzeptieren, wäre der Ausdruck *sophon* sowohl auf Gott wie auf den Menschen anwendbar – nur mit dem Unterschied, daß das Prädikat „das Allein Weise" für Gott reserviert ist. Menschliche Weisheit bestände dann im Verstehen, daß sie keine eigene Weisheit besitzt; die menschliche Natur (*ethos*) ist weise, wenn sie *gnome* verstanden hat, die den Kosmos regiert, der allein Gottes ist.

Menschliche und göttliche Natur sind also durch die „Typen" der Weisheit unterschieden und insoweit miteinander verbunden, als die menschliche Weisheit, verglichen mit der göttlichen, im Bewußtsein einer Begrenztheit besteht. Wir wissen um die göttliche Weisheit, haben sie aber nicht; wir partizipieren so weit an ihr, daß wir sie mit unserem Verstehen berühren können, aber wir können sie nicht als unseren Besitz festhalten. Die Erfahrung Heraklits ähnelt der des Parmenides. Aber Heraklit versucht nicht, „Sein" zu artikulieren, indem er es logisch expliziert; ihn beschäftigt vielmehr die Beziehung zwischen den zwei Naturen und ihren Weisheitstypen. Auf der Ebene der Logik begegnen wir folglich „widersprüchlichen" Formulierungen, die gerade durch ihre Widersprüchlichkeit eine Weisheit ausdrücken, die an der wahren Weisheit teilhat, ohne sie ganz zu besitzen. Deshalb preist Heraklit in dem oben zitierten Fragment B 108 als spezifisches Ergebnis seines Logos (seines Diskurses), der sich von den Logoi aller anderen Denker unterscheidet, die Einsicht, daß das „*sophon* von allen Dingen getrennt ist". Andererseits besteht er in B 50 darauf, daß es für alle, die seinen Logos vernehmen, weise (*sophon*) sei zuzustimmen (*homologeein*), daß „alles eins ist". Das Eine, das weise ist, ist von allen Dingen getrennt; aber für den Menschen, der weise ist, sind alle Dinge das Eine. Der Sinn wird erhellt durch zwei

9 Zur Bedeutung des korrupten Textes sowie zu den verschiedenen Rekonstruktionsversuchen s. Zeller *Die Philosophie der Griechen*, I, 2, Leipzig, 1920, S. 839 ff. Heidel, 1913, und Reinhardt, 1916, haben Textrekonstruktionen vorgeschlagen, die im wesentlichen die folgende Bedeutung haben: „Eines, das Weise, hat allein die Einsicht, durch alles zu regieren." Neuerdings ist man hinsichtlich der Frage geteilter Meinung. Jaeger, *Theologie*, a.a.O., S. 145 und Anm. 58 zu Kap. 7, stellt „das Eine, das Weise" von B 41 in Bezug zur Gottheit mit derselben Formulierung wie in B 32; Gigon, *Ursprung*, a.a.O., S. 258, interpretiert es als menschliche Weisheit. Die Rekonstruktionen, die es als Attribut der Gottheit zuschreiben, gehen von der festen Überzeugung aus, daß die Formulierung *hen to sophon* so eindeutig auf die Gottheit bezogen ist, daß der Text gelitten haben muß. Die Entscheidung für „menschliche Weisheit" berücksichtigt, daß das Fragment bei Diogenes Laertios IX, 1 in einem Kontext erscheint, der beweist, daß der antike Autor es ohne zu zögern als „menschliche Weisheit" verstanden hat.* Wir sind der Ansicht, daß eine endgültige Entscheidung derzeit unmöglich ist.

weitere widersprüchliche Fragmente. In B 40 (auf das wir schon in dem Abschnitt über Xenophanes verwiesen haben) spricht Heraklit von *polymathie*, dem „Vielwissen"*, das kein „Verstehen" lehrt; und in B 129 wird er spezifischer und spricht von Pythagoras, der mehr wissenschaftliche Untersuchungen (*historie*) durchgeführt habe als alle anderen Menschen und dabei nur zu einer eigenen Weisheit (*sophia*), zu einer *polymathie*, einer „schlechten Kunst", gefunden habe. In B 35 besteht er andererseits darauf, daß der „Weisheitsliebende" (*philosophos*) notwendig viele Dinge untersucht (*historein*) haben müsse. Die Absicht Heraklits wird nun klarer erkennbar. Menschliche Weisheit ist kein fertiger Besitz, sondern ein Prozeß. Die Partizipation an der göttlichen Weisheit, die von allen Dingen getrennt ist, läßt sich nicht durch einen Sprung über alle Dinge hinaus erreichen; sie ist das Ergebnis der Beschäftigung mit eben diesen Dingen und steigt aus der Mannigfaltigkeit empor zum Einen, das in ihnen allen zu finden ist. Der Versuch kann fehlschlagen; und der Weisheitsliebende, der Philosoph, kann als Polyhistor enden.

In diesem Kontext taucht zum ersten Mal der Terminus „Philosoph" auf, und dabei drängen sich uns die Stellen im *Phaidros* auf, wo Platon – der hier zweifellos Heraklit folgt – über eine neue Bezeichnung für diejenigen Dichter, Redner und Gesetzgeber nachdenkt, die über das geschriebene Wort ihrer Kompositionen hinausgehen können und durch mündliche Verteidigung und Ausführung beweisen, daß ihr Werk in der Tat auf dem Wissen von „Wahrheit" beruht. Die neue Bezeichnung für den Mann von solch höherem Wissen sollte nicht *sophos* lauten – denn das ist ein großer Name, der „Gott allein gebührt" – sondern *philosophos*, was bescheidener und passender ist (278 d). Und diejenigen, die nicht über das Kompilieren und Zusammenschreiben, das Flicken und Aneinanderstücken, hinausgelangen, werden dann zurecht Dichter, Redner und Gesetzemacher genannt (278 d-e). Daß Platon das lebendige, gesprochene Wort dem bloß geschriebenen gegenüberstellt – was bis heute Gegenstand der Debatte ist – erhellt die Intention Heraklits, die ihrerseits die seine erhellt. Eine literarische Komposition als solche scheint deshalb voller Gefahren, weil sie die Illusion erzeugt, daß „Wahrheit" oder „Weisheit" vollständig zum Ausdruck gebracht und im Werk gespeichert werden können. Die lebendige Wahrheit hingegen ist eine Bewegung der Seele in Richtung auf das göttliche *sophon*, und eine solche Bewegung läßt sich nie ganz in eine Form bannen. Daher hat das Werk nur insofern Qualität, als es diese Bewegung gebannt hat, so daß seine Formulierungen die entsprechende Bewegung in der Seele des Lesers auslösen; Prüfstein für diese Qualität ist die Fähigkeit des Schöpfers, seinen Gegenstand aus dem Reichtum seiner Seele mündlich weiter zu entfalten. Durch einen solchen freien mündlichen Ausdruck im Gespräch beweist er, daß er wirklich schöpferisch und nicht nur ein geschickter Polyhistor oder kunstreicher Handwerker ist, der mit dem von der Tradition bereitgestellten Werkzeugen etwas zusammengezimmert hat. Heraklits Angriff richtet sich in erster Linie gegen den Fakten sammelnden Polyhistor, der Angriff Platons richtet sich in erster Linie gegen die geschickten Techniker der Dicht-, Gesetzes- und Redekunst. Sowohl Heraklit wie Platon stimmen aber darin überein, daß kein schriftliches Werk Anspruch auf „Wahrheit" erheben kann, wenn es nicht durch die Bewegung der Psyche zum *sophon* beglaubigt ist. Das Problem der Wahrheit wird also so weit differenziert, daß die liebende Bewegung der Seele hin zum „Allein Weisen" als Quelle all der Wahrheit anerkannt wird, die das Erzeugnis des Denkers oder Dichters womöglich hat. Insofern dieses Anerkennen eine klare Unterscheidung zwischen der Göttlichkeit der „Weisheit" und der Menschlichkeit der „Liebe zur Weisheit" impliziert, wird die philosophische Orientierung der Seele das wesentliche Kriterium für „wahres" Menschsein. Die Seele des Menschen ist nur dann eine Quelle der Wahrheit, wenn sie kraft der Weisheitsliebe auf Gott gerichtet ist. Bei Heraklit beginnt sich die Vorstellung von der Ordnung der Seele zu bilden, die sich bei Platon zu dem durchgängigen Prinzip der politischen Wissenschaft entfaltet, daß die richtige Ordnung der Seele durch die Philosophie die Maßstäbe für die richtige Ordnung der menschlichen Gesellschaft bereitstellt.

Wenn die Natur, das *ethos* des Menschen, in einem Prozeß oder in einer Bewegung zu finden ist, die entweder die Zunahme an Weisheit oder ein Verfehlen der Weisheit zur Folge hat, dürfen wir zumindest einen Versuch zur Beschreibung der Dynamik der Seele erwarten. Einige der erhaltenen Fragmente zeigen, daß Heraklit sich in der Tat mit dieser Frage beschäftigt hat. In B 45 sagt er: „Der Seele Grenzen wirst du nicht ausfindig machen, so weit du auch gehen magst; so tief ist ihr Logos."* Ob „Logos" in diesem Fragment einfach Ausdehnung oder Ausmaß bedeutet (wie Burnet vorschlägt), oder ob Logos eine intelligente Substanz mit einer Tiefe des Verstehens meint, läßt sich allein aufgrund dieses Satzes nicht entscheiden. Wir ziehen die zweite Annahme vor, weil der Logos in B 115 wieder auftaucht: „Die Seele hat einen Logos, der sich selbst mehrt." Dieses Sich-selbst-Mehren oder Anwachsen verdankt sich der forschenden Tätigkeit des Denkers. In B 101 heißt es emphatisch: „Ich habe mich selbst erforscht [oder: untersucht]". Dieser Satz ist bestimmt kein Bekenntnis zu introspektiven Aktivitäten im modernen Sinn, sondern weist eher auf eine Erkundung bisher unvermuteter Tiefen der Seele hin, durch die ihr Selbstverständnis zunimmt.[10] Die Polarität dieser forschenden Bewegung kommt wieder durch „Widersprüche" zum Ausdruck. Einerseits heißt es: „Alles, wovon es Gesicht, Gehör, Kunde gibt, schätze ich am höchsten" (B 55); andererseits aber: „Die unsichtbare Harmonie ist besser [oder: größer, mächtiger] als die sichtbare" (B 54).* Die Bewegung geht also von der sichtbaren zur unsichtbaren Wahrheit. Die unsichtbare Wahrheit aber ist schwer zu finden und wird überhaupt nicht gefunden, es sei denn die Seele ist belebt durch ein erwartungsvolles Drängen in die richtige Richtung. „Wenn ihr nicht hofft, werdet ihr das Ungehoffte nicht finden, denn es ist schwer zu finden und der Weg zu ihm nahezu ungangbar" (B 18). „Die Natur liebt es, sich zu verstecken" (B 123) und „Durch Unglauben [*apistie*] entzieht sich das Göttliche [?] der Erkenntnis" (B 86). Wenn die Seele keine Richtung durch das erwartungsvolle Drängen von Hoffnung (*elpis*) und Glauben (*pistis*) hat, wird es keine Bewegung vom Sichtbaren zum Unsichtbaren geben. Die gewöhnlichen Erfahrungen bleiben unentschlüsselt und können sogar in die Irre führen: „Die Narren [*asynetoi*], auch wenn sie hören, sind sie wie Taube, von denen es heißt: ‚Anwesend sind sie abwesend' (B 34); und „Augen und Ohren sind schlechte Zeugen für Menschen, die Barbarenseelen haben" (B 107). Und vor allem ist das Schicksal der Seele den „Narren" verborgen: „Im Tode erwartet die Menschen, was sie weder hoffen noch vermuten" (B 27).

Die Sprache Heraklits ist der Symbolik des paulinischen Christentums sehr nahe. Liebe, Hoffnung und Glaube sind die richtungweisenden Kräfte in der Seele; die unsichtbare Einstimmung ist schwer zu finden, wenn sie nicht erhofft wird; und das Göttliche entzieht sich der Erkenntnis, wenn wir keinen Glauben haben. Wir werden sehr an *Hebräer* 11,1 erinnert: „Glaube ist die Substanz der erhofften und der Beweis der ungeschauten Dinge."** Es gibt keinen

10 B 101 ist auch in anderen Versionen erhalten, die die Interpretation zulassen, daß Heraklit darauf insistiert hat, von keinem Lehrer abhängig gewesen zu sein. Ich ziehe die im Text gegebene Interpretation vor, weil sie zum delphischen Stil des heraklitischen Denkens paßt. Es ist durchaus möglich, daß das Fragment zum Ausdruck bringt, daß dem delphischen Befehl „erkenne dich selbst" Folge geleistet wurde. Wann immer ich mich entscheiden muß zwischen zwei Interpretationen, die beide philologisch vertretbar sind, ziehe ich aus Prinzip die tiefere der flacheren Bedeutung vor.

Grund, die Bedeutung derartiger Parallelen zu schmälern; man sollte ihnen Beachtung schenken (obwohl dies kaum geschieht), um zu würdigen, welche Vorbereitungszeit nötig war, ehe die transzendente Wirklichkeit in das Christentum einbrach und welche historische Stoßkraft das Leben der Seele gewonnen hatte, als es in die Erfahrung der Offenbarung einmündete. Andererseits sollten die Parallelen nicht überbewertet werden. Heraklit ist weit davon entfernt, eine *anima naturaliter Christiana* zu sein. Die Erforschung der Seele, die in die christliche Richtung führt, ist ein Zug seines weit ausgreifenden Philosophierens, und sie ist tief eingebettet in die Erfahrungen des unendlichen Fließens und der kosmischen Zyklen. In seinem Werk gibt es auch nicht den Anflug von Offenbarung; das Göttliche ist in der Tat verborgen und offenbart sich nicht klar in der Seele. „Der Herr zu Delphi sagt nichts noch verbirgt er, sondern er bedeutet" (B 93). Und wenn er sich durch das Wort manifestiert, benutzt er die Sprache des Orakels: „Die Sibylle, die mit rasendem Mund Ungelachtes, Ungeschminktes, Ungesalbtes redet, reicht mit ihrer Stimme durch tausend Jahre, denn sie ist erfüllt von dem Gott" (B 92). Heraklit wählt die Form des Orakels mit Bedacht als die am besten geeignete für eine menschliche Äußerung, die erfüllt ist von dem Gott; sie trägt seine Weisheit durch die Zeiten. Diese Form ist seine Leistung und seine Grenze; sie liegt etwa auf halbem Wege zwischen dem Mythos der Dichter und dem platonischen Mythos der Seele.[11]

3. Die Philosophie der Ordnung

Das Werk Heraklits ist nur in Fragmenten erhalten. Sie sind Teile dessen, was einmal ein „Buch" war. Angesichts der orakelhaften Form der erhaltenen Sätze kann es sich bei dem „Buch" kaum um einen argumentativen philosophischen Diskurs gehandelt haben, es muß vielmehr eine sorgfältig überlegte Zusammenstellung delphischer „Hinweise" oder „Zeichen" gewesen sein. Es ist daher nicht verwunderlich, daß selbst in der Antike die Denker, denen das „Buch" vorlag, sehr unterschiedliche Auffassungen zur Natur seines Inhalts äußerten. Diogenes Laertios nennt es eine Abhandlung *Über die Natur*,

---

11 Heraklit gilt traditionell als „dunkel". Tatsächlich ist er nicht ganz so dunkel, wie die Überlieferung ihn darstellt. Das Niveau und die Form seiner Mystik könnten durch einen Vergleich mit parallelen Phänomenen des Ostens, besonders mit der Mystik des Zen, verständlicher werden. Der Plan dieser Untersuchung erlaubt nicht, solchen Möglichkeiten bei dieser Gelegenheit nachzugehen.

gibt aber die Inhalte als drei Logoi (Diskurse) über das Universum, die Politik und die Theologie wieder. Eine derartige „systematische" Gliederung des Stoffes ist aber zu jener Zeit kaum wahrscheinlich und widerspricht zudem der Kompaktheit der erhaltenen Fragmente. Es sind sogar Zweifel angebracht, ob der Titel *Über die Natur* von Heraklit selbst stammt; die Zuschreibung läßt lediglich darauf schließen, daß das Werk eine hinreichend große Anzahl an Aussagen enthalten haben muß, die jedem, dem der Sinn danach stand, erlaubte, Heraklit als einen „Physiologen" milesischen Typs einzustufen und aus dem „Buch" eine Kosmologie herzuleiten.[12] Auf der anderen Seite haben wir die Auffassung des Grammatikers Diodotos, der darauf insistierte, das Buch handele nicht von der Natur, sondern von der Regierungslehre (*peri politeias*), und der Teil über die Angelegenheiten der Natur diene lediglich „als Paradigma".[13] Die vorhandenen Fragmente legen nahe, daß Diodotos der Wahrheit erheblich näher kommt als die Auffassung, Heraklit sei ein Naturforscher gewesen. Uns scheint, daß es Heraklit um eine Philosophie der Ordnung ging, deren Erfahrungszentrum die Ordnung der Seele war, und sich von dort aus in eine Ordnung der Gesellschaft und des Kosmos entfaltete. Die drei Ordnungstypen wären ontologisch miteinander verbunden, insofern das ordnende Prinzip des Kosmos als eine intelligente Substanz und die Ordnung der Seele als Teil der kosmischen Ordnung konzipiert wurden. Diese Konzeption käme der des späten Platon im *Timaios* und *Kritias* sehr nahe. Die Frage nach dem tatsächlich behandelten Gegenstand muß, falls sie sich von heute aus überhaupt beantworten läßt, anhand einer Analyse der vorhandenen Fragmente entschieden werden unter der Annahme, daß Heraklit ein Denker ersten Ranges war und die aus den erhaltenen Stücken sich ergebenden Bedeutungslinien daher zur Rekonstruktion seines Denkens berechtigen. Wir glauben, daß eine solche Rekonstruktion eher die Auffassung des Diodotos als die der „Physiologen" bestätigt.

Glücklicherweise sind die Eingangssätze des Werkes erhalten, die vermutlich das Thema festlegen:

> Diesen *Logos* hier, können die Menschen, obwohl er ewig ist, nicht verstehen, weder bevor sie ihn vernommen haben noch nachdem sie ihn zum ersten Mal vernommen haben. Denn wenn auch alles gemäß diesem *Logos* geschieht, so gleichen sie doch Unerprobten (*sc.* Unerfahrenen), wenn sie sich an Worten und Werken erproben, wie ich sie

12 Diogenes Laertios IX, 5.*

13 A.a.O., IX, 5.

> darlege, indem ich jegliches Ding nach seiner Natur erkläre und zeige, wie es sich wirklich verhält. Doch den anderen Menschen entgeht, was sie im Wachen vollbringen, ebenso ihrer Aufmerksamkeit wie es ihrem Gedächtnis entfällt, was sie im Schlaf tun (B1).

Heraklit hat eine beträchtliche Anzahl seiner Hauptmotive in die orakelhafte Kompaktheit dieser Sätze verwoben. Er spricht vom Logos und meint seinen Diskurs; aber dieser Logos ist zugleich ein Sinn oder eine Bedeutung, die von Ewigkeit her existiert, ob sie durch den literarischen Logos Heraklits verlautbart wird oder nicht. Die Menschen in ihrer Gesamtheit werden ihn mit oder ohne die Auslegung des Philosophen nicht verstehen. Dann deutet Heraklit an, dieser Logos sei ein Gesetz oder eine Ordnung des Kosmos; denn alles geschieht in Übereinstimmung mit ihm. Da er die alles durchdringende Ordnung der Dinge ist, sollten die Menschen gründlich mit ihm vertraut sein; aber tatsächlich handeln sie so, als hätten sie keinerlei Erfahrung von ihm; und wenn sie dann Heraklits Diskurs mit seiner Auslegung der wahren Natur der Dinge prüfen, ist er ihnen fremd. Die meisten Menschen sind Schlafwandler, die Erfahrungen machen können, ohne daß sie sich der Bedeutung ihrer Erfahrung bewußt werden.

Ehe wir den einzelnen Strängen des komplizierten Gewebes folgen, gilt es die soziale Situation zu reflektieren, die vorausgesetzt wird. Wenn der Logos – ob die Menschen es wissen oder nicht – alle Dinge regiert, und wenn die Menschen ihn nicht verstehen, selbst wenn Heraklit ihn erklärt, dürfen wir fragen, welchen Zweck diese Erklärung hat. Die für Xenophanes schwierig gewordene protreptische Situation wird nun noch komplizierter. Im Falle des früheren Denkers mußten wir bedenken, daß der Mystiker-Philosoph verpflichtet war, seine Einsichten öffentlich zu verbreiten und dementsprechend die Zuhörer die Verpflichtung hatten, in Offenheit für solche Weisheit zu leben; der Sinn dafür, daß die Menschheit durch ein gemeinsames Band des Geistes verbunden ist, begann sich zu bilden. Mit Heraklit ist die Kluft zwischen dem Philosophen und der Masse größer geworden, während sich zugleich der Sinn für das gemeinsame Band und eine geistige Verpflichtung vertieft hat. Der Satz „Man soll nicht handeln und reden wie Schlafende“ (B 73) mag in erster Linie eine Überlegung sein, die Heraklit auf sich selbst bezog,[14] kann aber auch als eine Weisung an die Menschen insgesamt verstanden werden, die

14 Es ist bemerkenswert, daß dieses Fragment durch Marcus Aurelius' *Selbstbetrachtungen*, IV, 46, erhalten geblieben ist.

für den Philosophen die Verpflichtung miteinschließt, die Schlafwandler wachzurütteln. In diese Richtung zumindest weist B 71: „Gedenke auch des Reisenden, der nicht weiß, wohin der Weg führt"; und B 75: „Auch die Schlafenden sind Werker und wirken mit an den Geschehnissen in der Welt."[15] Während Heraklit also skeptisch sein mag, ob die Schlafenden überhaupt imstande sind aufzuwachen, lädt er sie doch ein, an seinem Logos zu partizipieren. Das oben zitierte Fragment B 50 ermahnt sie, mit ihm übereinzustimmen (*homologeein*), aber dabei nicht auf ihn, sondern auf den *logos* zu hören. Die Übereinstimmung mit seinem *logos* wird *homologia* hervorrufen, eine Konzeption von Gemeinschaft, die eine Vorform der *homonoia* bei Aristoteles, Alexander und bei Paulus ist.

Da die Ausdrucksweise Heraklits nicht diskursiv sondern orakelhaft ist, wollen wir die Methode anweden, dem Wortmuster in den Fragmenten nachzugehen, um einen umfassenderen Bedeutungszusammenhang zu rekonstruieren:

1.) Wenn wir die Eingangssätze (B 1) als Ausgangspunkt nehmen, können wir die durch den Terminus Logos gewiesene Richtung einschlagen. In B 2 macht Heraklit es allen Menschen zur Pflicht, „dem Gemeinsamen [*xynon*] zu folgen". Und dann fährt er fort mit der Klage: „Doch obschon der Logos gemeinsam ist, leben die Vielen, als hätten sie eine eigene Weisheit [*idian phronesin*]." Der Logos ist das den Menschen Gemeinsame, und wenn sie im Hinblick auf den Logos übereinstimmen (*homologia*), sind sie wahrhaft in Gemeinschaft.

2.) Das Wortpaar gemeinsam-privat wird dann in B 89 mit dem Wortpaar wachend-schlafend (B 1) gleichgesetzt: „Die Wachenden haben die eine und einzige Welt [*kosmos*] gemeinsam, die Schlafwandler aber wenden sich ab in ihre privaten Welten."

3.) In B 2 taucht dann der Terminus Phronesis auf und wird in eine spezifische Relation zu der gemeinschaftstiftenden Qualität des Logos gesetzt, was durch B 113 bekräftigt wird: „Gemeinsam ist allen Menschen zu verstehen [*phroneein*]." Phronesis tendiert unverkennbar dazu, die Bedeutung von besonnener Weisheit in ethischen und politischen Angelegenheiten anzunehmen, eine Tendenz, die wir dann bei Aristoteles voll entwickelt finden.

4.) Phronesis muß diese Funktion jedoch mit dem Nous teilen, den wir von Xenophanes und Parmenides her kennen. Denn indem

15 Auch B 75 blieb durch Marcus Aurelius (VI, 42) erhalten im Kontext einer Überlegung, daß wir alle an der Erfüllung desselben Plans mitwirken, einige wissentlich und verstehend, andere ohne es zu wissen.

er mit einer Lautassoziation spielt, sagt Heraklit in B 114: „Diejenigen, die mit Verstand [*xyn nooi*] reden, müssen sich stark machen mit dem, was allen gemeinsam [*xynoi*] ist." Das Gemeinsame des Logos geht also auch in Opposition zum „Vielwissen" (B 40), das kein Verstehen (*noon*) lehrt, während die *polymathie* von Hesiod, Pythagoras, Xenophanes und Hekataios auf die Seite der Schlafwandler rückt.

5.) Mehr noch, das phonetische Spiel in B 114 trägt die Bedeutung des gemeinsamen Nous in den gemeinsamen Nomos hinein: „Diejenigen, die mit Verstand [*nooi*] reden, müssen sich stark machen mit dem, was allen gemeinsam ist, wie die Polis mit dem Gesetz [*nomoi*], nur noch viel stärker. Denn alle menschlichen Gesetze nähren sich von dem einen göttlichen Gesetz, das herrscht so weit es will, und genügt für alle Dinge und ist mehr als genug."* Das spätere Spiel Platons mit Nous und Nomos geht wahrscheinlich auf diesen Satz Heraklits zurück.

6.) Wenn man dem Terminus *xynon* weiter nachgeht, gelangt man zum Inhalt der gemeinsamen Ordnung bzw. des gemeinsamen Gesetzes oder Logos. In B 80 heißt es: „Man soll wissen, daß der Krieg das Gemeinsame [*xynon*] ist und daß Gerechtigkeit [*dike*] Streit [*eris*] ist, und daß alle Dinge aufgrund von Streit und Schuldigkeit [oder: Notwendigkeit] entstehen."** Krieg (*polemos*) ist bei Heraklit das beherrschende Symbol für die Ordnung der Welt, in der der Mensch sich befindet: „Krieg ist der Vater von allem und von allem der König; die einen erweist er als Götter, die anderen als Menschen; die einen macht er zu Sklaven, die anderen wiederum zu Freien" (B 53).*** Die Herrschaft des Krieges gilt für Menschen wie für Götter: „Unsterbliche – Sterbliche, Sterbliche – Unsterbliche, sie leben einer des anderen Tod und sterben einer des anderen Leben" (B 62). Und sie hat auch Gültigkeit für die Himmelskörper: „Die Sonne wird ihr Maß nicht überschreiten; sonst werden die Erinyen, die Handlangerinnen der Dike, sie ausfindig machen" (B 94).

7.) Jenseits dieses Kosmos, der B 89 zufolge für alle Wachenden „ein einziger und allen gemeinsamer" ist, liegt das Prinzip, das in ihm lebt: „Diese Ordnung [*kosmos*], dieselbe für alle, hat kein Gott und kein Mensch gemacht; sondern sie war immer [*aei*] und ist und wird sein ewig-lebendiges [*aeizoon*] Feuer, [entstehend] nach Maßen sich entzündend, [abnehmend] nach Maßen verlöschend" (B 30). Der Herrscher des Kosmos legt die Ordnung fest, durch die alle Dinge entstehen und vergehen. „Alles steuert der Blitz" (B 64). „Das herankommende Feuer wird alle Dinge richten und verurteilen" (B 66). Dieses Feuer ist jenseits aller Feuer innerhalb des Kosmos und sogar jenseits der Sonne: „Wie könnte einer sich bergen vor dem, was nie untergeht" (B 16). Und schließlich ist dieses Feuer *phronimon*, das heißt, mit Intelligenz oder Weisheit ausgestattet (B 64).

Dieser Kern von aufeinander bezogenen Bedeutungen, die alle von den Eingangssätzen des Werkes abhängen, ist offensichtlich der Versuch zu einer Philosophie der Ordnung. Der Terminus „gemeinsam" wird als die alles einschließende Bezeichnung für die gemeinschaftstiftende Funktion des Logos verwendet. Und das „Gemeinsame" wird in der Folge mit der Ordnung des Kosmos, mit dem göttlichen Gesetz und mit der Herrschaft des Krieges identifiziert, die Werden und Vergehen aller Dinge regiert.

Um zu einem besseren Verständnis dieser Symbole zu gelangen, muß man sich bewußt sein, daß sie eine Vorgeschichte in der milesischen Philosophie haben und daß ihre Bedeutungen eine wahrscheinlich bewußte Differenzierung enthalten, die über frühere Versuche hinausgeht. Insbesondere gibt es da ein Fragment von Anaximander: „Anfang und Ursprung der seienden Dinge ist das Apeiron ... Woraus aber das Werden der seienden Dinge ist, in das hinein geschieht aus notwendiger Schuld auch ihr Vergehen; denn sie zahlen einander gerechte Strafe [*dike*] und Buße für ihre Ungerechtigkeit [*adikia*] nach der Anordnung [oder: dem Dekret, *taxis*] der Zeit.[16]* Obwohl der Terminus *kosmos* in dieser Passage nicht auftaucht, werden „die Dinge" eindeutig als Universum mit einem geordneten Ablauf vorgestellt. Und, wie die Gesetzes-Terminologie zeigt, wird die Ordnung nach dem Modell eines Gerichtsprozesses vorgestellt, in dem Recht gesprochen wird, – das Dekret der Zeit besteht darin, daß es „die Dinge" aus ihrer Existenz in das zurücklenkt, woraus sie kamen, damit andere Dinge für die ihnen zugemessene Zeit existieren können. Der „Kosmos" ist nicht etwas, das durch Beobachtung der Außenwelt gefunden wird; er ist vielmehr die Projektion einer menschlichen Ordnung ins Universum. Dies ist grundsätzlich bereits die Erfahrung, die Heraklit in der Formel zum Ausdruck brachte: „sie leben einer des anderen Tod und sterben einer des anderen Leben". Indem sie die Ordnung von der Gesellschaft in den Kosmos projizieren, haben Anaximander und Heraklit einen „Typus" geschaffen, der den gesamten späteren Verlauf der griechischen und westlichen politischen Theorie insofern bestimmt hat, als Platon dem Paradigma dieser Projektion (wie Jaeger erkannt hat) in seiner Konzeption der

16 Diels-Kranz, Anaximander B 1. Zur Interpretation s. Jaeger, *Paideia* I, S. 154 ff. und *Theologie*, S. 47 ff.

Polis der Idee* als „großgeschriebener Mensch" und auch (wie wir hinzufügen dürfen) in seiner Konzeption des Kosmos als Psyche folgte.

Die Linie, die von Anaximander zu Heraklit verläuft, ist unverkennbar. Und doch befindet sich Heraklit nicht einfach in der Nachfolge der milesischen Naturforscher. Bei unserer Analyse von Xenophanes haben wir zwischen den zwei Transzendenzerfahrungen unterschieden, die zu dem Symbol einer *arche* der „Dinge" beziehungsweise zu dem Symbol einer universalen Gottheit führen. In der ersten dieser Erfahrungen wurde die Natur in ihrem unendlichen Fluß durchsichtig für den Ursprung des Fließens selbst; in der zweiten dieser Erfahrungen wurde das Transzendieren der Seele in Richtung auf das Realissimum als universales Charakteristikum aller Menschen verstanden. Beide Erfahrungen wurden dann dahingehend interpretiert, daß sie auf dieselbe tranzendente Realität verweisen, und die Identität kam in der Formel „das Eine ist Gott" zum Ausdruck. Diese Identität, die sich bei Anaximander und selbst bei Xenophanes noch im Stadium der Entdeckung und des tastenden Ausdrucks befindet, wird von Heraklit als bestehend vorausgesetzt; der ephesische Denker hält sie für selbstverständlich und entwickelt ihre spekulativen Konsequenzen. Der Kosmos ist nun Natur im milesischen Sinn und zugleich die Manifestation der unsichtbaren, universalen Gottheit; er ist ein den Sinnen gegebenes Universum und zugleich „Zeichen" des unsichtbaren Gottes.

Die vorläufige Formulierung des Problems mag als Richtschnur für eine Gruppe von Fragmenten dienen, die nicht alle leicht zu entschlüsseln sind, wenn sie isoliert und ohne solche Anleitung betrachtet werden. Da gibt es zunächst eine schlichte Aussage bezüglich der Identität der sichtbaren Welt und ihres unsichtbaren Grundes in B 10: „Aus allem ist Eins und aus Einem ist alles." Aber derselbe Gedanke läßt sich auch durch „Widersprüche" ausdrücken. Einerseits sind da die bereits zitierten Fragmente über den einen und gemeinsamen und durch die ewig-lebendige Ordnung des Feuers belebten *kosmos*; und andererseits ist da B 124: „Der schönste *kosmos* ist wie ein Haufen aufs Geratewohl hingeschütteter Dinge." Der Kosmos ist also nur insofern Ordnung, als er durchsichtig für die unsichtbare ordnende Kraft ist, aber er ist Unordnung, wenn er als undurchsichtige, äußerliche Anordnung von „Dingen" gesehen wird. Dann gibt es zwei Fragmente, die jedes für sich auf die zwei Dimensionen transzendenter Erfahrung „hinzuweisen" scheinen. Da ist das trügerisch einfache B 103: „Gemeinsam [*xynon*] – Anfang und Ende [*arche kai peras*] – im Kreisumfang." Höchstwahrscheinlich deutet dieser Satz nicht auf ein Interesse an der Geometrie, sondern verwendet den Kreis als Symbol für die Identität von Anfang und Ende im *xynon* und ist eine adäquatere Artikulation des Gedankens von Anaximander, daß „die Dinge" in das hinein vergehen, woraus sie entstanden sind. Die milesische Suche nach dem Anfang auf der horizontalen Linie des Flusses der Dinge wird nun durch das Symbol des Kreises zurückgebogen, so daß Anfang und Ende zusammentreffen in der immerwährenden Präsenz des *xynon*, das in der vertikalen Ausrichtung der Seele auf das „All-Weise" erfahren wird. Und diese vertikale Richtung selbst kommt in B 60 zum Ausdruck: „Der Weg [*hodos*] – hinauf und hinab – ein und derselbe" – ein Satz, der beinahe wie eine Antwort auf die einbahnige Spekulation des Parmenides klingt und die ontologische Lücke des eleatischen Denkers überbrückt. Und schließlich müssen wir in diesem Kontext einen der enigmatischsten Aussprüche Heraklits betrachten, B 52: „Aion ist ein Kind, das spielt, hin und her die Brettsteine setzt; die königliche Herrschaft [oder: das Königtum, *basileie*] ist die eines Kindes." Die konventionellen Übersetzungen von Aion mit „Zeit" (Diels, Bywater, Nestle, Burnet) sind nicht hilfreich, denn Aion ist eine Gottheit und wurde in der Antike als solche verstanden. Selbst für Clemens von Alexandria war das spielende Kind selbstverständlich noch Zeus.[17] Und Euripides verband Aion, „das Kind des Chronos", mit Moira, die „viele Dinge" voranbringt und reifen läßt.[18] Zudem gibt es zu dem „spielenden Kind" sehr wahrscheinlich auch einen orphischen und einen kretischen Hintergrund.[19] Wie immer die mythologische Herkunft des heraklitischen Aion geartet sein mag, es scheint uns ziemlich sicher, daß der Ephesier ein Symbol schaffen wollte, das die Ambiguität von Ordnung und Unordnung im *kosmos* ausdrückt, eine Ambiguität, die in B 102 offen ausgesprochen wird: „Für Gott sind alle Dinge schön, gut und gerecht, aber die Menschen halten manche Dinge für gerecht, manche für ungerecht." Sicherlich hat Platon das Symbol in diesem Sinn verstanden, als er das Brettspiele spielende Kind (*paizon, petteuon*) zum Gott der *Nomoi* (903d) weiterentwickelte, zum Spieler

17 Clemens, *Paedagogos* 22, 1.*

18 Euripides, *Heraclidae* 898-900.*

19 Axel W. Persson, *The Religion of Greece in Prehistoric Times*, Berkeley – Los Angeles, 1942, S. 136 ff., und Vittorio D. Macchioro, *From Orpheus to Paul*, New York, 1930, S. 171 ff.

(*petteutes*), der die Steine nach einer Ordnung hin und her rückt, die dem Menschen als Unordnung erscheint.[20]

Die Spannung zwischen der Erfahrung des Flusses der „Dinge" und der Erfahrung von einer Richtung der Seele auf das göttliche „All-Weise" hin sowie die Spannung zwischen den diese Erfahrungen ausdrückenden Symbolen bleiben von nun an bis ins Spätwerk Platons und bis zu Aristoteles in unterschiedlichen Graden der Bewußtheit, ein beherrschender Typus der hellenischen Ordnungsspekulation. Die Spannung hat nicht nachgelassen. Weder ist die erotische Orientierung der Seele in Richtung auf das *sophon* zu einem eschatologischen Verlangen nach Weltflucht geworden, noch degenerierte die leidenschaftliche Partizipation am Fluß und am Kampf der „Dinge" zu einem romantischen Sich-Ausliefern an den Fluß der Geschichte oder an eine ewige Wiederkehr. Das emotionale Gleichgewicht zwischen den beiden Möglichkeiten war prekär, und in der Generation der Sophisten nach Heraklit begann sich die Belastung zu zeigen; Gestalten kleineren Formats pflegten darunter zu zerbrechen, aber die großen Denker hielten die Balance. Ein Gutteil der Fehlinterpretation von Platon und Aristoteles könnte vermieden werden, wenn dieses Problem verstanden würde; und wir müssen uns nun seiner bewußt werden, wenn wir die fein nuancierten Bedeutungen der allzu wenigen Fragmente Heraklits interpretieren, die seine Ordnungsphilosophie auf die konkretere Ebene von menschlichem Schicksal und politischem Verhalten übertragen.

Wir wollen mit dem Fluß der Dinge beginnen. Heraklit hat seine Erfahrung des Fließens in so berühmten Sätzen ausgedrückt, wie: „Man kann nicht zweimal in denselben Fluß steigen (B 91), und „Denen, die in dieselben Flüsse steigen, strömen andere und wieder andere Wasser zu" (B 12). Der Mensch partizipiert am Fließen, und das Kunststück, zweimal in denselben Fluß zu steigen, ist auch deswegen unmöglich, weil der Mensch sich in der Zwischenzeit verändert hat und nicht mehr derselbe ist: „In dieselben Wellen steigen wir und steigen wir nicht: wir sind es und wir sind es nicht" (B 49a). Die ständige Veränderung kann sogar monoton werden: „Ein Tag ist wie jeder andere" (B 106). Die ziellose Monotonie des Flusses wird dann durch das Verlangen daran teilzuhaben durch so etwas wie einen animalischen Trieb unterbrochen: „Wenn sie geboren sind, wollen sie

20 Wir vermuten, daß die Herkunft des „königlichen Herrschers" in Platons *Politikos* ebenfalls zum Teil auf den Aion Heraklits zurückgeht.

leben und ihrem Todeslos begegnen; und sie hinterlassen Kinder, denen ebenfalls das Todeslos [*morous*] beschieden ist" (B 20). Und die Wurzeln dieses animalischen Triebes, um den Preis des Todes zu leben, reichen sogar noch tiefer bis in den kosmischen Drang der Eris (B 80), der alles ins Dasein bringt.

Eris und das Verlangen zu leben symbolisieren die Leidenschaft, am Fließen zu partizipieren, aber sie geben keinen Zweck zu erkennen. Die Frage des Ziels wird in ganz allgemeiner Form von Diogenes Laertios in einem Bericht über die Philosophie Heraklits aufgeworfen. Es heißt dort: „Von den Gegensätzen wird das, was zur Geburt [*genesis*] drängt, Krieg und Streit genannt und das, was zur Vernichtung durch das Feuer [*ekpyrosis*] drängt, wird *homologia* und Frieden genannt."[21]* Die stoische *ekpyrosis* ist ein fragwürdiger Punkt in diesem Bericht, aber im übrigen klingt die Sprache echt genug, um die Annahme zu rechtfertigen, daß Heraklit das Ziel des Daseins in der Tat als Befreiung vom Existenzkampf und als eine Umwandlung in den Frieden der *homologia* konzipiert hatte. Die Richtung auf den Frieden des Logos wird jedoch durch die Überlegung im Gleichgewicht gehalten, Homer habe unrecht gehabt mit seinem Wunsch, „daß der Streit [*eris*] unter Göttern und Menschen vergehen möge", weil Leben, das Existenz im Streit ist, dann gänzlich verschwinden würde.[22] Auf der Ebene des animalischen und kosmischen Triebes ist der Tod der Preis, der für das Leben bezahlt werden muß; auf der Ebene der Reflexion über das Ziel ist das Leben der Preis, der für die Umwandlung im Tod bezahlt werden muß. Die Spannung kommt meisterlich in dem Symbol zum Ausdruck: „Der Name des Bogens [*biós*] ist Leben [*bíos*], aber sein Werk ist Tod" (B 48).

Das Leben wird also zum Schauplatz des Kampfes, in dem die Einheit mit dem Logos erreicht wird oder vielmehr erreicht werden sollte, denn nicht alle Menschen sind gewillt, diesen Kampf zu führen. „Die Vielen verstehen solche Dinge nicht, auch wenn sie auf sie stoßen; und wenn sie sie erlernen, erfahren sie sie nicht, aber bilden es sich ein" (B 17). „Denn welches Denken oder welche Weisheit haben sie? Volkssängern glauben sie und zum Lehrer haben sie den Pöbel; denn das wissen sie nicht: ‚die Vielen sind schlecht, wenige nur gut'" (B 104). Die Wege trennen sich jäh: „Eins gibt es, was die Besten allem anderen vorziehen: ewigen Ruhm unter Sterblichen; die Vielen fressen sich voll wie das Vieh" (B 29). Und der Weg der Wenigen ist

---

21 Diogenes Laertios IX, 8. Diels-Kranz, Heraklit A 1.

22 Diels-Kranz, Heraklit A 22.

nicht leicht zu gehen; er ist ein ständiger Kampf, wie das unvollständige Fragment B 85 andeutet: „Gegen das Verlangen des Herzens [*thymos*] anzukämpfen ist schwer", und doch muß es getan werden, denn „was es auch will, es erkauft es um den Preis der Seele." Zum ersten Mal taucht die Seele, die Psyche, als Gegenstand menschlicher Sorge auf; ihr Wohlergehen muß durch die Unterdrückung von Wünschen gesucht werden. „Für die Menschen wäre es nicht gut, wenn ihnen alles zuteil wird, was sie verlangen" (B 110); und wenn die Wünsche überhand nehmen, dann „muß die Hybris gelöscht werden, mehr noch als eine Feuersbrunst" (B 43). Die Seele sollte brennen, aber mit dem göttlichen Feuer des Kosmos: „Die trockene Seele ist die weiseste und beste" (B 118); andererseits: „Hat sich ein Mann betrunken, wird er von einem bartlosen Knaben geführt; er taumelt, ohne zu wissen, wohin er geht; denn seine Seele ist feucht" (B 117); unglücklicherweise aber „ist es für die Seelen eine Lust, feucht zu werden" (B 77).[23] Die Disziplin, die die Gesundheit der Seele bewirkt und erhält, ist jedoch keine theoretische wie später die aristotelische; sie ist die Disziplin des Kriegers und Aristokraten, der dem Krieg, dem Vater und König aller Dinge, gehorsam ist: „Götter und Menschen ehren diejenigen, die in der Schlacht gefallen sind" (B 24). Der Frieden des Logos läßt sich nur durch Teilnahme am Existenzkampf erreichen; und es wird das Versprechen in Aussicht gestellt, daß „größeres Schicksal größeren Lohn erlost" (B 25).[24]

Es gibt eine letzte Gruppe von Fragmenten, in die die Erfahrungen, die Heraklit mit seinen Ephesiern gemacht hatte, am eindringlichsten eingegangen sind. „Recht täten die Ephesier, sich Mann für Mann aufzuhängen und ihre Stadt den bartlosen Knaben zu hinterlassen, denn sie haben Hermodoros, ihren besten Mann, verbannt mit den Worten: ‚Von uns soll keiner der beste sein oder, falls er es ist, dann anderswo und bei anderen'" (B 121). Hermodoros ging nach Rom und, so die Überlieferung, man befolgte seinen Rat, als das Zwölftafelgesetz erlassen wurde. Für einen feinfühligen Beobachter konnte ein derartiges Ereignis sehr wohl die tiefe Verderbtheit einer

---

23 In diesen Kontext von der Gesundheit der Seele gehört auch der indirekte Bericht B 46, daß Heraklit die gewöhnliche Meinung oder den Eigendünkel (*oiesis*) als „heilige Krankheit" bezeichnet habe. Falls der Bericht (bei Diogenes Laertios IX, 7) authentisch ist, dann hätte Heraklit den Begriff der Seelenkrankheit (*nosos*) in demselben Sinn verwendet wie Platon in den *Nomoi*.

24 Im Hinblick auf die Verbindung zwischen der Liebe zum All-Weisen und der *askesis* des Kriegers wäre ein Vergleich mit der Mystik des Zen besonders hilfreich für das Verständnis Heraklits.

Gesellschaft aufdecken und ihm die Augen für die Möglichkeit öffnen, daß ein Mensch recht haben könnte und das ganze Volk unrecht. Aus einer solchen Erfahrung ist womöglich das pointierte Fragment B 39 entstanden: „In Priene lebt Bias, der Sohn des Teutames, dessen Geltung [*logos*] größer ist als die der andern", sowie das grimmige B 49: „Ein Mann gilt mir zehntausend, falls er der Beste ist." In einer korrupten Gesellschaft gibt es womöglich nur einen Mann, in dessen Seele das kosmische Feuer brennt und der in Liebe zum göttlichen *nomos* lebt; dann kann es auch zu der Situation kommen, die in B 33 für möglich gehalten wird: „Gesetz [*nomos*] kann auch sein, dem Willen [oder: dem Rat] eines Einzelnen zu gehorchen." Im Licht dieses Satzes muß auch B 44 gelesen werden: „Kämpfen soll das Volk [*demos*] für sein Gesetz wie für seine Mauern" – was impliziert, daß das konkrete Volk nicht danach verlangt, für das Gesetz zu kämpfen, das sich aus dem Göttlichen nährt (B 114).

4. Schlußbemerkungen

Die Mystiker-Philosophen brechen mit dem Mythos, weil sie eine neue Quelle der Wahrheit in ihrer Seele entdeckt haben. Die „unangemessenen" Götter von Homer und Hesiod müssen vor der unsichtbaren Harmonie des transzendenten Realissimum verblassen; und das großartige homerische Epos, das sich auf den zwei Ebenen der Götter und der Menschen abspielte, sinkt zwangsläufig auf das Niveau von „Dichtung" herab, wenn das Drama der Seele mit seinen dem *sophon* zustrebenden nicht greifbaren, stillen Bewegungen der Liebe, der Hoffnung und des Glaubens entdeckt wird. Die Ordnung der Polis kann nicht die unbestrittene, letzte Gesellschaftsordnung bleiben, wenn sich eine Vorstellung vom Menschen bildet, die das Humanum mit dem Leben des gemeinsamen Logos in der Seele jedes Einzelnen identifiziert. Was, negativ gesehen, als Bruch mit dem Mythos erscheint, ist, positiv gesehen, der Übergang von einer theomorphen Symbolisierung von Erfahrungen zu deren Verständnis als Bewegungen der menschlichen Seele selbst. Die wahre Reichweite des Humanum kommt erst in Korrelation mit der radikalen Transzendenz des göttlichen Realissimum in den Blick. Es ist ein Prozeß, der womöglich über sein Ziel hinausschießt – was in dem Jahrhundert nach Heraklit auch der Fall war – insofern das Erkennen des unsichtbaren Gottes dahin degenerieren kann, daß die Existenz Gottes geleugnet wird, wenn Sichtbarkeit das Kriterium für Existenz wird. Die Bewegungen der Seele, die die Spekulationen eines Xenophanes, Parmenides und Heraklit mit Leben erfüllen, sind nicht jedermanns Sache – wie Heraklit richtig diagnostiziert hatte. Die Vielen brauchen Götter, die „Gestalten" haben. Wenn die „Gestalten" der Götter gesellschaftlich wirksam zerstört werden, dann werden die Vielen nicht etwa zu Mystikern, sondern zu Agnostikern. Der agnostische Empiriker ist, wenn wir ihn historisch definieren wollen, ein aufgeklärter Polytheist, der in spiritueller Hinsicht für den Glauben nicht stark genug ist.

Das Hereinbrechen der Transzendenz läßt die Generation der Mystiker-Philosophen zu einer Epoche in der Geschichte werden und hat bis heute tiefgreifende Auswirkungen auf das Problem der gesellschaftlichen Ordnung, weil die alte kollektive Ordnung auf der weniger differenzierten Bewußtseinsebene ständig der Beurteilung (*krisis*) durch die neue Autorität ausgesetzt ist, während die neue Ordnung des Geistes, gesellschaftlich gesehen, eine aristokratische Errungenschaft charismatischer Einzelpersonen ist, der „trockenen" Seelen, die sagen können: „Ich bin gekommen, ein Feuer anzuzünden auf Erden ... Meint ihr, daß ich gekommen bin, Frieden zu bringen auf Erden? Ich sage: Nein, sondern Zwietracht" (Lk 12, 49 und 51).* Dadurch tauchen völlig neue Probleme gesellschaftlicher Organisation auf. Weder läßt sich die hellenische Manifestation des Geistes (oder die christliche Offenbarung des Geistes) aus der Geschichte eliminieren, weil es sich hier auf Seiten des Menschen um Strukturen der Seele handelt; noch kann das Problem der heraklitischen Schlafwandler durch menschliche Machenschaften aus der Geschichte entfernt werden, so viel Feuer die Mystiker und Heiligen unter ihnen auch schüren, um sie aus dem Schlaf aufzustören oder ihnen zumindest Zustände der Wachheit zu bescheren. Die gesellschaftliche Ordnung wird von nun an von der hierarchischen Struktur abhängen, die sich in der autoritativen Selbstbehauptung der charismatischen Seelen bereits seit Hesiod und Sappho sowie in der Einsicht Heraklits abzeichnet, daß Gesetz auch heißen kann, dem Ratschluß eines Einzelnen zu folgen. Und um diese hierarchische Struktur in der sozialen Praxis wirksam werden zu lassen, sind Institutionen erforderlich, um geistige Einsichten weiterzuentwickeln und weiterzugeben sowie die intellektuelle Kultur, die erforderlich ist, um sie über die Generationen hinweg auszulegen und zu kommunizieren und den Vielen in tiefgreifenden Erziehungsprozessen zu vermitteln, die sie richtig aufnehmen können.

Dies ist das Problem, das Platon gesehen hat. Mit dem Philosophen-König hat er das Symbol für die neue Ordnung geschaffen: daß Geist sich mit Macht verbinden muß, um sozial wirksam zu werden. Und diese Forderung ist kein Schutzreflex unter dem Eindruck des Schicksals von Sokrates, das gezeigt hatte, daß die Schlafwandler ihr Ordnungsproblem kurzfristig einfach dadurch lösen können, daß sie eine störende „trockene" Seele töten. Die Forderung entspringt vielmehr der Einsicht des Patrioten, der die Macht seiner Polis verfallen sieht, weil sie nicht mit dem Geist verbunden ist. Das Werk Platons, die Schaffung der Ordnungswissenschaft unter den Bedingungen einer neuen Epoche, kam aber erst auf den Weg, nachdem die Größe und die Katastrophe Athens den Anschauungsunterricht geliefert hatten, der sie zwingend und überzeugend werden ließ.

Teil III:
Das Jahrhundert Athens

Die Spannung zwischen der Polis und dem geistigen Abenteuer der Dichter und Philosophen war die Zivilisationsform von Hellas. Die Möglichkeiten dieses Abenteuers waren jedoch in vollem Umfang aktualisiert worden und wahrscheinlich mit der Generation von Heraklit und Parmenides erschöpft. Der Mythos, der *terminus a quo* der Bewegung in Richtung auf die Transzendenz, war durch die Entdeckung der Seele und ihrer Autorität aufgelöst worden; und ein *terminus ad quem*, ein Volk, das mit den Einsichten der Mystiker-Philosophen leben wollte, war nicht gefunden worden. Das autoritative „Ich aber sage euch ..." bedurfte einer gesellschaftlichen Antwort, wenn es nicht in Form sporadischer Wiederholungen von Einzelpersonen allmählich unwirksam werden sollte.[1] Heraklits Reflexionen über die „Schlafwandler" beleuchten unheilverkündend, daß das großartige Abenteuer in eine gesellschaftliche Sackgasse zu führen drohte. Um wirklich die Form einer Zivilisation zu werden, mußte die Spannung mehr als eine Irritation der Polis durch ein paar Sonderlinge sein. So etwas wie eine Große Erweckung* mußte stattfinden, um eine Gesellschaft zu schaffen, die im Zustand der Wachheit auf die Tiefe der Seele, auf die neue Humanität in der Liebe zum *sophon* antwortete, die von den Philosophen entdeckt worden war.

Diese Große Erweckung war die große Leistung des athenischen Volkes im 5. Jahrhundert v. Chr. – mit Konsequenzen für die Geschichte der Menschheit, die bis heute nicht erschöpft sind. Denn ohne die paradigmatische Existenz Athens bei Marathon hätte es die geistige und intellektuelle Substanz der Gemeinschaft, aus der die politische Philosophie Platons und Aristoteles' schöpfte, nicht gegeben. Nur angesichts des Paradigmas einer solchen Gesellschaft in historischer Existenz ließ sich eine Philosophie der Ordnung für eine Gesellschaft reifer Menschen überzeugend entwickeln.

---

1 Das Problem des Wachstums der Gemeinschaft in Reaktion auf Einzelpersonen, das ich im Text nur andeuten kann, ist das große Thema – unter der Überschrift: Übergang von der geschlossenen zur offenen Gesellschaft – von Bergsons *Les deux sources de la morale et de la religion*, Paris 1932.*

Eine Geschichte Athens unter dem soeben angedeuteten Aspekt muß erst noch geschrieben werden. Die Studie, die wir hier vorlegen, kann diese Lücke nicht füllen, denn um die Hauptthemen einigermaßen adäquat zu behandeln, wäre mehr als ein Band nötig. Die folgenden Seiten sind nicht mehr als eine Auflistung der wesentlichen Probleme. Die Probleme sind in drei Hauptgruppen eingeteilt, und jeder Gruppe ist ein Kapitel gewidmet. Die drei Gruppen sind: (1) Probleme, die mit der Entstehung und mit dem Ende der Tragödie zusammenhängen; (2) Probleme, die mit der sogenannten sophistischen Bewegung in Zusammenhang stehen; und (3) Probleme, die mit dem historischen Aufstieg und Fall Athens als politische Macht zusammenhängen.

Kapitel 10

Die Tragödie

1. Die Wahrheit der Tragödie

Die Erweckung aus dem Schlaf war ein Erwachen zu einem neuen Bewußtsein. Die Athener waren sich in höchstem Maße der historischen Rolle bewußt, die durch den Ruhm und das bittere Ende ihr Schicksal geworden war. Bei Thukydides pries Perikles in seiner großen Gefallenenrede Athen als die „Schule [*paideusis*] von Hellas". Im Pathos der Polis, dem ihr führender Staatsmann seine Stimme lieh, ging das Bewußtsein der Macht im Bewußtsein höchsten menschlichen Ranges auf; das Volk war in den Rang wagemutiger Einzelpersonen aufgerückt; und kollektiv waren die Bürger Athens zu Lehrmeistern der Hellenen geworden. Eine goldene Stunde lang waren in der Geschichte Macht und Geist durch nicht von einander zu trennende Ereignisse, den Sieg Athens im Persischen Krieg und die Schöpfung der Tragödie durch Aischylos, miteinander verbunden.

Solon hatte den Schauplatz vorbereitet. Seine Vorstellung von der Eunomia der Polis hatte das grobe, aber klar umrissene Muster für die Entwicklung in Richtung auf eine konstitutionelle Demokratie festgelegt, die das Volk in die aristokratische Kultur einbezog und den alten Adel dem Prinzip der Isonomie unterstellte.[2] Solons Glaube an Dike und das unsichtbare Maß war grundsätzlich auch der Glaube von Aischylos. Die dazwischen liegenden Hauptereignisse waren die Tyrannis des Peisistratos und die Reform des Kleisthenes.

Solons Reform war im Detail unbefriedigend gewesen, und auf eine Periode des Bürgerkrieges folgte im Jahr 561 die Herrschaft des Peisitratos, des Anführers der armen Landbevölkerung aus den Bergen. Unter seiner Herrschaft wurde der Dionysos-Kult als Staatskult eingeführt, um die Macht des erblichen Priestertums der Adelsclans zu brechen. Im Jahr 535 (oder in einem der zwei folgenden Jahre) trat zum ersten Mal bei den dionysischen Festen Thespis mit seinem Chor der *tragodoi*, der Bock-Sänger, auf; aus dieser archaischen Form

2 „Isonomie" ist der ältere Begriff. Der Begriff „Demokratie" taucht erst im 5. Jahrhundert auf.

sollte eine Generation später die Tragödie entstehen. Von Anfang an war die Tragödie eine kultische Institution des Volkes.

Nach der Vertreibung des Peisistratos und einem kurzen Intermezzo des Parteienstreits konnte Kleisthenes im Jahr 508 die große demokratische Reform ins Werk setzen, die wir in einem früheren Kapitel beschrieben haben.* Mit der territorialen Reorganisation Athens war die Macht der Adelsclans prinzipiell gebrochen, und sogleich machte sich der Stil der neuen Demokratie im politischen Verhalten bemerkbar – durch einsetzende Reibereien mit dem aristokratischen Sparta, mit der Expansion nach Euböa, mit der Unterstützung der ionischen Seestreitmacht bei ihrem Kampf mit Persien, die den persischen Feldzug gegen Athen heraufbeschwor, durch den Ausbau des Hafens von Piräus, durch die große militärische Qualität, die bei Marathon unter Beweis gestellt worden war, sowie mit der hysterischen Bestrafung des siegreichen Generals Miltiades, weil es ihm nicht gelungen war, auch noch Paros zu erobern. Besonders aufschlußreich für diese neue Nervosität in der Politik war das Jahrzehnt zwischen Marathon und Salamis. Jeder wußte, daß auf die persische Niederlage des Jahres 490 zu gegebener Zeit ein großangelegter Krieg folgen würde. Aber anstatt sich systematisch auf den großen Angriff vorzubereiten, führte Athen erfolglos Krieg mit Ägina (489-483), setzte 488/487 eine größere Verfassungsreform in Gang, institutionalisierte den Ostrakismos und praktizierte ihn, um nacheinander Hipparchos, Megakles, Xanthippos und Aristides in die Verbannung zu schicken, und war trotz dieser unsauberen Aktivitäten imstande, Themistokles in die entscheidende Position des *strategos autokrator*, des neuen Führers des Volkes, zu befördern; er war der erste genuin „moderne" Athener, der in seiner komplexen Persönlichkeit bereits die Eigenschaften vereinte, die mit Perikles und Alkibiades Größe und Fall Athens bestimmen sollten.

Was die Tragödie im Leben der athenischen Demokratie bedeutete, läßt sich – wenngleich nur annäherungsweise – dem Stück *Die Frösche* von Aristophanes entnehmen, das die Konfrontation zwischen Aischylos und Euripides beschreibt. Die Dichter erscheinen als die Erzieher des Volkes und stellen ihm eine modellhafte Humanität vor Augen; die Qualität des Volkes hängt dann von dem Typ der Humanität ab, der in den großen Aufführungen bei den dionysischen Festen vorgestellt wird. Aischylos tritt als Erzieher auf, als derjenige, der die Generation der Persischen Kriege geformt hat; Euripides ist der Verderber, verantwortlich für eine Generation verweichlichter Genießer ohne kriegerische Kraft, eine Generation von sophistischen Schwindlern und Rhetoren, eine Generation von Menschen mit inzestuösen Beziehungen, Verbrechen aus Leidenschaft und einem allgemein lockeren Lebenswandel, der einhergeht mit einer Schwächung der Moral in der Kriegsflotte und der Disziplin in der Armee sowie dem Verlust der Tüchtigkeit selbst bei den gymnastischen Übungen. Der Gedanke, hauptsächlich die Dichter für die Ursachen von Athens Größe und Niedergang verantwortlich zu machen, war sicher weit hergeholt. Welche Wirkungen das Verhalten einer Phaedra auf der Bühne aber auf das Liebesleben einer natürlich empfindenden Dame im Publikum auch gehabt haben mag, die Problematik der Tragödie lag nicht auf dieser Ebene. Die Erregung des Aristophanes macht jedoch deutlich, daß die Entwicklung der Tragödie von Aischylos bis Euripides der repräsentative Ausdruck für den politischen Niedergang Athens war.

Während die Anklage gegen Euripides kaum haltbar ist, so ist die Art der Beschuldigung doch von Interesse. Denn die Form, die die Kritik annimmt, ist in sich eine intellektuelle Form politischen Verfalls. Der Aischylos der Komödie besteht darauf, daß der Dichter gegenüber erwachsenen Menschen die Funktion eines Schullehrers vor seiner Klasse habe. Der Dichter ist der Lehrer (*didaskalos*) des Volkes, der offensichtlich in der elementaren Form direkter Unterweisung lehrt, was in Sachen Politik und Moral richtig und falsch ist. Wenn wir Aristophanes richtig verstehen, vertritt er, was wir die „naturalistische" Haltung gegenüber komplexen Kunstwerken nennen könnten, das heißt, die Haltung, die die vielschichtigen Bedeutungsebenen außer acht läßt und aus dem Werk nur die „Story" herausholt. Heute ist dies die Haltung von Literaturkritikern, die Thomas Manns *Zauberberg* als Story über das Leben in einem Sanatorium einstufen, oder James Joyces *Ulysses* als „unmoralisch" oder „unanständig" verdammen. Aristophanes setzt diese Haltung beim Publikum als gegeben voraus – und die Aufführungen der Tragödien von Euripides könnten in der Tat ungesunde Wirkungen auf ein solches Publikum gehabt haben. Wenn indirekte Kommunikation aber unmöglich geworden ist, weil das Publikum nur eine direkte Sprache versteht, ist die Zeit für so komplexe Strukturen wie die großen Tragödien vorbei. Es ist symptomatisch, daß *Die Frösche* Aristophanes seltene Ehrungen bescherten und daß dem Stück die ungewöhnliche Auszeichnung einer zweiten Aufführung zuteil wurde, nicht etwa wegen der großen Qualitäten dieser Komödie, sondern wegen seiner direkten politischen Aufforderung an die Athener (Verse 686-705), diejenigen wieder in ihre Bürgerrechte einzusetzen, die im Jahre 411 v. Chr. an den Komplotten in der Zeit der Vierhundert beteiligt gewesen waren. Dieser Appell wurde als patriotische Großtat angesehen, die Belohnung verdiente. Gewiß, es handelt sich um den Nachglanz einer großen Zeit, daß eine politische Rede eine besonders starke Wirkung haben kann, wenn sie sich auf ein hervorragendes literarisches Werk bezieht, aber es handelt sich eben um nicht mehr als einen Nachglanz, und die Zeit ist reif für den „Unterricht" durch direkte und diskursive Behandlung von Politik.

Der Niedergang der Tragödie hat bereits stattgefunden, wenn wir zur Standardabhandlung über dieses Thema, zur *Poetik* von Aristoteles kommen. Die Tragödie ist eine literarische Gattung geworden, die hinsichtlich ihrer formalen Charakteristika in ihre „Bestandteile" zerlegt werden muß. Aufgrund ihrer formalen Komplexität gilt sie als die wichtigste Gattung; wer die Tragödie versteht, hat alle anderen literarischen Formen verstanden. In der *Poetik* findet sich jedoch kaum die Andeutung eines Hinweises in bezug auf die Substanz und die historische Funktion der Tragödie; offensichtlich war diese Problematik aus Aristoteles' Interessenhorizont gänzlich verschwunden. Das wird deutlich an der berühmten Definition, die Tragödie sei „Nachahmung einer guten und in sich geschlossenen Handlung von bestimmter Größe, in anziehend geformter Sprache, wobei diese formenden Mittel in den einzelnen Abschnitten je verschieden angewandt werden – durch Nachahmung von Handlung und nicht durch Bericht, die Jammer und Schaudern hervorruft und hierdurch eine Reinigung von derartigen Erregungszuständen bewirkt."[3]* Wir nehmen Aristoteles beim Wort wie wir Aristophanes beim Wort genommen haben und gehen davon aus, daß er nach bestem Wissen beschrieb, welche Erfahrungen ein Publikum des 4. Jahrhunderts bei der Aufführung einer Tragödie machte. In ihrer Wirkung auf die Zuschauer ist die Tragödie nun eine Art Psychotherapie geworden. Die Ereignisse auf der Bühne wecken bei den Zuschauern Mitleid, Furcht und andere Gefühle und werden so zum Ventil für aufgestaute Leidenschaften. Die Theorie von Aristoteles ähnelt – wenn wieder ein Vergleich mit heutigen Phänomenen erlaubt ist – der Theorie gewisser moderner Psychologen, die Fußballspiele und ähnliche Sportereignisse deswegen für eine gute Sache halten, weil sie den Zuschauern eine virtuelle Befriedigung ihrer Aggressivität erlauben. Natürlich ist es ein beträchtlicher kultureller Unterschied, ob derartige Gefühls-

3 Aristoteles, *Poetik* VI, 2.

entladungen durch eine griechische Tragödie oder durch Sportveranstaltungen und Kinofilme ermöglicht werden, aber das Prinzip ist dasselbe; der Geist der Tragödie ist dahin.

Dennoch weist Aristoteles auf das eigentliche Problem hin, wenn er den Gegenstand des Dichters mit dem des Historikers vergleicht. Anders als der Historiker (*historikos*) berichtet der Dichter nicht, was tatsächlich geschehen ist, sondern was „der Wahrscheinlichkeit und der Notwendigkeit nach" geschieht. Deshalb ist Dichtung „philosophischer und ernsthafter" als Geschichtsschreibung; sie teilt nicht bloße Fakten mit, sondern übermittelt das „Allgemeine", wir könnten vielleicht sagen, das was „wesentlich" ist.[4] So unbestimmt diese Andeutungen auch sein mögen, so vernehmen wir in ihnen doch ein Echo der Problematik Heraklits und Aischylos'. Das „Vielwissen" des Historikers wird dem „Tiefenwissen" des Philosophen entgegengestellt. Der Dichter erschafft eine Handlung, die eine „allgemeine" Einsicht vermittelt; er partizipiert an der großen Suche nach Wahrheit von Hesiod bis hin zu den Mystiker-Philosophen.

Die Tragödie setzt die Suche nach Wahrheit fort; und Aristoteles hat richtig gesehen, daß da etwas „Allgemeines" um diese Wahrheit ist. Die Handlung der Tragödie, ihr *drama*, ist weder eine Information über einzelne Ereignisse noch ist sie unterhaltsame Fiktion. Der Stoff für die Handlung ist dem Mythenvorrat entnommen, aber die Tragödie erzählt die Handlung weder in der Weise des homerischen Epos, in der noch unreflektierten Absicht, eine „wahre" Geschichte zu erzählen, noch gießt sie das Material in eine spekulative Form, wie Hesiod es in der Absicht tut, damit die neue Wahrheit der alten Falschheit entgegenzustellen. Die Tragödie von Aischylos bis Euripides ist ganz bewußt ein Schauspiel. Weder der Dichter noch sein Publikum befinden sich im Zweifel darüber, daß die Handlung erfunden ist, daß sie die Mythenstoffe recht frei verwendet, neu arrangiert, damit sie den Ansprüchen der literarischen Form genügen, und viele phantasievolle Details hinzufügt. Es gibt nicht einmal jenes Element der Realität, das mit den älteren Kulttänzen und der chorischen Lyrik verbunden war, nämlich die erneuernde Wiederholung* eines paradigmatischen mythischen Ereignisses. Denn Chor und Zuschauer haben sich getrennt; der Chor ist Teil des Schauspiels geworden; er agiert auf der Bühne, und die Zuschauer nehmen nicht an der Handlung teil. Erst wenn alle irrtümlichen Assoziationen ausgeräumt

4 A.a.O., IX, 1-4.*

sind, gelangen wir zum wahren Kern des Problems: Die Wahrheit der Tragödie ist die Handlung selbst, das heißt, ist Handlung auf der neuen, differenzierten Ebene einer Bewegung in der Seele, die in der Entscheidung (*proairesis*) eines reifen, verantwortlichen Menschen gipfelt. Die neu entdeckte Humanität der Seele weitet sich auf den Bereich der Handlung aus. Tragödie als Form untersucht die menschliche Seele im Prozeß der Entscheidungsfindung, während jede Tragödie für sich Bedingungen und experimentelle Situationen konstruiert, in denen eine voll entwickelte und ihrer selbst bewußte Seele zum Handeln gezwungen wird.

2. Der Sinn der Handlung

Der Charakter der Tragödie als einer experimentellen Untersuchung und ihre Suche nach der Wahrheit der Entscheidung werden bei einer Analyse der *Schutzflehenden* von Aischylos deutlich. Wir wollen hier jedoch nicht das gesamte Stück analysieren, sondern uns darauf beschränken, die Argumentation darzulegen, die zur Entscheidung und anschließend zur Handlung führt.[5]

Danaos war von seinem Bruder Aigyptos im Kampf um die Herrschaft über das Niltal besiegt worden, und die fünfzig Söhne des Aigyptos wollten daraufhin die fünfzig Töchter des Danaos zu Frauen nehmen. Da die Kriegerjungfrauen keinerlei Geschmack an einer Verbindung mit den gewalttätigen Ägyptern fanden, flohen sie mit ihrem Vater vom Nil und suchten Zuflucht in Argos, der Heimat ihrer Stammutter Io. Das Drama beginnt mit dem Auftritt der Danaiden an der Küste von Argos.

Pelasgos, der König der Polis, tritt auf, und die Bitte der Flüchtlinge wird ihm vorgetragen. Er ist keineswegs erfreut. Je mehr er die

5 Bisher hielt man die *Schutzflehenden* für die früheste der von Aischylos vorhandenen Tragödien, aber der unlängst von Albin Lesky vorgelegten Analyse eines Papyrusfragments, „Die Datierung der Hiketiden und der Tragiker Mesatos", *Hermes*, Bd. 82, Wiesbaden, 1954, S. 1-13, zufolge ist das späte Datum 463 so gut wie sicher. Zu einer umfassenderen Analyse der *Schutzflehenden* im Hinblick auf die Probleme von Recht und Gerechtigkeit s. Erik Wolf, *Griechisches Rechtsdenken*, Bd. I: *Vorsokratiker und frühe Dichter*, Frankfurt a. M., 1950*. Ferner das Aischylos-Kapitel in Jaeger, *Paideia* I; das Kapitel „Mythus und Wirklichkeit in der griechischen Tragödie" in Snell, *Die Entdeckung des Geistes*, 1948. Mit Vorsicht zu benutzen, doch recht interessant ist Alfred Weber, *Das Tragische und die Geschichte*, Hamburg, 1943. Zur älteren Literatur über Aischylos s. Wolf, *Griechisches Rechtsdenken*, S. 340.

rechtlichen Komplikationen des Falles bedenkt desto deutlicher wird ihm seine mißliche Lage. Die Danaiden sind weder Bürger von Argos noch Hellenen, die Anspruch auf *proxenia* (237-240) hätten, und können daher nicht von Rechts wegen in die Polis aufgenommen werden. Zudem ist ihre Flucht vor den Ägyptern nicht ganz gerechtfertigt. Nach dem *nomos*, dem Gesetz ihres Landes, sollten sie in die Ehe mit ihren Blutsverwandten (387-391) einwilligen. Am besten wäre es, die um Schutz flehenden Jungfrauen ihren ägyptischen Verfolgern und Freiern zu übergeben, um einen Krieg zu vermeiden, der im günstigsten Fall für die Polis zu einer kostspieligen Angelegenheit würde.

Leider gibt es aber Argumente zugunsten der anderen Seite. Die Danaiden kommen als um Schutz Flehende und stehen unter dem Schutz des Zeus in seinen verschiedenen Aspekten. Zunächst einmal können sie den Zeus anrufen, der durch Io (226) ihr Erzeuger und möglicherweise auch der Zeus ihrer ägyptischen Heimat ist (4, 558). Ferner nähern sie sich Argos mit einem Gebet zu Zeus Soter, „der die Häuser schützt frommgläubigen Volks“ (26-27). Dann ist da der Zeus, dessen Tochter Themis ist, „die Schutzherrin der Flüchtlinge (359-360) – ein Prädikat, das auch für Zeus selber gilt (347). Und schließlich ist da der „andere Zeus“ (231), der „gastfreundlichste“ (157), der die Toten empfängt und letztes Gericht hält (231). An ihn wird sich der letzte Appell der um Schutz Flehenden richten, die, falls ihnen nicht Gerechtigkeit widerfährt, bereit sind, ihrem Leben ein Ende zu machen und sich an den Statuen der Götter zu erhängen (465). Das wird den Zeus des Olymps dem Vorwurf aussetzen, Unrecht begangen zu haben (168-169) und Pelasgos und seiner Polis den Ruin bringen (468 ff.).

Sorgfältig konstruiert Aischylos eine unerfreuliche Situation. Die rechte *themis*-Ordnung ist nicht frei von Konflikten. Themis ist die Hüterin der ehelichen Ordnung. Die Ägypter üben legal die Macht über die Danaiden aus und können die Ehe von ihnen verlangen. Nur wenn die Frauen eine Ehe verabscheuen, wäre deren Erzwingung *me themis*, unrecht (336). Das ist der Fall, den die Danaiden für sich geltend machen. Ihr Gesuch ist aber nicht ganz aufrichtig, denn sie sind nicht nur voller Abneigung gegen die Ägypter, sondern die Ehe ist ihnen prinzipiell zuwider (1030-1034). Während die Zurückweisung eines spezifischen Mannes gerechtfertigt ist, ist eine Ablehnung der Ehe aus Prinzip, nicht *themis*. Darüber hinaus schützt die Ordnung der Themis die um Schutz Flehenden, zumal wenn sie (über Io) Verwandte sind. Daher kann das Schutzflehen nicht einfach abgeschlagen werden, selbst wenn deren Rechtmäßigkeit nicht über jeden Zweifel erhaben ist. Und dann ist Themis auch noch die Hüterin der Pietät gegenüber den Göttern. Würden die Statuen durch Selbstmord geschändet, dann hätte dies schreckliche Folgen für Argos, auch wenn das Drohen mit Selbstmord ein klarer Fall von Erpressung gegenüber Pelasgos und auch *hybris* gegenüber Zeus ist. Was also soll der König tun?* Die *themis*-Konflikte sind eine Bedrohung, denn sie zwingen ihn, entweder den *nomos* der Ägypter zu verletzen, was zu Krieg führen wird, oder den Zorn der Götter auf sich und seine Polis zu lenken.

Der König befindet sich in einem Zustand der Unentschlossenheit und formuliert sein Dilemma folgendermaßen: „Ohne Schaden weiß ich nicht, wie ich euch helfen soll. Und dennoch ist es wiederum nicht ratsam, über solches Schutzflehen hinwegzugehen."** Hilflos schwankt er hin und her (*amechanos*) und seine Seele (*phren*) ist voller Furcht, „zu handeln oder nicht zu handeln und hinzunehmen, was das Schicksal bringt" (376-380). Ernsthaft überlegt er: „Not tut tiefgründges Denken uns, das Rettung sucht; in Tauchers Weise muß man in die Tiefe gehn, das Auge klaren Blicks, unverwirrt" (407 ff.). Die Zeilen erinnern deutlich an das heraklitische „Tiefenwissen" der Seele, deren Grund nicht zu ermessen ist, weil ihr Logos zu tief ist.*** Die heraklitische Tiefendimension der Seele wird bei Aischylos dramatisiert zum tatsächlichen Hinabsteigen einer Seele in einer konkreten Situation, die Entscheidung verlangt.[6]

Aus der Tiefe soll der König eine Entscheidung nach oben bringen, die mit *dike* übereinstimmt. Der Chor ermahnt ihn, Dike zu seiner Verbündeten zu machen (395) und versichert ihm, daß Dike ihre Verbündeten mit aller Macht beschütze (343). Jenseits der *themis*-Ordnung mit ihren Konflikten gibt es eine Ordnung der *dike* im doppelten Sinn eines höheren Rechts und konkreter Entscheidungen. Die durch *themis* nicht abgedeckte Situation muß durch einen konkreten Rechtsspruch, eine *dike,* ein höchstes Rechtes, geordnet werden. Jene *dike* jenseits von *themis* entspringt der Tiefe der Reflexion, in die der König hinabzusteigen bereit ist. An diesem Punkt, an dem das tatsächliche Hinabsteigen stattfinden soll, wird jedoch klar, daß Aischylos weit über die Situation des für sich allein stehenden Heraklit hinausgegangen ist in die Gemeinschaft einer Polis, deren

6 Aischylos Gleichnis verweist auf einen Ausspruch, der Sokrates zugeschrieben wird, in dem es heißt, daß es eines delphischen Tauchers bedürfe, um den Sinn von Heraklits Formulierungen zu ergründen.

Bürger gewillt sind, als Volk in die Seele hinabzusteigen. Denn der König teilt den Danaiden mit, daß sie nicht an seinem privaten Herd, sondern in einer Polis Zuflucht finden. „Das Gemeinsame" (*to koinon*) der Polis ist durch sie bedroht; und „gemeinsam" (*xyne*) muß das Volk eine Lösung finden. Der König kann nichts versprechen, ehe er nicht mit allen Bürgern „kommuniziert" (*koinosas*) hat (365-369). Das *xynon* Heraklits ist als Gemeinschaft der Bürger im Rat institutionalisiert. Der Chor protestiert heftig und appelliert an seine absolute königliche Macht: „*Du* bist die Polis! *Du* bist das Volk!" (370). Aber Pelasgos ist kein Mystiker-Philosoph; er hat ein Volk, und energisch sagt er dem Chor: „Nichts ohne das Volk [*demos*]" (398). Er verläßt die Schutzflehenden, um das Volk zusammenzurufen und den Fall der Volksversammlung (*koinon*) zur Entscheidung vorzulegen (518) und hofft darauf, daß Überredung (*peitho*) ihm helfen wird (523). Die Rede des Königs hat tatsächlich Erfolg. Die Beschlüsse, die *proxenia* auf die Schutzflehenden auszudehnen, werden gefaßt. „Das Volk des Pelasgos hörte bereitwillig die geschmeidig gefügte Rede; aber es war Zeus, der das Ende geschehen ließ" (623-624). Das Hinabsteigen in die Tiefe wurde gemeinsam vollzogen, und was das Volk fand, war die Dike des Zeus.

Wir haben die Hauptelemente der aischyleischen Handlungstheorie zusammengestellt. Wie in den homerischen Epen bestimmt die Ordnung der Themis noch die Götter, die Welt und die Gesellschaft. Aber die Existenz des Menschen unter dieser Ordnung ist schwierig geworden, weil *themis* bei Entscheidungen in einer konkreten Situation nicht mehr die Richtschnur ist. Im homerischen Epos konnte eine Entscheidung entweder durch Abwägen der Konsequenzen des Handelns unter Gesichtspunkten der Zweckmäßigkeit oder durch Befolgen eines göttlichen oder menschlichen Rates getroffen werden. Das war die Bürde der an Achilleus gerichteten großen paränetischen Rede des Phoenix. Bei Aischylos sind beide Möglichkeiten ausgeschlossen. Das utilitaristische Abwägen wird als Motiv ausdrücklich zurückgewiesen (443-454); und um den Fall experimentell sauber aufzubereiten, bedient sich Aischylos sogar der Technik, vernünftige Gründe ins Feld zu führen, die ein Mensch verwerfen muß, um zur richtigen Entscheidung zu gelangen (477). Und anders als bei Homer, wo ein Gott oder Mensch hilfreich auftaucht, kommt kein Rat von außen. Die Entscheidung muß ohne solche Beratung durch Erforschen der eigenen Seele gefunden werden. Der Seinssprung nimmt nicht, wie im Falle Israels, die Form einer Offenbarung Gottes an, sondern die des dionysischen Hinabsteigens in den Menschen, in die Tiefe, in der Dike zu finden ist. Daher ist nicht jeder Verhaltenstypus auch schon Handeln. Wir können nur dann von Handeln sprechen, wenn die Entscheidung kraft des dionysischen Hinabsteigens in die göttliche Tiefe getroffen wurde. Und umgekehrt ist auch nicht jede Situation tragisch. Wir können nur dann von Tragödie sprechen, wenn der Mensch gezwungen ist, Zuflucht bei Dike zu suchen. Nur in diesem Fall ist er mit dem Dilemma konfrontiert, das in der Zeile zum Ausdruck kommt: „Handeln oder nicht handeln?" Offensichtlich ließ Aischylos einzig die Entscheidung zugunsten der Dike als Handlung gelten. Eine negative Entscheidung, ein Ausweichen durch utilitaristisches Kalkül oder eine bloße Unempfindlichkeit gegenüber der Problematik würde nicht als Handeln angesehen.

Drama, Handlung* im Sinne von Aischylos, symbolisiert die dionysische Ordnung der Dike. Das große Symbol wirft sowohl hinsichtlich der Geschichte Athens wie hinsichtlich der Tragödie schwerwiegende Fragen auf. Das Handeln – das ist die Erfahrung von Aischylos, die er zum Ausdruck bringt – bedarf eines gewissen menschlichen Formats. Auch ohne einen tragischen Akteur kann es zu einer tragischen Situation kommen. Wenn die Seele nicht ansprechbar für Dike und der Mensch nicht willens ist, in ihre Tiefe hinabzusteigen, bietet sich der einfache Ausweg an, momentane Verluste gegen künftige Gewinne abzuwägen. Die Leidenschaft des Augenblicks, Nützlichkeitserwägungen oder schlichte Feigheit können die tragische Streitfrage verwischen oder völlig vernebeln. Um als kostspieliger öffentlicher Kult in einer Demokratie sozial möglich zu sein, braucht die Tragödie aischyleischen Typs eine Bürgerschaft, die ihre Seele dem tragischen Konflikt bereitwillig öffnet. Auch wenn das Publikum keine Versammlung von Helden ist, müssen die Zuschauer zumindest bereit sein, die tragische Handlung als paradigmatisch anzuerkennen. Die heroische Seelenerforschung und das Erleiden der Folgen muß als Verehrung der Dike erfahren werden, und das Schicksal des Helden muß in der Seele des Zuschauers Schauder vor seinem eigenen Schicksal erregen – auch wenn er selbst in einer ähnlichen Situation seiner Schwäche nachgeben würde. Der Sinn der Tragödie als ein öffentlicher Kult muß in diesem repräsentativen Leiden gesucht werden. Die Funktion der Tragödie besteht eher darin, durch repräsentatives Leiden die Seele an ihr eigenes Schicksal zu binden als in der aristotelischen Katharsis durch Mitleid und Furcht. Der Epitaph, der, so die Überlieferung, von Aischylos selber verfaßt wurde, sagt uns das unmißverständlich:

> Seinen glorreichen Kampfesmut [*alke*] mag Marathons Feld verkünden,
> Wie auch der Meder, mit langwallendem Haar, ihn kennt.*

Sein stolzer Anspruch auf Ruhm bezieht sich also vielmehr darauf, daß er als Soldat der Polis seinen Wert im Kampf unter Beweis gestellt hat, nicht auf sein dichterisches Werk; Marathon ist der Prüfstein für die Tragödie.

Mit dem Geist von Marathon mußte auch die Tragödie sterben. Das Schicksal auf sich zu nehmen, wurde eine zu schwere Last. In der vollen Entfaltung der Tragödie in den grandiosen Gestalten bei Sophokles ist der außergewöhnliche Charakter solchen Leidens spürbar; eine Einsamkeit beginnt sich um den Helden auszubreiten, die sein Leiden für den gewöhnlichen Menschen nicht mehr repräsentativ sein läßt. Und wir werden sehen, daß Euripides sich bereits mit dem Problem des an seinem Schicksal zerbrechenden Helden befaßt. Ein Gefühl für die daimonische Launenhaftigkeit der Götter wird stärker als der Glaube an die letzten Endes harmonisierende Ordnung der Dike. Unter solchen Bedingungen wird die soziale Funktion der Tragödie problematisch und schließlich unmöglich. Das Stück *Die Schutzflehenden* hat deswegen einen besonderen Platz in der Geschichte der Ordnung, weil die Grundhaltung, an der die Tragödie als Institution der Polis zerbricht, aus der Handlung selbst hervorgeht. Wie wir gesehen haben, hat Pelasgos, der König, in seiner eigenen Seele zur Entscheidung gefunden; und dann muß er mit seiner Rede denselben Prozeß in der Seele der Bürger in Gang setzen, indem er seine eigene Argumentation und die des Chores vor der Versammlung erneuernd wiederholt. Die paradigmatische Handlung des Helden muß sich durch Peitho (Überredung) in die Seele des Volkes hinein ausweiten und es an den gemeinsamen Zweck binden. Im letzten Werk des Aischylos, der *Orestie*, wird Peitho das große Instrument für die Ordnung des Zeus, durch das die daimonischen Gottheiten des alten Gesetzes, die Erinyen selbst an Dike gebunden und in die Eumeniden verwandelt werden. In den *Schutzflehenden* klingt diese Bedeutung von Peitho als die Überredung der Dike des Zeus (und nicht etwa als psychologische Taktik) in den Verszeilen des Chors an, daß das Volk zwar die Entscheidung getroffen habe, daß aber „Zeus es ist, der das Ende geschehen ließ" (623-624). Wenn Peitho, Überredung in diesem bedeutungsschweren Sinn, nicht mehr sozial wirksam ist, wird die notwendig auf Dike beruhende politische Ordnung der Demokratie zerfallen und der alptraumartigen Unordnung Platz machen, die wir bei Thukydides beschrieben finden. Wenn die Wiederherstellung der sozialen Ordnung in der Polis auf dem Geist und nicht auf angstvoller Unterwürfigkeit gegenüber der Macht beruhen soll, muß die geistige Überredung wiederhergestellt werden. Und dies ist in der Tat zu einem der großen Themen der Politik bei Platon geworden, das in seinen späteren Werken immer stärker betont wird, bis im *Timaios* Peitho als die Kraft der Psyche erscheint, die der widerstrebenden Ananke des Kosmos Ordnung auferlegt.

3. Tragödie und Geschichte

Die Schutzflehenden ist die subtilste Untersuchung über das Wesen der tragischen Handlung, aber über nicht mehr als eben dieses Wesen. Die zentrale Handlung spielt sich in einem Bereich von teilweise recht beunruhigenden Fragen ab. Der Held folgt Dike, dem höchsten ordnenden Prinzip des Kosmos und der Polis – und wehe ihm, er tut es nicht – aber die Situation insgesamt erweist das Ordnungsprinzip nicht als besonders effektiv. Da ist das brutale Verhalten der Ägypter und auf der anderen Seite das Elend der Danaiden; im Hintergrund der Angelegenheit lastet das ebenso ungerechte Schicksal Ios, der Ahnherrin der Basen und Vettern, die von Zeus geliebt, von Hera in eine Kuh verwandelt und von einer Bremse in den Wahnsinn getrieben und über die Erde gejagt wurde, alles ohne jedes eigene Verschulden; und Pelasgos flucht mit Recht angesichts einer Situation, die ihn in vielerlei Gefahren verstrickt, obwohl er sich doch viel lieber um seine eigenen Angelegenheiten kümmern würde. Der einzige Ort im Universum, an dem Dike wirklich wohnt, scheint die Seele des Königs zu sein, während die Umgebung eher den Eindruck einer Welt daimonischen Unheils macht. Auch würde die Dike in der heroischen Seele den Danaiden nicht viel helfen, es sei denn, es wäre die Seele eines Königs, der seine Soldaten-Bürger soweit überreden könnte, daß seine Entscheidung von einer Armee durchgesetzt würde, wenn der Zusammenstoß mit den Ägyptern stattfindet. Nicht einen Augenblick lang erwägt der König, seine Überredungskunst auf die Ägypter anzuwenden – obwohl er sich auf einen Rechtsstreit mit ihrem Vorboten einläßt. Weil in ihrer waffenfähigen Bürgerschaft Dike und Kampfesmut vereint sind, erscheint die hellenische Polis somit als leuchtendes Bollwerk der Ordnung in einer sehr ungeordneten Welt.

Der beunruhigende Hintergrund der tragischen Handlung muß deutlich sein, wenn wir uns nun dem Stück *Der Gefesselte Prometheus* zuwenden, jenem Werk des Aischylos, in dem der Sumpf des daimonischen Bösen, das die Insel der Ordnung umgibt, das große Problem wird.

Die Interpretation steht vor der Schwierigkeit, daß der auf uns gekommene *Prometheus* Teil einer Trilogie* ist, wahrscheinlich der Mittelteil (obwohl selbst das umstritten ist), so daß man nicht immer sicher sein kann, wo die Bedeutungslinien, die das Stück durchziehen, ihren Anfang und ihr Ende haben. Zudem hat die Isoliertheit des erhaltenen Teils zu jenem Wildwuchs der modernen prometheischen Symbolik geführt, die mit Aischylos' Absichten unvereinbar ist. Die prometheischen Symbole bei Shaftesbury und Goethe, bei Shelley und dem jungen Marx gehören zum Zeitalter aufgeklärter menschlicher Selbstsicherheit, des Titanismus des Künstlers und des trotzigen Revolutionärs, der das Schicksal der Menschheit selbst in die Hand nehmen will. All das hat mit Aischylos nichts zu tun, stellt aber ein zusätzliches Hindernis für sein Verständnis in unserer Zeit dar.[7]

Soweit es den Gegenstand betrifft, ist der *Prometheus* eine Geschichte über Götter, nicht über Menschen. Es handelt sich hier um eine Episode der Titanomachie im Sinne Hesiods. Als Zeus sich auf den Kampf gegen die Kronos-Generation der Götter einließ, wußte einer der Titanen, der sich durch „Vorbedacht" (Prometheus)** auszeichnete, daß der Sieg mit dem Verstand und nicht mit den Muskeln errungen würde und tat sich mit den künftigen Mächten zusammen. Als Verbündeter des Zeus konnte er ihn überreden, das unzulängliche Geschlecht der Menschen nicht auszutilgen und durch ein neues zu ersetzen; und als er die Menschen vor der Vernichtung bewahrt hatte, half er ihnen, von seiner *philanthropia* motiviert, auf vielerlei Wegen durch Erfindungen, um ihr trauriges Los zu verbessern. Er ging jedoch mit seinen humanitären Bemühungen so weit, daß er die von Zeus eingesetzte neue Ordnung übertrat; er stahl das göttliche Feuer und gab es dem Menschen. Für seine Übertretung mußte er nun die Strafe erleiden, von der er wußte, daß sie auf ihn zukäme, falls er Zeus' Ordnung verletzte, auch wenn er nicht erwartete, daß sie so schrecklich ausfiele, wie sich dann herausstellte. Der *Prometheus* beginnt mit der Szene, in der der Titan, festgehalten von

7 Der „moderne" Prometheismus ist tatsächlich eine Form von Gnosis. Die Neuinterpretation des hesiodischen und aischyleischen Prometheus als Symbol des dem Schicksal überlegenen Philosophen geht auf den gnostischen Alchemisten Zosimos zurück. Siehe Hans Jonas, *Gnosis und Spätantiker Geist*, I, Göttingen, 1954, S. 218 ff.

Macht und Gewalt (*Kratos kai Bia*), von Hephaistos an den Felsen geschmiedet werden soll, der über den nördlichen Ozean ragt.

Auf den ersten Blick könnte es scheinen, als werfe uns die Wahl des Stoffes zurück auf die hesiodische Theogonie und Anthropogonie. Die *dramatis personae* sind Gottheiten – Prometheus, Okeanos, die Okeanostöchter als Chor, und Zeus selbst, obwohl er selber nicht auf der Bühne auftritt, sondern durch seine Boten und Bevollmächtigte Hephaistos, Hermes, Kratos und Bia agiert. Wie kann die tragische Handlung, das Handeln des reifen Mannes im Augenblick der Entscheidung, anhand eines Konflikts der Götter untersucht werden? Haben wir es mit einem ernsthaften Rückfall in den vorphilosophischen „Anthropomorphismus" Hesiods zu tun? Die Frage kann nur verneint werden. Aber sie muß gestellt werden, um Aischylos' Leistung angemessen zur Geltung zu bringen, die darin besteht, den daimonischen Hintergrund tragischer Handlung zu durchdringen.

Die Bewegung der philosophischen Spekulation von den Milesiern bis Heraklit kann man als eine Bewegung bezeichnen, die wegführt von der Erfahrung der aktuellen Unordnung und hin zum Prinzip einer sinnvollen Ordnung. Die Entdeckung des unsichtbaren Maßes bei Solon oder des Seins bei Parmenides oder die Ausrichtung der Seele auf das *sophon* durch Liebe, Hoffnung und Glauben sind wahrhaft große Entdeckungen; tatsächlich sind sie die Grundlage philosophischer Spekulation als einer kritischen Erforschung der Seinsverfassung. Nichtsdestoweniger droht dieser Bewegung und ihren Entdeckungen eine schwere Gefahr. Die Beschäftigung mit transzendentem Sein und mit der Ausrichtung der Seele auf das unsichtbare Maß kann den Menschen so sehr beanspruchen, daß er vergißt, daß er in einer Welt orientierungsloser Seelen lebt. Die Bewegung der Seele in Richtung auf die Wahrheit des Seins schafft die daimonische Realität nicht ab, von der sie sich wegbewegt. Die Ordnung der Seele ist nichts, worauf man sich ausruhen kann und fortan glücklich ist. Die Entdeckung der Wahrheit durch die Mystiker-Philosophen, und erst recht die christliche Offenbarung, kann zu einer Quelle schwerwiegender Unordnung werden, wenn sie als eine ordnende Kraft mißverstanden wird, die Gesellschaft und Geschichte wirksam beherrscht. Aus solchen Mißverständnissen erwachsen die psychologisch verständlichen, aber intellektuell beklagenswerten „großen" Probleme der Theodizee wie zum Beispiel die Versöhnung des nur allzu gegenwärtigen Bösen in der Welt mit der Allmacht und Güte Gottes. Probleme dieser Art implizieren den spekulativen Trugschluß, daß die transzendente Ordnung, die in den sich geistig orientierenden Seelenbewegungen verspürt wird, eine weltimmanente Ordnung sei, die sich, unabhängig vom Leben der Seele, in Gesellschaft realisiere. Kurz, die Entdeckung kann zu einer Art Rausch führen, der den Menschen vergessen läßt, daß die Welt ist, was sie ist.

Es war die Größe von Aischylos, daß er die Ordnung der Dike in der Gesellschaft als eine prekäre Verkörperung der göttlichen Ordnung verstand, als eine vorübergehende, den Kräften der Unordnung durch tragische Handlung unter Opfern und Gefahren abgerungene Realisierung, die – selbst wenn sie für einen Augenblick gelingt – stets unter dem Schatten steht, der sie letzten Endes wieder verhüllt. Der *Prometheus* ist keine Rückkehr zu dem hesiodischen Typus der Spekulation über den Mythos. Er ist keine „wahre Geschichte" über eine bestimmte theogonische Episode, sondern untersucht ganz bewußt die Kräfte in der menschlichen Seele, die gesellschaftliche Ordnung schaffen, wenn sie im richtigen Gleichgewicht sind, und diese Ordnung zerstören, wenn das Gleichgewicht gestört ist. Der Künstler Aischylos hatte insofern Glück, als die theomorphe Symbolisierung der Seele ihm in diesem Mythos ein Götterpersonal zur Verfügung stellte, das die Tragödie der Seele glaubwürdig darstellen konnte.

Das Problem des Gleichgewichts und des Widerstreits der Kräfte wird sorgfältig aufgebaut. Der Sieg des Zeus in der Titanomachie hat zur Ordnung der Dike geführt. Es ist eine Gesetzesherrschaft, die an die Stelle der alten Schrecken tritt. Der Sieg wurde nicht durch Freundlichkeit und Vernunft, sondern in einem heftigen Kampf errungen; und die Kräfte, die überwunden wurden, sind nicht tot, sondern werden fortwährend unter größter Kraftanstrengung in der Unterwelt niedergehalten. In dem historischen Kampf ist die Realisierung der Ordnung untrennbar von Gewalt; Zeus und seine Dike treten nun in Begleitung der finsteren Schergen Kratos und Bia auf, die darüber wachen, daß die schwer erkämpfte Ordnung nicht sofort wieder durch Übertretungen in Gefahr gerät. Unter diesem Aspekt der Gewalt, die obsiegt hat und entschlossen ist, sich zu behaupten, ist die neue Ordnung, die Herrschaft des Zeus, eine „Tyrannis" (10). Es ist wichtig zu verstehen, was genau der Terminus „Tyrannis" in diesem Kontext bedeutet, um herkömmliche Fehlinterpretationen zu vermeiden. Der Zeus, der durch Dike herrscht, ist nicht plötzlich ein Tyrann geworden, der persönlichen, gesetzlosen Launen frönt. Hinsichtlich der rechtlichen Situation besteht kein Zweifel: Prometheus hat sich einer Übertretung schuldig gemacht; er wußte, er würde zurecht bestraft, und Zeus verhängt die Strafe, um Dike aufrechtzuerhalten. Der tyrannische Charakter seines Handelns liegt in der übertriebenen Härte der Bestrafung, und diese Härte wird ausdrücklich als ein Aspekt der Neuheit des Regimes deklariert (35); wäre die Macht schon länger fest etabliert, würde die Strafe nicht so vernichtend ausfallen. Der Zeitfaktor, die Geschichte der Ordnung, wird in die Auseinandersetzung eingeführt. Zudem wäre es unter weniger unerprobten Umständen vermutlich gar nicht zu der Übertretung gekommen – entweder weil Zeus Prometheus hätte überzeugen können, sein eigenmächtiges Handeln zu unterlassen, oder weil Prometheus Zeus hätte überreden können, es zu gestatten und damit zu legalisieren. Dike selbst hat eine Geschichte und sucht womöglich mit zunehmendem Alter immer mehr den Ausgleich; und so versöhnen sich im letzten Teil der Trilogie *Der Befreite Prometheus* die alten Feinde.

Das Problem muß Aischylos ständig beschäftigt haben, denn es taucht in seinem letzten Werk, der *Orestie*, wieder auf. Orestes ermordet auf Geheiß von Apollon seine Mutter, um deren Mord an seinem Vater zu rächen, und nun verfolgen ihn die Erinyen. Nach göttlichem Gesetz mußte der Vater gerächt werden, und der Muttermord darf nicht ungesühnt bleiben; alles ist völlig legal. Aber diese schreckliche Gesetzlichkeit, die Verbrechen auf Verbrechen zeugt, muß durch etwas Vernunft und Billigkeit unterbrochen werden. Athene findet die Lösung, indem sie die Erinyen überredet, ihr und einem Tribunal aus athenischen Bürgern, dem Areopag, der zu diesem Anlaß eingerichtet wird, den Fall zur Schlichtung vorzulegen. Der Spruch der Richter endet mit Stimmengleichheit, Orestes ist freigesprochen; aber dieser Freispruch des Mannes Orestes durch den eleganten Kunstgriff einer Stimmengleichheit unter seinen menschlichen Richtern stellt die Erinyen nicht zufrieden, mit deren *time*, dem ihnen zugeteilten Recht und der ihnen zugeteilten Ehre, geringschätzig umgegangen wird. Und nun muß Athene die murrenden Erinyen durch ihre überzeugende Rede besänftigen, indem sie ihnen andere Ehren als Ersatz anbietet. Peitho wird eingesetzt, um eine Schwierigkeit aus dem Weg zu räumen, die unter dem Regime des Zeus entstanden ist; die Erinyen mit ihren Forderungen aus der Zeit der älteren Göttergeneration werden nicht einfach abgewiesen – aber selbst jetzt, da ein älterer und weiserer Zeus sanftere Mittel vorzieht, steht im Hintergrund die Androhung von Gewalt, und Athene erinnert die Erinyen daran (827 f.), daß sie den Schlüssel zur Waffenkammer verwahre, in die der Donnerkeil eingeschlossen ist. Bei Dike findet also eine Entwicklung statt: aus rigider Durchsetzung wird Flexibilität und Überredung; und wie in den *Schutzflehenden* wird in der *Orestie* diese Entwicklung noch durch die Einsetzung eines Bürgergerichts betont, das den Fall entscheidet (wörtlich: Dike diagnostiziert), um inspiriert von „Ehrerbietung und Furcht" nicht der „Anarchie oder dem Despotismus" Raum zu geben.

Die Analyse der Prometheusgestalt muß die Fallstricke eines romantischen Titanismus vermeiden. Gewiß, da gibt es so etwas wie eine Revolte des Menschen gegen Gott im Verhalten des Prometheus, aber diese Formel besagt nicht viel, solange die Begriffe Gott und Mensch nicht definiert werden. Wir müssen von der Grundtatsache ausgehen, daß Prometheus kein Mensch, sondern, wie Zeus, selber ein Gott ist; beide sind ihrer Herkunft nach gleichrangig; beide stehen gleichermaßen für Kräfte, die der Mensch in seiner Seele erfährt. Die Göttlichkeit des Prometheus wird von dem Schergen besonders betont (29); der Gott hätte seinen Mitgöttern mehr Sinn für Loyalität entgegenbringen sollen, er hätte nicht ihren Zorn dadurch erregen sollen, daß er seiner menschenfreundlichen Neigung (*philanthropos tropos*) freien Lauf ließ (28). Es gibt also eine göttliche Kraft im Menschen, die sich mit der Ordnung der Dike verbünden kann wie bei Prometheus in der Titanomachie; aber sie gehört nichtsdestoweniger zu dem besiegten Göttergeschlecht und neigt dazu, sich in illoyaler Weise gegen die neue Ordnung zu behaupten. Und ihre philanthropische Neigung ist wahrscheinlich nicht ganz zufällig. Denn das Menschengeschlecht wurde nicht von Zeus erschaffen, er fand es vielmehr vor, als Teil der älteren Welt; wie Prometheus ist das Menschengeschlecht ein Relikt der alten göttlichen Ordnung, das zwar in die neue aufgenommen wurde, aber offenbar immer noch mit den daimonischen, aufrührerischen Eigenschaften der älteren Periode behaftet ist.[8]

Was die Natur der göttlich-daimonischen Kraft angeht, gilt es wieder, sich so eng wie möglich an Aischylos' Text zu halten. Prometheus ist ein *sophistes*. Er ist an den Felsen geschmiedet, damit er begreift, daß er, verglichen mit Zeus, bei allem *sophistes*-Sein ein Dummkopf ist (62); und ein anderes Mal wendet sich Hermes an ihn mit den Worten: „Weisheitsklügler, überscharf an Schärfe du" (944).* Die Weisheit oder das Wissen, dem er den Titel *sophistes* verdankt, hat viele Bedeutungen. Er ist ein Sophist, weil er dem Menschen die Wissenschaft gebracht hat, vor allem die Mathematik, „die höchste der Wissenschaften" (*sophismata*). Aber *sophisma* kann auch

8 Die Charakterisierung muß sich mit Annahmen begnügen, weil der erste Teil der Trilogie, in dem diese Fragen wohl geklärt wurden, verloren gegangen ist.

die Bedeutung von Plan, Kunstgriff oder Trick haben, wenn er beklagt, daß er trotz all der Erfindungen (*mechanemata*), die er für die Sterblichen ersann, kein *sophisma* habe, um sich aus der gegenwärtigen Zwangslage zu befreien (469-471). Und in den Passagen, in denen über seinen Mangel an Weisheit nachgedacht wird, begegnen wir einer weiteren Bedeutungsnuance. Die Defizienz kommt in seiner *authadia* (1012, 1037) zum Ausdruck, ein Begriff, der sich nicht mit einem Wort übersetzen läßt, aber als unverfrorene, schamlose, eingebildete, selbstsichere Selbstzufriedenheit umschrieben werden könnte. Bei dieser Haltung zu bleiben, ist schändlich und unehrenhaft; sie ist eines *sophos* unwürdig; und der Chor ermahnt ihn, „guten und weisen [*sophen*] Rat" anzunehmen (1036-1039).

Die verschiedenen Textstellen zeigen den Sophisten als eine komplexe Gestalt. Es besteht kein Zweifel daran, daß er erfinderisch ist und die Wissenschaften entdeckt hat; aber mit dieser Art Weisheit ist er der Weisheit des Zeus doch unvergleichlich unterlegen. Die *polymathie* im heraklitischen Sinn ist keine wahre *sophia*. Und doch ist er, zumindest potentiell, mehr als ein Sophist; er ist „weise" in dem Sinne, daß er imstande ist, „weisen" Rat anzunehmen; falls er ihn nicht annimmt, hindert ihn seine *authadia* daran. Diese *authadia* ist eine problematische Existenzstimmung. Sie manifestiert sich in der eigenwilligen Illoyalität gegenüber der Ordnung der Götter. Zeus wollte das Menschengeschlecht vernichten, aber Prometheus trat für die Menschen ein, weil er „Mitleid" mit ihnen hatte. Als er sie gerettet hatte, empfand er jedoch noch mehr Mitleid und versuchte, ihr jämmerliches Los in mancherlei Weisen zu bessern. Von diesem Punkt an sind das Mitleid mit den Menschen und die Philanthropie von Erfinderstolz durchdrungen. Aischylos läßt seinen Prometheus den prächtigen Katalog der Zivilisationsgeschichte vortragen: Der Mensch erhielt die Kunst des Häuserbaus, die Beobachtung der Jahreszeiten und der Sterne, die Wissenschaft der Zahlen, die Domestizierung der Tiere, die Kunst des Schiffbaus und der Schiffahrt, die Medizin, die Kunst Vorzeichen zu deuten, die Metallkunde, und vor allem erhielt er das Feuer. Kurz, der Katalog schließt mit den Worten: „Es kommt jedwede Kunst den Sterblichen von Prometheus her" (506). Angesichts der zivilisatorischen Errungenschaften bricht der Stolz durch; und wir dürfen vermuten, daß die Geschenke, die da auf die Sterblichen niederregnen, nicht nur aus Mitleid, sondern zumindest zum Teil auch aus schöpferischer Erfindungslust gemacht wurden, und daß es kreativer Überschwang war, der schließlich zur Übertretung führte.

Es gibt noch eine tiefere Schicht in der *authadia*. In dem Dialog mit Okeanos sieht es so aus, als habe Prometheus bei seiner großen Beichte ein paar Punkte weggelassen. Wir hören, wie Okeanos Prometheus rät, er solle sich doch etwas weniger verbittert und laut über sein von Zeus verhängtes Schicksal beklagen, weil der erzürnte Tyrann ihm sonst womöglich eine noch härtere Strafe auferlegen würde. Seine gegenwärtige Notlage sei die Folge seiner einstigen anmaßenden Redeweise (320-321), aber nicht einmal jetzt habe er gelernt, demütig zu sein. Die „anmaßende Redeweise" ist der Grund für die Bestrafung; der Diebstahl des Feuers wird überhaupt nicht erwähnt. Außer der Philanthropie und dem Stolz über seinen zivilisatorischen Erfindergeist, so will es scheinen, war da ein ursprünglicheres Aufbegehren am Werk, für das der Diebstahl des Feuers lediglich das am deutlichsten greifbare Symptom darstellte. Die Natur dieser Gemütsverfassung wird vielleicht in der Ermahnung erkennbar: „Lerne dich selbst erkennen und neue Wege gehen; neu ist ja auch der Tyrann unter den Göttern" (311-312). Das delphische „Erkenne dich selbst!" wird als Kur gegen das prometheische Leiden empfohlen; und diese Selbsterkenntnis ist bezeichnenderweise als Korrelat zur Herrschaft des Zeus nötig. Die *authadia* gehört in die Periode vor Zeus, in ihr überlebt eine daimonische Dynamik, die noch nicht durch die reflektierende Selbsterkenntnis veredelt (*metharmozein*) ist, die einem die Grenzen und Pflichten unter der Ordnung bewußt macht. Das eigenwillige Aufbegehren des Prometheus (siehe besonders 267) ist nicht die Behauptung eines berechtigten Anspruchs angesichts von Despotismus. Das Selbst des Prometheus gerät durch die Götter nicht in Gefahr; im Gegenteil, das Fehlen eines Selbst im delphischen Sinne ist die Ursache der schwierigen Lage. Die neue Ordnung erfordert die Reife und Demut „tief" reflektierten Handelns. Der Prometheus in der erhaltenen Tragödie ist noch weit entfernt davon, ein tragischer Held zu sein; er wird für seine prä-tragische, daimonische Handlungsweise bestraft.

Das Thema, das in der Szene mit Okeanos erscheint, wird in der späteren Szene mit Hermes zum Zentrum. Wieder erklärt Prometheus unmißverständlich seine Verachtung für die neuen Götter, die Emporkömmlinge. Der Titan der alten Ordnung erinnert sich an zwei Tyrannen, die entmachtet wurden. Er wird den dritten überdauern und sein Elend miterleben, das ein wechselndes Geschick über ihn bringen wird. Die Auseinandersetzung ist eindeutig zu einem Fall der alten Götter gegen die neuen geworden. Und Prometheus faßt seine Empfindungen in den Zeilen zusammen: „Mit einem Wort: Ich hasse alle Götter, die mir für Gutes Böses tun wider das Recht!" (975-976).[9] Die Diagnose des Leidens, die Okeanos begonnen hatte, wird nun mit der Antwort von Hermes weitergeführt: „Ich hör's, an Wahnsinn bist du gar nicht leicht erkrankt" (977). Die *authadia* ist ein Wahnsinn, ein *nosos*, eine Krankheit. Hier taucht Bei Aischylos taucht hier derselbe Terminus auf wie bei Heraklit, wenn er den Hochmut als „heilige Krankheit" charakterisiert. Es handelt sich um eine geistige Erkrankung, die nur durch sich selbst überwindende Unterwerfung geheilt werden kann (999 f.); und falls dies als persönlicher Akt unmöglich ist, müßte die Erlösung aus einer anderen Quelle kommen, die Hermes ankündigt: „Und solcher Drangsal End erwarte nicht, bevor der Götter einer auf sich nimmt all deine Not und sich bereit zeigt, ins lichtlose Reich zu ziehn des Hades und des Tartaros dunkeltiefe Kluft" (1026 ff.). Die tragische Handlung, bei der der daimonische Prometheus versagte, wird nun durch das stellvertretende Leiden eines Gottes, der in die „Tiefe" hinabsteigt, vollendet werden müssen.

Die Vielschichtigkeit des *Prometheus* ist damit bei weitem nicht erschöpft, aber es wird hinreichend deutlich geworden sein, daß wir es hier mit dem Reifungsprozess der Seele, an dessen Ende tragische Handlung möglich wird, sowie mit den Auswirkungen dieses Prozesses in Gesellschaft und Geschichte zu tun haben. Die Ordnung der Dike kämpft sich unter dem dynamischen Beistand der Kräfte, die Prometheus repräsentiert, ins Dasein. Von diesen Kräften hängt der zivilisatorische Fortschritt durch Erfindungen, durch den Einfallsreichtum eines pragmatischen Intellekts und die Wissenschaften der äußeren Welt und durch die Schaffung eines Gefühls der Sicherheit, das mit der Vorhersagbarkeit von Ereignissen einhergeht, ab. Die zivilisierende Kraft schafft jedoch nicht von sich aus eine Ordnung der Seele oder der Gesellschaft. Aischylos ist über die heraklitische Mißbilligung der *polymathie* hinaus zu einer Zivilisationskritik vorgestoßen. Schon ehe das eigentliche Zeitalter der Sophisten begonnen hatte, begriff er die Macht und die Leistung des sophistischen Intellekts begriffen, wie auch dessen Gefahr, ihn zu weit zu treiben und die Ordnung der Dike durch die unmäßige, daimonische Verfolgung seiner Möglichkeiten zu zerstören. Die Begriffe, die für die psychologische Diagnose der Erkrankung verwendet werden, sind hochent-

9 Die Zeile „Mit einem Wort, ich hasse alle Götter" hat den jungen Marx tief beeindruckt. Er zitierte sie als philosophisches Bekenntnis und machte sie zum Vehikel für seine antitheistische Revolte.

wickelt. Prometheus hat „vorrangig dem Menschen sein Mitleid" geschenkt (241), und er konnte sich diesem Gefühl hingeben, weil er „keine Furcht vor Zeus" hatte (542). Wenn wir diese Zeilen lesen, können wir die Einsicht von Aischylos in den Zusammenhang zwischen übermäßigem Mitleid und einem Mangel an Gottesfurcht nur bewundern. Denn exzessives Mitleid verzerrt den Sinn für die Stellung des Menschen in seiner Beziehung zu Gott, für seine *condicio humana*: Prometheus versuchte, „über alles Maß" (30) dem Menschen Ehren (*timas*) zuteil werden zu lassen, und er ersetzte die göttliche Entscheidung in bezug auf das Schicksal des Menschen durch seine „private Meinung oder Entscheidung" (*idia gnome*) (544).[10] In einer faszinierenden Passage identifiziert Aischylos schließlich den Prometheus der Tragödie explizit mit dem prometheischen Drang im Menschen. Das Schwelgen in *philanthropia* und *authadia* hat zu Kummer und Leid geführt: „Sieh, wie bleibt ohne Dank, was doch Dank heischt, o Freund!" (545). Wenn der zivilisatorische Drang die Ordnung der Dike gesprengt und eine gesellschaftliche Katastrophe verursacht hat, dann ist der Mensch ohnmächtig: „Wo bleibt Abwehr, von dem Eintagsgeschlecht der Beistand?" (546-547). War Prometheus sich der Schwäche des Menschen nicht bewußt? Und Aischylos schließt sehr direkt: „Und niemals wird der Ratschluß der Sterblichen die wohlgefügte Ordnung des Zeus ins Wanken bringen" (550-551).

Prometheus symbolisiert den daimonischen Selbstbehauptungs- und Expansionsdrang menschlicher Existenz. Da er nur diese eine Kraft in der Seele repräsentiert, ist er nicht der tragische Held; denn nur die Seele als Ganzes ist der tragischen Handlung fähig. Die Tragödie der Ordnung in der Geschichte kommt im Wechselspiel zwischen Zeus'scher Dike und prometheischem Drang in den Blick. Einerseits ist Prometheus mehr als ein Missetäter, der das Gesetz bricht; und andererseits ist Zeus weniger als eine reine Kraft des Guten und Rechten. Was Prometheus betrifft, so ist die das gesamte Stück durchziehende Sympathie mit dem Schicksal dieses Leidenden unüberhörbar. Meer, Himmel, Erde und Sterne sind durch den Vollzug der Strafe aufgewühlt, und die Natur antwortet auf das Geklirr bei der Fesselung mit dem Erscheinen der Okeaniden. Der Mensch und sein prometheischer Drang sind Teil der Ordnung der Dinge; gewiß,

10 Wenn Aischylos die göttliche Zuteilung von *time* für Götter und Menschen der privaten Meinung gegenüberstellt, kommt er wiederum der heraklitischen Gegenüberstellung von dem allen gemeinsamen Logos und den „Privatwelten" sehr nahe.

die Sterblichen sind elende Eintagsgeschöpfe, aber um so mehr bedürfen sie des Mitleids, der Erfindungskraft und einfallsreicher Selbsthilfe. Prometheus hat durch Maßlosigkeit gesündigt, aber abgesehen von der Maßlosigkeit ist sein Mitleid ein legitimes Element der Ordnung. Zeus erscheint in einem zweifelhaften Licht, weil er es selbst nicht fertig bringt, Mitleid zu haben, wenn er sich weigert, bei Prometheus' Übertretung dessen Mitleid als mildernden Umstand anzuerkennen (241 f.). Was Zeus angeht, ist seine Ordnung keine göttliche, ewige Ordnung im christlichen Sinn. Sie ist entstanden und wird vergehen, sie ist nicht mehr als eine Phase im Leben des Kosmos. Und Zeus selbst ist nicht der Gott jenseits der Welt, sondern ein Gott innerhalb der Welt. Die Merkmale, die kennzeichnend für die Geschichtlichkeit seiner Ordnung sind, Merkmale die ihren Niedergang bewirken werden, sind schon jetzt erkennbar. Zeus mußte sich auf die Hilfe von einigen der Titanen stützen, um die anderen zu unterwerfen. Deshalb ist bei der Grundlegung seiner Herrschaft etwas Daimonisches, das in den Peinigungen des Prometheus durch Macht und Gewalt dargestellt wird. Mehr noch, er ist der Zeus, der mit seinen Nachstellungen das schreckliche Schicksal über Io gebracht hat, und Io erscheint auf der Bühne, um die daimonische Komponente bei Zeus, die die Unschuldigen ins Elend stürzt, zu veranschaulichen. Eine der eindrucksvollsten Stellen bei der Aufführung des Stückes muß die finstere Szene gewesen sein, in der Prometheus gefesselt ist, bewegungsunfähig, hoch oben am Felsen, während sich die von der Bremse gestochene Io unten auf dem Strand im Wahnsinn ihres Tanzes windet, beide schicksalhaft miteinander verbunden durch die Vorhersage des in die Zukunft blickenden Dulders am Felsen, daß ein Sprößling der Zeus'schen Ausschweifungen mit seinem Vater so verfahren wird wie einst Zeus mit Kronos. Der Scherge glaubte, „keiner ist frei, ausgenommen Zeus“ (50), aber Prometheus weiß es besser. Selbst Zeus ist im Netz der Ananke (Notwendigkeit) gefangen, gegen die keine Kunst etwas auszurichten vermag (514), und Ananke wird wiederum durch die Moiren und die Erinyen gelenkt (515 ff.). Die Herrschaft des Zeus wird nicht ewig währen; und Prometheus, der Unsterbliche, kann warten bis ihre „kurze Spanne Zeit“ abgelaufen ist (939). Da *Der Befreite Prometheus* verloren gegangen ist, wissen wir nicht, wie Aischylos diese Probleme gelöst hat. Es sieht so aus, als hätten die Widersacher sich geeinigt und als hätte Prometheus' Preisgabe seines Wissens um das Zeus'sche Geschick dabei eine Rolle gespielt. Ein wichtiges Thema war mit Sicherheit der Zuwachs an Weisheit durch Leiden auf beiden Seiten – denn

„gründlich lehrt jeden alles, wird sie alt, die Zeit" (982). Ob aber die Aufdeckung des Geheimnisses das Verhängnis des Zeus verhindert hätte, sei es nur für eine Zeit lang oder für immer, wissen wir nicht. Gewiß ist nur, daß die tragische „Handlung" vollendet gewesen wäre, sobald das Gleichgewicht der Weisheit für den gegenwärtigen Äon gesichert war.

Im *Prometheus* hat Aischylos die Form der Tragödie dazu verwendet, das historische Drama der Seele darzustellen. Die Ordnung der Seele in ihrer historischen Entfaltung ist der „Held" der Trilogie, nicht eine der *dramatis personae*. Solche Formulierungen besagen jedoch nicht, daß Aischylos eine *tour de force* versuchte, das heißt, daß er die Tragödienform auf ein dafür ungeeignetes Thema verwendete. Im Gegenteil, die Erfahrung von Geschichte erwächst aus der Tragödie. Nur wenn die Vorstellungen von einer durch und durch menschlichen Seele, von einem reflektierenden Hinabsteigen in ihre Tiefe, von einer Entscheidung, die aus dieser Tiefe heraufgebracht wird, und von einem Handeln, für das der Mensch verantwortlich ist, voll entwickelt sind, kann der Sinn tragischer Handlung auf die Ordnung der menschlichen Existenz in Gesellschaft ausstrahlen und sie erhellen. Die gesellschaftliche Ordnung selbst bekommt etwas Tragisches, wenn sie als Werk des Menschen verstanden wird, als eine Ordnung, die der Mensch den daimonischen Kräften der Unordnung abgerungen hat, als eine prekäre Verkörperung von Dike, die durch die Bemühungen tragischen Handelns erreicht und bewahrt wird. Der Verlauf der menschlichen Angelegenheiten wird zum Verlauf von Geschichte, wenn die Ordnung der Seele zur ordnenden Kraft der Gesellschaft wird. Denn nur dann können Aufstieg und Niedergang eines Gemeinwesens im Sinne einer wachsenden oder sich auflösenden Psyche erfahren werden.

Die Formulierungen des vorhergehenden Abschnitts müssen jedoch durch den Vergleich mit der Genese von Geschichte in anderen Zivilisationen qualifiziert werden. Geschichte wurde in Hellas aus der Tragödie geboren, und sonst nirgendwo. Die hellenische Erfahrung von Geschichte sowie deren Symbolisierung lassen sich präziser bestimmen, wenn man sie mit den kompakteren chinesischen und den weniger kompakten israelitischen Formen vergleicht. Der Sinn von Geschichte in China erwuchs nicht aus der Erfahrung der Tragödie, sondern aus der Erfahrung des Blühens, Welkens und Erlöschens organisch verstandener Kräfte. Eine solche Kraft konnte in einer Familie leben und sie für eine begrenzte Zeit zum Träger der kosmischen

Ordnung in Gesellschaft machen. Historiographie war dann der Bericht über eine unbestimmte Reihe solcher Lebenskräfte, die „Dynastien". Außerdem war die Symbolik der Dynastien eingebettet in die umfassendere symbolische Form von Gesellschaft als universaler Organisation der Menschheit in Analogie zur Ordnung des Kosmos, das heißt, in die Symbolisierungsschicht, die allen kosmologischen Zivilisationen, den fernöstlichen wie denen des Vorderen Orients gemeinsam war. Gewiß, auch in der chinesischen Historiographie gab es die Tragödie von Aufstieg und Niedergang, aber sie war noch kompakt in den kosmologischen Mythos eingebunden. Der radikale Bruch mit dem kosmologischen Mythos wurde nur von Israel vollzogen. Und dieser Bruch war so gründlich, daß sofort die Geschichte als Symbolform der Existenz für das Auserwählte Volk in der Gegenwart unter Gott eingeführt wurde. Israel hatte jedoch insofern noch an der „Hypothek" seiner Offenbarung zu tragen, als der Universalismus der Existenz unter Gott sich noch auf ein besonderes Volk beschränkt war. Die Existenz des Auserwählten Volkes präformierte deshalb die universale Menschheitsgeschichte unter Gott durch Christus. Die hellenische Erfahrung der tragischen Geschichte hat einen Grad der Kompaktheit zwischen dem chinesischen und dem israelitischen. Zwar ist die athenische Tragödie nicht mehr in den Mythos eines kosmologischen Reiches eingebunden, aber sie ist mit der „Hypothek" der Polis belastet wie Israel mit seiner „Hypothek" des Auserwählten Volkes. Außerdem existiert die Polis von Aischylos, anders als das Volk Moses' durch den Seinssprung, nicht frei unter Gott, sondern nähert sich einer solchen Existenz durch die tragischen Anstrengungen ihres Volkes, in die göttliche Tiefe der Dike hinabzusteigen. Die dionysische Komponente in der tragischen Existenz schließt das Hereinbrechen einer göttlichen Offenbarung von oben aus.

Diese Qualifizierungen sollen die Größe von Aischylos nicht schmälern. Die Offenbarung Gottes in Geschichte für die Menschen geschieht, wo Gott will. Wenn Aischylos auch kein Moses für sein Volk war, hat er doch für sein Volk die Psyche als die Quelle sinnvoller Ordnung für die Polis in Geschichte entdeckt. Wenn er auch nicht das Gesetz vom Sinai brachte, legte er doch den Grund für eine Philosophie der Geschichte. Denn Platons Philosophie der Geschichte leitete sich von der aischyleischen Tragödie her, und zwar nicht nur was das Prinzip angeht, sondern bis hin zu einem so spezifischen Detail wie der Transformation der Trinität im *Prometheus* (Prometheus, Zeus, Ananke) in die mythische Trinität des *Politikos*

(Angeborenes Begehren, Demiurg, Heimarmene). Mehr noch, als Aischylos die theomorphen Symbolisierungen von Seelenkräften zu Gestalten seines Dramas machte, hatte er eine Symbolform geschaffen. Und diese Form wiederum wurde von Platon aufgenommen und weiterentwickelt, denn der platonische Mythos als symbolische Form leitet sich von der *mythopoeia* in Aischylos' *Prometheus* und *Eumeniden* her.

4. Das Ende der Tragödie

Die Tragödie als repräsentative Handlung des athenischen Volkes mußte sterben, sobald die Wirklichkeit Athens heroisches Handeln unglaubwürdig machte und die Insel der Dike in einem Meer von Unordnung unterging. Dem angstvollen Taumeln und Versinken der Polis anhand der erhaltenen Tragödien nachzugehen, würde eine größere eigenständige Untersuchung erfordern. Wir können nicht mehr tun als feststellen, daß die Auflösung der athenischen Demokratie sich in den Werken der großen Tragiker getreulich widerspiegelte, und auf einige Fälle hinweisen, die diesen Prozeß illustrieren. Einige typische Beispiele, die die zunehmende Verwüstung durch den Peloponnesischen Krieg verraten, lassen sich dem Werk von Euripides nach 428 v. Chr. entnehmen.

In *Hekuba* (*ca.* 425) wird das Unglück untersucht, das nach dem Fall von Troja über die Königin kommt. Bis zu einem gewissen Punkt kann sie der Last ihres Leids standhalten. Und das Opfer von Polyxena erschließt sogar neue Quellen der Würde. Als aber die Nachricht vom Tod ihres letzten Sohnes eintrifft, bricht sie zusammen, denn sie weiß, daß damit ihr Geschlecht ausgelöscht ist. Die Ordnung ihrer Seele bricht zusammen; sie ist nun vom Daimon der Rache besessen, der die Welt in die eigene Vernichtung mit hineinziehen will. Durch Selbsterniedrigung und mit List bereitet sie die Blendung des Polymnestor vor, der das Vertrauen ihres Sohnes verraten und ihn ermordet hatte, um in den Besitz seines Schatzes zu kommen. Und vor der Blendung hat sie Ploymnestors zwei unschuldige kleine Kinder getötet. Der Horror endet mit der Information des blinden Ploymnestor, die er von Dionysos erhalten hat, die Königin werde in einen rotäugigen Hund verwandelt. Die Ordnung der Dike ist auseinandergefallen; die Seele wird nun nicht mehr weise durch Leiden, sondern zerbricht unter ihrem Schicksal; und die Heldin wird ein Hund.

Ähnlich vernichtend ist das Ende von *Der Rasende Herakles* (*ca.* 421). Wie Io ist Herakles ein Abkömmling von Zeus und wird von Hera verfolgt. Gnadenlos regiert die Daimonie der Götter die Ereignisse der Tragödie. In Abwesenheit von Herakles hat sich ein Usurpator zum Herrscher von Theben aufgeworfen und macht sich daran, die Familie des Helden auszulöschen. Im letzten Moment kehrt Herakles zurück, nachdem das seiner Familie bevorstehende Schicksal Gelegenheit geboten hat, den verhaßten Zeus bloßzustellen, rettet seine Familie und tötet den Tyrannen. Das mißfällt Hera, und sie schickt Herakles den Daimon des Wahnsinns, so daß er sein Gemetzel fortsetzt und die eigene Familie umbringt. Als Herakles aufwacht und realisiert, was er getan hat, ist sein erster Gedanke die klassische Lösung: „Der erste Mann von Hellas" kann nach einer solch unehrenhaften Tat nicht weiterleben. Und nun kommt die überraschende Wende. Sein Freund Theseus überredet ihn dazu weiterzuleben mit dem aufschlußreichen Argument, die Götter hätten auch alle möglichen Untaten begangen und lebten doch fröhlich weiter. Wolle er, ein Mensch, mehr von sich fordern als die Götter selbst? Das Werk der Mystiker-Philosophen wird von Euripides rückgängig gemacht. Der Aufschwung der Seele zum *sophon* ist in sich zusammengefallen; die Götter sind schamlos und vulgär geworden, und der Mensch sollte nicht versuchen besser zu sein als sie. Herakles wird von Theseus weggeführt, um auf dem Landsitz des Freundes in Athen resigniert seinen Lebensabend zu verbringen. Abtritt des Helden in den Ruhestand mit Pension.

In der Tragödie *Die Troerinnen* (*ca.* 415) schließlich hält Euripides Athen selbst den Spiegel vor.* Die erhaltene Tragödie ist der dritte Teil einer Trilogie; die ersten zwei Teile, *Alexandros* und *Palamedes*, sind verloren gegangen. Von *Palamedes* wissen wir, daß der weise Held, eine Vermenschlichung des Zivilisationsbringers Prometheus, der eifersüchtigen Niedertracht des Odysseus zum Opfer fällt; das vierte Jahrhundert verstand die Tragödie als Vorhersage des Schicksals, das Sokrates von seiten Athens erlitt. In den *Troerinnen* geht es um den Suizid der griechischen Seele in der Stunde des Sieges. Was als heroisches Abenteuer begonnen hatte, endet in der Gemeinheit und Abscheulichkeit der Eroberung. Die Griechen selbst werden von dem Morast aus Schmutz und Schimpf verschlungen. Athene, die Hüterin ihres Volkes, wird die Seiten wechseln, weil ihr Tempel geschändet worden ist. In der ominösen Szene, mit der das Drama beginnt, macht sie gemeinsame Sache mit Poseidon, um die Sieger auf ihrem Heimweg zu vernichten. Die *Troerinnen* fallen in das Jahr nach dem Gemetzel bei Melos, das die Korruption des athenischen Ethos an den Tag gebracht hatte; und sie fallen genau in das Jahr der Sizilischen Expedition, die in einer Katastrophe endete. Es war das Jahr, in dem der Untergang Athens besiegelt wurde; die Götter hatten in der Tat die Seiten gewechselt.

Kapitel 11

Die Sophisten

Die Tragödie war vor allem eine Schöpfung Athens, denn die großen Dichter waren selbst Athener und nutzten die geistigen Ressourcen ihres Volkes für ihr Werk; sie war das Geschenk der neuen Demokratie an Hellas und an die Menschheit. Das Volk war dem Ruf nach Handlung im tragischen Sinn gefolgt und hatte seine Reife in den Perserkriegen unter Beweis gestellt.

Der Sieg führte zu einer völligen Veränderung der intellektuellen und politischen Atmosphäre. Vor dem Krieg war Athen in politischer Hinsicht eine ziemlich unbedeutende Stadt und hatte kaum an den intellektuellen Abenteuern Ioniens und Italiens teil. Nach dem Krieg wurde die Stadt in der Rivalität zu Sparta in die politische Führungsposition katapultiert, ihre Hegemonie im Delischen Bund verwandelte sich bald in die Herrschaft über ein mit Gewalt zusammengehaltenes Seeimperium, und Athen wurde die expandierende, reiche Hauptstadt dieser neuen politischen Struktur. Mehr noch, die hellenischen Poleis gingen aus dem Krieg als eine viel enger gefügte Welt hervor, als ein Gebiet, in dem ein intensiver Austausch stattfand, und mit Athen fand diese Welt eine Stadt, die in der Lage war, nicht nur die Rolle eines politischen Zentrums, sondern auch die einer kulturellen Hauptstadt zu übernehmen. Die Stadt spielte diese Rolle in brillanter Weise – aber um ihr gerecht zu werden, mußte das Volk die sicheren Gefilde der überkommenen Pietät verlassen, aus der die Größe der Generation von Marathon erwachsen war, und seine Fähigkeiten mit Hellas' intellektuellem Leben verschmelzen. Um zur Schule von Hellas zu werden, so die stolzen Worte des Perikles, mußte Athen erst zwei Generationen lang Hellas' Schüler sein. Die Erziehung Athens durch Hellas bis zu dem Punkt, wo der Schüler zum unbestrittenen Repräsentanten der hellenischen Kultur wurde, war das entscheidende Ereignis des sogenannten Zeitalters der Sophisten. In dieser wechselseitigen Durchdringung der athenischen Fähigkeiten mit der älteren Kultur der Grenzregionen entstand das, was rückblickend als die klassische hellenische Kultur erscheint. Es war der Prozeß, aus dem nach der politischen Katastrophe Platon und Aristoteles hervorgingen.

§ 1. Die Erziehung Athens

In gesellschaftlicher Hinsicht nahm der Prozeß der Erziehung eine Form an, die man nur als Hinabsteigen nach Athen beschreiben kann, das heißt, daß jeder, der in Hellas über etwas Wissenswertes verfügte, irgendwann einmal in seinem Leben nach Athen kam, manchmal über lange Zeit, um im Hause von Staatsmännern und gesellschaftlich führenden Persönlichkeiten empfangen zu werden, um seine Weisheit in Einzelunterricht oder öffentlichen Vorträgen zu verbreiten – für hohe Honorare von jenen, die sie sich leisten konnten, und für eine geringere Gebühr von den weniger begüterten Zuhörern. Es ist die Periode, die Aristoteles kurz und bündig mit einem Satz in seiner *Politik* (1341a 28-32) charakterisierte: Als die Athener „durch den Wohlstand auch mehr Muße gewannen und dementsprechend in ihrer Tüchtigkeit immer großgesinnter wurden, schon vorher und vor allem nach den Perserkriegen wegen ihrer Taten von Stolz erfüllt, begannen sie, sich auf alle möglichen Wissenszweige zu verlegen, ohne eine Auswahl zu treffen, vielmehr darauf bedacht, immer noch weitere ausfindig zu machen."* Die „Fremden", die willens waren, diesen Wissensdurst der Athener zu stillen, können als Sophisten bezeichnet werden.

Der Bezeichnung Sophist und ihrer Definition sollte allerdings nicht zuviel Bedeutung beigemessen werden. Wir sind weniger an der Definition eines Terminus interessiert, der sich in der Historiographie eingebürgert hat, als an dem Prozeß, den wir als die Erziehung Athens charakterisiert haben. Die Szene veränderte sich rasch, und die Unterschiede waren im konkreten Einzelfall häufig ebenso wichtig, wenn nicht wichtiger, als die allgemeinen Merkmale eines fremden, umherziehenden Lehrers. Bei der Verwendung dieser Bezeichnung sollte man sich deshalb bewußt sein, daß sie ein Zentrum sicherer Anwendung hat, um das sich konzentrisch viele Fälle mit zunehmend eingeschränkter Geltung lagern.

Zunächst gilt die Bezeichnung natürlich für die Männer, die von der historiographischen Tradition als Sophisten bezeichnet werden, ganz besonders für die Großen Vier: Protagoras aus Abdera, Gorgias aus Leontini, Hippias aus Elis und Prodikos aus Keos. Sie repräsentieren den Typus in seiner Reinheit; alle gehören sie annähernd zur selben Generation; und vom Jahr 440 an ist in Athen die Wirksamkeit ihrer Denkweise zu beobachten. Außerhalb dieses Zentrums müssen wir aus der älteren Generation Zenon aus Elea und Anaxagoras aus Klazomenai zu den relevanten Persönlichkeiten zählen, obwohl die beiden üblicherweise nicht zu den Sophisten gerechnet werden. Mit Sicherheit waren sie „Fremde", zogen durchs Land, lehrten in Athen, und insbesondere Anaxagoras hatte erheblichen Einfluß auf die Entwicklung von Perikles. Zudem bildeten sie das Bindeglied zwischen der Philosophie des Parmenides und den Argumentationsmethoden, die von Protagoras und Gorgias entwickelt worden waren. Ebenfalls hinzugerechnet werden müssen die Persönlichkeiten, die insbesondere nach der Katastrophe von Kroton im Jahr 440 die pythagoreische Weisheit vermittelten, sowie diejenigen, die das Wissen der Medizinerschule von Kos weitergaben.

Selbst wenn wir diese Bezeichnung bis zum äußersten beanspruchen, wird die Kategorie des umherziehenden fremden Lehrers nicht alle menschlichen Aspekte des Prozesses abdecken, die für unseren Zweck relevant sind. Wir zögern, den Ionier Herodot einen Sophisten zu nennen, obwohl er eine Zeit lang in Athen lebte und seine *Historien*, die über die Gebräuche fremder Zivilisationen Auskunft geben, den ethischen Relativismus der Sophisten in glänzender Weise belegen. Wir wenden die Bezeichnung nicht auf Demokrit aus Abdera an, obwohl er auf seinen Reisen eine Zeit lang in Athen lehrte und mit dem alten Anaxagoras zusammentraf, denn seine Statur als Philosoph ist so groß, daß man ihn noch nicht einmal einem Protagoras oder Gorgias an die Seite stellen könnte – jedenfalls ist er eine der interessantesten Gestalten für die Erziehung Athens, insofern er gegen den Relativismus seiner Zeit den Weg fand, der aus der alten Pietät in das neue Bewußtsein und die Unerschütterlichkeit der Seele* führte und einen nicht zu ermessenden Einfluß auf die Philosophien der Lebensführung hatte, die in Athen nach 400 v. Chr. entstanden. Weitere Schwierigkeiten entstehen bei der Verwendung des Terminus „Sophisten" gegen Ende des 5. Jahrhunderts v. Chr., wenn sich bei den Athenern selbst die Auswirkungen der sophistischen Erziehung in ihrer Politik wie in ihren intellektuellen Leistungen zu zeigen beginnen. Sollten wir die Produkte der sophistischen Erziehung unter den Oligarchen Athens, von denen Platon mit Kallikles ein so komplexes Bild zeichnet, zu den Sophisten zählen? War der Tyrann Kritias ein Sophist? Und wir zögern, von Thukydides als einem Sophisten zu sprechen, obwohl seine *Geschichte des Peloponnesischen Krieges* der grandiose Epitaph für jenes Zeitalter ist und mit jedem der vollendeten Sätze das Ergebnis höchster sophistischer Kultur darstellt.

Mit Sokrates und Platon schließlich kommen wir zum Widerstand gegen die Sophisten. Unter dem hier relevanten Aspekt bedeutet diese Opposition, daß Athen ans Ende seiner schweren Prüfung gelangt war, die in der Erziehung durch „Fremde“ bestanden hatte. Endlich waren die Athener imstande, ihre Probleme selbst und auf ihre Weise zu artikulieren. Sokrates’ und Platons ablehnende Haltung gegenüber den Fremden hat stark auf ihren Widerstand gegen die Sophisten abgefärbt; aber diese Opposition heißt nicht, daß die Errungenschaften des sophistischen Zeitalters verworfen wurden. Im Gegenteil, die Leistungen wurden in einem Ausmaß übernommen, das immer noch nicht richtig erkannt worden ist, weil unsere Ideengeschichte Platons lautstarker Kritik an den Sophisten mehr Aufmerksamkeit schenkt als seiner stillschweigenden Zustimmung zu ihrem Werk.

Bei der Charakterisierung der Leistungen müssen wir summarisch vorgehen. Die Sophisten waren Wanderlehrer. Um an Hörer und Einnahmen zu gelangen, mußten sie anbieten, was ihr Publikum brauchte. Natur und Form ihrer Lehre ließen sich nicht von den Bedürfnissen der neuen Demokratie und insbesondere von denen Athens trennen. Aus unserer Untersuchung der Tragödie kennen wir die Bedeutung der Handlung sowie die Notwendigkeit, die Entscheidung, die der politische Führer traf, durch Überredung in den Willen des Volkes zu übersetzen. Die politische Vorherrschaft der aristokratischen Familien war gebrochen, und wenn auch die Aristokraten ihre traditionelle Lebensweise auf dem Wege der Erziehung an ihre Söhne weitergeben mochten, war diese Übermittlung die Privatangelegenheit einer sozialen Schicht geworden, führte aber als solche in einer Polis freier Bürger nicht zu politischem Erfolg. Wie wir gesehen haben, hatte in der Zeit Solons die Auflösung des alten Lebensstils begonnen; und nun, im Zeitalter der demokratisierenden Verfassungsreformen von Kleisthenes, Themistokles und Perikles war er als politische Kraft tot. Die führenden Staatsmänner, Heerführer und Beamten mochten zwar immer noch aus den alten Familien kommen, ihr politischer Erfolg hing jedoch davon ab, ob sie fähig waren, die Gunst des Volkes gegen andere Konkurrenten zu gewinnen und trotz der heftigen Kritik, dem Klatsch und den Intrigen in einer kompakten, relativ kleinen Stadt eine kontinuierliche allgemeine Unterstützung für ihre Politik zu erhalten. Die Meisterung typischer Situationen und Argumentationen in öffentlichen Debatten, gründliche Kenntnisse der öffentlichen Angelegenheiten der Polis in innen- und außenpolitischer Hinsicht, Schlagfertigkeit, ein durch Übung vervollkommnetes gutes Gedächtnis, ein disziplinierter Intellekt, der sofort das Wesentliche eines Problems erfaßte, die erlernte Fähigkeit, Argumente spontan zu ordnen, ein steter Vorrat an Anekdoten, Paradigmen und Dichterzitaten, um einen bestimmten Punkt zu veranschaulichen, allgemeine rednerische Perfektion, Geschick beim Debattieren, das zur mehr oder weniger eleganten Niederlage eines Gegners führte, ein Gutteil an psychologischen Kenntnissen im Umgang mit Menschen, eine gute Erscheinung und gutes Benehmen sowie natürlicher und geschulter Charme in der Unterhaltung – all dies war erforderlich, wollte man in der kompetitiven Kultur der Polis Erfolg haben. Da war jeder willkommen, der den Geist so zu schulen vermochte, daß er zu vernünftigen Entscheidungen fand und sie in dieser neuen Form der Politik durch Debatte, Rede, Argument und Überredung bei anderen durchsetzte.

Offensichtlich konnten weder die kosmologische Spekulation der Milesier noch das Studium der heraklitischen Orakel eine nennenswerte Rolle bei einem Unterricht spielen, der darauf angelegt war, solche Bedürfnisse zu befriedigen. Dazu bedurfte es einer ganz anderen Klassifizierung der vielseitigen Gelehrsamkeit.* Soweit die Quellen ein Urteil darüber erlauben, ordneten die Sophisten in der Tat die Wissensgebiete, die für einen gebildeten Mann in einer kultivierten, kompetitiven Gesellschaft von Nutzen waren. Sie schufen so etwas wie ein Curriculum der Allgemeinbildung, und diese Bemühungen haben der Zeit insofern standgehalten, als ihre Einteilung der Erziehungsinhalte durch die Zeiten als Quadrivium und Trivium beibehalten wurde. Das Quadrivium der Arithmetik, Geometrie, Musik und Astronomie wurde zu jener Zeit mit einem gewissen Mißtrauen betrachtet, weil mathematische Kenntnisse für einen jungen Mann von Stand mit politischen Ambitionen von zweifelhaftem Wert zu sein schienen; aber in Platons *Politeia* und in der Praxis der Akademie sehen wir die Mathematik und besonders die Geometrie bereits am Anfang des Lehrplans fest etabliert, nicht nur als ein allgemeines Instrument, das der intellektuellen Schulung diente, sondern auch als geeignete Methode, den Schüler von der Faszination durch konkrete Fakten zu entwöhnen und ihm die Bedeutung von formalen Strukturen, letztlich von Ideen, bewußt zu machen. Der praktische Wert des Trivium aus Grammatik, Rhetorik und Dialektik wurde nie bezweifelt; die Formen der Sprache, der Rede und des Denkens mußten unter allen Umständen gemeistert werden.

Prodikos aus Keos scheint der angesehenste Philologe unter den großen Sophisten gewesen zu sein. Der Überlieferung zufolge war Sokrates eine Zeit lang sein Schüler, und wir spüren noch eine deutliche Sympathie für ihn in den Dialogen Platons. Er beschäftigte sich mit semantischen Problemen, bestimmte die genauen Bedeutungen von Wörtern und unterschied die Bedeutungsnuancen verwandter Termini. Mehr noch, es scheint, daß ihn sein Interesse für die Wortbedeutungen zur Beschäftigung mit den bezeichneten Gegenständen selbst führte. Das würde bis zu einem gewissen Grade das sokratische und platonische Interesse an ihm erklären, denn ein Aspekt des platonischen und aristotelischen Philosophierens ist der mühsame Prozeß, die Termini, die rückblickend „philosophisches Vokabular" geworden sind, aus den Bedeutungen zu entwickeln, die die Worte im täglichen Sprachgebrauch hatten. Platons Sympathie für Prodikos mag sehr wohl im Respekt des Könners für die wertvolle Arbeit eines Vorgängers ihre Wurzeln gehabt haben.

Über die Grundlagen des Quadrivium und Trivium hinausgehend, entwickelten die Sophisten die *techne politike*, die Kunst der Politik, als eine besondere neue Disziplin. Es handelte sich dabei um die Theorie einer Erziehung, die in früher Kindheit einsetzt, um den Menschen in die Gebräuche und kulturellen Muster seiner Gemeinschaft einzupassen. Und da die Gesetze die Verkörperung der höchsten Prinzipien waren, auf denen die Ordnung der Gemeinschaft beruhte, bestand die Krönung des Erziehungsprozesses darin, dem jungen Mann eine gründliche Kenntnis der Gesetze seiner Polis zu vermitteln. An diesem Punkt wird der entscheidende Unterschied zwischen der alten aristokratischen und der neuen demokratischen Erziehung vielleicht am deutlichsten sichtbar. Die Autorität in der Erziehung beruft sich nicht mehr auf das Verhalten ehrbarer Vorfahren und Helden, auch nicht auf die paradigmatische Aristeia* oder die paränetischen Abschnitte des Epos; sie beruft sich vielmehr auf die Gesetze der Polis als letztverbindliche Verhaltensmaßstäbe beim Befehlen und Gehorchen. Die neue Erziehung war durch den Horizont der Polis begrenzt; ihr Zweck war die Bildung des verantwortlichen und erfolgreichen Bürgers.

Soweit der nahezu vollständige Verlust der Primärquellen ein Urteil in solchen Dingen erlaubt, stammen die bemerkenswertesten Beiträge zur Kunst der Politik von Protagoras. Wenn wir die Selbstdarstellung des großen Sophisten in Platons *Protagoras* als eine in der Substanz zutreffende Darstellung seiner Gedanken akzeptieren, muß er eine recht detaillierte Theorie der Erziehung, Geschichte und Politik entwickelt haben. Mehr noch, die Gedanken, die in seiner Erklärung (*epangelia*) auftauchen, sind im Großen und Ganzen nicht unvereinbar mit Platons eigenen Gedanken, die wir aus den Dialogen kennen. Es scheint, daß die sophistische Kunst der Politik ein Korpus von Theorien entwickelte, das zu einem erheblichen Teil in die Politik Platons eingehen konnte. In seiner Erziehungstheorie kam Protagoras zum Begriff der „Natur" eines Kindes oder Schülers, wobei diese Natur und ihre Gaben die Vorbedingung für die erzieherische Arbeit waren. Der Erzieher muß die Natur des Schülers so früh wie möglich durch Unterricht, der Wissen vermittelt, sowie durch Übung, die dem Schüler dieses Wissen zur zweiten Natur macht, zu vervollkommnen suchen. Die Prinzipien von Protagoras tauchen bei Platon als Grundlagen der Erziehung wieder auf, ja, seitdem finden wir sie in jeder Erziehungstheorie. Platon übernahm zudem Protagoras' Konzeption vom Gesetz, als dem höchsten Lehrer des Bürgers, und entwickelte daraus in den *Nomoi* die Proömien zu den Gesetzen mit ihrer erzieherischen und epodalen Funktion. Protagoras forderte vor allem, daß „Achtung und Gerechtigkeit"* (*aidos, dike*) in der Seele jedes Menschen lebendige Kräfte sein müßten, weil ohne sie die Ordnung einer Gemeinschaft nicht aufrechterhalten werden könne. Die Gesetze sollten dafür sorgen, daß ein Mann als „Krankheit der Polis" getötet würde, wenn er in dieser Hinsicht Mängel aufwies. Diese ausdrückliche Forderung von Protagoras kehrt in den *Nomoi* als Platons Vorschrift wieder, daß ein geistig erkrankter Mensch zum Tode verurteilt werden sollte, wenn Erziehungsbemühungen über eine Frist von fünf Jahren sich als unwirksam erwiesen hätten.[1]

Und schließlich behandelte die sophistische Kunst der Politik die richtigen Prinzipien sozialer Ordnung. Die Berufung auf die Gesetze, als der höchsten erzieherischen Autorität, führte unvermeidlich zu Prinzipienfragen, denn Gesetze werden erlassen und geändert, und die Regeln, die das Erlassen und Ändern von Gesetzen bestimmen, sind von höherem Rang als der Inhalt des tatsächlich geltenden Rechts. Die angehenden Staatsmänner unter den Schülern brauchten eben Informationen über die Prinzipien der Gerechtigkeit und des richtigen Verhaltens. Wir wissen mehr über die Natur dieser Debatte als über die Schlüsse, die daraus gezogen wurden. In der Debatte ging es um die historisch gewachsene Vielfalt der Aretai. Die Frage war, ob es im Grunde nur eine Tugend oder eine nicht zu reduzierende Vielzahl an Tugenden gebe; und falls es eine Vielzahl an Tugenden gab, mußte weiter gefragt werden, ob deren Anzahl unbestimmt oder begrenzt sei. Aus dieser Debatte entstanden die Versuche, ein vollstän-

---

1 Platons Übereinstimmung mit Protagoras besonders in diesem Punkt verdient Beachtung, da Platon wegen dieser Vorschrift immer noch von einer beträchtlichen Anzahl Historiker als unliberaler, autoritärer, wenn nicht gar „faschistischer" Denker schlechtgemacht wird. Daß die liberale Kritik an Platon sich auch gegen den großen Sophisten richten müßte, sollte durchaus Stoff zum Nachdenken geben.

diges Verzeichnis der Tugenden zu erstellen, wie Gerechtigkeit, Weisheit, Mut und Besonnenheit, die Vierergruppe, die wir in Platons *Politeia* finden. Es hat womöglich andere solcher Gruppen gegeben; und man konnte sich mit Sicherheit nicht darüber einigen, welche dieser Zusammenstellungen die richtige war, denn selbst in den Dialogen Platons stoßen wir noch auf Bedenken hinsichtlich dieser oder jener Tugend und ihrer Stellung in einem „System". Die ethischen Debatten erstreckten sich ferner auf die Vortrefflichkeiten im somatischen Bereich, was zu einer Liste mit Gesundheit, Schönheit und Kraft führte. Und wenn wir schließlich die Debatten über die Künste (*technai*), über die verschiedenen Wissenschaften, die den Künsten zugrunde liegen, sowie über die politische Klugheit betrachten, muß es ziemlich umfassende Übersichten, wenn nicht gar tatsächliche Listen der Vortrefflichkeiten gegeben haben, die Aristoteles als dianoetische Tugenden klassifizierte. Alles in allem müssen die Sophisten eine umfangreiche und solide Bestandsaufnahme der Probleme hinterlassen haben, die später in den stärker theoretisierten Kontexten bei Platon und Aristoteles auftauchen.

Daß die Politik bei Platon in sehr hohem Maße auf den Leistungen der Sophisten und vor allem auf denen des Protagoras beruht, sollte jedoch den entscheidenden Unterschied zwischen ihren Denkwelten nicht verwischen. Platon stellte seinen Satz „Gott ist das Maß" bewußt als Gegenformel zu Protagoras' Satz „Der Mensch ist das Maß" auf. Kurz, im sophistischen Denken fehlte die Verbindung zwischen den gut beobachteten und klassifizierten Phänomenen der Ethik und Politik und dem „unsichtbaren Maß", das Ordnung in die Seele hineinstrahlt. Platon hat an kritischen Stellen seines Werkes wiederholt diesen Widerstand gegen eine Welt des Denkens ohne geistige Ordnung zum Ausdruck gebracht. Insbesondere kritisierte er zweimal eine Reihe agnostischer wenn nicht gar atheistischer Propositionen, die sehr wohl sophistischen Ursprungs gewesen sein können.[2] Sie fassen ein Argument bezüglich der Götter zusammen:

1.) Wahrscheinlich gibt es keine Götter;
2.) wenn es sie aber gibt, kümmern sie sich nicht um die Menschen;
3.) kümmern sie sich aber um die Menschen, können sie durch Opfergaben gnädig gestimmt werden.

---

2 *Politeia* 365 d-e und *Nomoi* 885 b.

Platon stellt ihnen die Propositionen entgegen, daß die Götter sehr wohl existieren, daß sie sich um die Menschen kümmern und daß sie sich durch Gebete und Opfer nicht besänftigen lassen.

Wir neigen zu der Annahme, daß diese Aussagen sophistischen Ursprungs sind (eine mögliche Quelle wäre Protagoras' Buch *Über die Götter*), denn das Muster des Argumentationsaufbaus ist durch Gorgias' Abhandlung *Über das Nichtseiende* oder *Über die Natur** als sophistisches verbürgt, das einzige Werk eines Sophisten, das zumindest in Form einer Kurzfassung als Ganzes erhalten ist.[3] Ausnahmsweise haben wir Gelegenheit, den Argumentationsaufbau bei einem der bedeutenderen Sophisten anhand einer Quelle zu studieren, die nahe an das Original herankommt. Der Traktat des Gorgias befaßte sich mit parmenideischen Problemen. Er war in drei Teile gegliedert, die nacheinander folgende Sätze verteidigen:

1.) Nichts existiert;
2.) existiert es doch, so ist es nicht erkennbar;
3.) ist es doch erkennbar, so ist es nicht mitteilbar.**

Im ersten Teil seiner Abhandlung bewies Gorgias die Nichtexistenz des Seins. Weiter wies er nach, daß die parmenideischen Prädikate des Seins zu Widersprüchen führen. Als repräsentativ greifen wir das Argument über das Prädikat „ewig“ heraus:

> Sein kann nicht ewig sein, weil es in diesem Falle keinen Anfang hätte; was keinen Anfang hat, ist grenzenlos; und was grenzenlos ist, ist nirgendwo. Denn wäre es irgendwo, müßte es von etwas umgeben sein, das größer ist als es selbst; aber da ist nichts, das größer ist als das Grenzenlose; also ist das Grenzenlose nirgendwo; und was nirgendwo ist, existiert nicht.

Die Kurzfassung der Abhandlung *Über das Nichtseiende* oder *Über die Natur* ist ein unschätzbares Dokument, weil sie eines der frühesten, wenn nicht das allererste Beispiel für den immer wiederkehrenden Typus aufgeklärten Philosophierens ist. Der Denker operiert mit Symbolen, die von Mystiker-Philosophen entwickelt worden waren, um Transzendenzerfahrungen zum Ausdruck zu bringen. Er fährt fort, indem er die Erfahrungsgrundlage ignoriert und die Symbole von dieser Grundlage ablöst, als hätten sie eine von der Erfahrung, die sie zum Ausdruck bringen, unabhängige Bedeutung und zeigt mit

3 Diels-Kranz, Gorgias B 3.

brillanter Logik, was jeder Philosoph weiß, daß sie zu Widersprüchen führen, wenn sie als Aussagen über Gegenstände in weltimmanenter Erfahrung mißverstanden werden. Gorgias wendete seinen Scharfsinn auf das parmenideische Sein an; aber derselbe Typus des Argumentierens könnte auch auf andere Transzendenzsymbole angewendet werden, und die drei Propositionen über die Götter sind wahrscheinlich die Zusammenfassung einer solchen Argumentation.

Wenn wir annehmen, der Traktat des Gorgias sei repräsentativ für die sophistische Haltung gegenüber Transzendenzproblemen, und wenn wir dann Aufklärung als den soeben charakterisierten Typus des Philosophierens definieren, erreichen wir etwas mehr Klarheit hinsichtlich der Frage, ob das sophistische Zeitalter zurecht zu einem Zeitalter der Aufklärung gestempelt werden kann. Wir können feststellen, daß dieses Zeitalter tatsächlich einen aufklärerischen Zug hat, insofern seine repräsentativen Denker dieselbe Unempfindlichkeit gegenüber Transzendenzerfahrungen an den Tag legen, die für die Aufklärung des 18. Jahrhunderts n. Chr. charakteristisch war, und insofern diese Unempfindlichkeit ebenfalls darauf hinausläuft, daß Philosophie zerstört wird – denn Philosophie hat *per definitionem* ihr Zentrum in den Transzendenzerfahrungen. Zudem ist der essentiell unphilosophische Charakter der sophistischen Schriften womöglich der wichtigste Grund dafür gewesen, daß sie fast völlig untergegangen sind, ungeachtet der eindrucksvollen Zusammenstellung und Gliederung der Materialien, die sie enthalten haben müssen. Denn die Materialien konnten von späteren Schriftstellern übernommen werden, und ohne die Materialien waren diese Schriften für Philosophen nicht von Interesse. Und schließlich können wir besser verstehen, weshalb Platon das Wesen seines eigenen Philosophierens in eine emphatische Gegenformel zu dem protagoreischen *homo–mensura*-Satz verdichtete. Nachdem die Sophisten die Philosophie zerstört hatten, mußte ihre Wiederherstellung das *Deus–mensura* der Philosophen betonen; und die neue Philosophie mußte eindeutig ein „Typus der Theologie" sein.

Die große Leistung der Sophisten bei der Materialgliederung der Wissenschaften der Erziehung, Ethik und Politik muß ebenso anerkannt werden wie ihr entscheidendes philosophisches Defizit, wenn das plötzliche großartige Aufblühen der Philosophie bei Platon und Aristoteles nicht als Wunder jenseits historischer Kausalität erscheinen soll. Das philosophische Genie Platons war einzigartig, aber die Materialien, auf die er seine Genialität anwandte, müssen bereits vor ihm weit verbreitet gewesen sein. Es ist eine Bemerkung von Aristoxenos, dem Schüler von Aristoteles, erhalten, die besagt, daß die *Antilogien** von Protagoras im wesentlichen Platons *Politeia* vorweggenommen hätten.[4] In dieser Form stellt die Bemerkung eine grobe Übertreibung dar, weil sie die philosophische Verschiedenheit ignoriert. Sie muß als eine der Gefälligkeiten angesehen werden, die griechische Intellektuelle nicht selten untereinander austauschten. Aber was die Materialien und deren technische Handhabung angeht, hat sie womöglich einen soliden Wahrheitskern.

Es sind plausible Vermutungen geäußert worden, auf welche Themen in der *Politeia* Aristoxenos sich möglicherweise bezogen hat. Eines der Argumente, das die frühen Sophisten entwickelten, war das Argument der „Wahrscheinlichkeit". Auf die Politik angewandt, konnte man Typen wie den „Demokraten" oder den „Oligarchen" entwickeln und dann mit dem Wahrscheinlichkeitsargument diese Typen dahingehend erweitern, daß sie für gesellschaftliche Schichten und für den Charakter von Institutionen standen, die von diesen Schichten beherrscht wurden; wir kennen die einzelnen psychologischen Typen und sind schnell bereit, daraus auf die „Tendenzen" oder die historische Entwicklung zu schließen, denen die den jeweiligen Typen zugeordneten Institutionen wahrscheinlich folgen. Dieser Argumentationstypus bei der Konstruktion von Regierungsformen findet sich sowohl in den *Historien* Herodots wie in der pseudoxenophonischen *Verfassung der Athener* (die Abhandlung des „Alten Oligarchen"); womöglich ist er auch in anderen, verlorengegangenen Werken verwendet worden; mit Sicherheit ist er bei Thukydides vorhanden; und schließlich taucht er in Platons Klassifizierung der Regierungsformen in Buch VIII der *Politeia* auf. Da selbst Herodot und der Alte Oligarch diesen sophistischen, wahrscheinlich protagoreischen Einfluß aufweisen, ist es durchaus möglich, daß in das VIII. Buch der *Politeia* ein großer Bestand an klassifizierten Materialien aufgenommen wurde, der letztlich auf Protagoras zurückgeht.[5]

Es ist aber auch möglich, daß Aristoxenos an Protagoras' Methode der parallelen Beweise für These und Antithese dachte. Dieses Problem geht auf Zenon aus Elea und Parmenides zurück. Zenon hatte sich die Aufgabe gestellt, anhand einer Reihe von Beweisen die These, daß Sein Eines ist, zu untermauern. Er zeigte also die Widersprüche auf, die sich aus der entgegengesetzten Annahme, daß Sein Vieles ist,

---

4 Diels-Kranz, Protagoras B 5. Diogenes Laertios III, 37.
5 Zur Genealogie des Problems, zu weiterem Material und zur Bibliographie siehe John H. Finley, Jr., *Thucydides*, Cambridge, Mass., 1947, S. 46 ff.

ergaben. Wenn Sein Vieles ist, dann müßte es zugleich groß und klein, bewegt und unbewegt sein, und so fort. Der Überlieferung nach entwickelte Zenon nicht weniger als vierzig solcher Gegensatzpaare, die den widersprüchlichen Charakter der Welt der Verblendung aufzeigen sollten. Protagoras behielt diese Methode bei und arbeitete sie weiter aus – allerdings wohl nicht, um zu zeigen, daß Sein nur Eines sein könne. Er übertrug sie auch auf ethische Probleme und scheint in langen Argumentationsketten gezeigt zu haben, daß das Gerechte zugleich das Ungerechte, das Mutige das Feige, das Wahre das Falsche ist, und so weiter. Es besteht kein Zweifel daran, daß sich, unabhängig von dem jeweils behandelten Gegenstand, aus solchen Beweisen des Gegenteils eine Kunst der Dialektik entwickelte; daß die Geschicklichkeit in derartigen Beweisführungen die Grundlage für theoretische Debatten bildete; und daß die Praxis der Schuldebatten eine der Wurzeln des sokratisch-platonischen Dialogs ist. Also ist es auch durchaus möglich, daß in einen Dialog wie die *Politeia* da und dort ein Gutteil an literarischen und Schultraditionen dialektischer Debatte der Sophisten eingegangen ist, das wir jedoch nicht wahrnehmen, weil die ältere Literatur verloren gegangen ist.[6]

Abschließend können wir sagen, daß die Bemerkung des Aristoxenos trotz ihrer abwertenden Tendenz die ernsthafte Aufmerksamkeit des Historikers verdient, weil sie ein Hinweis darauf ist, daß die Kontinuität von den Sophisten zu den Philosophen des 4. Jahrhunderts auf der oberflächlichen Ebene der Materialien wahrscheinlich viel stärker gewesen ist als unsere historiographischen Konventionen uns glauben gemacht haben.

§ 2. Platon über die Sophisten. Hippias

Mehr als einmal mußten wir im vorigen Abschnitt nachdrücklich auf den nahezu vollständigen Verlust der sophistischen Literatur hinweisen. Mit Ausnahme von Gorgias' Abhandlung *Über das Nichtseiende* oder *Über die Natur* bestehen die vorhandenen Primärquellen aus unzureichenden Fragmenten. Es ist prekär, ein zusammenhängendes Bild der sophistischen Periode herzustellen aufgrund von Annahmen über die Natur der Gedanken, die zu den Wirkungen geführt haben müssen, die wir in den Sekundärquellen untersuchen können. Wenn

6 Zur Genealogie des Problems siehe Olof Gigon, *Sokrates. Sein Bild in Dichtung und Geschichte*, Bern, 1947, S. 204 ff.

es auch nicht immer möglich ist, präzis formulierte Gedanken einem bestimmten Sophisten zuzuordnen, werden nichtsdestoweniger typische Probleme und Lösungen zum Vorschein kommen. Diese Methode begegnet jedoch einer gravierenden Schwierigkeit, weil die wichtigste Sekundärquelle Platon ist. Nicht, daß die Information bei Platon in sich unglaubwürdig wäre; im Gegenteil, sie ist höchstwahrscheinlich recht zuverlässig; und wir haben einige Stücke aus dem *Protagoras* ausgesucht, weil wir keinen Grund sahen, Platon zu mißtrauen, wenn er ausdrücklich dem großen Sophisten einen Gedanken zuschrieb, den er in seinem späteren Werk selbst übernahm. Die Schwierigkeit ergibt sich aus der Tatsache, daß Platons Dialoge Kunstwerke sind. Die dargebotene Information ist nicht als historischer Bericht gedacht, und die Form, in die sie gefaßt ist, dient sehr wahrscheinlich Platons eigener Arbeitsökonomie. Während seine Darstellungen, soweit sie den Sinn der Gedanken betreffen, in der Substanz wohl korrekt sind, können wir keineswegs sicher sein, daß irgendein Sophist ihnen jemals die spezifische Form gegeben hat, die sie in einem platonischen Dialog haben. Wir wollen dieses Problem anhand einer Anekdote veranschaulichen, die Platon über Hippias aus Elis erzählt.

In *Hippias Minor* spricht Sokrates den Sophisten als den weisesten aller Menschen in fast allen Künsten an. Hippias hatte sich auf der Agora selbst als solcher öffentlich erklärt. Zum Beweis für seine universellen Talente habe er angeblich eine Geschichte darüber erzählt, wie er bei den Olympischen Spielen aufgetreten sei. Bei jener Gelegenheit sei jeder Gegenstand, den er am Leibe trug, von ihm selbst angefertigt gewesen: Der Ring, den er getragen habe, sei eine eigene Arbeit gewesen, und er prahlte damit, daß er die Kunst des Ringeschneidens beherrsche; auch das Siegel, das er getragen habe, habe er selbst hergestellt, ebenso sein Badstriegel und das Salbenfläschchen; seine Schuhe, sein Mantel und das Unterkleid seien selbstgemacht gewesen; und die größte Aufmerksamkeit habe ein Gürtel erregt, der so fein gewebt war wie die kostbarsten persischen Stoffe. Außerdem habe er Gedichtetes mitgebracht, Epen, Tragödien und Dithyramben sowie allerlei Prosaschriften; ferner habe er sich seiner Meisterschaft in der Mathematik, Musik, Astronomie, Grammatik und Mnemotechnik rühmen können. Wir haben hier das Bild des vielseitigen, wenn nicht gar allseitig versierten Sophisten; und zusammen mit Materialien aus dem *Hippias Maior*, die das bekräftigen, wird in politischen Ideengeschichten diese Stelle gewöhnlich wie ein Stück direkter Information behandelt. Vor allem die Anekdote, daß er in ganz und gar selbst hergestellter Aufmachung auftrat, gilt als schöne Illustration von Hippias' Charakter.

Damit wir uns eine Meinung hinsichtlich der Zuverlässigkeit dieser Anekdote bilden können, wollen wir ihr eine Stelle aus dem *Charmides* gegenüberstellen (161e-162a). Dort fragt Sokrates seinen jungen Gesprächspartner: „Meinst du denn, daß eine Polis wohlgeordnet wäre unter einem Gesetz, das jedem auferlegt, seinen eigenen Mantel zu weben und zu waschen, seine Schuhe und auch seinen Badstriegel und das Salbenfläschchen selbst herzustellen und alles übrige in gleicher Weise nach dem Prinzip, fremde Sachen nicht zu berühren, sondern daß jeder für sich arbeite und handle?" Die Frage wird verneint, und dem Prinzip der individuellen Autarkie wird das der Arbeitsteilung gegenübergestellt, das später in der langen Diskussion in der *Politeia* weiter ausgeführt wird.

Die Stellen aus *Hippias Minor* und *Charmides* sind durch ihre gleichlautenden Formulierungen und vermutlich auch hinsichtlich ihrer Funktion in Platons Werk eng miteinander verwandt. Das Insistieren auf Arbeitsteilung in einer wohlgeordeneten Polis enthält eine polemische Spitze gegen den Gedanken einer radikalen individuellen Autarkie, den irgendjemand geäußert hat. Wir können mit Sicherheit davon ausgehen, daß ein Sophist, wahrscheinlich Hippias selbst, ihn in irgendeinem Kontext vorgebracht hatte. Die Stelle im *Charmides* ist für Platon vielleicht das Mittel gewesen, die Absurdität (vom Standpunkt eines zivilisierten Lebens aus) zu illustrieren, zu der der Gedanke der individuellen Autarkie führt, wenn er buchstäblich in die Tat umgesetzt wird; und die Anekdote aus dem *Hippias Minor* ist womöglich eine karikierende Erfindung (von Platon oder einem anderen), die Hippias als allseits bekanntem Befürworter dieses Gedankens angehängt wurde.[7]

Obwohl für uns kein Zweifel daran besteht, daß die Stelle im *Charmides* mit der Hippias-Anekdote zusammenhängt und daß sie etwas mit Platons Konzeption von politischer Ordnung im Gegensatz zur individuellen Autarkie zu tun hat, steckt vielleicht mehr dahinter. Die Autarkie von Hippias ist absonderlich; sie ist gewiß nicht die Autarkie eines zynischen Weisen, der durch die asketische Einschränkung seiner Bedürfnisse eine apolitische Unabhängigkeit erreicht. Der Ring, das Siegel, und der Gürtel sehen elegant aus; und aus den überlieferten Anekdoten über Hippias wissen wir, daß seine Fähigkeit zu Geld

7 Ich folge der Anregung von Gigon, *Sokrates*, a.a.O., S. 264 ff.

zu kommen, weit über dem Durchschnitt lag. Überdies taucht die Anekdote über die selbst angefertigte Aufmachung im Kontext eines allgemeinen Berichts über die polyhistorische Gelehrsamkeit dieses Sophisten auf. Hinsichtlich der Natur dieses „Vielwissens" haben wir in dem einzigen Fragment, das Hippias' eigene Worte wiedergibt, ein Stück direkter Information: „Hiervon findet sich vielleicht das eine bei Orpheus, das andere bei Musaios, anderes bei Homer und Hesiod oder den übrigen Dichtern, wieder anderes in den Schriften der Hellenen, anderes in denen der Barbaren. Ich habe aus all diesem das Größte und Verwandte [*homophyla*] zusammengestellt und werde daraus diese neuartige, vielgestaltige Schrift machen."[8] Das Fragment wird gewöhnlich als symptomatisch für einen oberflächlichen Eklektizismus verstanden. Es kann jedoch ein wertvoller Hinweis auf ein enzyklopädisches Interesse sein, das aus hellenischen wie aus barbarischen Quellen in der Absicht schöpft, ihnen eine möglichst große Menge an relevanter und wahrer Information abzugewinnen, wobei Wahrheit und Relevanz durch den „homophylen" Charakter der Einträge gewährleistet sind. Und „homophyl" kann eine weitgehende Übereinstimmung der Quellen meinen, die als Beweis für einen gemeinsamen Ursprung der Information gilt. Das Fragment kann das Programm eines Enzyklopädikers sein, der seine Quellen sichtet, um eine allen Menschen gemeinsame Weisheit ausfindig zu machen, die durch viele Autoren und viele Völker spricht.

Diese Annahme gewinnt an Wahrscheinlichkeit im Lichte eines Gesprächs zwischen Sokrates und Hippias über die Natur des Gesetzes, von dem in den *Memorabilia* des Xenophon berichtet wird. Sokrates behauptet, gerecht (*dikaion*) und gesetzlich (*nomimon*) seien dasselbe. Hippias äußert angesichts dieser Gleichsetzung zunächst Zweifel; Gesetze scheinen keine so ernste Angelegenheit zu sein, wenn man bedenkt, daß dieselben Menschen, die sie machen, sie immer wieder abändern. Sokrates gewinnt ihn schließlich, indem er das Problem der „ungeschriebenen Gesetze" (*agraphoi nomoi*) aufwirft. Ungeschriebene Gesetze werden von Hippias als die Gesetze definiert, die übereinstimmend in allen Ländern beobachtet werden; und da eine solche Gleichförmigkeit nicht durch Absprache der Menschen zustande gekommen ist, müssen die Götter diese Gesetze für die Menschen gemacht haben. Der Terminus „Gesetz" in diesem Gespräch bezieht sich nicht notwendig auf das positive, erlassene Gesetz, da auch Gepflogenheiten wie die der Dankbarkeit für Wohltaten

---

8 Diels-Kranz, Hippias B 6, erhalten bei Clemens von Alexandria.

darin enthalten sind; die Nichtbeachtung solcher Regeln hat unangenehme Folgen ohne gesetzliche Sanktionen, und dieser unmittelbar geltende Charakter des „ungeschriebenen Gesetzes“ gilt als Beweis für seinen göttlichen Ursprung. Da die Götter nichts Ungerechtes anordnen, einigen sich die Gesprächsteilnehmer darauf, daß gerecht und gesetzlich gleichzusetzen seien.[9] Hinter dieser Konzeption der „ungeschriebenen Gesetze“ muß wiederum eine polyhistorische Untersuchung der Institutionen liegen, die zur Beobachtung von Gleichförmigkeiten führt. So dürftig das Beweismaterial auch ist, es deutet darauf hin, daß Hippias eine empirische Theorie der menschlichen Natur zu bilden suchte, indem er aus einer vergleichenden Untersuchung der Zivilisationen und literarischen Quellen einen gemeinsamen Nenner herleitete. Die *polymathie*, das von Heraklit verunglimpfte Vielwissen, versucht philosophisch zu werden, indem es empirische Allgemeinheit an die Stelle der Universalität der Transzendenz setzt.

Eine solche antiphilosophische Philosophie konnte kaum nach Platons Geschmack sein. Der Versuch, die Ordnung des Menschen in Gesellschaft auf eine vergleichende Untersuchung zu gründen, kann bei einem Philosophen nur Ironie hervorrufen, wie wir sie bei Sokrates im *Hippias Minor* antreffen. Die Seele als das Organ, das das unsichtbaren Maß erfährt und aufgrund dieser Erfahrung ihre eigene Ordnung schafft, würde preisgegeben. Die wahre Ordnung müßte durch ausgedehnte empirische Untersuchungen gefunden werden; was das Wissen von dieser Ordnung angeht, wäre eine Gesellschaft den polyhistorischen Intellektuellen ausgeliefert; diese „Experten“

---

9 Xenophon, *Memorabilia* IV, 4. Ich habe das Argument, soweit es das Problem des Gesetzes betrifft, besonders sorgfältig wiedergegeben, weil die Wiedergaben dieses Kapitels von Xenophon solche Sorgfalt gewöhnlich vermissen lassen. Da es bevorzugt als Quelle für Hippias Gedanken des Naturrechts verwendet wird, sollte einem bewußt sein, daß der Terminus „Natur“ darin nicht vorkommt. Die Verwendung des Gesprächs als Quelle für Hippias’ Gedanken beruht auf der Annahme, daß Sokrates (der den Dialog führt) das Argument des „ungeschriebenen Gesetzes“ deshalb einführte, weil es bei Hippias Anklang finden und seine Zustimmung zur Gleichsetzung von gerecht und gesetzlich forcieren würde, von der Hippias ansonsten keineswegs überzeugt war. Die Annahme erscheint gerechtfertigt, denn der Gedanke der „ungeschriebenen Gesetze“ sieht nicht sehr nach Sokrates aus. Das ganze Kapitel ist als theoretisches Argument ziemlich schwach. Leider kennen wir den sokratischen Dialog nicht, auf den Xenophon sich bezog, und wissen folglich auch nicht, in welchem Ausmaß er das Original verstümmelt und entstellt hat. Der Bruch in der Argumentation zwischen IV, 4, 18 und 19 legt nahe, daß ein Gutteil des Inhalts durch die Bearbeitung des zuvorkommenden Autors verlorengegangen sein muß.*

würden zum maßgebenden Mittelpunkt einer Gesellschaft; und die historisch gewachsene Ordnung würde durch das Argument entwertet, daß Menschen ihre Gesetze abändern und damit deren Ungerechtigkeit eingestehen. Die Unmittelbarkeit und Konkretheit der Ordnung in der Seele würde durch gelehrte Information ersetzt. Kurz, der Mensch würde zugunsten des sophistischen Intellektuellen abdanken. Aufgrund seiner umfassenden Meisterschaft in allen Dingen wäre der Sophist Inbegriff der Humanität – aber er wäre dies aufgrund der Omniversalität seiner Kenntnisse und nicht durch die Universalität seines Wesens. Bei der besprochenen Anekdote könnte es sich also um eine karikierende Erfindung handeln, die auf diese veräußerlichte Ersatzhumanität des Sophisten zielt.

Hippias' berühmte Intervention in Platons *Protagoras* schließlich scheint zu dieser Interpretation zu passen. Sokrates und Protagoras sind beim Debattieren in eine Sackgasse geraten. Hippias rät mit folgender Ermahnung zur Einigung:

> Alle, die hier anwesend sind, betrachte ich als zu einer Familie, zu einem Haushalt und zu einer Polis gehörend – der Natur [*physei*] nach, aber nicht dem Gesetz [*nomo*] nach. Denn von Natur ist Ähnliches mit Ähnlichem verwandt, das Gesetz aber, der Tyrann des Menschen, erzwingt vieles gegen die Natur. Wie schändlich wäre es daher, wenn wir, die wir die Natur der Dinge kennen und die weisesten aller Hellenen sind und uns deshalb in Hellas' Hauptstadt der Weisheit und, in dieser Stadt, in ihrem angesehensten und glänzendsten Haus versammelt haben – wenn wir nichts zutage förderten, das solchen Wertes würdig wäre, sondern miteinander herumstritten wie Menschen des gemeinsten Schlages! (337 c-e).

Der volle Sinn dieser Passage erschließt sich nur, wenn sie als Ganzes gelesen wird. Wenn wir den ersten Teil über *physis* und *nomos* isolieren, wird die Bedeutung der Termini unbestimmt, und wir gelangen womöglich zu falschen Schlüssen.[10] So verführerisch es auch sein mag, in der Gegenüberstellung von *physis* und *nomos* die ersten Regungen einer Theorie des Naturrechts oder die Idee einer natürlichen Gleichheit aller Menschen oder womöglich gar einer Brüderschaft aller Menschen zu entdecken, derartige Interpretationen würden entweder zu weit gehen oder nicht weit genug. Was das Wesen des Menschen angeht – das Wesen, das die Gleichheit der Humanität aller Men-

10 Der erste Teil wird recht häufig aus dem Kontext herausgenommen. Vgl. zum Beispiel Sir Ernest Barker, *Greek Political Theory. Plato and His Predecessors*, London, 1918, S. 64, und Jaeger, *Paideia* I, S. 386 ff.

schen konstituiert, – so war es zwei oder drei Generationen früher von den Mystiker-Philosophen, vor allem von Xenophanes und Heraklit, entdeckt worden. Was ein höheres Gesetz im Gegensatz zum positiven, erlassenen Gesetz angeht, so war der Gedanke immer dort gegenwärtig, wo Dike unvereinbar mit Nomos war, und der Konflikt zwischen diesen beiden war besonders in der aischyleischen Tragödie das zentrale Problem. Neu in der sophistischen Periode ist erstens, daß der Terminus *physis* anstelle von Termini wie *logos* oder *nous* in einer Diskussion über die Menschenwesentlichkeit verwendet wird, und neu ist zweitens die Richtung, in der die Menschenwesentlichkeit gesucht wird. Die erste dieser Innovationen, die Verwendung des Terminus *physis*, werden wir später in diesem Kapitel untersuchen; die zweite Innovation, die neue Richtung, wird aus der Hippias-Stelle ersichtlich, mit der wir uns gerade beschäftigen. „Natur" bezieht sich in dieser Passage nicht auf ein Wesen, das allen Menschen gemeinsam ist und sie im Sinne Heraklits gleich sein läßt. Hippias sagt ausdrücklich, daß „Ähnliches mit Ähnlichem von Natur verwandt ist"; die Verwandtschaft von Natur herrscht nur unter Menschen, die „ähnlich sind"; und die Menschen sind keineswegs alle „ähnlich". Tatsächlich beschränkt sich die Ähnlichkeit, die zu der von Natur gegebenen Verwandtschaft führt, auf „diejenigen, die anwesend" sind. Die Anwesenden sind von Natur verwandt, weil sie die Weisesten aller Hellenen sind; und sie sind die Weisesten, weil sie „die Natur der Dinge kennen". Es sieht sogar so aus, als wäre es genau jenes ähnliche Wissen um die „Natur der Dinge", das sie „von Natur verwandt" sein ließe, während andere Ähnlichkeiten bei den Menschen diesen Effekt nicht hätten. Die erlesene Gruppe der „Weisen" wird ferner von Natur als „zu einer Familie, zu einem Haushalt und zu einer Polis" gehörend betrachtet. Die Aufzählung dieser drei Typen der Verwandtschaft, die *koinonia* – Gemeinschaft im aristotelischen Sinne – konstituieren, soll wahrscheinlich Vollständigkeit anzeigen; das gesamte Spektrum menschlicher Beziehungen, das gewöhnlich durch *nomos* abgedeckt wird, ist für die Weisesten durch *physis* abgedeckt; und da sie genaugenommen *nicht* derselben Familie, demselben Haushalt und derselben Polis angehören, sollen sie durch ihre Verwandtschaft von Natur ebenso vollständig miteinander verbunden sein wie andere Menschen durch gewöhnliche menschliche Typen von Gemeinschaft. Gewöhnliche Menschen, zumal die des „gemeinsten Schlages", gehören der Sphäre des *nomos* mit seinen drei Gemeinschaftstypen an; die Weisesten gehören kraft ihrer Verbundenheit im Wissen um die Natur der Dinge der Sphäre der *physis* an.

Hippias' Ermahnung ist keineswegs eine Ausrufung einer alle Menschen umfassenden Gemeinschaft, sie ist die Ausrufung einer *république de savants.*

Hippias' Evokation hat in der Geschichte der Ordnung ihren Platz als der Versuch, die Idee einer die Menschheit umfassenden Gemeinschaft von der Ebene der Mystiker-Philosophen auf die Ebene der enzyklopädischen Intellektuellen zu übertragen. Die Bewegung eines Xenophanes in Richtung auf das Realissimum oder die Erkundung des tiefen Logos eines Heraklit stellen ein Geschehen in der Seele des einzelnen Denkers dar. Es führt zu der Einsicht, daß Gemeinschaft unter den Menschen durch den universalen Geist existiert, der in ihnen allen lebt. Der Mystiker-Philosoph hat keine Information anzubieten; er kann lediglich die Entdeckung, die er in seiner Seele gemacht hat, kommunizieren und hoffen, daß diese Kommunikation entsprechende Entdeckungen in den Seelen anderer hervorruft. Falls er dies bei anderen bewirkt, hat er die existierende Gemeinschaft seinen Wirkmöglichkeiten gemäß voll aktualisiert. Im Hinblick auf die soziale Organisation hat dieses Abenteuer keine direkten Folgen, obwohl sich die Differenzierung des Lebens der Seele bei sehr vielen Menschen in einer Gemeinschaft indirekt dahingehend auswirken kann, daß die Sitten und letztlich die Institutionen einer Gesellschaft sich verändern, weil die Hierarchie der Ziele des individuellen Handelns sich verändert hat. Bei Hippias ist mit Sicherheit der Sinn für eine die Menschheit umfassende Gemeinschaft vorhanden. Allerdings kann der Sophist ihn an dem Punkt, wo er konkret vorhanden ist – in seiner eigenen Seele nämlich – nicht fassen. Er muß ihn in den kulturellen Objektivierungen in Zeit und Raum suchen, in der Mannigfaltigkeit der Völker, bei Hellenen und Barbaren. Das Resultat ist keineswegs unerheblich, umfaßt es doch die Künste und Wissenschaften, eine Sammlung des gemeinsamen Weisheitswissens der Menschheit und die „ungeschriebenen Gesetze". Nichtsdestoweniger ist für ihn die Natur der Dinge eine Registrierung undurchsichtiger äußerer Manifestationen; die Suche geht nicht in die Tiefe der Psyche. Lehren muß daher zur Information über Gegenstände und zur Schulung in Fertigkeiten werden; Lernen kann nicht jene innere Bewegung sein, bei der eine schlummernde Seele erwacht und sich zu einer differenzierten, reifen Seele öffnet. Das Ergebnis solcher Lehre ist nicht geistiges Wachstum innerhalb einer konkreten Gemeinschaft, sondern die eigentümliche Bildung einer neuen übergeordneten Gemeinschaft „von Natur" jenseits der historisch konkreten Gesellschaften des *nomos.* Die Gemeinschaft „von Natur" der enzyklopädischen Weisen ist ein Abbild der die Menschheit umfassenden Gemeinschaft, ist aber nicht diese Gemeinschaft selbst. Sollte die Gemeinschaft der Intellektuellen sozial wirksam werden, liegt die offensichtliche Gefahr einer solchen Entwicklung darin, daß geistige Substanz zerstört und durch äußere Information ersetzt wird, aus der sich die Ordnung der Seele und der Gesellschaft nicht aufbauen läßt.

Weiter können wir mit einer Interpretation der platonischen und verwandter Quellen zu Hippias aus Elis nicht gehen. Nun müssen wir uns der Frage stellen: Wie viel von alldem ist wahr in dem Sinne, daß diese Gedanken tatsächlich einer historischen Gestalt namens Hippias zugeschrieben werden können? Die einzig mögliche Antwort lautet, wir wissen es nicht. Wir haben ein direktes Zitat, in dem das Wort „homophyl" auftaucht – aber hinsichtlich seiner Bedeutung können wir nicht mehr als eine begründete Vermutung anstellen. In dem Kapitel bei Xenophon finden wir den Terminus „ungeschriebene Gesetze" – aber die Quelle ist in theoretischer Hinsicht so dilettantisch und oberflächlich, daß wir aus ihr auch keine eindeutige Bedeutung ableiten können. Die Anekdote im *Hippias Minor* ist höchst suspekt; sie könnte eine Erfindung sein, um Hippias' Gedanken über die individuelle Autarkie zu illustrieren – zu denen wir leider keine unabhängige Information haben. Die Ermahnung, die Hippias im *Protagoras* in den Mund gelegt wird, ist das präziseste Stück Information – aber die Passage ist durch ihre Funktion innerhalb des Dialogs bestimmt: Sie soll die Haltung eines „Fremden", eines vaterlandslosen Intellektuellen, im Gegensatz zu einem Sokrates illustrieren, der fest in der Gesellschaft seiner Polis verwurzelt ist und im Gehorsam gegenüber dem *nomos*, den Hippias verachtet, sterben wird. Die Passage als ganze ist suspekt; sie kann nicht als direkte Information über Hippias verwendet werden, und wir haben keineswegs das Recht, den Satz über Natur und Gesetz aus dem Kontext herauszureißen und als einen Ausspruch des Sophisten zu zitieren – abgesehen davon, daß wir durch diese Prozedur nicht viel erreichen würden, weil der Ausdruck „Natur" bedeutungslos wird, wenn er aus dem Kontext herausgenommen wird. Wir kommen zu dem Schluß, daß es, von seltenen Ausnahmen abgesehen, ein aussichtsloses Unterfangen ist, die direkte historische Information von der Form trennen zu wollen, die sie bei Platon erhalten hat. Das heißt jedoch nicht, daß die Dialoge nicht als Quellen verwendet werden können. Im Gegenteil, hier hat ein überaus kompetenter Kritiker die wesentlichen Gedanken bewahrt, über die wir sonst überhaupt nichts wüßten. Die Dialoge können also durchaus benutzt werden, wenn man erkennt, daß es sich bei der Information, die sich aus ihnen gewinnen läßt, um wesentliche sophistische Gedanken aus der Sicht Platons handelt.

Aus dieser Situation ergeben sich schwerwiegende technische Probleme für die Darstellung. Einerseits dürfen die platonischen Dialoge bei einer Würdigung sophistischer Gedanken nicht vernachlässigt werden; andererseits sind diese Gedanken ein so fester Bestandteil der Dialogstruktur, daß ihr Sinn nicht auszumachen ist, ohne die Dialoge als ganze zu analysieren. Eine Untersuchung der sophistischen Gedanken in der Wiedergabe Platons würde sich, falls sie überhaupt einen Wert hätte, zu einer Analyse der jeweiligen Dialoge auswachsen, mit dem absurden Ergebnis, daß ein erheblicher Teil der Gedanken Platons als Appendix zu Gedanken der Sophisten behandelt würde. Folgender Kompromiß bot sich an. Platons Information zu den Gedanken der Sophisten wird insgesamt in ihrem Kontext belassen und in Band III* dieser Studie behandelt. Eine Ausnahme wurde nur im Fall des *Protagoras* gemacht. In diesem besonderen Fall hat die Information über den großen Sophisten innerhalb des Dialogs ein so großes Übergewicht, daß es gerechtfertigt erschien, die von Sokrates geäußerte Opposition als Bestandteil der Gedanken des Protagoras zu behandeln.

§ 3. Platons *Protagoras*

Ist Tugend lehrbar? Das ist die Kernfrage in Platons *Protagoras*. Die Sophisten sind Lehrer; und insbesondere Protagoras lehrt die *techne politike*, die Kunst der Politik, die den jungen Männern die Klugheit (*euboulia*) beibringt, die in öffentlichen und privaten Angelegenheiten unerläßlich ist.** Sokrates bezweifelt, daß Kunst und Tugend der Politik lehrbar seien; und er rechtfertigt seinen Zweifel anhand des Beispiels von athenischen Staatsmännern, die zwar die Erziehung ihrer Söhne keineswegs vernachlässigten, aber doch nicht imstande waren, ihre Tugend an ihre Sprößlinge weiterzugeben. Die sich anschließende Debatte arbeitet den Unterschied zwischen sophistischen und sokratischen Tugendvorstellungen und den jeweiligen Lehrmethoden heraus. Protagoras stellt seine Position dar, indem er den Mythos von Prometheus erzählt:

Es gab eine Zeit, als nur die Götter existierten und noch keine sterblichen Geschöpfe. Als die Zeit für deren Erschaffung gekommen war, bildeten die Götter sie aus unterschiedlichen Mischungen von

Erde und Feuer. Ehe die Geschöpfe aus dem Erdinneren ans Licht des Tages entlassen wurden, trugen die Götter dem Prometheus und dem Epimetheus auf, sie mit passenden Eigenschaften auszustatten. Epimetheus teilte die Eigenschaften aus, und als er die verschiedenen Lebewesen in angemessener Weise ausgestattet hatte, nahm Prometheus sein Werk in Augenschein und fand, daß sein Bruder alle ihm zur Verfügung stehenden Eigenschaften vergeben hatte, den Menschen aber hatte er vergessen – der war nackt, ohne Schuhe, ohne Bedeckung und ohne Waffen. Ratlos, wie er sonst für diese hilflosen Geschöpfe sorgen sollte, stahl Prometheus zusammen mit dem Feuer die Erfindungsgabe (*ten entechnon sophian*) von Hephaistos und Athene. Damit besaß der Mensch die zum Leben nötigen Fertigkeiten (*sophia*), aber wie er in Gemeinschaft existieren sollte, wußte er nicht, denn die politische Weisheit wurde von Zeus in seiner Burg verwahrt, in die Prometheus nicht einzudringen vermochte. Mit dieser Ausstattung ins Licht entlassen, waren die Menschen die einzigen Geschöpfe, die Götter hatten; denn durch die prometheischen Gaben hatte der Mensch Anteil an ihren Attributen; er allein war ihnen verwandt. Und es dauerte auch nicht lange, daß er durch seine Kunstfertigkeit die Sprache und die Namen schuf, Schutzhütten baute, Kleidung erfand und der Erde Nahrung abgewann. Während so für das nackte Leben gesorgt war, lebten die Menschen verstreut, ohne Poleis, und waren eine leichte Beute für wilde Tiere, weil sie die politische Kunst des gemeinsamen Handelns nicht besaßen, von der die Kriegskunst (*polemike*) ein Teil ist.[11] Um den Untergang des Menschengeschlechts zu verhindern, sandte Zeus den Hermes, damit er die Menschen mit Achtung (*aidos*) und Gerechtigkeit (*dike*), den ordnenden und bindenden Prinzipien der Freundschaft, ausstattete. Zudem sollten diese Eigenschaften nicht wie andere Fertigkeiten in der Weise verteilt werden, daß einer zum Wohle anderer mit ihnen begabt würde, sondern alle Menschen sollten in gleichem Maße an ihnen teilhaben, weil sonst keine Poleis bestehen können.

Wir haben erklärt, weshalb es sinnlos ist darüber zu spekulieren, ob Protagoras oder irgendein anderer Sophist je einen derartigen Mythos erzählt hat. Wir müssen akzeptieren, daß der Mythos die wesentlichen Vorstellungen der Sophisten über politische Tugend wiedergibt. Vor allem sieht es so aus, als hätten die Sophisten nicht nur

---

11 Die Assoziation zwischen einer *techne politike* und *polemike* findet sich noch in Aristoteles' *Politik*, wo der Terminus *politeia* mit den Bürgersoldaten assoziiert ist, die deren Mitglieder sind.

über die Natur des Menschen gesprochen, sondern sich auch ernsthaft darum bemüht, sie theoretisch genauer zu bestimmen. Der Mensch gehört zur Gattung der sterblichen Geschöpfe; er unterscheidet sich von ihnen durch die *differentia specifica* der Erfindungsgaben; er ist als *homo faber* definiert. Darüber hinaus liegen diese Gaben nicht auf einer Ebene mit der natürlichen Ausstattung der anderen Geschöpfe, sondern sind göttliche Attribute; durch ihren Besitz hat der Mensch Teil an der Göttlichkeit und gehört nun zur selben Familie wie die Götter – eine Eigenschaft, die sich darin zeigt, daß er Götter und die Institution ihrer Kulte „hat". Die Erfindungsgabe ist ferner eine schöpferische Fähigkeit. Anders als bei Aischylos stattet der Prometheus bei Protagoras den Menschen nicht mit den einzelnen Künsten, sondern mit der generellen Fähigkeit aus, diese für sich zu erfinden. Zivilisatorischer Fortschritt wird also eine spezifisch menschliche Leistung; wir sehen, wie sich hier die Vorstellung von einer menschlichen Zivilisationsgeschichte bildet. Nun aber wird die Dike des Zeus im aischyleischen Sinn als Quelle der „Achtung und Gerechtigkeit" eingeführt, die Tugenden, die politische Ordnung ermöglichen, und gleichmäßig auf alle Menschen verteilt sind. Oberflächlich gesehen scheint es, als habe die sophistische Theorie der Politik und der Geschichte die Probleme in dem Stadium absorbiert, in dem Aischylos sie zurückgelassen hatte.

Protagoras erzählt den Mythos zur Stützung seiner These, daß Tugend lehrbar sei. Alle Menschen seien im gleichen Maße mit den Gaben des Zeus ausgestattet. Dies ist der wirklich entscheidende Punkt für Protagoras – daß keine Polis existieren kann, wenn nicht alle ihre Mitglieder an den spezifischen politischen Tugenden, das heißt an Gerechtigkeit (*dikaiosyne*), Besonnenheit (*sophrosyne*), Pietät (*hosiotes*), Mut (*andreia*) und Weisheit (*sophia*) teilhaben (324e- 325a). Sokrates' Bedenken seien absurd, weil das gesamte Leben einer Polis mit seiner Erziehung von Kindheit an auf dieser Annahme aufgebaut und alles in allem erfolgreich darauf aufgebaut sei (325c-326e). Das Argument, daß große Staatsmänner mißratene Söhne hätten, sei wertlos, weil Sokrates die Tatsache übersehe, daß neben dem allgemeinen menschlichen Vermögen bei jeder Kunstfertigkeit auch eine natürliche Anlage vorhanden sein müsse; und es gebe keine Garantie, daß die Söhne großer Väter deren natürliche Begabung erbten. Tugend zu lehren, sei also möglich; und er, Protagoras, versichere, er sei ein solcher Lehrer der Menschen. Er habe das Wissen, das die Menschen „edel und gut" (*kalos k'agathos*) mache. Er gebe offen zu, ein Sophist*, das heißt, ein Lehrer der Menschen zu sein und eine erlauchte

Tradition weiterzuführen; denn derselbe Beruf sei einst unter der Bezeichnung Dichter, Hierophant und Prophet von Männern wie Homer, Hesiod, Simonides, Orpheus und Musaios ausgeübt worden.

Sokrates ist damit nicht zufrieden. Er möchte wissen, ob mit der Liste der von Protagoras aufgezählten Tugenden eine Liste von Teilen gemeint sei, die sich innerhalb eines Ganzen unterscheiden lassen, oder ob es nur eine Tugend gebe, so daß die protagoreische Liste eine Reihe von Synonymen darstelle. Hinter dieser Frage steckt mehr als auf den ersten Blick ersichtlich ist; obwohl die Frage als solche in der Tat wichtig ist, wird sie bei Sokrates zum Instrument, mit dem er Protagoras selbst in Frage stellt – als Lehrer, als Fremden und als Ehrenmann.

Indem er auf der präzisen, zugespitzten Frage insistiert, eröffnet Sokrates seine Attacke auf die sophistische Methode der Unterweisung durch Reden. Gewandtheit der Rede, erinnert er Protagoras, stehe auch Perikles und anderen athenischen Rednern zu Gebote; aber wenn sie eine Rede gehalten hätten, seien sie wie Bücher, denen man keine Fragen stellen könne; wenn man auch nur die geringste Kleinigkeit an ihrer Rede in Zweifel ziehe, antworteten sie mit einer neuen Rede, und nie könne man sie auf ein Problem festnageln (329a). Er fordert Protagoras nun auf, es besser als seine Reden haltenden athenischen Kollegen zu machen und seine Weisheit dadurch zu zeigen, daß er imstande sei, auf ein in sich geschlossenes Argument einzugehen. Protagoras tut ihm den Gefallen; aber als sich das Argument gegen ihn wendet, versucht er wieder in lange Reden auszubrechen, mit dem Ergebnis, daß Sokrates zu gehen droht. Es ist der typische Konflikt zwischen sophistischer Rhetorik und sokratischem Nachfragen, der auch im *Gorgias* auftaucht, und auch dort dazu führt, daß Sokrates damit droht, wegzugehen. Der widerstrebende Protagoras wird schließlich überredet fortzufahren, gibt sich zuvor aber noch eine Blöße indem er, sich selbst schmeichelnd, behauptet, er wäre ja nicht als großer Sophist bei den Hellenen berühmt geworden, wenn er sich stets an die von seinem Gesprächspartner auferlegten Argumentbedingungen gehalten hätte (335a).

Die sich anschließende Diskussion über ein Gedicht von Simonides gibt Sokrates dann Gelegenheit, Protagoras indirekt über die Darstellung der lakedaimonischen archaischen Philosophie anzugreifen. Sokrates behauptet, die Macht der Lakedaimonier in Hellas sei auf deren überlegene Philosophie zurückzuführen. Dies sei ein großes Geheimnis, das sie eifersüchtig hüteten. Sie ließen ihre Nachahmer in dem Glauben, daß Leibesübungen und Waffenkunst die Quellen ihres Erfolges seien, während doch die Quelle in der philosophischen Schulung zu suchen sei, die sie befähige, die berühmten lakonischen Antworten zu geben. Wenn sie sich ungestört ihren Debatten hingeben wollten, würden sie erst einmal alle Nachäffer des Lakonismus und alle Fremden vertreiben, um dann den Umgang mit ihren eigenen Weisen (Sophisten) zu pflegen; aus der Übung in derartigen Debatten gehe der vollkommen durchgebildete Mensch hervor, der imstande sei, sich kurz und bündig zu äußern – wie die Sieben Weisen, zu denen als siebenter der Lakedaimonier Chilon zählte. Die ersten Früchte ihrer Weisheit würden sie dem Apollon zu Delphi weihen, zum Beispiel die weitberühmten Inschriften „Erkenne dich selbst!" und „Alles mit Maß!" (342a-343c). Protagoras wird also auf der ganzen Linie daran erinnert, daß er ein Fremder ist, der vor die Tür gesetzt werden sollte, ehe man sich an eine seriöse philosophische Debatte macht, daß er seine eigene Erziehung mit der delphischen Selbsterkenntnis seines bescheidenen Formats als Mensch beginnen sollte und daß sein Redenhalten völlig „maßlos" sei.

Die von Protagoras begonnene Debatte über das Gedicht gibt Sokrates schließlich die Gelegenheit darauf zu insistieren, keine Zeit mehr auf die Diskussion über Gedichte und ihre Bedeutungen zu verschwenden. Das ähnele der Unterhaltung für ungebildete Leute, die sich zu einem Symposion einfinden und Flötenspielerinnen mieten müssen, weil sie zu dumm seien, einander durch eigene Gespräche zu unterhalten. Gebildete Männer lehnten derartige Unterhaltung ab; sie zögen es vor, miteinander zu reden und zur Wahrheit zu gelangen, indem sie einander im Gespräch erprobten (347b-348a).

Durch diese ständigen Herausforderungen, die zwar urban in der Form, aber hart in der Sache sind, gerät Protagoras anhand von Sokrates' Fragen und Antworten zum Kernproblem der einen Tugend unter Druck. Das Ergebnis seines Nachfragens ist Sokrates' These, daß kein Mensch sich willentlich irrt oder willentlich schlechte und niedrige Handlungen begeht (345e). Wenn er Unrecht tut, dann aus Unwissenheit darüber, was in Wahrheit angenehm und gut ist. Das Unrichtige wird vorgezogen, weil die Folgen falsch beurteilt werden. Unmittelbar bevorstehende Übel erscheinen bedrohlicher als ferne Folgen, und gegenwärtige Annehmlichkeiten werden aufgrund derselben Verzerrung der Zeitperspektive überbewertet. So wie man in der räumlichen Perspektive die wahren Dimensionen nicht nach den Erscheinungen beurteilen kann, sondern die Meßlatte direkt anlegen muß, ist bei den zeitlichen Verzerrungen der Güter und der Übel eine

Meßkunst nötig, um die wahren Proportionen zu erkennen. Die Meßkunst (*metretike techne*) würde die Erscheinungen beseitigen und die Seele Ruhe in der Wahrheit finden lassen und wäre damit das Heil unseres Lebens (356d-e). Von Lust überwältigt werden heißt also in Wahrheit, von der eigenen Unwissenheit überwältigt werden (357e). Sich selbst unterliegen, ist Unwissenheit, sich selbst beherrschen, ist Weisheit (358c). Tugend ist letztlich nur eins, die Weisheit des Maßes.

An diesem Punkt bricht das Argument ab. Die Struktur des Dialogs ist komplett, weil in der Schlußbemerkung von Sokrates nun alle Motive versammelt sind. Protagoras begann mit der These, daß Tugend lehrbar sei; Sokrates bezweifelte diese These – und er hatte Recht, denn Tugend ist nicht lehrbar, wenn man von der Annahme des Protagoras ausgeht, daß die Tugenden sich voneinander unterscheiden und nicht auf Weisheit reduzierbar sind, die allein „lehrbar" ist. Zudem ist die sophistische Unterrichtsmethode durch Vorträge ungeeignet, Tugend zu lehren, selbst wenn sie lehrbar wäre, weil gerade seine Rhetorik Protagoras daran hindert, jemals herauszufinden, was die Tugend ist, die er meint lehren zu können. Im Verlauf der Argumentation wechselt Sokrates dann die Position und sagt, daß Tugend lehrbar sei – und wieder hat er Recht unter der Bedingung, daß die verschiedenen Tugenden Spielarten des Wissens um das Gute sind. „Wissen [*episteme*] ist etwas Edles und Gebietendes"; Leidenschaften können es nicht überwältigen; Weisheit (*sophia*), die sich auf Wissen (*episteme*) gründet (352c-d), ist der Kern aller Tugend. Wenn Tugend die Kunst des Messens ist, dann, und nur dann, ist sie lehrbar. Der Schluß ist hypothetisch. Tugend ist lehrbar, *wenn* sie Wissen ist; aber *ist* sie Wissen? Die Frage bleibt in der Schwebe. Sokrates bekundet sein Verlangen (*prothymia*), diese zusätzliche Frage zu klären; und es verlangt ihn nach dieser letzten Klarheit, weil er aus Vorbedacht (*prometheia*) für die Regelung seines Lebens Prometheus dem Epimetheus vorzieht (361c-d). Protagoras' Prometheus-Symbol wird am Ende von Sokrates übernommen. Der Sophist wird zum begriffsstutzigen Epimetheus, der Verwirrung stiftet, weil er den wichtigsten Teil seiner Aufgabe nicht im Voraus bedenken kann; und Sokrates wird durch seine Meßkunst zum prometheischen Hüter des Menschen.

Platons Protagoras ist von seinem Sokrates nicht zu trennen. Der Gegensatz zwischen beiden Typen wird nur dann ganz verständlich, wenn wir Protagoras' Unzulänglichkeit im Licht der sokratischen Position betrachten. Der Dialog ermöglicht uns jedoch eine solche umfassende Einsicht nicht explizit, weil er, wie wir gesehen haben, abbricht, ehe der entscheidende Punkt der sokratischen Position geklärt ist. Aber wenn in dem Dialog auch keine explizite Antwort gegeben wird, kann sie unserer Meinung nach mit absoluter Sicherheit extrapoliert werden. Vor einer solchen Extrapolation muß kurz an das methodische Prinzip erinnert werden, das uns leitet, das Prinzip nämlich, daß wir in dem Dialog nicht nach direkter historischer Information suchen dürfen, sondern nur nach Information über die wesentlichen Gedanken aus der Sicht Platons. Was wir hinsichtlich der Verwendung platonischer Quellen für das Verständnis der sophistischen Gedanken sagen mußten, gilt auch für die Gedanken von Sokrates. Da Sokrates nicht geschrieben hat, verfügen wir in seinem Fall über keinerlei Primärquellen; und die einzige Quelle unseres Wissens ist, was Platon und die anderen Sokratiker über das Wesen seiner Gedanken mitteilen. Diese Sachlage gilt es nun klar zu erkennen, wenn wir zu entscheiden versuchen, was Sokrates gemeint hat, als er Tugend mit Wissen gleichsetzte und Weisheit als „Kunst des Messens" charakterisierte. Jeder Versuch, die Ansichten des „historischen" Sokrates zu diesem Punkt zu rekonstruieren, führt nirgendwohin, es sei denn zu den sattsam bekannten Widersprüchen zwischen einem „utilitaristischen" Sokrates, der Common Sense-Ratschläge für aufrichtiges und gesetzestreues Verhalten gibt, und einem Sokrates, dem es um die Gesundheit und das Heil der Seele geht. Der Sinn der Gleichsetzung von Tugend und Wissen muß als der Sinn erkannt werden, den der „wahre" Sokrates meinte und der aus dem Text des *Protagoras* und aus nichts sonst herzuleiten ist.

Die *techne metretike* wird sorgfältig als die Kunst definiert, die den Menschen befähigt, sich der Urteilsverzerrungen zu entledigen, die aus der Zeitperspektive herrühren. Offensichtlich können die Abstände länger oder kürzer sein; und je nach dem Blickwinkel und je nach der Vorhersehbarkeit der Folgen wird die *metretike techne* zu einem äußerst diversifizierten Wissensgebiet. Es bedarf keiner großen Übung und Überredung, um zu verstehen, daß Lügen meistens kurze Beine haben, daß unehrliches Verhalten in Geschäftsdingen den Kredit ruiniert, daß Unhöflichkeit keine Freunde macht, daß Ausschweifungen die Gesundheit untergraben oder zu Fettleibigkeit führen, daß Feigheit in der Schlacht keine Ehren einbringt und daß um sich greifende Nichtbeachtung der Gesetze ein Land zerrüttet. Wären Überlegungen dieser Art aber die Summe der sokratischen Weisheit, wäre der große Eindruck, den Sokrates auf seine Zeitgenossen machte, kaum verständlich – obwohl es sehr wahrscheinlich ist, daß es in vielen seiner Gespräche tatsächlich um Urteilsverzerrungen durch solche Kurzzeitperspektiven ging. Für uns steht außer Zweifel, daß die wirkliche Bedeutung der „Meßkunst" in deren Anwendung auf die Langzeitperspektiven bestanden haben muß, und besonders auf die allerlängste, das heißt auf das Ganze des Lebens, das im Tod endet. In der prometheischen Weisheit, die das Ganze des Lebens betrifft, werden alle Verzerrungen der Zeitperspektive korrigiert durch die Perspektive von Tod und Ewigkeit. Es ist sicher kein Zufall, daß die Vorstellung von Weisheit als der Kunst des Messens in einem Dialog mit Protagoras entwickelt wird, jenem Protagoras, der seine *Aletheia* mit der Behauptung eröffnete: „Aller Dinge Maß ist der Mensch".[12] Wir halten es für gerechtfertigt, die sokratische Meßkunst auf die platonische Gegenformel von Gott als dem Maß zu bringen. Wie immer die Formulierungen des „historischen" Sokrates gelautet haben mögen, das „Wesentliche" seiner Gleichsetzung von Tugend mit Wissen als Prinzip in Opposition zu den Sophisten ergibt nur dann einen Sinn, wenn die Verzerrungen der Zeitperspektive korrigiert werden sollte durch die Liebe zum Maß, das außerhalb der Zeit ist.

§ 4. Die Fragmente der Primärquellen

Die gesamte sophistische Literatur ist untergegangen. Die vorhandenen Primärquellen bestehen aus Fragmenten, die größtenteils zu bruchstückhaft sind, als daß sie eine Rekonstruktion des gedanklichen Kontextes, aus dem sie herausgerissen sind, erlaubten; und häufig sind sie sogar so kurz, daß ihr jeweiliger Sinn sich nicht genau bestimmen läßt. Wenn diese Fragmente isoliert behandelt werden, lassen sich phantastische Interpretationen schwerlich vermeiden. Die folgende Übersicht über derartige Fragmente bedient sich deshalb einer Vorgehensweise, die die Gefahren einer Fehlinterpretation zu minimieren verspricht. Da der literarische Kontext, der ihre Bedeutung erhellen würde, verloren gegangen ist, werden sie in einen Kontext theoretischer Fragestellungen gestellt. Dieses Verfahren geht von der Annahme aus, daß es zwischen den Mystiker-Philosophen an der Wende des 6. zum 5. Jahrhundert, über die wir besser informiert sind, und Platon, dessen Werk erhalten ist, ein historisches Kontinuum der Probleme gibt. Mit unserem Wissen um die *termini a quo*

12 Diels-Kranz, Protagoras B 1.

und *ad quem* dieser Probleme wird es möglich, einleuchtende Entwicklungslinien aufzuzeigen; und es kann versucht werden, die Fragmente auf diese Linien zu plazieren.

1. Von Parmenides zu Protagoras

Zu Beginn der Analyse ist daran zu erinnern, daß der Ursprung gewisser sophistischer Theoreme in Parmenides' Seinsphilosophie liegt. Der parmenideische „Weg", die mystische Entrückung, führte zu einer Schau des Seins*, die in dem Ausruf *Ist!* zum Ausdruck kam. Das Erkenntnisorgan für dieses Sein jenseits der Nacht der Erscheinungen war der Nous; und das Instrument für die diskursive Artikulation des Geschauten war der Logos. Zudem wurde die durch den Logos ermittelte Wahrheit als „unbeweglich" und „wohlgerundet" charakterisiert, das heißt, durch die Prädikate des Seins selbst; die Wahrheit des Logos partizipierte an der Natur des Seins. Durch logische Spekulation über die Erfahrung des Nous hatte der menschliche Geist** einen Bereich autonomer Wahrheit jenseits des trügerischen Wissens um die Erscheinungen und vom selben Typus wie das autonome Sein geschaffen.

In dem Komplex der parmenideischen Spekulation lassen sich drei Gedanken unterscheiden, deren Bedeutungslinien über das Zeitalter der Sophisten bis ins 4. Jahrhundert verlaufen. Der erste ist der Gedanke des „Wissenden", eine existentielle Kategorie, die den Typus Mensch bezeichnet, der zu Einsichten in bezug auf das Sein fähig ist. Der zweite ist der Gedanke des autonomen Logos, der unbeeinflußt von der Mannigfaltigkeit der täuschenden Erscheinungen zur Wahrheit über das Sein gelangt. Der dritte ist der Gedanke der Korrelation von Denken und Sein, der das, was ist, mit dem, was gedacht werden kann, gleichsetzt. Mit dem ersten dieser Gedanken werden wir uns im vorliegenden Kontext nicht eigens auseinandersetzen, denn das Auftauchen des Philosophen als eines neuen Existenztypus ist das generelle Problem jenes Zeitalters von der Generation der Mystiker-Philosophen über die unterschiedlichen sophistischen Typen bis zum Höhepunkt Sokrates und den Gründern von Schulen nach ihm. Wir werden nur die Linien verfolgen, die mit dem zweiten und dritten parmenideischen Gedanken beginnen.[13]

---

13 Die Analyse hält sich eng an die Problemübersicht in Gigons *Sokrates*. Die in diesem Abschnitt in Klammern gesetzte Numerierung der Fragmente (A 1, B 1) folgt

Unter den Fragmenten des Anaxagoras ist ein Satz erhalten, der als Unabhängigkeitserklärung des Geistes vom übrigen Seienden gelten kann:

> Die anderen Dinge enthalten einen Teil von allem; der Nous aber ist etwas Unbegrenztes [*apeiron*] und Selbstherrschendes [*autokrates*] und ist mit keinem anderen Ding vermischt, sondern ist allein, für sich (B 12).

Die Autonomie des Nous wird in diesem Satz noch nachdrücklicher behauptet als bei Parmenides. Die Prädikate „wohlgerundet" und „ewig", die der frühe Denker dem Sein und der Wahrheit zuschrieb, verwiesen auf eine in sich ruhende Entferntheit, ein Ruhen in sich selbst; obwohl Anaxagoras diese Bedeutungsnuancen beibehält, fügt er mit dem Prädikat „selbstherrschend" eine Qualität des Handelns, der Dynamik hinzu. Dieses größere Maß an Souveränität ist darauf zurückzuführen, daß der ontologische Status des Nous sich entscheidend gewandelt hat. Der parmenideische Nous war das Organ zur Erkenntnis von Sein; bei Anaxagoras ist der Nous ein Teil des Seienden geworden, wiewohl dessen höchstrangiger, souveräner Teil. Und dieses „feinste" und „reinste" aller Dinge ist ferner die ordnende Kraft für alle anderen Dinge, von der Umdrehung des Universums und der Himmelskörper bis zu der qualitativ differenzierten Mannigfaltigkeit aller Dinge; insbesondere ist er der Herrscher über alles, was *psyche* hat, über die größeren wie die kleineren seienden Dinge; und er kann diese ordnende und herrschende Funktion ausüben, weil er vollkommene Kenntnis (*gnome*) von allem besitzt und unter allen Dingen die größte Macht hat (B 12).

Die Fragmente des Anaxagoras sind glücklicherweise so umfangreich, daß seine theoretischen Motivationen verständlich werden. In seinem Lehrgedicht hatte Parmenides die Frage offen gelassen, wie die Kluft zwischen dem in der mystischen Entrückung entdeckten Sein und der Welt der Verblendung überbrückt werden könne; es gab keine Antwort auf die Frage, in welcher Weise das dem Nous offenbarte Sein und die Welt der Erscheinungen als Teile eines einzigen Universums verstanden werden könnten. Anaxagoras wollte das große Problem lösen, indem er die parmenideische Philosophie des Nous mit einer Ontologie milesischen Typs kombinierte. Zu diesem Zweck ließ er erstens den Nous als autonomes Erkenntnisorgan weiterbeste-

---

Diels-Kranz. Zu einer englischen Übersetzung der B-Fragmente vgl. Freeman, *Ancilla to the Pre-Socratic Philosophers*. Die Übersetzungen im Text sind jedoch weitgehend unsere eigenen.

hen und machte ihn zweitens zu einem Seienden, das kraft seines autokratischen Wissens und seiner Macht alle anderen Dinge zu einem geordneten Universum gestaltete.

Als große Leistung einer metaphysischen Konstruktion verdient dieser Versuch Respekt – aber der Erfolg wurde um den Preis einer gravierenden Zerstörung der von Parmenides gewonnenen Einsichten erkauft. Denn wenn der Nous zum souveränen Gestalter des Seienden wird, geht seine Funktion als Offenbarer des Seins verloren und damit das Sein selbst. Nous und Sein haben bei Parmenides die Bedeutung von Symbolen, die eine Transzendenzerfahrung erklären; sobald sie aus ihrem Erfahrungskontext herausgerissen werden, werden sie zu undurchsichtigen Termini der metaphysischen Konstruktion aus einer immanentistischen Position. Die Kluft zwischen der Wahrheit des Seins und der Welt der Doxa läßt sich, wie wir in dem Kapitel über Parmenides gezeigt haben, nicht spekulativ überbrücken, sondern nur durch einen Mythos des Typs, den Platon im *Timaios* geschaffen hat. Und das Verdienst von Anaxagoras' Spekulation über den Nous liegt deshalb allenfalls in ihrer Natur als Mythos, der dem des Demiurgen bei Platon recht nahe kommt.

Das Vorgehen von Anaxagoras bei der Lösung dieses Problems ist charakteristisch für das, was man sophistisches Denken in einem technischen Sinn nennen kann. Das Problem des Mystiker-Philosophen sowie seine Symbole (Nous und Sein) werden akzeptiert, während die Transzendenzerfahrung aufgegeben wird, die an der Wurzel des Problems liegt und das Motiv für die Schöpfung der Symbole ist, die sie ausdrücken. Das hat zur Folge, daß die Transzendenzsymbole nun in der Spekulation über immanente Probleme gebraucht oder vielmehr mißbraucht werden. Es entwickelt sich ein eigentümlicher Denkstil, der es Menschen, die keine Philosophen im existentiellen Sinne sind, erlaubt, ihre Meinungen zu Problemen, die die Erfahrung von Transzendenz betreffen, mit der angemaßten Autorität des existentiellen Philosophen zu äußern. Dies ist der Stil des sophistischen Intellektuellen. Ob Anaxagoras selbst sich einer solchen Anmaßung schuldig gemacht hat, ist zu bezweifeln, weil er, wie wir gleich sehen werden, (1) eine Epistemologie des immanenten Wissens entwickelte, die sich nicht auf den Nous berief, und weil (2) der Zustand der Fragmente es nicht erlaubt festzustellen, wie die beiden Teile seiner Philosophie miteinander verbunden waren.

Im Falle seines jüngeren Zeitgenossen Protagoras ist die neue Haltung jedoch voll entwickelt. Aus seinem Werk *Wahrheit* ist der berühmte Anfangssatz erhalten:

> Aller Dinge Maß ist der Mensch, der seienden, daß sie sind, der nicht seienden, daß sie nicht sind (B 1).

Die parmenideische Korrelation zwischen Nous-Logos und Sein ist zur Korrelation zwischen Mensch und immanenten Dingen geworden; die Autonomie des Logos bei der Erforschung der Wahrheit über das transzendente Sein ist zur Autonomie des Menschen bei der Erforschung der ihn umgebenden Welt geworden. Die Folgen dieses radikalen Immanentismus werden, sofern es um Probleme der Transzendenz geht, im Anfangssatz von Protagoras' Werk *Über die Götter* spürbar:

> Über die Götter allerdings habe ich keine Möglichkeit zu wissen, weder daß sie sind, noch daß sie nicht sind, noch, wie sie an Gestalt sind; denn es gibt vieles, was das Wissen hindert, wie die Unklarheit des Gegenstandes und daß das Leben des Menschen kurz ist (B 4).

Der Satz ist nicht Ausdruck eines dogmatischen Atheismus, sondern eher eine Ungewißheit des Urteils hinsichtlich der Existenz von Göttern. Dies ist die Form, in der sich die Transzendenzproblematik für einen Immanentisten stellt, der keine Transzendenzerfahrung hat, vorausgesetzt seine intellektuelle Disziplin bewahrt ihn vor dem Absturz in eine dogmatische Negierung göttlicher Existenz. Nichtsdestoweniger zeichnet sich die Linie einer dogmatischen Entgleisung in dem merkwürdigen Schluß des Satzes ab, in dem anscheinend davon ausgegangen wird, daß vermutlich durch immanente Mittel Gewißheit in dieser undurchsichtigen Angelegenheit erreicht werden könnte, falls das Leben länger wäre. Etwas ungestümere Sophisten werden früher oder später feststellen, daß ihr Leben lang genug ist, um zu einem Urteil zu gelangen, und es wird negativ ausfallen.

In der parmenideischen Transzendenzerfahrung kann Nous, als deren subjektiver Ausdruck, von Sein als deren objektiver Ausdruck, unterschieden werden. Wir haben die Linie der Immanentisierung vom subjektiven Ausdruck bis zum protagoreischen Satz Der-Mensch-ist-das-Maß nachgezeichnet. Wir wollen nun der Linie der Immanentisierung nachgehen, die von dem objektiven Ausdruck in das sophistische Denken führt.

Parmenides hatte drei Sätze über Seiendes formuliert: (1) Daß nur Sein existiert; (2) daß nur Nicht-Sein* existiert; (3) daß sowohl Sein wie Nicht-Sein existieren. Er entschied, daß die erste Aussage die wahre sei, die zweite undenkbar und die dritte die Meinung von Menschen, die von der Mannigfaltigkeit der sich verändernden Welt fasziniert sind. Die parmenideische Entscheidung muß Widerstand hervorgerufen haben, weil sie die Common Sense-Erfahrung von der Welt, in der wir leben, störte. Dieser Widerstand ist im Werk Zenons aus Elea vorausgesetzt, denn es hat die Form eines Beweises, daß der Denker sich in Widersprüche verwickelt, wenn er annimmt, daß Sein nicht Eines sondern Vieles ist. Die *Angriffe* von Zenon bestehen aus einer Reihe von Beweisen, daß unter der Annahme, Sein sei Vieles, dieses zugleich groß und klein, homogen und heterogen, endlich und unendlich, bewegt und unbewegt und so fort sein müsse. Das kurze Fragment B 4 mag diesen Argumentationstyp veranschaulichen: „Was sich bewegt, bewegt sich weder an dem Ort, an dem es ist, noch an dem Ort, an dem es nicht ist." Es handelt sich hier wahrscheinlich um den Beweis, mit dem später die berühmten eleatischen Paradoxa, wie zum Beispiel das von Achilleus und der Schildkröte oder das vom Pfeil, der nicht fliegen kann, in Verbindung gebracht wurden.

Die zenonischen Beweise implizieren, ähnlich wie bei Anaxagoras, eine metaphysische Fehlkonstruktion. Letzterer hatte den Nous zu einem seienden Ding gemacht; Zenon konstruierte die Mannigfaltigkeit des Seienden (*ta onta*) als ein Sein (*to On*), das Vieles ist, und verstrickte sich unvermeidlich in die Paradoxa des Unendlichen. Das Sein, das dem Nous in der parmenideischen Entrückung offenbart wird, ist nicht das Seiende der immanenten Erfahrung; und daher hatte Parmenides völlig recht, wenn er immanentes Sein als Nicht-Sein einstufte. Das Problem immanenten Seins läßt sich nicht dadurch lösen, daß man es als ein Sein konstruiert, das Vieles ist; die Suche nach seiner Natur führt vielmehr zur Entdeckung der Form, des Wesens, im Seienden, wie dies schließlich bei Platon und Aristoteles der Fall war. Als es jedoch zu dieser Fehlkonstruktion gekommen war, setzte sich ein Stil der dialektischen Beweisführung durch, der über Zenons Themenbereich (Zeit, Raum, Bewegung, Quantität usw.) hinaus zu ethischen Fragen führen konnte. Anscheinend war Protagoras der erste Denker, der die antilogische Argumentation* auf Probleme der Gerechtigkeit anwandte. Einer Überlieferung zufolge war er der erste, der sagte, über jede Sache gebe es zwei gegensätzliche Argumente (B 6a); und er stand vor allem in dem Ruf, die schwächere Sache zur stärkeren machen zu können (B 6b). In der vorliegenden Form ist diese spezifische Information wahrscheinlich verleumderisch gemeint; sie zeigt aber, wie sich die antilogische Technik im öffentlichen Plädoyer einsetzen ließ.

Die protagoreischen Antilogien zu ethischen Fragen sind verlorengegangen. Glücklicherweise können wir uns anhand der anonymen

Dissoi Logoi, die wahrscheinlich kurz nach dem Peloponnesischen Krieg geschrieben wurden, eine Meinung darüber bilden, wie sie wohl ausgesehen haben. Unter den Kapitelüberschriften „Über Gut und Schlecht", „Über Ehrenhaft und Unehrenhaft" (oder „Schicklich und Unschicklich"), „Über Gerecht und Ungerecht" werden lange Kataloge von einander entgegengesetzten Meinungen hinsichtlich desselben Ereignisses oder derselben Handlung angeführt. Einige Beispiele aus diesen Kapiteln sollen die Behandlung des Problems veranschaulichen:

> Die Befriedigung von Bedürfnissen in bezug auf Nahrung, Getränke und Geschlechtstrieb ist gut für den Gesunden, aber schlecht für den Kranken. Unmäßiger Genuß von Nahrung und Getränken ist schlecht für den unmäßig Konsumierenden, aber gut für den Händler. Bei den Spielen siegen, ist gut für den Sieger, aber schlecht für den Verlierer. Der Ausgang des Peloponnesischen Krieges war gut für die Lakedaimonier, aber schlecht für die Athener.

> Sich putzen und schminken schickt sich nicht für einen Mann, aber es schickt sich für eine Frau. In Makedonien schickt es sich für ein Mädchen, voreheliche Beziehungen zu haben, in Hellas nicht.

> Einen Feind zu täuschen, ist gerecht, einen Freund zu täuschen, ist ungerecht. Mord an Verwandten ist unrecht, manchmal aber, wie im Falle des Orestes, ist er rechtens. Tempelräuberei ist unrecht, aber den Schatz von Delphi zu nehmen, wenn Hellas von den Barbaren bedroht wird, ist recht.

Die Zweiseitigen Argumente* bestehen also aus einem Katalog typischer Handlungen und Ereignisse, die je nach der Situation, in der sie vorkommen, oder entsprechend der Position der bewertenden Person mit einander entgegengesetzten, bewertenden Prädikaten versehen werden. Die Typen reichen von Vorkommnissen im Haushalt, wie dem Zerbrechen eines Topfes, das für den Besitzer einen Verlust, aber für den Töpfer einen Gewinn darstellt, über Konkurrenzsituationen bei öffentlichen Spielen bis zur Kriegsführung; sie zeigen einen großen Einfluß der medizinischen Literatur mit ihrem Wissen, daß ein und dieselbe Diät nicht gut ist für gesunde und kranke Menschen, und der ethnographischen Information hinsichtlich der unterschiedlichen Sitten in verschiedenen Zivilisationen. Common Sense, medizinisches und vergleichendes ethnographisches Wissen scheinen im Zeitalter der Sophisten die Hauptquellen für Beispiele mit entgegengesetzten Bewertungen gewesen zu sein. Und die Erstellung solcher Kataloge konnte implizieren, auch wenn sie nicht immer den Zweck hatte zu beweisen, daß es hinsichtlich moralischer Phänomene keine eindeutige Wahrheit gab.

Schließlich muß Anaxagoras' Theorie der Sinneswahrnehmung als Bindeglied zwischen der Seinsphilosophie des Parmenides und dem Satz von Protagoras Der-Mensch-ist-das-Maß betrachtet werden. Indem er das parmenideische Sein immanentisierte, leugnete Anaxagoras die Mannigfaltigkeit der sich wandelnden Dinge:

> Vom Entstehen und Vergehen aber haben die Hellenen keine richtige Meinung. Kein Ding entsteht oder vergeht, sondern aus vorhandenen Dingen mischt es sich und es scheidet sich wieder (B 17).

Seiendes ist zu allen Zeiten ein und dasselbe; es besteht aus einer unendlichen Anzahl unveränderlicher, qualitativ differenzierter Dinge, die sich in zusammengesetzten Produkten ballen und mischen und wieder entmischen. Ein solches Mischprodukt, unter anderen, ist der Mensch (B 4). Alle Arten von Dingen sind in den zusammengesetzten Produkten gemischt, wiewohl in unterschiedlichen Verhältnissen, so daß die Komposita in der Tat Teile des einen konstituierenden Seinenden sind:

> Es kann kein Sonderdasein geben, sondern alle Dinge enthalten einen Anteil von allem (B 6). Nicht gesondert von einander sind die Dinge in dem einen Kosmos und nicht mit dem Beil von einander abgehauen, weder das Warme vom Kalten noch das Kalte vom Warmen (B 8).

Folglich ist der Mensch aus demselben Seienden zusammengesetzt wie alle anderen Teile der ihn umgebenden Welt; und Sinneswahrnehmung ist eine Partizipation von Seiendem an Seiendem. Sie findet durch das Zusammentreffen der Bestandteile in den Dingen mit ihren Gegenstücken im Menschen statt. Zum Beispiel empfangen wir die Empfindung warm oder kalt von etwas, das wärmer oder kälter als unser Körper ist. Die parmenideische Korrelation von Nous und transzendentem Sein wird in die immanente Korrelation zwischen Mensch und wahrgenommenen Dingen übersetzt (A 92, A 94, A 106).

Durch Anaxagoras' Spekulation über das Seiende kommen wir wieder zum *homo-mensura*-Prinzip von Protagoras, das nun hinsichtlich seiner ontologischen Grundlage verständlich wird. Soweit es die Implikationen des Prinzips betrifft, gehen die Auffassungen der Gelehrten weit auseinander. Dies ist nicht der Ort, dieses Problem im einzelnen zu erörtern; wir weisen lediglich darauf hin, daß wir der antiken Tradition den Vorzug geben. Den antiken Denkern und insbesondere Platons Erklärung in *Theaitetos* 152 ff. zufolge besagt das Prinzip, daß Dinge für jeden Menschen das sind, als was sie ihm erscheinen, und daß sich unabhängig von ihrer Beziehung zu dem wahrnehmenden Subjekt keine Wahrheit über die Dinge erreichen läßt.

2. Demokrit

Die Probleme, die Parmenides hinterließ, wurden im Werk Demokrits aus Abdera weiterentwickelt. Wie Anaxagoras versuchte er in seiner Spekulation, die erfahrene Mannigfaltigkeit der Dinge mit Parmenides' Aussagen, daß Sein Eines ist und daß Nicht-Sein nicht existiert, zu versöhnen. Um das Seiende zu Einem zu machen nahm er an, alle erscheinenden Körper seien aus einem „ursprünglichen Seienden" (*archai*) zusammengesetzt, das aus unsichtbar kleinen, unteilbaren Einheiten, den „Atomen", bestehe. Die Konstruktion des Seienden als einer unendlichen Anzahl von Atomen läßt eine spekulative Weiterentwicklung erkennen, die die zenonischen Argumente hinsichtlich der unendlichen Teilbarkeit der Dinge mitberücksichtigt, die an die Grenze des Nicht-Seins führt. Damit endliche Atome die sichtbaren Dingen zusammensetzen können, nahm Demokrit ferner eine Leere (*kenon*) an, in der die Atome sich bewegen konnten; die Teilbarkeit der sichtbaren Dinge konnte dann durch deren Zusammensetzung aus Atomen und Leerem erklärt werden. Durch das spekulative Symbol des „Leeren" hatte Demokrit ein Nicht-Sein erfunden, das nicht in der Weise des Seins existierte und doch etwas war, was immer dies sein mochte. Er brachte den eigentümlichen ontologischen Status des Leeren in Relation zu den Atomen durch die kompakte Formel zum Ausdruck: „Das Etwas nicht mehr [oder höher, stärker, *mallon*] als das Nichts" (B 156)* – wobei er die Verwendung eines Prädikats von Seiendem vermied, das deshalb auch in der Übersetzung vermieden werden sollte.[14]

Die Details der demokritischen Physik sind hier nicht von Belang. Die Analyse muß sich auf bestimmte epistemologische Konsequenzen für die Theorie der Ethik und der Politik konzentrieren. Unter der

14 Die beste Studie zu den demokritischen Problemen ist immer noch Eduard Zeller, *Die Philosophie der Griechen* I/2, 6. Aufl., Leipzig, 1920.

Oberfläche der Erscheinungen liegt die wahre Realität des atomaren Seins. Der Mensch muß lernen, daß er „von der Wirklichkeit entfernt ist" (B 6). „In Wirklichkeit [*etee*] wissen wir nichts; in der Tiefe [*bytho*] liegt die Wahrheit" (B 117) – ein Satz, der nach Heraklit klingt. „Vom Wissen gibt es zwei Formen [*ideai*], die wahre und die dunkle; zur dunklen gehört alles Folgende: Gesicht, Gehör, Geschmack, Getast" (B 11). Das dunkle Wissen ist dasjenige, das konventionell als Wissen bezeichnet wird: „Der Konvention [*nomo*] nach gibt es Farbe, Süßes und Bitteres"; „in Wirklichkeit" (*etee*) gibt es nur Atome und das Leere (B 125, B 9).

Bei der Interpretation dieser Fragmente gehen die Meinungen auseinander. Die Versuchung ist groß, in ihnen so etwas wie die Locke'sche Theorie von den primären und sekundären Qualitäten zu erkennen; manche widersprechen dieser Deutung. Wir halten es mit den Opponenten, denn eine Interpretation anhand modernistischer Analogien ist ein prinzipieller methodischer Fehler. Der Sinn muß dadurch gefunden werden, daß die Fragmente in den Kontext ihrer eigenen Probleme gestellt werden; und über den parmenideischen Charakter des Kontextes kann kein Zweifel bestehen. Auch wenn Demokrit seinen unsichtbaren Atomen Ausdehnung, Substanz, unendliche Verschiedenheit der Gestalt und unterschiedliches spezifisches Gewicht zuschreibt, sind dies keine primären Qualitäten der erscheinenden Dinge, sondern die spekulativen Hypothesen, die erforderlich sind, um die Mannigfaltigkeit der Dinge im Sinne des parmenideischen Einen Seins zu erklären. Die Metaphern, durch die Demokrit die Relation zwischen Erscheinung und darunter liegender Realität zum Ausdruck bringt, sind überdies kein Vorgriff auf Locke, sondern ein Rückgriff auf Heraklit. Wir haben auf die Ähnlichkeit mit Heraklit in dem Fragment über die Tiefe (*bythos*), in der die Wahrheit liegt, aufmerksam gemacht; und andere Fragmente bestätigen diese Herkunft: „Viele Vielwisser [*polymathees*] haben nicht viel Einsicht [*nous*]" (B 64); „Viel-Einsicht-Haben [*polynoein*], nicht Viel-Wissen-Haben [*polymathien*] sollte man praktizieren" (B 65); „Verlange nicht alles zu wissen, daß du nicht aller Dinge unkundig wirst" (B 169). Die Immanentisierung des parmenideischen Seins hat zu einer Realitätsstruktur in der Tiefe geführt, die in den Metaphern zum Ausdruck kommt, die Heraklit für die Tiefe der Seele entwickelte. Und schließlich sollte man sich darüber im klaren sein, daß Demokrits Gegenüberstellung eines Wissens von der Erscheinung „der Konvention nach" (*nomo*) und eines Wissens „in Wirklichkeit" (*etee*) von Diogenes Laertios (IX, 45) folgendermaßen wiedergegeben werden konnte: „Die Qualitäten sind der Konvention [*nomo*] nach, die Atome und das Leere sind von Natur [*physei*].“ Während es kaum in der Absicht Demokrits gelegen haben kann, „in Wirklichkeit“ durch „von Natur“ zu ersetzen, zeigt dies doch die Richtung, in die das Problem sich bewegte: die Immanentisierung des parmenideischen Seins wird in der Erkenntnis der Natur, des Wesens in der Realität, enden.

In der Physik Demokrits ist die auf die Entdeckung des Wesens gerichtete Bewegung noch durch die Bedingungen des parmenideischen Problems überdeckt. In seiner Ethik wird die Tendenz deutlich erkennbar. Moralische Phänomene sind Phänomene der Seele; die Entdeckung der Seele wird akzeptiert, und die Tradition der Mystiker-Philosophen und Tragiker wird fortgesetzt:

> Glückseligkeit [*eudaimonie*] ist ein Eigentum der Seele [*psyches*], ebenso wie Unseligkeit [*kakodaimonie*] (B 170).

Der Satz richtet sich gegen den Glauben, daß Eudaimonia sich in äußeren Besitztümern finden ließe, „in Viehherden oder Gold“; diese Meinung wird mit dem Hinweis auf die Etymologie von Eudaimonia zurückgewiesen:

> Die Psyche ist der Wohnsitz des Daimon (B 171).

Wenn der Glückseligkeit ihr Ort in der Seele zugewiesen wird, ist damit jedoch nicht bestimmt, worin Glückseligkeit besteht. An diesem Punkt geht Demokrit über die Tradition hinaus, indem er Definitionen einführt wie:

> Das Kriterium [*houros*] für Zuträgliches und Abträgliches ist Lust und Unlust (B 4, B 188).

Man kann zurecht sagen, daß mit der Einführung von Lust (*terpsis*) und Unlust (*aterpie*) als Kriterium einer Präferenz eine Wissenschaft der Ethik beginnt. Aber sie beginnt eben nur; offensichtlich müssen die Kriterien sowie „das Zuträgliche“ (*sympheron*) näher bestimmt werden:

> Das Beste für den Menschen ist, sein Leben so heiter und so wenig unzufrieden wie möglich zuzubringen; dies könnte der Fall sein, wenn man nicht an sterblichen Dingen seine Lust findet (B 189). Daher: Nicht jede Lust, sondern nur die Lust am moralisch Schönen [*to ka-*

> *lon*] sollte gewählt werden (B 207). Die großen Freuden stammen aus der Betrachtung edler Werke [oder Taten] (B 194). [Glückselig ist] der Intellekt* [*logos*], der daran gewöhnt ist, seine Freuden [*terpsias*] aus sich selbst zu schöpfen (B 146).

Diese Fragmente scheinen eine Untersuchung moralischer Phänomene zu reflektieren, die in kritischer Hinsicht viel sorgfältiger vorgeht, als dies gewöhnlich bei Interpretationen Demokrits angenommen wird. Er unterscheidet deutlich zwischen guter und schlechter Lust, das Problem Platons im *Philebos* und in den *Nomoi*. Und die Fragmente lassen sogar eine bewußte terminologische Differenzierung erkennen zwischen Lust im allgemeinen (*hedone*, B 189, B 207) und Lust, die zum Kriterium für das Zuträgliche (*terpsis*, B 198, B 194, B 146) wird. Nur die spezifische Lust, die Freude (*terpsis*), bestimmt das *sympheron*, nicht Lust (*hedone*) im allgemeinen. Auf den Unterschied zwischen Lust und Freude wird in B 174 hingewiesen:

> Der heitere Mensch [*euthymos*], der sich zu gerechten und gesetzlichen Werken [oder Handlungen, *erga*] hingetrieben fühlt, ist froh, beherzt und unbekümmert; wer aber die Gerechtigkeit vernachlässigt und nicht tut, was er tun sollte, den macht alles unzufrieden, wenn er sich daran erinnert, und er ist in Angst und quält sich selbst.

Die Eudaimonia der Seele wird in diesem Fragment genauer charakterisiert als *euthymia*, Heiterkeit. Und diese Heiterkeit ist die Folge gerechten Handelns. Die Ethik Demokrits hat den aischyleischen Gedanken der Handlung übernommen. „Gerechtigkeit [*dike*] heißt tun, was getan werden sollte; Ungerechtigkeit [*adikia*] heißt nicht tun, was getan werden sollte, sondern es umgehen“ (B 256). Nur Handlungen in Übereinstimmung mit Dike können streng genommen als Handlungen gelten, während Haltungen, die die Gerechtigkeit außer acht lassen, dem Problem ausweichen und den Weg des geringeren Widerstands gehen, eine niedrigere Gestimmtheit der Seele hervorrufen, eine Unzufriedenheit, die zu Angst und Selbsterniedrigung führt. Diogenes Laertios (IX, 45) hatte offensichtlich recht, wenn er den zentralen Gedanken der demokritischen Ethik, um ihn vor Mißverständnissen zu schützen, folgendermaßen wiedergab: „Endziel einer Handlung ist *euthymia*, was nicht dasselbe ist wie *hedone*, wie einige mißverständlich es auffaßten, sondern ein Zustand, in welchem die Seele ein friedliches und gleichmäßiges Dasein führt, von keiner Furcht, von keinem Aberglauben oder sonst welcher Störung aus dem Gleichgewicht gebracht.“**

Heiterkeit als gleichmäßiger Seelenzustand ist abhängig von richtigem Handeln. Ein kontinuierlicher Fluß richtigen Handelns, der Heiterkeit bewirkt, fließt aber gewöhnlich nicht von selbst. Dazu sind Wissen und Praxis nötig. „Die Ursache für unrechtes Handeln [*hamartia*] ist Unkenntnis [*amathia*] des Besseren" (B 83); und „Mehr Menschen werden gut durch Übung [*askesis*] als aufgrund ihrer Natur [*physis*]" (B 242). An diesem Punkt nähert sich die Ethik Demokrits der von Protagoras und wohl auch von anderen Sophisten stark an. Es war Protagoras, der sagte: „Die Kunst des Lehrers muß sich auf Natur [*physis*] und Übung [*askesis*] verlassen" (B 3). Und Demokrit spinnt den Gedanken weiter in dem Fragment: „Natur und Unterricht sind etwas Ähnliches. Denn Unterricht formt den Menschen um und schafft durch diese Umformung seine Natur" (B 33). Kluge Gewöhnung durch Wissen und Übung sind demnach die Bedingung für wahre *euthymia* und nicht die rein äußere, womöglich erzwungene Anpassung an Regeln; daher:

> Als wirksamerer Führer zur Tugend [*arete*] wird sich erweisen, wer Aufmunterung und überzeugende Rede anwendet, als der, welcher Gesetz und Zwang anwendet. Denn wer sich durch das Gesetz am Unrechttun gehindert sieht, wird wahrscheinlich im Geheimen unrecht tun; wer aber durch Überredung zur Pflicht geführt ist, wird wahrscheinlich weder im Geheimen noch öffentlich einen Fehltritt tun (B 181).

Zweck der Erziehung ist, daß in der Seele ein Zentrum des Widerstandes gegen Fehlverhalten aufgebaut wird, eine moralische Persönlichkeit, die sich autonom verhält und Druck von außen keine Beachtung schenkt:

> Man soll sich vor anderen Menschen nicht mehr schämen als vor sich selber; und man sollte nicht mehr Unrechtes tun, wenn es niemand erfährt, als wenn es alle Menschen erfahren. Vielmehr soll man vor sich selbst am meisten Schamgefühl haben. Und das soll als Gesetz vor der Seele aufgerichtet stehen: nichts tun, was ungehörig ist (B 264, siehe auch B 84, B 179, B 244).

Eine Fülle von Sinnsprüchen und anderen Fragmenten führt die Prinzipien im einzelnen aus. Einige davon verdienen besondere Aufmerksamkeit, denn sie stellen einen Schritt in Richtung auf die Ethik Platons dar:

> Wer in Heiterkeit leben möchte, soll sich nicht auf viele Aktivitäten einlassen, weder in seinem persönlichen noch im gemeinschaftlichen Leben; und was er auch tut, er soll sich nicht über seine eigene Kraft und Natur hinaus belasten, sondern sehr auf der Hut sein, daß, selbst wenn das Glück einschlägt, ihn verblendet und zum Übermaß verleitet, er es gering schätzt und nichts unternimmt, was seine Kräfte übersteigt. Denn richtiges Maß ist sicherer als Übermaß (B 3). Den Menschen wird Heiterkeit zuteil durch Mäßigung der Freuden [*terpsis*] und Ausgeglichenheit [*symmetrie*] des Lebens. Mangel und Übermaß dagegen pflegen ins Gegenteil umzuschlagen und große Bewegungen in der Seele zu verursachen. Und die Seelen, die sich in großem Pendelschlag bewegen, sind weder beständig noch heiter (B 191).

Diese Fragmente beschäftigen sich in einer kompakten Form mit zwei Aspekten exzessiven Handelns, die später bei Platon deutlicher differenziert werden. Die Heiterkeit der Seele wird erstens durch das Vielerlei an Aktivitäten in persönlichen und gemeinschaftlichen Angelegenheiten beeinträchtigt, das die begrenzten Kräfte eines Individuums überschreitet. Es ist das Übermaß, das Platon in der Karikatur des Hippias und – gedanklich weiter ausgeführt – in der *Politeia* als die *polypragmosyne* der Sophisten stigmatisiert hat. Ein Mensch kann nur dann ein gerechtes Leben führen, wenn er seinen Aktionsradius seinen Kräften anpaßt, um angesichts der Vielzahl der Verpflichtungen nicht so unter Druck zu geraten, daß er bei der adäquaten Erfüllung seiner Pflichten versagt. Zweitens, selbst wenn die Heiterkeit nicht unter dem Übergewicht des Vielerlei verschwindet, kann das Gleichgewicht durch Übermaß in einer Richtung stark beeinträchtig werden zum Schaden anderer Bereiche normal erforderlichen Handelns. Und ein solches Übermaß würde die „Symmetrie" des Lebens stören, selbst wenn es ein Übermaß an *terpsis*, an Freude, wäre und nicht etwa ein Schwelgen in einer niedrigeren Art von *hedone*. Um die theoretische Bedeutung dieses Punktes zu verstehen, müssen wir uns eine Stelle bei Alkmaion aus Kroton, dem Arzt, dessen Lebensmitte ins frühe 5. Jahrhundert fällt, ins Gedächtnis rufen:

> Alkmaion zufolge ist das Gleichgewicht [*isonomia*] der Kräfte, feucht-trocken, kalt-warm, bitter-süß usw. gesundheitsbewahrend; die Alleinherrschaft [*monarchia*] dagegen ist bei ihnen krankheitserregend ... Gesundheit ist die harmonische [*symmetros*] Mischung der Qualitäten (B 4).

Hier, in der medizinischen Auffasssung von Gesundheit stoßen wir auf den Ursprung der Konzeption von einem ausgeglichenen Leben; und dieser medizinische Gedanke wiederum ist in politische Terminologie eingebettet. Zu Beginn des 5. Jahrhunderts bedeutete *isonomia* die verfassungsmäßige Balance zwischen der alten Aristokratie und den aufstrebenden Kräften des Volkes, ein politisches Gleichgewicht der Kräfte. Gesundheit wurde von Alkmaion als solches Gleichgewicht der Kräfte im Körper definiert, während Krankheit durch die Vorherrschaft einer dieser Kräfte, durch eine *monarchia*, verursacht würde. Die Fragmente Demokrits sind von Bedeutung als Bindeglied zwischen der medizinischen Vorstellung von Gesundheit und Krankheit und der späteren platonischen Konzeption einer „wahren Politeia", die sich durch die ausgeglichene Mischung der Teilkräfte auszeichnet, im Gegensatz zu den „Unverfassungen" wie Demokratie, Oligarchie und Tyrannis, die dadurch charakterisiert sind, daß einer ihrer Bestandteile dominant ist.

Man könnte sagen, daß die ärztliche Vorstellung von Gesundheit und Krankheit Demokrit als Leitidee bei der Beurteilung menschlicher Angelegenheiten diente. „Die Erkrankung des Haushalts und des Lebens entsteht so wie die Erkrankung des Körpers" (B 288). Und dieses Prinzip überträgt er vom individuellen Leben (*bios*) und vom Haushalt (*oikos*) auf die Polis:

> Die Angelegenheiten der Polis soll man unter allen für die größten erachten, auf daß sie gut regiert werde; weder soll man sich aus Rivalität über die Billigkeit hinaus bekämpfen noch sich selbst über das hinaus, was gut für die Gemeinschaft (*xynon*) ist, Macht anmaßen. Denn eine gut regierte Polis ist die stärkste Stütze, und alles ist in ihr enthalten; solange sie gesund erhalten wird, bleibt alles gesund; und geht sie zugrunde, geht alles zugrunde (B 252).

Das Mittel, um die Polis in einem ausgewogenen Gesundheitszustand zu erhalten, ist das Gesetz. „Das Gesetz will das Leben der Menschen wohlgestalten, aber es kann dies nur, wenn sie wollen, daß es ihnen wohlergeht; denn nur denen, die ihm gehorchen, offenbart es seine eigentliche Tugend" (B 248). Die Einschränkung durch das Gesetz ist nötig, weil die Menschen dazu neigen, einander aus Rivalität und Neid Schaden zuzufügen; und solcher Neid ist der Anfang von Zwietracht in der Gemeinschaft (B 245). Und wenn solche Zwietracht (*stasis*) ausbricht, ist sie für beide Parteien schlecht; Sieger wie Besiegte leiden gleichermaßen, wenn das ausgewogene Gemeinschaftsleben zerstört wird (B 249). Nur unter der Bedingung der Eintracht (*homonoie*) können die großen Werke des Friedens wie des Krieges angegangen werden (B 250); denn Gleichgesinntheit (*homophrosyne*) bewirkt Freundschaft unter den Mitgliedern des Gemeinwesens (B 186).

So weit der Zustand der Fragmente ein Urteil erlaubt, hat Demokrits Theoretisierung der Ethik zumindest die wesentlichen Fragen berührt, auch wenn er den daraus erwachsenden Problemen nicht weit nachgeht. Sie hat die medizinische Gesundheitsauffassung, als ausgewogener Konstitution des Organismus, in die Diskussion über Ordnung eingeführt, ein Gedanke, der die Weiterentwicklung der griechischen Ethik bestimmte, vor allem Platons Konzeption der Gerechtigkeit und der gemischten Regierungsform. Durch diesen Gedanken gelangte er ferner zu Kriterien für die Gesunderhaltung und die Gesundheitsstörungen, Kriterien, deren Einfluß wiederum zu spüren ist in der platonischen und aristotelischen Vorstellung der *philia* und der *homonoia,* den spezifisch politischen Tugenden, sowie in der späteren Debatte über das „Zuträgliche“, das *sympheron,* im moralischen Verhalten. Und schließlich hat er die Vorstellung der Heiterkeit – der *euthymia* – entwickelt, des höchsten Gutes, das durch richtiges Verhalten erreicht werden kann, und hat damit die große philosophische Debatte über das der Glückseligkeit förderliche Verhalten eröffnet, die das 4. Jahrhundert erfüllt. Jenseits dieser Spezialprobleme sollte die Ethik Demokrits generell daran erinnern, daß das Zeitalter der Sophisten nicht nur das eines moralischen Relativismus war. Die Fragmente anderer Sophisten, die einen Hang zum Relativismus verraten, wurden vielleicht der sensationellen Neuheit ihres Ansatzes wegen bewahrt, während ganze Blöcke von Schriften, die der Position Demokrits womöglich recht nahe standen, verlorengegangen sind, vielleicht weil sie von geringerer literarischer Qualität waren als die Dicta Demokrits, der offenbar der größte Prosakünstler zwischen Heraklit und Platon war. Die Gedanken zum Beispiel, die Platon Protagoras zuschreibt, wären ein Hinweis darauf, daß dessen substantielle Ethik (im Unterschied zu seiner antilogischen Theorie) sich nicht sehr von der Demokrits unterschieden haben kann.

3. Nomos und Physis

Eines der kompliziertesten Probleme in der Geschichte des sophistischen Denkens ist die Entstehung der Vorstellung von einer Physis, einer Natur, in Opposition zum Nomos, der Konvention, wie gewöhnlich übersetzt wird. Die revolutionäre, zersetzende Wirksamkeit der Sophisten konzentriert sich in diesem Angriff auf die politische Ordnung, auf zivilisatorische Traditionen, Sitten und religiöse Glaubenshaltungen im Namen einer wahren, sich selbst behauptenden

Natur des Menschen. Die Wirkung ist offensichtlich; und sie ist durch Platons Portrait der Sophisten so offensichtlich geworden, daß die Streitfrage Physis-Nomos zu einem historiographischen Cliché wurde, das ein recht differenziertes Problem undurchsichtig macht. Die Methode, den Sinn der spärlichen Fragmente dadurch zu rekonstruieren, daß sie in den Kontext der Probleme gerückt werden, ist in diesem Fall besonders wichtig.[15]

Die Suche nach dem Wesen des Menschen und der sozialen Ordnung unter der Überschrift Physis setzt bestimmte Veränderungen der ursprünglichen Bedeutung von Nomos voraus. Diese Veränderungen haben historisch ihren Ursprung im Übergang von der mythischen zur spekulativen Symbolisierung von Ordnung. Pindar spricht im Fragment 169 vom Nomos als „dem König aller, der Sterblichen wie der Unsterblichen"; und Heraklit sagt in B 53: „*Polemos* [Krieg] ist der Vater von allem und von allem der König; und die einen erweist er als Götter, die anderen als Menschen; und die einen macht er zu Sklaven, die anderen zu Freien."* Diese Fragmente des frühen 5. Jahrhunderts zeigen, wie die Attribute des Zeus (König, Vater) auf spekulative Symbole übertragen werden, im Falle Pindars noch mit dem vollen Gewicht seiner Zeus-Frömmigkeit, im Falle Heraklits mit einem Anflug von Ironie gegenüber der anthropomorphen Symbolisierung des Göttlichen. Eine Ordnung der Götter und Menschen, die bis dahin in ihrer mythischen Kompaktheit als von Zeus gewollte akzeptiert worden war und die in ihren historischen Varianten mannigfaltige politische Gemeinschaften umfaßte, wurde nun im Hinblick auf ihre Natur und die Quelle ihrer Gültigkeit zum Gegenstand spekulativer Untersuchung.

In dem neuen Medium der Spekulation läßt das Nomos-Problem eine Komplexität erkennen, die in Heraklits Fragment B 114** faßlich wird:

> Diejenigen, die mit Verstand [*xyn nooi*] reden, müssen sich stark machen mit dem, was allen gemeinsam [*xynoi*] ist, wie die Polis mit dem Gesetz [*nomo*], nur noch viel stärker. Denn alle menschlichen Gesetze [*anthropeioi nomoi*] nähren sich von dem einen göttlichen Gesetz [*theios nomos*], das herrscht, so weit es will, und es genügt für alle Dinge und ist mehr als genug.

15 Hinsichtlich der Entwicklungslinien sowie der Materialien bezieht sich dieser Abschnitt über „Nomos und Physis" auf Felix Heinimann, *Nomos und Physis*, Basel, 1945.

Das Fragment unterscheidet zwischen einem göttlichen Nomos und einer Vielzahl menschlicher Nomoi; außerdem muß angenommen werden, daß das göttliche Gesetz identisch ist mit dem Gemeinsamen, dem *xynon*, das seinerseits identisch ist mit dem Nous. In seiner Knappheit ist das Fragment daher mit einer ganzen Reihe von Gedanken befrachtet, die vielleicht wie folgt expliziert werden können: Erstens gibt es einen gemeinsamen transzendenten Nous, der sowohl den einzelnen Menschen, der mit seinem Nous denkt, als auch das Gesetz der Gemeinschaft nähren muß. Zweitens ist das menschliche Gesetz ein richtiges Gesetz, insofern es sich in Wahrheit vom göttlichen Gesetz nährt; aber offensichtlich kann ihm das mißlingen. Deshalb kann es, drittens, Nomos werden, dem Willen eines einzigen Menschen zu gehorchen, falls es sich um einen Menschen handelt, der sich vom göttlichen Nomos nährt (B 33). Viertens gibt es mehr als eine Polis mit einem menschlichen Nomos; die „menschlichen Gesetze" existieren in der Pluralität der historischen Mannigfaltigkeit.

In dieser Gedankenreihe sind folgende Bedeutungen des Terminus Nomos enthalten: (1) Nomos als transzendente göttliche Ordnung; (2) Nomos als konstitutionelle und legale Ordnung einer Polis in Übereinstimmung mit der transzendenten Ordnung – der Nomos, für den ein Volk kämpfen sollte als wäre es seine Befestigungsmauer (B 44); (3) Nomoi im Plural, das heißt, die Vielzahl der Ordnungen historisch existierender Poleis; (4) Nomos als historische Ordnung einer Polis, ungeachtet ihrer Übereinstimmung mit dem göttlichen Nomos; (5) Nomos als Ordnung, die in einem bestimmten Menschen lebendig sein kann, ein *nomos empsychos* – wie er in einem *nomothetes* oder platonischen Philosophen-König in Erscheinung treten kann; und (6) Nomoi im Plural, ein Gebrauch des Wortes, der sehr wahrscheinlich die Assoziation von *nomoi* im Sinne von Statuten beinhaltet und nach der Reform des Kleisthenes üblich wurde, um das frühere *thesmoi* zu ersetzen.

Mit der Differenzierung der Bedeutungen sind die Voraussetzungen geschaffen für die unvermeidlichen Probleme: (1) die Mannigfaltigkeit der historisch unterschiedlichen Nomoi mit der Einheit des göttlichen Nomos zu versöhnen, (2) die historischen Nomoi im Licht ihrer Übereinstimmung mit dem göttlichen Nomos oder ihres Abweichens von ihm zu interpretieren, und (3) der Spannung zwischen dem Nomos, der im Philosophen lebt, und dem Nomos der ihn umgebenden Gesellschaft.

In dem Sinnzusammenhang, der durch die Spekulation Heraklits bestimmt ist, gibt es keinen Raum für eine Vorstellung von Physis in

Opposition zu Nomos. Quelle der Ordnung ist der göttliche Nomos; und der menschliche Nomos ist wesentlich rechte Ordnung in dem Maße, in dem er am göttlichen Nomos partizipiert. Wenn also der Terminus *physis* in Fragmenten Heraklits auftaucht, hat er keinen Bezug zu der späteren sophistischen Unterscheidung; er meint eher die Natur einer Sache oder eines Problems. Die Vorstellung von Physis, Natur, als autonomer Quelle der Ordnung in Konkurrenz zu Nomos kann erst entstehen, wenn der Gedanke eines transzendenten göttlichen Nomos als Quelle der Ordnung verkümmert ist; und dies kann in einem theoretischen Kontext nur geschehen, wenn Philosophieren im existentiellen Sinn aufgegeben worden ist.

Dieses neue Stadium des Theoretisierens wurde um die Mitte des 5. Jahrhunderts mit Protagoras erreicht, obwohl Protagoras selbst den Gedanken der Physis noch nicht einführte. Der große Sophist erklärte sich der Darstellung Platons zufolge zum Lehrer in der Kunst der Politik. Um den Pflichten seines Berufes effektiv nachzukommen, mußte er den Nomos der Polis, wie sie historisch existierte, akzeptieren und seinen Schülern beibringen, wie sie sich mit Erfolg in der konkreten Umgebung zu bewegen hatten. Seine substantielle Ethik unterschied sich, wie oben gesagt, wahrscheinlich nicht sehr von der Demokrits oder von den allgemein herrschenden Traditionen. Mit diesem konservativen Konventionalismus verband er jedoch seinen immanentistischen Relativismus in bezug auf die Theorie des Wissens. Als Skeptiker und Agnostiker verwarf er daher alle Spekulation auf der Grundlage von Transzendenzerfahrungen; und insbesondere konnte er keine Spekulation über die Quelle der Ordnung und ihrer Gültigkeit in einem transzendenten göttlichen Gesetz zulassen. Der Grundpfeiler der heraklitischen Spekulation über den Nomos, der *theios nomos*, wurde von Protagoras eliminiert. Die offenkundige theoretische Lücke, die durch diese Eliminierung entstand, füllte er jedoch nicht aus; anders als seine sophistischen Nachfolger ersetzte er die transzendente Quelle der Ordnung nicht durch eine immanente Quelle – die Physis seiner sophistischen Nachfolger – sondern ließ das Problem völlig offen, indem er einfach als gültige Ordnung akzeptierte, was immer Menschen (in einer beliebigen politischen Zivilisation) für gültig erklärten.

Es wäre voreilig, in dieser eigentümlichen Haltung von Protagoras nichts als eine theoretische Unzulänglichkeit zu sehen. Gewiß, er war unfähig, das Problem zu lösen. Aber wenn er als gültig akzeptierte, was Menschen glaubten, dann war seine Motivation womöglich ein tiefer Respekt vor dem Glauben als Manifestation wenn nicht gar als

Quelle einer verborgenen Ordnung, ein Respekt, der vielleicht nicht weit entfernt war von der präspekulativen Haltung, in der Ordnung den Willen des Zeus zu akzeptieren. Eine Reflexion Herodots (III, 38) über die Verrücktheit des Kambyses, als dieser die Sitten der Perser und fremder Völker verletzte und sich über sie lustig machte, rückt eine solche Motivation in den Bereich des Möglichen:

> Mir ist völlig klar, daß Kambyses gänzlich wahnsinnig war; sonst hätte er sich nicht an Kulten und Bräuchen zum Spott vergriffen. Wenn man alle Völker der Erde aufforderte, sich unter all den verschiedenen Nomoi die trefflichsten auszuwählen, so würde jedes nach genauer Untersuchung doch die eigenen Nomoi allen anderen vorziehen. So sehr ist jedes Volk davon überzeugt, daß seine eigenen Lebensformen die besten sind.*

Wenn man der Annahme der Philologen folgen möchte, daß diese Stelle durch Protagoras beeinflußt ist, wäre sie in der Tat ein Schlüssel für die Haltung von Protagoras; denn das Kapitel schließt mit der Zeile aus Pindar, daß Nomos der König von allem ist. Die theoretische Lücke wurde womöglich nicht so deutlich erfahren, weil für Protagoras Nomos noch der König allen menschlichen Glaubens und nicht der menschliche Glaube der König des Nomos war.

Mit Protagoras tritt zum ersten Mal der Typus eines Denkers auf, der hinsichtlich der transzendenten Realität ein Skeptiker, ein Agnostiker und zugleich ein Konservativer hinsichtlich der historischen Ordnung ist. Da die Kombination beider Haltungen das Verständnis für diesen Denker erschwert hat und weiter erschwert, sollte man sich daran erinnern, daß sein Fall kein Einzelfall ist. Gegen Ende des 4. Jahrhunderts kehrt der Typus des konservativen Skeptikers mit Pyrrhos wieder und setzt sich bei seinen skeptischen Nachfolgern fort. In der westlichen Zivilisation tritt er nach der Umwälzung durch die Reformation mit Montaigne, Bayle und Hume wieder auf. Die Schwierigkeit, diese hybride Position zu verstehen, ergibt sich aus deren theoretischer Unzulänglichkeit; es scheint unglaublich, daß ein sonst so scharfsinniger Denker die oben beschriebene theoretische Lücke übersehen haben sollte. Um so nötiger ist es sich klarzumachen, daß eine archaische Weisheit den konservativen Geist durchzieht und ihn in einer Zeit schneller intellektueller Entwicklung vor der Entgleisung in einen revolutionären Dogmatismus bewahrt. Während sich dieses Gleichgewicht im individuellen Fall aufrechterhalten läßt, ist die Haltung des konservativen Skeptizismus prinzipiell instabil; sie läßt sich nur unter der Bedingung aufrechterhalten, daß die theoretische Frage der Gültigkeit und ihrer Quelle nicht gestellt wird. Ein etwas wißbegierigerer Geist wird sich mit einer solchen Abstinenz nicht zufrieden geben. Und sobald die Frage gestellt wird, geht die Position entweder in den immanentistischen Dogmatismus der Sophisten der zweiten Generation über, die Physis zur neuen Quelle der Autorität machte, oder in die Wiederherstellung der Transzendenzproblematik, der wir im Widerstand von Sokrates gegen den Sophisten in Platons *Protagoras* begegnet sind.

Protagoras selbst hielt sein Denken in der skeptischen Schwebe. Seine intellektuelle Disziplin war groß genug, um ihn davor zu bewahren, das für ihn nicht akzeptable Wesen der Ordnung, das sich in Transzendenzerfahrungen offenbart, durch eine immanente Physis zu ersetzen. Nichtsdestoweniger taucht der Terminus „Physis“ in seinem Werk auf; und obwohl er nicht dem Nomos entgegengesetzt wird, hat er eine wichtige Funktion als Bindeglied zwischen der älteren aristokratischen Ethik und deren späterer Verwendung in der revolutionären Ethik der Sophisten. Wir erinnern uns an Fragment B 3: „Die Kunst der Lehre muß sich auf Natur [*physis*] und Übung [*askesis*] verlassen.“ Diese Natur, auf die die Kunst des Lehrens sich verlassen muß, ist eine Verallgemeinerung des traditionellen griechischen Gedankens, wie er von den älteren Dichtern in den paränetischen Teilen ihres Werkes vorgebracht wurde, daß die Eigenschaften eines Menschen nicht erworben, sondern eine Gabe der Geburt und insbesondere der edlen Abstammung sind. Erziehung kann diese Gaben der Natur entwickeln, wenn sie einem Menschen aber von Geburt an fehlen, vermag keine erzieherische Kunst sie ihm aufzupfropfen. Im 5. Jahrhundert, das teilweise mit der Lebenszeit von Protagoras zusammenfällt, findet die aristokratische Auffassung von Physis ihren großen Repräsentanten in Pindar, dessen Oden voll des Lobes sind für die natürliche Begabung, *phya,* der adligen Sprößlinge, die als Sieger bei den Spielen ihren Wert unter Beweis gestellt haben. Aber derselbe Pindar, der das Lob des Adels und seiner Tugenden singt, dehnt die Bedeutung von *phya* über die ererbte Natur des Aristokraten aus und schließt andere Arten von natürlichen Gaben mit ein, vor allem seine eigene Gabe, die Dichtkunst; und er wendet sich gegen Rivalen, die ihre Kunst durch Lernen erworben haben und glauben, sie könnten sie ohne *phya,* das heißt ohne die Gabe der Götter, ausüben. Die natürliche Begabung in dieser verallgemeinerten Form ist für Protagoras die Bedingung von Erziehung. Sie geht nun definitiv nicht mehr mit einer adligen Abstammung einher, denn in Platons Dialog weist der Sophist eigens darauf hin, daß den Söhnen der großen athenischen Staatsmänner in einzigartiger Weise die Gaben ihrer Väter fehlen und sie deswegen nicht gerade vielversprechendes Material für seine Erziehungskunst darstellen. Obwohl Protagoras die natürliche Begabung aus dem Kontext der aristokratischen Ethik herausnahm, „demokratisierte" er sie aber nicht, indem er eine allgemeine „Natur des Menschen" daraus machte. Bei ihm behielt *physis* einen positiven Akzent insofern sie ihren Besitzer geeignet machte, sich in der Kunst der Politik zu üben. Es ist nicht eine *physis* in Opposition zum Nomos, sondern eindeutig eine natürliche Gabe, die einen Menschen befähigt, ein erfolgreiches Leben innerhalb des Nomos zu führen. Und da keineswegs jeder diese Gabe besitzt, kann man von der protagoreischen Vorstellung einer „natürlichen Aristokratie" sprechen, die imstande ist, Führer der Polis und Bewahrer ihres Nomos hervorzubringen. Nur wenn die Ausrichtung der Physis auf den Nomos verlorengegangen ist, kann Physis zu einer autonomen Quelle der autoritativen Ordnung werden, wie bei Platons Kallikles. Aber selbst in einer derartigen Entgleisung zeigt die Ethik des „starken Mannes" noch Spuren der aristokratischen Tradition, deren Karikatur sie ist.

Wir sind mehrfach auf eine weitere Bedeutung von „physis" gestoßen, nämlich auf ihre Bedeutung als „Natur" oder „Wesen" der Dinge. In der sophistischen Gegenüberstellung von Physis und Nomos wurde diese Bedeutung überaus wichtig, weil sie die Autorität einer wahren Natur der Dinge in sich trug im Gegensatz zu dem, was ungebildete Leute lediglich glauben (*nomizein*), daß die Dinge seien. Der Ursprung dieser Bedeutung ist in der Umgebung der ionischen Spekulation zu suchen. Wenn er vom Regenbogen spricht, sagt Xenophanes: „Und was sie Iris nennen [*kalein*], auch das ist seiner Natur [*pephyke*] nach nur eine Wolke" (B 32).* Heraklit schlägt in Fragment B 1 vor, Wörter und Dinge zu erläutern und jedes „nach seiner Natur" (*kata physin*) zu analysieren; und in B 112 definiert er Weisheit als „sagen, was wahr ist und aufmerksam nach der Natur [der Dinge] handeln". Beide Philosophen verwenden den Terminus „physis" in einem polemischen Ton, der für unser Problem von Bedeutung ist. Sie erläutern die „Natur" der Dinge oder bestehen auf ihr, weil sie nach der Wahrheit suchen; und die Wahrheit über die Dinge unterscheidet sich von dem, was Menschen gewöhnlich glauben. In dieser kompakten archaischen Sprache ist „falsch glauben" noch dasselbe wie „die Dinge beim falschen Namen nennen"; die philosophische Suche nach Wahrheit kämpft in ihren Anfängen um ein neues Vokabular gegenüber der Sprache des Mythos; daher „nennen" (*kalein*) die Ungebildeten den Regenbogen Iris. Dieser Punkt wird durch eine Zeile bei Empedokles erläutert: „Nicht was richtig [*themis*] ist, sagen [*kalein*] sie; doch der Konvention [*nomo*] folgend, sage auch ich so dazu" (B 9, 5). Bei Empedokles, dessen Lebensmitte um 450 v. Chr. liegt, hat *nomos* bereits eine abwertende Konnotation als die Gewohnheit der Menschen, Dinge beim falschen Namen zu nennen (*kalein*). Und in dem oben zitierten Fragment B 17 von Anaxagoras (daß die Hellenen hinsichtlich bestimmter Fragen keine richtige Meinung haben, *nomizousin*) hat das Verb *nomizein*, das für das ältere *kalein* steht, die Bedeutung von ungebildetem Glauben oder Meinen angenommen. Die Suche der Philosophen nach der wahren Natur der Dinge, nach ihrer *physis*, verweist also *nomos*, das unreflektierte Ganze der zivilisatorischen Traditionen im weitesten Sinne, auf die Position von falschen Anschauungen des unaufgeklärten gemeinen Volkes.

Wir haben die Linien, auf denen die Termini Physis und Nomos ihre Bedeutung verändern, unabhängig voneinander bis an den Punkt verfolgt, wo sie in dem spätsophistischen Gegensatzpaar konvergieren. Nun muß noch die historische Situation betrachtet werden, in der sie überhaupt ein Gegensatzpaar zu bilden begannen. So weit die Quellen ein Urteil über diese Frage erlauben, scheint sich das Gegensatzpaar im Gefolge der Perserkriege mit dem überraschenden Sieg der schwächeren Griechen über die Perser gebildet zu haben. Bei der Suche nach einer Erklärung für den Sieg drängte sich der Gedanke auf, daß die numerische Überlegenheit einer Armee als solche keine Garantie für einen Sieg war; ein wichtiger Faktor ist, in welchem Geist die Armee kämpft, und dieser Geist wird durch die Institutionen, durch den Nomos gebildet. Dieser Gedanke läßt sich der hippokratischen Abhandlung *Über Luft, Wasser, Orte* entnehmen, die kurz vor 430 v. Chr. datiert werden muß. Im zweiten, dem ethnographischen Teil der Abhandlung (Kapitel XII-XXIV) vergleicht der anonyme Autor Asien und Europa miteinander und gibt einen Überblick über ihre klimatischen, hydrographischen und topographischen Verschiedenheiten sowie über die Verschiedenheiten der Völker in bezug auf ihre körperliche Erscheinung und ihre besonderen Charaktereigenschaften. Indem er die Verschiedenheiten beschreibt, unterscheidet der Autor nun sorgfältig zwischen Charakteristika, die auf die „Natur" zurückgehen, nämlich auf klimatische und topographische Faktoren der Landschaft, und Charakteristika, die sich durch Gebräuche und politische Institutionen, durch den Nomos, herausgebildet haben. Insbesondere denkt er über den kriegerischen Charakter der Europäer und das schwächere, friedfertigere Temperament der Asiaten nach und sieht im Nomos einen wichtigen Faktor, der bestimmend für die Verschiedenheit ist: „Die Bewohner Europas sind kriegerischer wegen ihrer *nomoi*, weil sie nicht, wie die Asiaten, unter Königen leben. Denn diejenigen, die unter Königen leben, sind notwendigerweise am feigsten. Denn die Seelen der Menschen werden sklavisch und begeben sich ungern in Gefahr, um die Macht eines anderen zu vergrößern. Unabhängige Männer [*autonomoi*] aber – die etwas für sich selbst wagen und nicht für andere – sind willens und bereit, Gefahren einzugehen, denn sie gewinnen den Siegespreis für sich selbst. Die *nomoi* haben also einen besonders großen Anteil an der Ausbildung des Mutes“ (XXIII).[16]*

Dasselbe Argument, nur dramatischer dargestellt, findet sich in Herodots *Historien* im VII. Buch, 101-104. Anlaß ist eine Inspektion und Mannschaftszählung bei Armee und Flotte durch Xerxes. Xerxes ist beeindruckt von dem Resultat und fragt daraufhin Demaratos, den exilierten König von Sparta, der an seinem Hof lebt, ob die Griechen es überhaupt wagen würden, sich einer so überwältigenden Heeresmacht entgegenzustellen. Demaratos erklärt dem König, daß Armut in Hellas wahrlich angeboren (*syntrophos*) sei, die Tugend (*arete*) hingegen erworben (*hepaktos*), nämlich das Ergebnis von Weisheit und einem starken Nomos sei. Kraft ihrer *arete* werden sie sich nicht dem König unterwerfen, der Hellas die Sklaverei bringt. Xerxes belächelt solche Einbildungen und beantwortet sie mit seiner eigenen Vorstellung von der Natur des Menschen. Wie sollte eine kleine Zahl von Männern, lauter Freie, die nicht dem Befehl eines Mannes unterständen, seiner Stärke widerstehen? Wenn sie dem Befehl eines einzigen Mannes unterständen, würden sie sich womöglich vor ihm fürchten und sich über ihre Natur (*physis*) hinaus als mutig erweisen und unter dem Zwang der Peitsche gegen die Übermacht kämpfen. Aber das würden sie nicht tun, wenn sie frei wären. In seiner Entgegnung geht Demaratos auf das Argument des Königs ein. Die Lakedaimonier „sind frei, doch nicht völlig frei; denn *nomos* ist ihr Herr, und ihn fürchten sie viel mehr als deine Männer dich fürchten.“ Was ihr Nomos ihnen befiehlt zu tun, das tun sie; und er befiehlt ihnen, niemals aus der Schlacht zu fliehen, sondern bis zum Sieg oder bis zum Tod an ihrem Platz in Reih und Glied auszuharren.

Herodots *Historien* sind zur selben Zeit geschrieben wie *Über Luft, Wasser, Orte*. Da eine gegenseitige Beeinflussung nicht überzeugend

16 *Hippocrates* I, Loeb Classical Library, S. 133.

nachgewiesen werden kann, geht die parallele Verwendung des Paares Physis-Nomos in beiden Werken wahrscheinlich auf gemeinsame Quellen zurück. Aber diese ältere Literatur, deren Vorhandensein angenommen werden muß, ist nicht erhalten.

4. Antiphon

Antiphon, dem Sophisten, (zu unterscheiden von Antiphon, dem Rhetor, und Antiphon, dem Tragödiendichter) wird eine Gruppe von Fragmenten zugeschrieben, die in den Oxyrhynchos-Papyri, Teilen eines Werkes über *Wahrheit*, enthalten sind. Wie der Titel besagt, muß das Werk eine Abhandlung über die Theorie des Wissens gewesen sein und die Tradition der Abhandlungen über Aletheia in der Nachfolge von Parmenides fortgesetzt haben. Daß die erhaltenen Fragmente sich mit dem Thema der Gerechtigkeit befassen, ist deshalb wohl eher ein Zufall und rechtfertigt nicht die Annahme, das gesamte Werk sei eine Abhandlung über Politik gewesen. Die Fragmente müssen vielmehr als ein Abschnitt des Werkes betrachtet werden, in dem die allgemeinen ontologischen und epistemologischen Prinzipien auf das spezifische Thema von Recht und Gerechtigkeit angewandt wurden. Wir werden daher so vorgehen, daß wir zunächst die allgemeinen Prinzipien, so weit sie in den Fragmenten erkennbar sind, isolieren und uns erst dann mit ihrer Anwendung befassen.[17]

Zur Darstellung der Prinzipien bei Antiphon muß man sich in der Übersetzung für bestimmte Termini entscheiden, denn er entwickelte ein technisches Vokabular, das er konsistent verwendete. Er versuchte sich an einer Theorie der Gesetze, die das Leben des Menschen beherrschen und die er *ta nomima* nennt. Um Verwirrung zu vermeiden, geben wir diesen Terminus mit „Regeln" wieder. Diese Regeln haben ihren Ursprung entweder in der Natur (*physis*) oder in menschlichen Institutionen (*nomos*). Die Regeln der Natur sind notwendig (*anankaia*); die Regeln menschlichen Ursprungs sind hinzugekommen (oder erfunden, *epitheta*). Die Regeln der Natur sind überdies gewachsen (*phynta*); die Regeln des *nomos* beruhen auf Vereinbarung oder Übereinkunft (*homologethenta*). Von Regeln umgeben, muß der Mensch seinen Weg finden, indem er sein Verhalten

17 Die Analyse der Prinzipien hält sich eng an den Abschnitt über Antiphon bei Heinimann, *Nomos und Physis*, S. 133-142.

daraufhin orientiert, was zuträglich oder gewinnbringend (*sympheron*) für ihn ist.

Das Verhalten beim Streben nach dem *sympheron* muß die beiden Typen von Regeln prüfen; denn es steht nicht *a priori* fest, ob sie beide von Vorteil sind oder nur einer von ihnen, oder ob sie teils von Vorteil oder teils von Nachteil sind. Zur Anleitung in dieser Frage legt Antiphon zwei Prinzipien fest. Das erste Prinzip betrifft die Natur: Ein Mensch, der das Unmögliche versucht, eine der von Natur in uns eingepflanzten Regeln zu verletzen, wird sich selber schaden; und der Schaden ist nicht bloße Ansichtssache (*doxa*), sondern in Wahrheit (*aletheia*) ein Schaden. Das zweite Prinzip betrifft den *nomos*: Das meiste, was nach den Regeln des Gesetzes als gerecht gilt, ist der Natur feindlich. Das Prinzip wird in der folgenden Passage weniger bewiesen als rhetorisch gesteigert: „Es sind Gesetze aufgestellt für die Augen, was sie sehen dürfen und was nicht; für die Ohren, was sie hören dürfen und was nicht; für die Zunge, was sie sagen darf und was nicht; für die Hände, was sie tun dürfen und was nicht; für die Füße, wohin sie gehen dürfen und wohin nicht; und für den Geist, was er begehren darf und was nicht. Und was die Gesetze den Menschen verbieten oder gebieten, ist beides der Natur wenig freundlich und angenehm."* Das Gesetz ist also im Großen und Ganzen eine „Fessel der Natur".

Ausgerüstet mit diesen zwei Prinzipien, kann man die Frage des *sympheron* angehen. Antiphons Argumentation geht in folgenden Schritten vor:

1.) Zur Natur gehört beides, Leben und Sterben. Aus zuträglichen Dingen (*sympheronta*) gewinnen die Menschen Leben; durch nicht zuträgliche Dinge ziehen sie sich den Tod zu. Dinge, die zum Tode führen, brauchen daher nicht weiter diskutiert zu werden; uns interessieren nur Dinge, die das Leben steigern. (Hier ist anzumerken, daß *physis* keineswegs nur Quelle des Zuträglichen ist; insofern die Natur den Tod mit sich bringt, ist sie nicht zuträglich.)

2.) *Sympheronta* sind sowohl durch die Natur (*physis*) wie durch das Gesetz (*nomos*) festgelegt. Aber die *sympheronta* der Natur entstehen spontan und frei, während die der Gesetze Einschränkungen sind, die der Natur auferlegt werden.

3.) Nun können Dinge, die Schmerzen (*algynonta*) verursachen, nicht mit demselben Recht als förderlich für die Natur angesehen werden (weil sie dem Tod ähnlich sind) wie diejenigen, die angenehm (*euphrainonta*) sind. Daher können Dinge, die Beeinträchtigung, Einschränkung, Belästigung (*lypounta*) verursachen, nicht so zuträglich sein, wie diejenigen, die Lust bereiten (*hedonta*).

4.) Daher können nur die *sympheronta* der Natur als wahrhaft (*to alethei*) zuträglich gelten, während die des Gesetzes in Wirklichkeit nicht zuträglich sind. Also wird ein Mensch, der den *nomoi* folgt, Schaden nehmen.

Die Prinzipien und die nähere Definition der *sympheronta* müssen dann auf das Problem der Gerechtigkeit angewandt werden. Die Anwendung selbst ist kurz und einfach. Der allgemeinen Auffassung zufolge besteht Gerechtigkeit darin, die Regeln der Polis, deren Bürger man ist, nicht zu übertreten. Ein Mensch wird daher das Recht zu seinem größten Vorteil nutzen, wenn er in der Gegenwart von Zeugen die Regeln der Gesetze einhält und sich, wenn er keine Zeugen hat, an die Regeln der Natur hält. Wenn derjenige, der die Gesetzesregeln übertritt, unbeobachtet ist von denen, die sie vereinbart haben, entgeht er der Strafe und Schande; und nur wenn die Übertretung nicht verborgen bleibt, hat er mit Sanktionen zu rechnen. Verletzt er aber eine Regel der Natur, wird der Schaden für ihn nicht geringer, wenn der Verstoß verborgen bleibt, und nicht größer, wenn er von allen bemerkt wird.

Eine Auswertung dieser Fragmente ist nicht leicht. Wir wissen nichts über den größeren Kontext, aus dem sie herausgerissen sind; und andere Teile des Werkes mögen einige der verwirrenden Punkte erhellt haben. Man kann nicht mehr tun, als mit der gebotenen Vorsicht auf einige Wahrscheinlichkeiten hinzuweisen.

Offensichtlich geht Antiphon bei der Exposition seines Problems methodisch vor. Seine Argumentation ist antithetisch; um zu klären, was die *sympheronta* sind, entwickelt er Dichotomien und schließt dann systematisch den einen Begriff der Dichotomie von der weiteren Überlegung aus. Es gibt Regeln von Natur oder Regeln des Gesetzes; zur Natur gehören Leben und Sterben; deshalb ist die Natur des Menschen mit *sympheronta* und *me sympheronta* konfrontiert; *sympheronta* werden durch die Natur oder durch das Gesetz festgelegt. Aus diesen Dichotomien werden das Sterben, d. h. die das Sterben begünstigenden *me sympheronta* der Natur, und die doxischen *sympheronta* des Gesetzes weggelassen, so daß am Ende die *sympheronta* der Natur übrig bleiben, die das Leben fördern. Es gibt Gründe anzunehmen, daß diese Methode der Exposition nicht von Antiphon erfunden wurde, sondern bei den Sophisten allgemein üblich war; sie ließ das Argument ordentlich und die Klassifizierung überzeugend erscheinen

– zumal im mündlichen Vortrag, wenn der Zuhörer nicht die Zeit hatte, über die Komplikationen des Problems nachzudenken.

Der zweite Punkt, der betrachtet werden muß, ist das Verhältnis der Methode zum dargestellten Gegenstand. Aus der Darstellung von Antiphons Theorie wird deutlich geworden sein, daß es sich bei seiner Methode um einen sehr scheppernden Mechanismus handelt. Der Sophist will auf die Aussage hinaus, daß die *sympheronta* der Natur Richtschnur des Verhaltens sein sollten. Die Struktur der Realität ist aber so unliebenswürdig, der Methode mit Dichotomien zu arbeiten nicht zu entsprechen und sich als komplexer zu erweisen. Folglich kommt man nicht dadurch zu einem Ergebnis, daß man den positiven Begriff jeder einzelnen Dichotomie immer weiter unterteilt, sondern nur indem man mehrere nicht verwandte Dichotomien miteinander in Verbindung bringt. Hinzu kommt, daß die Dichotomien nicht allzu gut auf ihre Gegenstände passen. Die Dichotomie Natur–Gesetz resultiert nicht aus der Dichotomie Leben-Sterben; und die Dichotomie zuträglich–abträglich unterteilt (1) die Natur, entspricht (2) der Dichotomie Natur–Gesetz und unterteilt (3) sogar das Gesetz – eine Tatsache, die Antiphon offensichtlich mit schlechtem Gewissen durch den rhetorischen Passus zu vertuschen sucht, alle Gesetze schränkten die Natur ein, was gar nicht so sicher ist. Insgesamt ist die Argumentation also ein plumpes Machwerk, das die wirklichen Probleme eher verdeckt als aufdeckt. Die „Theorie" Antiphons läßt sich nicht adäquat in Form seiner Dichotomien wiedergeben. Es wäre zum Beispiel inkorrekt zu sagen, daß er Physis als Leitfaden für richtiges Verhalten dem Nomos entgegenstellt, wie häufig in Ideengeschichten zu lesen ist; denn die Dichotomie Natur-Gesetz ist Teil des gesamten Dichotomiensystems; und die Dichotomie Leben-Sterben zeigt, daß beim Streben nach dem *sympheron* einer Hälfte der Natur überhaupt nicht nachgegangen werden sollte. Daher ist es nötig, den substantiellen Teil von Antiphons Theorie aus der dichotomischen Form herauszulösen.

Da für Antiphon die wahren *sympheronta* die der Natur sind, ist es angemessen, mit seiner Naturauffassung zu beginnen. Zu dieser Natur gehören Leben und Sterben. Die Vorstellung, die Natur sei in die zwei Abschnitte Leben und Tod aufgeteilt, ist in sich recht merkwürdig. Sie hat ihre Wurzeln nicht in der großen Tradition der Tragödiendichtung oder, noch weiter zurückreichend, in der Tradition der Mystiker-Philosophen oder gar der Homers, die alle davon ausgehen, daß der Tod dem Leben immanent ist, in der Tradition also, aus der bei Platon der Gedanke erwächst, daß Leben die Praxis des Sterbens ist. Die Dinge begrifflich aufzuteilen in solche, die gewinnbringend für das Leben im physiologischen Sinne sind, und andere, die den Tod beschleunigen, ist seltsam oberflächlich und außerhalb aller geistigen Kultur. Zudem kann man noch nicht einmal sagen, daß in dieser Zeit eine solche Oberflächlichkeit charakteristisch für die Spekulation über die Notwendigkeiten, die *anankaia*, der Natur ist. Demokrit zum Beispiel, der ebenfalls über das Problem der Physis nachdachte, ging ganz anders damit um. Er scheint praktisch denselben Standpunkt wie Antiphon einzunehmen, wenn er sagt: „Es ist unvernünftig, den Notwendigkeiten im Leben nicht nachzugeben" (B 289); aber dann überlegt er sorgfältig, was diese Notwenigkeiten wirklich sind. Einmal sagt er: „Den Menschen erscheint es eine Notwendigkeit der Natur und einer uranfänglichen Seinsordnung, Kinder zu haben. Und bei anderen Lebewesen verhält es sich offensichtlich ebenso, denn sie alle haben Nachkommen, der Natur gehorchend und nicht eines Nutzens wegen" (B 278); aber dann überlegt er weiter: „Es erscheint mir nicht notwendig, Kinder zu zeugen" (B 276) – und macht die Freiheit des Weisen geltend, der aus gutem Grund zurückweist, was „Menschen" als Notwendigkeit der Natur „erscheint". Und er formuliert das Prinzip allgemein: „Gegen das Begehren anzukämpfen ist schwer; aber es zu beherrschen, zeichnet den wohlüberlegenden Mann aus" (B 236). Wie Antiphon anerkennt Demokrit also die Notwendigkeiten der Natur, ihre Triebe und Begierden, aber er sieht sie in Relation zu dem rational gestaltenden Zentrum des Menschen, zu seinem Logos; und häufig wird der Logos entscheiden, daß es besser für den Menschen ist, den Notwendigkeiten der Natur nicht nachzugeben, sondern sie zu unterdrücken. Die eigentümliche Oberflächlichkeit von Antiphons Gedanken wäre daher präziser als Blindheit gegenüber den geistigen und intellektuellen Quellen der Ordnung zu bezeichnen; Natur ist für ihn tatsächlich eine autonome Richtlinie jenseits aller Kritik geworden. Diese Eigentümlichkeit läßt sich darauf zurückführen, daß er sich auf die medizinische Vorstellung von *physis* beruft, auf das, was im physiologischen Sinn der Natur des Menschen zuträglich (*sympheron*) ist. Ein Satz aus dem Werk *Die alte Heilkunst* VI veranschaulicht diesen Punkt: „Man muß wissen, daß Krankensuppen für manche kranke Menschen nicht bekömmlich (*sympherei*) sind; denn sobald sie diese zu sich nehmen, werden ihr Fieber und ihre Schmerzen merklich schlimmer; und es ist offensichtlich, daß, was sie zu sich genommen haben, die Krankheit nur nährt und verstärkt, den Körper aber erschöpft und schwächt."[18] Hier stoßen wir in einer therapeutischen Überlegung auf die Dichotomie von zuträglich

18 *Hippocrates* I, Loeb Classical Library, S. 21.*

und nicht zuträglich in bezug auf Krankheit und Gesundheit, letztlich die Dichotomie von Sterben und Leben in ihrem ursprünglichen Umfeld. Und die merkwürdige Vorstellung Antiphons muß dadurch erklärt werden, daß er die medizinische Auffassung auf die ganz anderen Probleme der Ethik und der Politik überträgt.

Sobald die medizinische Dichotomie für den Bereich der Physis etabliert ist, wird sie als Träger einer entsprechenden Dichotomie bezüglich des Nomos in Dienst genommen. Dem Paar schmerzhaft-angenehm (*algynonta-euphrainonta*) entspricht, wie wir gesehen haben, das Paar einschränkend-lustvoll (*lypounta-hedonta*). Gesetzesregeln sind einschränkend, nicht lustvoll; daß die Ordnung des Nomos ihren eigenen Sinn hat, wird nicht zum Problem; die Gesetzesregeln sind nur insofern von Bedeutung, als sie sich auf die Physis auswirken; und auf dem Wege der Analogie wird die medizinische Dichotomie zur Dichotomie der Gesetzesregeln erweitert, indem schmerzhaft unversehens synonym für einschränkend wird und lustvoll synonym für wohltuend. Es ist ein rhetorischer Trick, der sich mit Hilfe der Analogie auf einen fragwürdigen Syllogismus stützt. Selbst wenn man akzeptiert, daß Antiphon den Nomos als unabhängige Quelle der Ordnung ignoriert und an die Physis als Richtschnur für das *sympheron* glaubt, müßte doch noch irgendein Beweis dafür erbracht werden, daß die *sympheronta* des Nomos tatsächlich schädlich für die Physis sind. Und an diesem Punkt stoßen wir, wie gesagt, nur auf die beschwichtigende Versicherung, daß dies der Fall sei.

Die „theoretische" Behandlung des Nomos ist so wenig überzeugend, daß sie vermutlich nicht mehr als ein rhetorischer Mechanismus ist, der eine tiefere Problematik verdeckt. Selbst ein nicht sehr scharfsinniger Denker muß gesehen haben, daß die Physis eines Menschen sehr wenig an „Leben" gewinnt, wenn er die gesetzlichen Einschränkungen mißachtet und gemäß den „Notwendigkeiten der Natur" handelt. Und Antiphon hat diesen Punkt mit Sicherheit gesehen. Ein weiterer Abschnitt des Fragments muß als Schlüssel für seine sonst unbegreifliche Vorstellung des wahrhaft Zuträglichen angesehen werden. In diesem Abschnitt erklärt Antiphon, daß Gehorsam gegenüber den Gesetzen durchaus nicht ohne Nutzen wäre, wenn denjenigen, die sie befolgten, durch die Gesetze geholfen würde, während diejenigen, die sie verletzten, schlimme Folgen zu gewärtigen hätten. In der tatsächlichen Gerichtspraxis könne derjenige, dem Unrecht zugefügt wurde, jedoch keineswegs sicher sein, zu seinem Recht zu kommen; und aufgrund eines größeren Geschicks bei der Verteidigung könne der Täter den Gerichtshof des Volkes leicht auf seine

Seite bringen. Es stellt sich also heraus, daß bei Antiphon der Nomos keineswegs das Gesetz im philosophischen Sinn ist, sondern Sitten und Gerichtspraxis einer korrupten Gesellschaft. In diesem Dschungel aus erpresserischen Informanten, Meineidigen, emotionalen und bestochenen Richtern kann derjenige, der die Regeln des Gesetzes befolgt, in der Tat untergehen. Und in dieser Situation ergibt der Anfangssatz des Fragments einen Sinn als Überlebensregel: Ein Mensch wird die Gerechtigkeit zu seinem größten Vorteil nutzen, wenn er vor Zeugen das Gesetz hochhält, ohne Zeugen aber dem natürlichen Interesse folgt. Daher ist es selbst für Antiphon *sympheron*, dem Gesetz zu gehorchen, wenn die Anwesenheit von Zeugen eine Gesetzesübertretung riskant macht; denn das Gesetz und die Institutionen, die ihm Geltung verschaffen, sind ein Teil der Umgebung, in der sich der Mensch mit seiner Physis bewegt.

Ob das Korpus der Reflexionen Antiphons als „Naturrechtstheorie" oder als „Theorie des Gesellschaftsvertrags" bezeichnet werden kann, was Historiker gewöhnlich tun, erscheint uns äußerst fragwürdig. Dieses Durcheinander aus unüberlegten und kümmerlich formalisierten Gedanken (von Theoretisierung kann kaum die Rede sein) sieht in einer Zeit der Auflösung eher nach dem Ratschlag *sauve qui peut* aus. Gewiß, die Gesetze im weitesten Sinn, einschließlich der Sitten, sind durch „Vereinbarung" entstanden; aber zumindest in den vorhandenen Fragmenten findet sich kein Hinweis auf den Zweck, dem eine solche Vereinbarung dienen sollte. Das Vorhandensein des vereinbarten Gesetzes wird lediglich als eine gesellschaftliche Tatsache, als eine Art Ärgernis registriert; und mit Sicherheit erwächst aus einer derartigen Vereinbarung keine Verpflichtung. Es fehlen also die grundlegenden Theoreme, die eine Theorie des auf Vereinbarung beruhenden Gesetzes konstituieren würden. Wenn das Gesetz als „vereinbart" charakterisiert wird, soll damit seine doxische Qualität, sein Charakter als „falscher Glauben" gegenüber der Wahrheit, *aletheia*, im Sinne von Parmenides aufgezeigt werden. Andererseits werden die „Regeln der Natur" nicht zu einer Theorie des Naturrechts ausgearbeitet. Dieser Teil der Gedanken Antiphons bleibt auf der Ebene einer physiologischen Vorstellung von den „Notwendigkeiten der Natur" und von den Dingen, die dem „Leben" zuträglich sind; und wieder fehlen die grundlegenden Theoreme, die mit Hilfe dieser Konzeption eine tragfähige Ordnung für das Leben in Gesellschaft errichten könnten.

Noch ein weiteres kleines Textstück ist vorhanden, das zweifelsfrei belegt, worum es in Antiphons Konzeption geht. Er beklagt darin, daß wir diejenigen achteten und verehrten, die aus vornehmem Hause stammen, nicht aber diejenigen von bescheidener Herkunft. In dieser Hinsicht behandelten die Hellenen einander wie Barbaren. Denn von Natur seien wir alle, Hellenen und Barbaren, gleich ausgestattet, denn wir alle besäßen im gleichen Maße die Dinge, die von Natur aus für alle Menschen notwendig sind. Wir alle atmeten die Luft durch Mund und Nase und äßen mit den Händen. An diesem Punkt bricht das Fragment ab. Und wieder halten wir den Jubel für übertrieben, diese Passage lasse eine „Theorie" der Gleichheit der Menschen erkennen und stelle womöglich eine neue Stufe moralischer Einsicht dar. Denn niemand dürfte je daran gezweifelt haben, daß alle Menschen gleich sind, was den Besitz eines Atmungsapparats oder von Händen angeht; aber keiner ist je auf den Gedanken gekommen, aus dieser Beobachtung ein Argument für die Gleichheit der Menschen zu machen. Der Versuch, das Wesen des Menschen auf seine Anatomie zu reduzieren, zeigt, daß das Pathos von Hellas, der Stolz auf seinen Nomos, auf seine zivilisatorische Tradition, in Auflösung begriffen ist.

Antiphons Fragmente sind weit davon entfernt, bedeutende neue Theorien zu enthalten, sie wirken eher wie eine Hilfskonstruktion, die ein drittklassiger Intellektueller in den Ruinen der hellenischen Kultur errichtet hat. Das soll nicht heißen, die Fragmente seien uninteressant. Die Tatsache, daß sie erhalten geblieben sind, läßt darauf schließen, daß sie als repräsentativ und deshalb als erhaltenswert galten. Falls sie tatsächlich repräsentativ für die sophistische Debatte über die Probleme der Zeit sind (sie entstanden wahrscheinlich um 420 v. Chr.), liefern sie wertvolle Einblicke in den raschen Auflösungsprozeß Athens im letzten Viertel des 5. Jahrhunderts und in den Verfall der intellektuellen Kultur. Die Polis muß auf einen Sophisten wie Antiphon, der wahrscheinlich Athener war, so verrottet gewirkt haben, daß ihr Nomos keinerlei verpflichtende Substanz mehr besaß und den Rückzug in den Apolitismus der Physis rechtfertigte. Die sophistische Antwort auf diesen Auflösungszustand muß ihrerseits die Situation verschlimmert haben. Wenn wir Antiphon lesen, können wir den Zorn auf die Sophisten verstehen, dem ein Konservativer wie Aristophanes in den *Wolken*, besonders in dem Streit zwischen den allegorischen Gestalten Dikaios Logos und Adikaios Logos (889-1104), Ausdruck gibt; und wenn Antiphon typisch für eine ganze Literaturgattung ist, dann muß man zugeben, daß dem großen Komödiendichter kaum noch Raum für satirische Übertreibung blieb. Die Situation muß ähnlich wie unsere eigene gewesen sein, in der

Karl Kraus am Schreiben von Satiren verzweifelte, weil er die von der Realität aufgeführte Satire über die Wahrheit der Ordnung nicht übertreffen konnte. Es fällt jedoch schwer sich vorzustellen, was Denker von mittelmäßiger Statur angesichts der fortschreitenden Auflösung hätten tun können, außer zu schweigen. Es brauchte Männer von anderem Format, einen Sokrates und einen Platon, um die Fragen der Ordnung wiederherzustellen und weiter zu bearbeiten. Und auch in bezug auf Platon haben die Antiphon-Fragmente historische Bedeutung, weil sie beweisen, daß Platon in seiner Polemik gegen die Sophisten keine Karikaturen gezeichnet hat; womöglich waren sie noch schlimmer als sie in den platonischen Portraits eines Thrasymachos oder eines Polos erscheinen.*

5. *Kritias*

Unter dem Einfluß des Peloponnesischen Krieges zerfiel im letzten Drittel des 5. Jahrhunderts der Nomos Athens und damit einhergehend der Nomos-Gedanke. Die Antilogien der ethischen Spekulation und die Tatsache, daß Nomos als Ordnungskriterium durch Physis ersetzt wurde, waren Ausdruck dieses Prozesses. Auch die Vorstellung, Nomos sei ein Ergebnis der Evolution, der wir im *Sisyphos*-Fragment von Kritias begegnen, ist Ausdruck dieses Prozesses.

Diese Konzeption hat eine ehrwürdige Ahnenreihe. Sie muß von der älteren Sophistengeneration um die Mitte des 5. Jahrhunderts oder kurz danach entwickelt worden sein, wenn wir uns auf Platon verlassen, der sie Protagoras zuschrieb. In der protagoreischen Form, von der Platon berichtet, kam der Gedanke der Zivilisationsentstehung im Prometheus-Mythos zum Ausdruck. Da die Gestalt des Prometheus von Aischylos geschaffen worden war, ist davon auszugehen, daß der sophistische vom aischyleischen Mythos abgeleitet ist; und der Mythos von Aischylos wiederum nährte sich von den theogonischen und anthropogonischen Vorstellungen Hesiods. In diese Genealogie scheint zur Zeit von Protagoras durch die Kosmogonie des Archelaos ein Element ionischer Spekulation eingeflossen zu sein. Leider wissen wir fast nichts über den für unser Problem relevanten Aspekt seines Werkes, nur daß er seine Kosmogonie über die Entstehung der Tiere und des Menschen auf den Ursprung der Zivilisation und der Herrschaftsordnung ausweitete. Eine späte Quelle schreibt ihm die Ansicht zu, daß „gerecht und ungerecht [*aischron*] nicht von Natur [*physei*] sind, sondern durch Einsetzung [*nomo*]“ (A 1 und 2).

In dieser Form ist der Bericht mit Sicherheit sowohl inkorrekt wie anachronistisch. Weder waren die Formen *physei* und *nomo* zu dieser Zeit in Gebrauch noch ist es wahrscheinlich, daß er Physis und Nomos überhaupt in Gegensatz zu einander stellte. Sehr wahrscheinlich ist der Bericht jedoch ein Hinweis darauf, daß Archelaos sich die ionischen ethnographischen Beschreibungen seit Hekataios zu eigen gemacht hatte und die Unterschiede in den Sitten der einzelnen Völker damit erklärte, daß sie durch Nomos im Sinne von Konvention oder Glauben zustande gekommen waren.[19]

Diese Vorgeschichte muß in der Geschichte der Zivilisationsentstehung vorausgesetzt werden, die Kritias in seinem *Sisyphos* (B 25) erzählt. Hier nun eine Übersetzung, die so wortgetreu wie möglich ist und nur einige Ausschmückungen wegläßt, die für unseren Zweck nicht relevant sind:*

> Es gab eine Zeit, da war das Leben des Menschen ungeordnet, tierhaft und der Stärke unterworfen; da gab es keine Belohnung für die Vortrefflichen und keine Bestrafung für die Übeltäter. Und dann, so scheint mir, haben die Menschen Gesetze als Zuchtmeister aufgestellt, damit die Gerechtigkeit die tyrannische Herrscherin über alle sei und Hybris ihr Sklave; und jeder Gesetzesübertreter wurde bestraft. Diese Herrschaft der Gesetze verhinderte aber nur die offene Gewalt, nicht die im Geheimen begangenen Verbrechen. Dann, so scheint mir, erfand ein weiser und wissender Mann für die Sterblichen die Furcht vor den Göttern, damit die Übeltäter abgeschreckt würden, auch wenn sie etwas im Geheimen täten, sprächen oder dächten. Aus diesem Grund führte er das Göttliche [*to theion*] ein: „Es ist ein Daimon, in unerschöpflichem Leben prangend, mit seinem Geist hörend und sehend, über die Maße wissend und die Welt beobachtend, von göttlicher Natur, der alles unter den Sterblichen Gesprochene und alles Getane vernimmt; und selbst was du in der Stille an Üblem planst, bleibt den Göttern nicht verborgen." So führte er die verlockendsten Legenden ein, mit lügnerischem Wort [*pseudos logos*] die Wahrheit verhüllend. Und um seinen Worten Wirkung zu verleihen, ließ er die Götter an dem Ort wohnen, dessen Nennung die Menschen am meisten erschrecken mußte, in dem sich drehenden Gewölbe, woher die Ängste und der Lohn für das mühselige Leben des Menschen kommen, wo er Blitz und Donner wahrnimmt, im sterneglitzernden Himmel, dem schönen Buntgewirkten des Chronos, des kunstfertigen Baumeisters. So umstellte er die Menschen mit Schrecken, indem er in seiner

---

19 Zu den Gedanken des Archelaos vgl. Heinimann, *Nomos und Physis*, a.a.O., S. 110-115.

> Erzählung den Daimon einsetzte, ihm eine geziemende Wohnung gab und zugleich die Gesetzlosigkeit [*anomia*] durch die Gesetze [*nomoi*] zunichte machte. So, meine ich, hat einer die Sterblichen dazu überredet, an die Existenz eines Göttergeschlechts zu glauben [*nomizein*].

Wie im Falle Antiphons ist es nicht leicht, den genauen Sinn der Erzählung zu ermitteln. Ebenso wenig wie Antiphon ist Kritias ein Theoretiker, der zum Kern eines Problems dieser Art vorzudringen vermag. Bei seiner Geschichte handelt es sich nicht um eine Theorie, sondern um etwas, das Platon später als *doxa*, als unkritisches Dafürhalten bezeichnete, das in der komplexen Problematik ins Schwimmen gerät. Es wäre daher eine unstatthafte Oberflächlichkeit, diese Geschichte zu einer sophistischen Theorie zusammenzufassen, Gesetze und Götter seien von Menschen erfunden worden. Gewiß, vergleicht man sie mit dem Prometheus-Mythos von Protagoras, ist der radikalere agnostische Ton unüberhörbar. Im protagoreischen Mythos erschaffen die Götter die sterblichen Wesen, Epimetheus stattet sie mit ihren Fähigkeiten aus, vergißt dabei aber den Menschen; Prometheus steuert die Eigenschaften des *homo faber* bei und Zeus die Gaben eines geordneten Lebens in politischer Gemeinschaft. In der Geschichte von Kritias sind die erschaffenden Götter verschwunden, die Gesetze werden weitgehend von den Menschen ersonnen, und die Furcht vor den Göttern ist die Erfindung eines besonders „weisen und wissenden Mannes". Dieser Wechsel der schöpferischen Mittler zeigt mit Sicherheit jedoch nur, daß der Mythos alten Stils für Kritias die Autorität verloren hatte, das Mysterium der Ordnung in politischer wie geistiger Hinsicht „wahrhaft" zu symbolisieren. Er zeigt nicht, daß Kritias im Ernst eine „Theorie" der menschlichen Erfindung verfocht. Im Gegenteil, er brachte seine Vorstellung ja in der Form des alten Mythos zum Ausdruck; denn die Erzählung beginnt mit demselben mythischen „es gab eine Zeit" (*hen chronos*) wie der Prometheus-Mythos in Platons *Protagoras*. Außerdem entwertet das in regelmäßigen Abständen eingeschobene „mir scheint" und „ich meine" jede theoretische Wahrheit und betont nachdrücklich die Rolle des Sprechers als Mythenschöpfer. Es wäre deshalb richtiger, die Erzählung als einen „sophistischen Mythos" der menschlichen Erfindung zu charakterisieren, der dahin tendiert, die ältere polytheistische Symbolik zu ersetzen. Es handelt sich dabei um eine Form der Symbolisierung, die sich auf halbem Wege zwischen dem älteren Mythos, der nicht mehr unbefangen akzeptiert werden konnte, und dem neuen Mythos der Seele befindet, zu dessen Schöpfung es eines Platon bedurfte.

Der Mythos von Kritias beabsichtigt ferner nicht, die zivilisatorische Ordnung außer Kraft zu setzen. Das Leben des Menschen war vor den Erfindungen wirklich ungeordnet und tierisch; das Erlassen von Gesetzen ließ die Gerechtigkeit wirklich zur Tyrannin von allem werden; und die Erfindung von Göttern pflanzte den Menschen eine Furcht ein, die ihr moralisches Verhalten wirklich besserte. Dies sind wirkliche Leistungen, und Kritias ist der Letzte, der die Ordnung von Gerechtigkeit und Moral unterminieren möchte. Er bietet nicht eine Ordnung der Physis als Alternative zum Nomos an. Im Gegenteil, er besteht darauf, daß „mehr Menschen durch Gewöhnung gut sind als durch *physis*" (B 9); und er beklagt sich bitterlich, daß „nichts gerecht ist in der heutigen Generation" (B 12). In seinen *Verfassungen* singt er in Versen und Prosa das hohe Lob der strengen Gebräuche der Lakedaimonier. Und in einer Passage seines *Rhadamanthys* bekennt er, daß er für sich nichts weiter als den Ruf edlen Ruhmes begehre, anders als diejenigen, die Adel erlangen oder Herren über große Besitztümer sein möchten oder schändliche Gewinne statt Ehre suchen (B 15).

Der Schlüssel zu Kritias' Intention – falls sich in all seinem Fabulieren ein solcher Schlüssel überhaupt finden läßt – muß in der knappen, enigmatischen Zeile gesucht werden, wo es heißt, der weise und wissende Mann, der die Götter erfand, habe die Wahrheit (*aletheia*) mit seinem lügnerischen Wort (*pseudos logos*) verschleiert. Was ist diese Wahrheit, die durch den falschen Logos verschleiert wird? Könnte es die Wahrheit sein, die der Sprecher Sisyphos nun im Drama offenbart, daß der Logos falsch ist? Kaum; denn das wäre ein Schwachsinn, der nicht leichtfertig unterstellt werden darf. Die Wahrheit, die durch die Geschichte verhüllt wird, kann nur die Einsicht sein, daß der Mensch aus dem Reichtum seiner Seele selbst der Schöpfer von Gerechtigkeit und Moral ist. Aber nicht jeder Mensch. Da gibt es „vortreffliche" Menschen, die unter der Gesetzlosigkeit leiden, und das Ersinnen von Gesetzen schützt sie vor den Bösen; und die Erfindung der Götter verdankt sich dem „weisen und wissenden Mann", der offensichtlich im Besitz von Moral ist und den Logos erfindet, um die anderen Menschen durch Furcht vor den Göttern zu einem moralischen Verhalten zu bewegen, zu dem sie von sich aus ohne solche Unterstützung nicht fänden. Die Wahrheit, die nun aufgedeckt wird, besteht darin, daß die Vortrefflichen, die natürlichen Aristokraten, eine zivilisatorische Ordnung schaffen und sie der Volksmenge aufzwingen. Falls diese Interpretation haltbar ist, wäre der Logos bei Kritias historisch von besonderem Interesse, weil dasselbe Problem in der *Politeia*, dem Werk seines großen Neffen, wieder auftaucht, wo Platon den die Wahrheit verhüllenden *pseudos mythos* für die Volksmenge einführt, weil sie unfähig ist, von selbst in Übereinstimmung mit der unverhüllten Wahrheit zu leben.

6. Gleichheit, Ungleichheit, Eintracht

Wenn man davon ausgeht, daß die Fragmente von Antiphon und Kritias repräsentativ für das sophistische Theoretisieren gegen Ende des 5. Jahrhunderts sind, kann das Niveau der theoretischen Leistung nicht hoch gewesen sein. Es ist nötig, diesen Punkt zu betonen, weil die Historiographie hartnäckig dabei bleibt, den Denkern dieser Periode Naturrechts- und Gesellschaftsvertrags-Theorien zuzuschreiben – eine Großzügigkeit, die durch den tatsächlichen Inhalt der vorhandenen Fragmente nicht gerechtfertigt ist. Nichtsdestoweniger steckt in solchen Zuschreibungen ein wahrer Kern, insofern diese Denker, auch wenn sie keine große Theoretiker waren, eine neue theoretische Situation schufen und die Symbole fanden, die sie zum Ausdruck brachten. Man kann zum Beispiel aus den Fragmenten Antiphons nicht eine Theorie ableiten, der zufolge das Gesetz durch Vertrag entstanden sei, denn bei ihm ist der Nomos, den die Menschen „vereinbaren“, nicht Gesetz im technischen Sinn, sondern schließt Sitten und Gebräuche mit ein, deren Verletzung eine „Schande“ wäre; außerdem schafft die „Vereinbarung“ keine Verpflichtung, sondern erklärt vielmehr die bindende Kraft von Gesetz und Brauch für ungültig, wie wir gezeigt haben. Allerdings hatte Antiphon unter den konkreten Bedingungen der athenischen Demokratie gesehen, daß der Nomos, den die Menschen „vereinbart“ hatten, nicht viel Substanz hatte, und folglich mußte nach Substanz gesucht werden. So merkwürdig dies zunächst klingen mag, Antiphons Haltung war im wesentlichen dieselbe wie die Platons; und mit seiner abwertenden Charakterisierung des Nomos als „vereinbart“ verfolgte er dieselbe Absicht wie Platon, der die landläufigen Meinungen über Gerechtigkeit als *doxa* charakterisierte. Der Versuch, diese Substanz in Physis im medizinischen oder physiologischen Sinn zu finden, war sicher verfehlt und führte zu der Vorstellung, die Gleichheit der Menschen auf ihre Anatomie zu gründen. Aber ungeachtet der philosophischen Unzulänglichkeit gibt es hier immerhin die Idee der Gleichheit als solcher. Aus der Auflösung des athenischen Nomos ging die Vision einer menschlichen Gemeinschaft hervor, die Hellenen und Barbaren umfaßte. Sie war die Vorläuferin jener Gedanken des 4. Jahrhunderts, die über die Polis als höchste Einheit sozialer Existenz hinausgingen, nämlich des Panhellenismus von Isokrates, des kynischen und stoischen Gedankens einer Kosmopolis und von Alexanders Versuch, Perser und Hellen in der Eintracht, der *homonoia*, seines Reiches zu vereinen.

Ähnliche Überlegungen klingen in Kritias' *Sisyphos*-Fragment an. Die Vorstellung, daß jemand die Gesetze „erdacht" und die Götter „erfunden" habe, stellt eine Rationalisierung der Ordnungsphänomene dar und kann als Phantasiegebilde eines aristokratischen Dilettanten abgetan werden, den solche Probleme verwirrten. Nichtsdestoweniger beruhte dieses Phantasiegebilde auf der Erfahrung des Niedergangs von Athen, auf der Beobachtung des leicht erregbaren Pöbels, der für jede Schändlichkeit und für jedes Verbrechen, ja selbst für selbstzerstörerische und törichte politische Aktionen zu haben war. Die zivilisatorische Ordnung konnte von diesem freien und souveränen Pöbelhaufen verwüstet und zerstört, aber mit Sicherheit nicht geschaffen werden. In einer solchen Krise wurde überdeutlich, daß nicht alle Menschen gleich waren, daß die Erschaffung und Erhaltung einer zivilisatorischen Ordnung das Werk von Minoritäten, den Vortrefflichen, war und daß man in Notfällen womöglich auf einen einzigen „weisen und wissenden Mann" bauen mußte. Noch einmal: dies war, abgesehen von der inadäquaten Rationalisierung, die Einsicht, auf die Platon die Konzeption des Philosophen-Königs und des königlichen Herrschers gründete und Aristoteles seine Konzeption des reifen Mannes, des *spoudaios*, der sowohl Träger der moralischen Vortrefflichkeit wie der Ordnung in der Polis war.

Mit der Auflösung der Polis und ihres Nomos beginnen die großen Probleme des 4. Jahrhunderts sich abzuzeichnen: Die Suche nach der Natur des Menschen, die für alle Menschen dieselbe ist, das Problem der Ungleichheit der Menschen bei aller der Gleichheit ihrer Natur, die Suche nach einer gemeinsamen Ordnung, die die Ungleichen in Eintracht zusammenhält, ohne die Vortrefflichkeit zu zerstören, und der historischen Verschiedenheit nationaler Zivilisationen. Die Sophisten sehen diese Probleme, selbst wenn ihre Lösungen unbeholfen und inadäquat sind. Wie irreführend ihre Argumentation auch sein mag, sie sind, wie wir bei Antiphon und Kritias gesehen haben, auf der Suche nach Wahrheit, *aletheia*. Die Suche nach der Wahrheit des Seins setzt sich von Parmenides bis Platon ungebrochen fort. Diese Tatsache darf weder durch die merkwürdigen Formen, die die Suche bei den späten Sophisten annimmt, noch durch Platons

Protest gegen die immanentistische Pervertierung der Suche in den Hintergrund treten.

Die spätsophistischen Fragmente sind primär nicht ihrer Argumentation oder ihres theoretischen Inhalts wegen von Bedeutung; ihr Wert ist vielmehr in ihren Motivationen zu suchen, darin, daß sie den Charakter von Symptomen einer zerfallenden älteren Ordnung haben und als Wegweiser in Richtung auf eine neue Ordnung fungieren. Unter diesem Aspekt müssen einige kurze Fragmente aufgeführt werden, die trotz ihrer Kürze den intellektuellen Hintergrund der Fragmente von Antiphon und Kritias beleuchten.

Es ist eine Passage von Prodikos aus Keos erhalten:

> Er sagte: „Von Sonne und Mond, Flüssen und Quellen und überhaupt allem, was von Nutzen für unser Leben ist, glaubten die Alten, wie die Ägypter im Falle des Nils, es handele sich wegen ihrer Nützlichkeit um Götter", und deshalb glaubte man, Brot sei Demeter, Wein sei Dionysos, Wasser sei Poseidon, Feuer sei Hephaistos, und so verhielte es sich mit allem, das gut zu gebrauchen sei (B 5).

Diese utilitaristische Erklärung für den Götterglauben zeigt, daß Kritias' Rationalisierung in seiner Zeit kein Einzelfall war. Prodikos scheint mit Kritias einen dogmatischen Agnostizismus geteilt zu haben, wie ihn der protagoreische kritische Agnostizismus eben nach sich zog. Weder bei Prodikos noch bei Kritias gibt es einen Hinweis darauf, daß sie, wie Xenophanes, mit ihrer Kritik an den polytheistischen Symbolen einen erster Schritt in Richtung auf die Vorstellung von einem größten Gott taten.

Von Aristoteles sind zwei Hinweise auf die politischen Vorstellungen von Lykophron überliefert. In der *Politik* 1280 b spricht Aristoteles davon, daß die wahre Polis um die Tugend ihrer Bürger besorgt sei; ohne eine solche Sorge würde sie auf das Niveau eines bloßen Vertragsverhältnisses herabsinken, wie dies bei einem Bündnis zwischen Poleis der Fall sei. In diesem Fall wäre das Gesetz eine Übereinkunft (*syntheke*) oder „wie der Sophist Lykophron sagte, ein Bürge für die gegenseitigen Rechte der Menschen"; es sei nicht dazu bestimmt, die Bürger gut und gerecht zu machen. Hier ist anzumerken, daß der Begriff „Übereinkunft" oder „Vertrag" in dieser Passage von Aristoteles, nicht von Lykophron stammt, wie zuweilen irrtümlich angenommen wird. Was Lykophron angeht, läßt sich lediglich sagen, daß er das Gesetz als Bürgen (*engyetes*) für die Rechte der Menschen auffaßte – offenbar ohne irgendein Interesse an der moralischen Substanz einer Gemeinschaft zu zeigen. Ein anderes aristotelisches Fragment schreibt Lykophron den Satz zu: „Die Vornehmheit edler Geburt ist unecht, sie beruht allein auf Worten."[20] Die Lykophron-Fragmente verraten eine Affinität zur intellektuellen Umgebung Antiphons, vielleicht auch zu den Vorvätern von Antiphons Gedanken, da Lykophron wahrscheinlich ein Schüler von Gorgias war.

Die radikalsten Äußerungen, die den Gleichheitsgedanken über den Adel, die Hellenen und die Barbaren hinaus erweitern und die Sklaven mit einschließen, tauchen bereits im 4. Jahrhundert auf. Sie sind in einigen Fragmenten von Alkidamas enthalten, dem Schüler von Gorgias und Nachfolger in dessen Schulrichtung der Rhetorik. In *Politik* 1253 b 20-22, wo es um das Thema Sklaverei geht, berichtet Aristoteles, einige Autoren behaupteten, „es sei gegen die Natur, Herr eines anderen Menschen zu sein, denn nur durch das Gesetz [*nomo*] sei der eine ein Sklave, der andere frei; von Natur [*physei*] unterschieden sie sich nicht; die Herrschaft des Herrn über den Sklaven beruhe auf Gewalt und sei daher nicht gerecht." Bei dieser Gelegenheit macht Aristoteles keine genaueren Angaben, wer „diejenigen" sind, die dieses Prinzip verteidigen. Aber einer von ihnen muß Alkidamas gewesen sein, denn in seiner *Rhetorik* bezieht sich Aristoteles auf eine Passage aus Alkidamas' *Messeniakos*: „Gott hat alle Menschen in die Freiheit entlassen; die Natur hat keinen zum Sklaven gemacht."[21] Nomos ist der Tyrann, der den Menschen die Freiheit nimmt, die ihnen von Gott und von der Natur gegeben ist. Eine andere Stelle in der *Rhetorik* (1406 a 22) läßt Alkidamas in verächtlicher Weise Bezug nehmen auf „die Gesetze: diese Könige der Poleis aus Tradition" – eine abwertende Anspielung auf den Vers Pindars. Aber gegen diese Könige, so versichert Alkidamas der Menschheit, ist ein Beschützer aufgestanden: „Die Philosophie: dieses Bollwerk gegen die *nomoi*".[22]

Schließlich gilt es, eine Anzahl längerer, diskursiver Fragmente unbekannter Autorenschaft zu betrachten, die in Opposition zu den zersetzenden sophistischen Gedanken gegen Ende des 5. Jahrhunderts eine konservative Tendenz zeigen. Eine Gruppe dieser Fragmente entstammt einer Abhandlung *Über die Eintracht* (*Homonoia*), die Antiphon zugeschrieben wird und unter seinem Namen bei Diels-

20 Diels-Kranz, Lykophron 4.
21 *Rhetorik* 1373 b 18 Scholion.*
22 *Rhetorik* 1406 b 11.*

Kranz gedruckt ist. Falls sie wirklich von dem Mann stammen, der die oben erörterten Fragmente über *Wahrheit** geschrieben hat, muß Antiphon irgendwann in seinem Leben einen interessanten Sinneswandel durchgemacht haben. Wahrscheinlicher ist, daß sie von jemand anderem sind. Eine zweite Gruppe stammt aus dem *Protreptikos* von Iamblichos. Es ist anerkannt, daß es sich dabei um Exzerpte eines Autors des späten 5. Jahrhunderts handelt, die unter dem Titel *Anonymus Iamblichi* bekannt sind.

Der Autor des Traktats *Über die Eintracht* ist ein feinsinniger Moralist, ein Mann von erheblichem Format und literarischen Gaben. Er erfährt das menschliche Leben wie eine Nachtwache, die, wenn der Tag anbricht, der nachfolgenden Generation übergeben werden muß (B 50). Am Leben, auch am glücklichen, ist nichts Bemerkenswertes, Großes oder Erhabenes, in Wirklichkeit ist es unbedeutend, schwächlich, von kurzer Dauer und mit Kummer gemischt (B 51). Und doch ist es das einzige Leben, das der Mensch hat. Aber seltsamerweise gibt es Menschen, die ihr gegenwärtiges Leben nicht leben, sondern erstaunlicherweise so aktiv sind, als hätten sie noch ein anderes Leben zu leben; und unterdessen geht ihre Zeit zu Ende (B 53a). Die Lebenszeit läßt sich nicht wieder einfangen; es ist nicht möglich, die Vergangenheit zu wiederholen wie einen Zug beim Brettspiel (B 52). In einigen der Sätze vernehmen wir einen schwachen Widerhall von Aischylos' Theorie der Handlung, zum Beispiel wenn der Autor von Menschen spricht, die zögern, wo Zögern fehl am Platz ist (B 55), oder von Menschen, für die Krankheit ein Feiertag ist, weil sie sich dann dem Handeln nicht stellen müssen (B 57). Und solche verstreuten Überlegungen werden aneinander gereiht zu einer längeren Meditation über einen Menschen, der sich aufmacht, um seinem Nachbarn Schaden zuzufügen. Auf dem Weg kommt ihm vielleicht die Befürchtung, daß er seine Absicht nicht in die Tat umsetzen kann, sondern unerwartete Konsequenzen gewärtigen muß. Hier setzt Weisheit ein; denn während er sich fürchtet, zögert er; und während er zögert, vergeht Zeit und sein Sinn kann sich wandeln. Was einmal getan ist, kann nicht zurückgenommen werden; aber das Zögern trägt die Möglichkeit in sich, daß die Tat nicht ausgeführt wird. Denn derjenige, der glaubt, er könne seinem Nachbarn Schaden zufügen, ohne selber Schaden zu nehmen, ist nicht weise (B 58). Eine solche Versuchung und der Widerstand dagegen sind wesentlich für die moralische Disziplin; denn ein Mensch, der das Böse nicht begehrt oder berührt hat, kennt die Selbstbeherrschung nicht, denn da ist ja nichts, was er hätte überwinden können, um seinen wahren Anstand unter

Beweis zu stellen (B 59). Und die Besonnenheit eines anderen Menschen kann doch wohl keiner besser beurteilen als derjenige, der imstande ist, die Lust des Augenblicks zu unterdrücken und sich selbst zu besiegen (B 58).

Die sensible geistige Kultur dieser Fragmente steht in scharfem Kontrast zu dem spröden Intellektualismus und der Unverfrorenheit anderer Sophisten. Man könnte geradezu bezweifeln, daß der Autor des Traktats ein Zeitgenosse Antiphons gewesen ist, wenn man sich nicht daran erinnerte, daß er auch ein Zeitgenosse von Demokrit und Sokrates war. Seine Gedanken standen jedoch in seiner Zeit nicht isoliert da, wie die Fragmente des *Anonymus Iamblichi* zeigen. Diese Fragmente haben nicht die literarische Qualität des Traktats *Über die Eintracht*, aber auch sie verraten den Abscheu gegenüber einem extremen Individualismus, seinem unrealistischen Nonsens und dessen Konsequenzen. Der anonyme Autor äußert sich bitter über Menschen, die ihrer Pleonexie frönen, hemmungslose Gewalt für Mannestugend und Gesetzesgehorsam für Schwäche halten. Diese Haltung ist verwerflich, sind die Menschen doch von Natur aus unfähig, als Individuen zu leben; sie haben sich unter dem Druck der Notwendigkeit zusammengeschlossen und die lebenserhaltenden Fertigkeiten erfunden. Und sobald sie in Gemeinschaft sind, können sie nicht in einem Zustand der Gesetzlosigkeit leben, denn das wäre noch schlimmer als ein Leben in Isolation. Folglich herrschen Gesetz und Gerechtigkeit aus Notwendigkeit unter den Menschen; und diese Ordnung der Dinge kann nicht geändert werden, denn sie ist von Natur eingesetzt (6).

Während die Sätze wie eine Polemik gegen Antiphon klingen, scheint die unmittelbar folgende Passage den Gedanken des „starken Mannes" lächerlich zu machen, den Platons Kallikles im *Gorgias* vertritt. Selbst wenn es einen Menschen mit einer außerordentlichen, natürlichen Konstitution gäbe, fährt der *Anonymus* fort, dem Verwundung und Krankheit nichts anhaben könnten, der unempfindlich, übernatürlich (*hyperphyses*) und felsenfest an Körper und Seele wäre, er wäre nicht imstande, eine Gewaltherrschaft außerhalb des Gesetzes zu errichten; denn die Mehrzahl der anderen Menschen würde kraft ihrer gesetzlichen Ordnung einen solchen Charakter bezwingen und ihn durch List und größere Gewalt unterjochen (6). Wenn aber ein starker Mann eine Tyrannis errichtet, sollte klar sein, daß er seine Position nur aufgrund des allgemeinen Zustandes der Gesetzlosigkeit (*anomia*) erreichen konnte. Sicher sind manche Menschen der irrigen Meinung, daß ein Volk seiner Freiheit durch einen Tyrannen ohne eigene

Schuld beraubt werden kann. Aber dies ist nicht so. Nur wenn die Volksmenge sich dem Unrecht zugewandt hat, können solche Dinge geschehen. Denn eine Gemeinschaft kann nicht ohne Gesetz und Gerechtigkeit bestehen; und erst wenn das Volk sich von ihnen abwendet, geht deren Durchsetzung in die Hände eines einzigen Mann über. Der Mann müßte aus Eisen sein, der der Menge das Gesetz, den allen gemeinsamen Vorteil, rauben könnte; da er aber ein Wesen aus Fleisch und Blut ist, kann er die Herrschaft erst erlangen, wenn er das Volk in die *anomia* gestürzt hat (7).

Selbst unsere zusammenfassenden Verkürzungen haben die Schwerfälligkeit des Textes mit seinen Wiederholungen nicht ganz eliminieren können. Nichtsdestoweniger handelt es sich in seiner Substanz um eine scharfsinnige Analyse über den Ursprung der Tyrannis und generell über die sophistische Idee des „starken Mannes" in der Gesetzlosigkeit des Volkes. Zudem zeichnet sich in Reflexionen dieses Typs bereits der Gedanke Platons ab, daß die Ordnung einer Gesellschaft die Ordnung großschreibt, die in den Menschen lebt, die sie entwerfen, und vor allem seine Einsicht, daß die gesellschaftliche Ordnung Athens der großgeschriebene Sophist ist.

7. Hippodamos und Phaleas

Es wäre merkwürdig, wenn im 5. Jahrhundert die rasche konstitutionelle Entwicklung sowie die häufigen Bürgerkriege und Regimewechsel in den verschiedenen Poleis nicht eine Literatur über die konstitutionellen Maßnahmen hätte entstehen lassen, die eine vergleichsweise stabile Ordnung schufen. Versuche dieser Art drängten sich umso mehr auf, seit die Praxis der Kolonisierung – obwohl die große Zeit der kolonialen Expansion vorbei war – Gelegenheit bot, die neuen Maßnahmen zu erproben. Leider ist aber dieser gesamte Literaturzweig, den es gegeben haben muß, verlorengegangen. Wir kennen von dieser Literatur nur das, was Aristoteles im II. Buch seiner *Politik* davon ausgewählt hat. An einer Stelle, nachdem er die Analyse und die Kritik der von Platon in der *Politeia* und in den *Nomoi* vorgeschlagenen Verfassungen abgeschlossen hat, sagt er: „Es gibt andere Verfassungen, teils von Privatpersonen, teils von Philosophen und Staatsmännern entworfen, die alle den bestehenden und gegenwärtig in Kraft befindlichen Verfassungen näher kommen" als die Entwürfe Platons (1266 a 30-33). Diese Stelle weist auf eine umfangreiche Literatur und eine ganze Reihe von Autoren hin. In früherer Zeit war das

Schreiben über Verfassungen offenbar eine Beschäftigung von Staatsmännern. Einen von ihnen erwähnt er: „Pheidon aus Korinth, einen der ältesten Gesetzgeber" (1265 b 13); und er betont eigens, daß Hippodamos von Milet der erste war, der, ohne politisch tätig zu sein, Untersuchungen über „die beste Verfassung" anstellte (1267 b 20-31). Da wir jedoch überhaupt nichts von Pheidon aus Korinth wissen, im Gegensatz zu Hippodamus, der lange lebte, wahrscheinlich von 480 – 400 v. Chr., erlaubt diese Information nicht, das Datum festzulegen, von dem an „Privatpersonen" über Verfassungen zu schreiben begannen. Alles, was sich sagen läßt ist, daß die Ausweitung der Verfassungsdebatte über professionelle Kreise hinaus irgendwann in der zweiten Hälfte des 5. Jahrhunderts v. Chr. stattgefunden haben muß. Hinsichtlich des Inhalts der Debatte ist Aristoteles' Information wieder nur beiläufig: Die Verfassung Spartas müsse ihrer Stabilität wegen positive Aufmerksamkeit auf sich gezogen haben, denn es gebe „einige", die sagten, „die beste Verfassung sei eine aus allen Verfassungen gemischte", und deshalb lobten sie die Verfassung der Lakedaimonier. „Sie sagen", sie bestehe aus Oligarchie, Monarchie und Demokratie, denn diese Formen würden durch den Rat der Alten, den König und die Ephoren repräsentiert (1265 b 33 – 1266 a 1). Andere aber konzentrierten sich auf die Frage nach den Besitzverhältnissen; denn die Besitzverteilung sei der Punkt, um den alle Revolutionen sich drehen, und eine gleichmäßige Verteilung wäre daher der Schlüssel zur Stabilität einer Verfassung (1266 a 37-38). Mehr als allgemeine Information läßt sich dieser Literaturgattung nicht entnehmen.

Aristoteles befaßt sich insbesondere mit zwei derartigen Entwürfen für eine stabile Verfassung, nämlich mit den Projekten des Phaleas aus Chalkedon und des Hippodamos aus Milet. Über Phaleas wissen wir außerhalb dieses Kontextes nichts. Er lebte wahrscheinlich gegen Ende des 5. oder vielleicht in den frühen Jahren des 4. Jahrhunderts v. Chr.. Hippodamos ist der bekannte Architekt, der unter Perikles den neuen Piräus mit seinen rechtwinkligen Straßenzügen plante.

Phaleas wird die Ehre der Erwähnung zuteil, weil er als erster vorschlug, alle Bürger sollten gleichen Landbesitz und gleiche Erziehung haben. Er war der Meinung, daß sich bei der Neugründung einer Polis ein solcher Plan leicht umsetzen ließe, während man ihn in einer bereits bestehenden Polis erst allmählich realisieren könnte, indem die Reichen Hochzeitsmitgiften für die Armen zur Verfügung stellten. Weiter schlug er vor, alle Handwerker sollten öffentliche Sklaven sein. Die letztgenannte Maßnahme ist vielleicht ein Hinweis darauf, daß er alle anderen Einkommensquellen abschaffen und nur die aus der Landbestellung auf gleichgroßen Parzellen zulassen wollte. Seine Polis wäre dann eine bäuerliche Gemeinschaft ohne Geschäfts- oder Handelsverkehr, die Facharbeiter nur als Sklaven einsetzte. Das klingt nach einem nostalgischen Projekt, die Übel der Zeit durch eine Rückkehr zum einfachen Leben zu heilen und ähnelt den Plänen heutiger Intellektueller, die die Übel des Kapitalismus durch eine Rückkehr zu landwirtschaftlichen Produktionsweisen abschaffen möchten. Aristoteles fällt es nicht schwer, die Unzulänglichkeiten dieses Projekts aufzuzeigen.

Das Projekt des Hippodamos aus Milet war offensichtlich besser durchdacht. Hippodamos ging von einer Polis mit zehntausend Bürgern aus. Die Bürgerschaft war in drei Stände eingeteilt: Handwerker, Bauern und bewaffnete Verteidiger der Polis. Das Land war in drei Teile aufgeteilt: einen geheiligten, einen öffentlichen und einen privaten. Die Einkünfte aus geheiligtem Land sollten dem herkömmlichen Dienst an den Göttern und die aus öffentlichem Land dem Unterhalt der Krieger dienen, während das private Land den Bauern gehören sollte. Die drei Stände sollten die Volksversammlung bilden, deren Hauptfunktion darin bestände, die Beamten zu wählen. Die Jurisdiktion der Beamten erstreckte sich auf drei Bereiche: öffentliche Angelegenheiten, Angelegenheiten der ansässigen Fremden und Angelegenheiten der Waisen. Entsprechend den Hauptarten der Vergehen – Beleidigung der Ehre, Beschädigungen und Totschlag – sollte das Gesetz in drei Teile gegliedert sein. Das Projekt sah ferner eine Prozeßreform und die Institution eines höchsten Berufungsgerichts vor sowie Ehrenauszeichnung für diejenigen, die etwas zum Vorteil der Polis entdeckt hatten, und die öffentliche Unterstützung von Kriegswaisen.

Aristoteles macht auf die Fragen aufmerksam, die dieses Projekt offen läßt (z.B. wer die geheiligten und die öffentlichen Ländereien bearbeiten soll), aber zu den Motiven des Projektes äußert er sich nicht. Die Wiederholung der Zahl drei läßt auf Affinitäten zum Pythagoreismus schließen, und es ist durchaus möglich, daß die Verfassung von Hippodamos in ebenso hohem Maße auf einem Spiel mit Ordnungssymbolen beruhte wie die Verfassungen Platons, mit denen sie eine gewisse Ähnlichkeit hat. In diesem Fall hätte Aristoteles mit seiner Kritik, die unterstellt, daß Hippodamos eine Lösung auf der Ebene utilitaristischer Motivationen angeboten habe, den wesentlichen Punkt ebenso verfehlt wie mit seiner Kritik an Platons *Politeia* und *Nomoi*. Der Sinn des Projekts von Hippodamos ist wahrscheinlich verlorengegangen.

Kapitel 12

Macht und Geschichte

Unsere Studie *Die Welt der Polis* begann mit Überlegungen zur Eingrenzung griechischer Geschichte durch das Erinnerungsvermögen der klassischen Zeit. Wir haben die Spannweite der Erinnerung von den ägäischen Anfängen bis zum Ende des 5. Jahrhunderts ausgemessen und sind an dem Zeitpunkt angekommen, wo sie Gestalt annimmt. Es gilt nun, die früheren Reflexionen zu Herodot und Thukydides, die sich darauf beschränkten, die minoischen und mykenischen Traditionen in griechische Geschichte zu übersetzen, zu erweitern und die Entstehung des historischen Bewußtseins und seine Kategorien zu untersuchen.

Die Situation, in der sich das Geschichtsbewußtsein bildete, ähnelte in vieler Hinsicht der homerischen. Wieder einmal waren die Gesellschaften des ägäischen Gebiets in einen großen Krieg verwikkelt; und wieder gerieten sie als ein Ganzes in den Blick, als die ihnen zugemessene Zeit abgelaufen war und der sichtbare Verfall dazu herausforderte, den Ursachen dafür nachzugehen. Zwar waren Hellas und Persien an die Stelle der Achäer und Trojaner getreten, aber die Akteure des Dramas waren weiterhin die ägäischen Anrainermächte. Zudem waren sich die Historiker des 5. Jahrhunderts des Dramas der Menschheit, das auf diesem Schauplatz inszeniert wurde, ebenso bewußt wie der Dichter der *Ilias.* Das Pathos des Griechentums, das sich durch seinen Nomos stolz von den Barbaren abhob, hatte den Sinn für die Gemeinsamkeit des Geschicks zwar geschwächt, aber nicht zum Erlöschen gebracht. Und gegen Ende des 5. Jahrhunderts brach der Sinn für ein gemeinsames Humanum sich Bahn gegen das Pathos des ins Wanken geratenen Nomos und bestand darauf, Hellenen und Barbaren seien ihrer Natur nach gleich. Aber selbst auf dem Höhepunkt dieser Spannung, kurz nach den Perserkriegen, war das tragische Gefühl stark genug, um sich in einer für den plebejischen, moralisierenden Sumpf unserer Zeit kaum vorstellbaren Weise durchzusetzen, als Aischylos in seinen *Persern* den Sieg feierte, indem er die Tragödie des geschlagenen Feindes dramatisch bearbeitete. In einem Jahrzehnt, als die Stadt noch in Ruinen lag und ums Überleben kämpfte, wurde in Athen das Drama geschrieben und aufgeführt, das den eigenen Sieg im tragischen, durch die Hybris seiner Herrscher heraufbeschworenen Fall des großen Feindes wiederspiegelte.

Der Sinn für die dramatische Einheit der Menschheit muß eigens betont werden, weil er sich in der Symbolik der Geschichte nicht so deutlich manifestiert wie im Mythos. Im homerischen Epos kann kein Zweifel daran aufkommen, daß Trojaner und Achäer im Zusammenbruch der mykenischen Zivilisation ein gemeinsames Schicksal erleiden, denn im allerwörtlichsten Sinn sind die olympischen Götter die Dichter der Tragödie; auch in den *Troerinnen* von Euripides besteht daran kein Zweifel, denn die olympische Symbolik kennzeichnet die Katastrophe Athens im Peloponnesischen Krieg, die durch die Hybris nach dem Sieg über die Perser verursacht worden war, als mythische Wiederholung der achäischen Katastrophe nach dem Sieg über Troja; und dieselbe Klarheit über das ineinander verzahnte Schicksal von Ost und West durchzieht den platonischen Mythos von Athen und Atlantis. Die Symbolik der Historiker läßt solche Klarheit des Ausdrucks nicht immer zu. Die olympische Weltregierung, die die Menschheit in ihrem alles umfassenden Griff hatte, ist dahin. Die Welt des Historikers ist ein offenes Feld der Erfahrung für den Forschenden, eine Mannigfaltigkeit an Völkern und Zivilisationen mit ihren unterschiedlichen Nomoi und vor allem mit unterschiedlichen Göttern; und in dieser Welt findet, beflügelt von Furcht und Gier, von Leidenschaft und Hoffnung, ein Machtkampf zwischen Mensch und Mensch, Herrscher und Untertan, Volk und Volk* statt. Eine solche Welt droht auseinander zu brechen in individuelle und nationale Machtzentren, die ohne einen erkennbaren Sinn entstehen und stürzen. Wir werden feststellen, wie die Historiker versuchen, den Sinn für das gemeinsame Drama in einer Welt ohne Götter zu bewahren, indem sie ihm in philosophischen Kategorien Ausdruck verleihen, und wie diese Aufgabe zunehmend schwierig wird, wenn der Schauplatz der bedeutsamen Handlung sich von dem europäisch-asiatischen Konflikt, den Herodot beschreibt, auf Athen und seinen plötzlichen Aufstieg unter Perikles und den nachfolgenden katastrophalen Absturz, den Thukydides beschreibt, verengt.

Die folgenden Abschnitte befassen sich erstens mit den *Historien* Herodots; zweitens mit der pseudo-xenophonischen *Verfassung der Athener*, der Rede eines anonymen Autors, der üblicherweise als Der Alte Oligarch bezeichnet wird; und drittens mit der *Geschichte des Peloponnesischen Krieges* von Thukydides.

§ 1. Herodot

Herodot aus Halikarnassos wurde ca. 485 geboren und starb ca. 425. Seine Lebenszeit erstreckte sich von den Perserkriegen bis in die frühen Jahre des Peloponnesischen Krieges. Zum Zeitpunkt seiner Geburt war die Stadt Halikarnassos eine persische Kolonialstadt, eine Tyrannis unter einer griechischen Dynastie. Der Status Herodots als Untertan Persiens und als Untertan einer lokalen Tyrannis machte es ihm unmöglich, eine politische Karriere anzustreben, wie dies für einen jungen Mann aus einer reichen Familie der Oberschicht in einer griechischen Stadt normal gewesen wäre. Dieser Umstand war wahrscheinlich mitverantwortlich dafür, daß er sich früh einem Literatenleben zuwandte, zielstrebig reiste und die Materialien zusammentrug, die in die *Historien* eingingen. Geographisch reichte die ihm bekannte Welt von Susa bis Karthago und vom Schwarzen Meer bis Ägypten. Politisch gehörten zu seiner Welt die Umwälzungen der Machtverhältnisse seit Kyros dem Großen. In dem halben Jahrhundert vor seiner Geburt erhob Kyros sich gegen die Meder, eroberte Lydien (546)* und Babylon (538) und errichtete das persische Reich; Kambyses eroberte Ägypten (525); Dareios I. erweiterte das Reich über den Indus hinaus und gab ihm eine neue Ordnung, schlug die Revolte der Ionier nieder und machte die Erfahrung, daß den Persern bei Marathon zum ersten Mal Einhalt geboten wurde (490). In Herodots Lebenszeit fallen die Flottenpolitik des Themistokles; der Feldzug des Xerxes; die Schlacht von Salamis (480), in der Artemisia, die Königin von Halikarnassos und Kos, einen hervorragenden Beitrag auf persischer Seite leistete; die Bildung des Delischen Bundes und dessen Umgestaltung zum Attischen Seebund**; das athenische Abenteuer in Ägypten; und das perikleische Goldene Zeitalter. Später nahm er an der panhellenischen Kolonisierung von Thurioi teil, dessen Bürger er wurde. Er hatte Perikles überlebt, als er 425 starb. In intellektueller Hinsicht war seine Welt die der epischen Literatur, der ionischen Lyrik, die von Aischylos und Pindar und der ionischen Philosophen von Thales bis Heraklit. Er verband diese vielfältigen Einflüsse mit dem weltläufigen Rationalismus, der durch die vergleichenden Kenntnisse der Zivilisationen an der ionischen Grenze zwischen Asien und Europa entstanden war. Er war wohlvertraut mit dem Werk seines großen Vorgängers Hekataios aus Milet und wohl auch mit anderer ethnographischer Literatur, die nicht überdauert hat; und mit Hilfe eigener Untersuchungen stellte er die Kenntnisse über geographische, historische, soziale und ökonomische Sachverhalte, über Traditionen und Volksbräuche der Welt seiner Zeit zusammen, wodurch die *Historien* einen romantischen Märchengarten und zugleich ein seit Homer beispielloses geistiges Universum bilden.

Herodot hat seine Geschichtstheorie nicht diskursiv vorgetragen, sondern in kurzen, in sein Werk eingestreute Formulierungen von Prinzipien. Seine theoretischen Intentionen müssen aus diesen Formulierungen abgeleitet werden, die Inhalt und Form des historischen Berichts beigegeben sind. Einige dieser Prinzipien werden in Form programmatischer Aussagen vom Historiker selbst vorgetragen, andere von Personen, die in der Geschichte auftreten und eng mit der Erzählung verwoben sind. Einige sind an die großen Schnittstellen des Werkes gestellt, andere an die Höhepunkte der Handlung, und wieder andere tauchen wie zufällig auf.

Die *Historien* beginnen mit dem Satz:

> Dies ist der Bericht einer Nachforschung [*historie*], von Herodot aus Halikarnassos vorgelegt, damit, was von den Menschen erinnert wird [*genomena*], nicht ausgelöscht wird durch den Verlauf der Zeit, und damit die großen und wunderbaren Taten der Hellenen und Barbaren nicht ohne rühmendes Gedenken bleiben. Vor allem aber soll man den Grund [*aitie*] erfahren, weshalb sie gegeneinander in den Krieg zogen.*

Das Programm muß von seiner Durchführung her gelesen werden, wenn sein voller Sinn sich erschließen soll. Das Werk Herodots weist einen deutlichen Einschnitt auf: Die Bücher I-VI beschäftigen sich mit dem europäisch-asiatischen Konflikt von dessen Anfängen bis zum Höhepunkt des Kriegszuges von Xerxes; die Bücher VII-IX behandeln diesen Feldzug, seine Vorbereitung, seinen Verlauf und seinen Ausgang. Häufig wird die Aufteilung dahingehend gedeutet, daß der Autor damit seine Absicht zu erkennen geben möchte, eine Geschichte des Krieges von 480/79 zu schreiben, so daß die Bücher VII-IX das eigentliche Werk darstellten, während die Bücher I-VI eine Art Einführung seien. Diese Interpretation darf bezweifelt werden, denn sie unterstellt einem griechischen Autor mit Sinn für Proportion, er habe eine monströse Einführung verfaßt, die zwei Drittel des Gesamtwerkes ausmacht. Deshalb sollte man sich lieber an das halten, was Herodot selbst zu seiner Vorgehensweise sagt. Der oben zitierten programmatischen Aussage folgt unmittelbar der Anfang der Geschichte selbst: daß die Phoiniker die Ursache (*aitioi*) für den Konflikt (*diaphore*) waren, weil sie Io aus Argos entführt hatten. Der Krieg, den Herodot untersucht, ist nicht der Feldzug des Xerxes, sondern der Krieg zwischen Europäern und Asiaten, der so alt ist wie das Gedächtnis der Menschheit und im Feldzug von 480 lediglich einen Höhepunkt erreicht. Die drei Teile der programmatischen Erklärung stehen also deutlich in Verbindung miteinander. Die Erinnerungen der Menschen sollten durch die Zeitläufte nicht ausgelöscht werden, denn in den Überlieferungen werden die großen und wunderbaren Taten der Hellenen und Barbaren bewahrt; und diese Taten sind insofern groß und wunderbar als sie Taten im Krieg zwischen Europäern und Asiaten sind, die gemeinsam die Menschheit bilden. Aber weshalb sind die Taten so groß und wunderbar, daß sie nicht aus der Erinnerung der Menschheit verschwinden sollten? Diese Frage wird durch die Schilderung des Krieges selbst und die Erforschung seiner Ursachen beantwortet.

In seinen einzelnen Phasen besteht der Krieg aus typischen Aktionen und Reaktionen, der Krieg als ganzer aus einer Kette solcher typischen Phasen. Io wird von den Phoinikern entführt, Europa von den Griechen. Dies ist eine solche Phase von Aktion und Reaktion, und „das Konto war ausgeglichen" (*isa pros isa*). Anläßlich der nächsten Phase führt Herodot das Problem weiter aus. Medea wird von den Griechen entführt, aber der König von Kolchis verlangt Vergeltung und Wiedergutmachung; die Griechen verweigern sie, weil man ihnen eine Wiedergutmachung für die Entführung Ios verweigert hatte. Die Aktion der zweiten Phase ist also mit der ersten Phase verkettet, und die Angelegenheit ruht zunächst. Zwei Generationen später entführt Paris Helena und ist überzeugt, keine Wiedergutmachung leisten zu müssen, da keine für Medea geleistet wurde; und die griechische Forderung wird beharrlich zurückgewiesen. Die Griechen antworten mit dem Feldzug, der zur Zerstörung Trojas führt; und nun hat der Krieg das Stadium von Weltkriegen erreicht, in denen die Asiaten als nächste am Zug sind. Der Konflikt wächst lawinenartig an bis zur Aufteilung der Welt zwischen Persien, dem Repräsentanten Asiens, und Griechenland, dem Repräsentanten Europas (I, 4). Innerhalb dieses großen Weltkonflikts verlaufen jedoch die Linien zahlreicher Nebenkonflikte. Die Geschichte des Menschheitskrieges läßt sich deshalb nicht auf Griechen und Perser beschränken, sondern muß das gesamte Netzwerk der kleineren Zusammenstöße miterfassen, die an irgendeinem Punkt an dem Kampf der großen Protagonisten der Zeit Herodots festgemacht sind. Der Bericht wird sich also auf die gesamte bekannte Welt erstrecken und die „kleinen und großen Siedlungen der Menschen gleichermaßen" behandeln. „Denn viele, die früher groß waren, sind nun klein geworden; und die zu meiner Zeit groß sind, waren früher klein." „Menschliches Glück [oder Wohlstand, bestimmender Einfluß, *eudaimonie*] hat nie Bestand" (I, 5). Die Beschreibung der Welt in ihren konkreten geographischen und ethnographischen Einzelheiten bildet einen notwendigen Teil der Erzählung, weil die Erde in ihrer räumlichen Ausdehnung nun einmal der Schauplatz ist, auf dem menschliche Gesellschaften als Akteure das Drama des in Zeit stattfindenden Krieges aufführen.

Die Namen Anaximander und Heraklit werden bei Herodot nie erwähnt. Und doch sollte man sich nun an sie erinnern, denn die von Herodot stammende Konzeption einer historischen Dynamik setzt eindeutig die von den ionischen Philosophen entwickelte Konzeption einer kosmischen Dynamik fort. Anaximander verkündete das Prinzip: „Woraus aber das Werden der seienden Dinge ist, in das hinein geschieht aus notwendiger Schuld [*chreon*] auch ihr Vergehen; denn sie zahlen einander gerechte Strafe [*dike*] und Buße [*tisis*] für ihre Ungerechtigkeit [*adikia*] nach der Anordnung der Zeit" (B 1).* Und Heraklit sagte: „Man soll wissen, daß der Krieg das Gemeinsame [*xynon*, die Wirklichkeit der Ordnung] und daß Gerechtigkeit [*dike*] Streit ist, und daß alle Dinge aufgrund von Streit und Schuldigkeit [*chreon*] entstehen" (B 80).** Was auch getan wird, es ist Agieren im allgemeinen Streit, und für den Erfolg muß der Preis der Niederlage bezahlt werden, die einem der nächste Sieger zufügt, der seinerseits in der Verkettung von Aufstieg und Niedergang zu Fall kommen wird. Dieses Prinzip überträgt Herodot auf den Prozeß der Geschichte. Kroisos spricht es in knappster Form aus, als er Kyros einen Rat erteilt. In den Überlegungen des einstigen Königs klingt Aischylos an: „Meine Leiden [*pathemata*] sind zu Weisheit [*mathemata*] geworden."*** Und das Thema des Wandels ausspinnend fährt er fort: „Wenn du dich und die Armee, die du befehligst, für unsterblich hältst, dann ist es meine Sache nicht, dir einen Rat zu geben. Wenn du aber erkennst, daß du ein Mensch bist und über Menschen gebietest, wisse vor allem eins: Die Geschäfte der Menschen sind wie ein Rad [*kyklos*], das sich dreht und nicht duldet, daß dieselben Menschen immer glücklich sind" (I, 207).****

Einige Beispiele sollen die Bedeutungsnuancen veranschaulichen, die das Prinzip des sich drehenden Rades bei Herodot annimmt. Amasis, der König von Ägypten, warnt seinen Freund Polykrates, den allzu erfolgreichen Tyrannen von Salamis, vor dem Neid des Göttlichen (*to theion*). Er würde eine Mischung aus Erfolg und Mißerfolg ungebrochenem Gelingen vorziehen; denn noch nie habe er von einem Menschen gehört, der stets in allem Glück hatte und nicht ein schlimmes Ende genommen hätte und restlos untergegangen wäre (III, 40). Amasis' Rat, die finstere Bedrohung durch den Erfolg mit einem freiwilligen Opfer abzuwenden, erweist sich jedoch als vergeblich; das Rad bewegt sich nach seinem eigenen Gesetz und läßt sich durch menschliche Machenschaften nicht betrügen. Komplexer ist der Anlaß von Dareios' Feldzug gegen die Skythen. Nach dem Fall Babylons beschließt Dareios als nächste Unternehmung den Krieg gegen die Skythen. Zwei Faktoren bestimmen die Entscheidung. Der neue Reichtum und das Menschenpotential des Reiches wecken das „Verlangen" des Königs, sie im Kampf einzusetzen; und die Skythen sind ein geeignetes Ziel, weil sie zweihundert Jahre zuvor die Meder angegriffen hatten, und dieses Unrecht muß nun „im Ausgleich bestraft" werden (IV, 1). Als die Skythen von dem drohenden Angriff erfahren, bitten sie die Nachbarstämme um Hilfe. Aber die Nachbarn weisen sie ab, indem sie geltend machen, die Skythen hätten, ohne provoziert worden zu sein, das Land der Perser angegriffen und es unterjocht, „solange der Gott das zuließ; und derselbe Gott treibt nun die Perser, um Gleiches mit Gleichem zu vergelten" (IV, 119). Ihre tugendhafte Abstinenz hilft den Nachbarn jedoch ebenso wenig wie Polykrates das freiwillige Opfer, und im Verlauf der Ereignisse widerfährt ihnen bitteres Leid. Während das Rad sich dreht, werden die Kräfte erkennbar, die es in Bewegung halten, – Reichtum und große militärische Macht in den Händen eines Mannes, den es nach Expansion gelüstet. Der zweihundert Jahre zurückliegende Sieg der Skythen ist eher ein Vorwand, der das eigentliche Handlungsmotiv, die Gier des Königs, nur notdürftig bemäntelt. Und dieser Faktor, bei dem nicht einmal mehr Reichtum und Macht eine Rolle spielen, wird im Falle des Meders Deiokes, der von „Herrschsucht" (*erastheis tyrannidos*) besessen ist und sich durch schiere Gewitztheit an die Stelle manövriert, wo Reichtum und Macht ihm für sein weiteres Tun zu Gebote stehen (I, 96), von Herodot als die einzig treibende Kraft herausgestellt.

Dieser nackte Machttrieb wird in dem Gespräch Atossas mit Dareios noch ausführlicher charakterisiert. Die Königin möchte den König zum Feldzug gegen Hellas anstacheln. Weshalb, fragt sie, sitzt ein mächtiger König untätig herum, anstatt mehr Untertanen und mehr Macht für die Perser hinzu zu gewinnen? Ein junger Mann und ein so reicher Herrscher solle seine Qualitäten leuchten lassen, damit die Perser merkten, daß sie von einem wirklichen Mann regiert würden –

und die Beanspruchung durch den Krieg werde zudem das Anzetteln von Verschwörungen verhindern. Die Jugend sei die Zeit für große Taten. Denn wie der Geist an Stärke mit dem Körper wachse, altere er mit dem alternden Körper und werde stumpf und träge (III, 134). Der Expansionsdrang gehört also zum Wesen des Menschen. Es gibt den Krieg, weil es in der Natur des Menschen liegt, den Zustand der Jugend blindlings und ohne Rücksicht auf die Konsequenzen in den der Reife zu überführen; Mensch sein heißt, am Drama der kriegerischen Handlung und der Vergeltung teilzunehmen; untätig herumsitzen bedeutet Verfall und Tod, denn sobald die Spannung dieses Dranges nachläßt, macht sich dieser Drang bei anderen in Gestalt von Revolten geltend. Diese Unbestimmtheit der Expansion wirft die Frage auf, ob der Machtdrang eines Volkes, wenn er durch eine Reihe von Herrschern aufrechterhalten wird, nicht alle menschlichen Gesellschaften schlucken, sie unter einer Herrschaft zusammenschweißen und damit allem Streit ein Ende machen könnte? Herodots Antwort ist negativ. Der Machtdrang wird nicht der Schlußstein, der die Welt ausfüllt und allen Reichen ein Ende macht; zu gegebener Zeit wird ihm Einhalt geboten und der Krieg geht weiter. Nach der Schlacht von Salamis sagt Themistokles zu den Athenern: „Nicht wir haben diesen Sieg vollbracht, sondern die Götter und Heroen, die nicht zulassen wollten, daß Asien und Europa einen einzigen Herrscher haben" (VIII, 109). Und nicht nur die Griechen verstehen das als ein Stück nachträglicher Einsicht, die Perser selbst gehen wissentlich dem Verderben entgegen. Am Vorabend von Plataiai sagt ein vornehmer Perser beim Gastmahl zu seinem Freund aus Theben, bald würden nur noch wenige von ihnen übrig sein. Daran könne man nichts ändern: „Was durch den Willen des Gottes geschieht, kann der Mensch nicht abwenden, denn keiner will glauben, was zweifellos wahr ist. Das wissen viele Perser recht gut; wir leisten aber Folge, weil die Notwendigkeit uns bindet. Der bitterste Kummer für die Menschen ist der, so viel zu wissen und über nichts Macht zu haben" (IX, 16). Es ist dies eine der seltenen Gelegenheiten, bei denen in Herodots Bericht über die großen und wunderbaren Taten unterschwelliger Pessimismus und Bitterkeit durchbrechen. Eine ziellose Notwendigkeit bindet den Menschen an das Spiel von Expansion und Niederlage, ohne Hoffnung auf ein Entrinnen; er weiß, wie alles geschieht, aber das Warum bleibt ein Geheimnis. Diese Bitterkeit, die bei Herodot stark überlagert ist von der Freude an dem Wunder und der Großartigkeit des Schauspiels, droht dann bei Thukydides in das eisige Pathos der Verzweiflung und des Stolzes umzuschlagen.

Der Gang der Ereignisse erhellt die Prinzipien, und die Prinzipien erhellen den Sinn der Erzählung. Diese Technik wechselseitiger Erhellung ist die Methode der Historiographie, die Herodot erfunden hat. Sie entspricht in bewundernswerter Weise seinem Stil des Verknüpfens von Episoden, und im allgemeinen geht er ebenso frei mit ihr um wie Homer mit den Interventionen der Götter. Wie wir gesehen haben, können die Prinzipien in Reflexionen des Autors, in der Darstellung von Überlieferungen, in öffentlichen Ansprachen, in Gesprächen zwischen Mann und Frau, im diplomatischen Austausch, in vertraulichen Mitteilungen bei Tisch und in Briefen auftauchen.

Herodot kann jedoch seine Methode, die sich den Zufälligkeiten des mäandernden Erzählungsverlaufs so leicht anpaßt, auch straffen und sie zu einem formaleren Instrument der Geschichtsschreibung werden lassen. Bei zwei Gelegenheiten werden diese zusätzlichen methodischen Möglichkeiten erkennbar. Der große Zug des Xerxes gegen Hellas wird mit einer Debatte im Kronrat eröffnet, bei der die Absichten des Königs sowie die Argumente für und gegen die Unternehmung in eine Reihe von Reden vorgebracht werden (VII, 8-11). Und dieselbe Eröffnung wird anläßlich der Revolte von Dareios und seinen Freunden gegen den falschen Smerdis gebraucht. Nach der erfolgreichen Beendigung der Revolte halten die sieben Herren Rat, um die künftige Regierungsform für Persien festzulegen, und die Argumente für und gegen die unterschiedlichen Formen werden wiederum in einer Reihe von Reden vorgebracht (III, 80-82). Die Methode, eine Gruppe von Reden, die jeweils einen anderen Aspekt des Problems beleuchten, an kritische Schnittstellen vor einer Entscheidung zu plazieren, bietet Gelegenheit, den Sinn langer Geschehensabläufe zu beleuchten. Ein solcher durch die Entscheidung angestoßener Ablauf, kann unerwartete Wendungen nehmen und zu Ergebnissen führen, die der ursprünglichen Intention widersprechen; die in den Reden vorgebrachten Argumente können systematisch die Kräfte vergegenwärtigen, die die tatsächliche Konfiguration des Ablaufs und dessen Ausgang bestimmen. Die Methode ist von historischer Bedeutung, jenseits des Gebrauchs, den Herodot von ihr macht, denn an ihrem Einfluß auf Thukydides, der in Paaren angeordnete Reden dazu benutzt, um den Sinn von Ereignissen plastisch herauszuarbeiten, besteht wohl kaum ein Zweifel.

Die Debatte, die dem Feldzug gegen Hellas vorausgeht, besteht aus vier Reden: je zwei zustimmenden und zwei ablehnenden Reden, die von der Eröffnungs- und Schlußrede des Königs umrahmt sind. Xerxes informiert den Kronrat von seiner Absicht, eine Schiffsbrücke über den Hellespont zu schlagen und die Athener für das grundlose Unrecht, das sie seinem Vater zugefügt haben, zu bestrafen. Das Bestrafungsmotiv ist jedoch dem höheren Ziel der Unterwerfung der Hellenen untergeordnet. Denn sind die Athener und Peloponnesier erst einmal bezwungen, wird sich das Gebiet des persischen Reiches so weit erstrecken wie der Himmel des Zeus; kein Land unter der Sonne wird jenseits seiner Grenzen liegen; sie alle werden ein einziges Land bilden, da es dann, wie man den König informiert hat, keine Völker mehr gäbe, die sich in der Schlacht widersetzen könnten, sobald die Hellenen aus dem Weg sind. Nach dem König spricht Mardonios und unterstützt das königliche Vorhaben. Die Perser haben ihre Gewalt über die Saken, Inder, Äthiopier, Assyrer und viele andere große Völker, die den Persern nie ein Unrecht zugefügt haben, ausgedehnt, nur weil sie ihre Macht stärken wollten; es wäre in der Tat sonderbar, bei den Hellenen eine Ausnahme zu machen, zumal diese schließlich einigen Anlaß zum Krieg gegeben hätten. Außerdem seien sie arm, schlecht organisiert und unklug in ihrer militärischen Taktik, so daß die Aufgabe sich nicht als allzu schwierig erweisen sollte. Auf jeden Fall sollte man wagemutig sein: „Denn nichts geschieht von selbst, vielmehr kommt alles, was Menschen zu besitzen wünschen, aus dem Wagnis." Den übrigen Mitgliedern des Kronrats schmeckt der Plan überhaupt nicht; das verlegene Schweigen, das folgt, wird von Artabanos, dem Onkel des Königs, in einer Gegenrede gebrochen. Er verweist auf seine frühere Erfahrung mit unbesonnenen Kriegszügen, wie dem von Dareios gegen die Skythen und die Katastrophe, mit der er beinahe endete. Und dann denkt er diskret über die Hybris des Xerxes nach: „Du siehst, wie der Gott die übergroßen Geschöpfe mit seinem Blitz schlägt und ihr hochmütiges Auftreten nicht duldet, während die Kleinen ihn nicht erregen ... Er pflegt alles zu stürzen, was sich zu hoch erhebt. ... Denn der Gott duldet keinen Stolz außer bei sich selbst." Vorsicht ist deshalb geboten. Der König ist erzürnt über die Rede; wäre Artabanos nicht sein Onkel, müßte er wegen seiner mangelnden Begeisterung Unannehmlichkeiten gewärtigen; er besteht darauf, daß der Kriegszug unvermeidlich sei, weil sonst die Hellenen die Initiative ergreifen würden, auch wenn die Perser Frieden hielten.

In den vier Reden kommt die Problematik des Kriegszuges als Ganzes in den Blick: der Traum von der Weltherrschaft und die Furcht vor solcher Hybris, der Machtdrang des Königs und das Zögern des Kronrats, die eilfertige Zustimmung des Generals, der die militärische Stärke des Feindes unterschätzt und die Warnung vor derart unverantwortlichen Mutmaßungen in den Wind schlägt, das technische Problem, eine Schiffsbrücke über den Hellespont zu schlagen und die Schwäche dieses Verbindungsstücks, das durch einen Überraschungsangriff zerstört werden und eine Katastrophe auslösen kann, und vor allem das freimütige Eingeständnis, daß das Streben nach Macht ein Selbstzweck ist und nichts zu tun hat mit irgendeinem Unrecht, das die Opfer des Angriffs begangen haben. Mit der Vertagung des Rates ist die Analyse eines imperialistischen Abenteuers abgeschlossen und die Bühne scheint frei für die Handlung.

Die Handlung erfolgt jedoch nicht sofort. Der Debatte folgt eine bedeutungsvolle Episode. Artabanos' Argumente beginnen Wirkung zu zeigen, und Xerxes überdenkt seine Entscheidung; am nächsten Morgen bläst er den Feldzug zur unverhohlenen Freude des Kronrats ab. Aber auch dies ist nicht das Ende. In der Nacht, ehe er seine Entscheidung rückgängig machte, hatte der König eine Erscheinung, der er keine Beachtung schenkte, und in der nächsten Nacht stellt sich die Erscheinung wieder ein. Ein imposanter Mann tritt in dem Traum auf und droht dem König mit dessen Sturz, falls er sich anders besinnt und sich nicht doch in das Abenteuer stürzt. Der verängstigte König beschwört seinen Onkel, den königlichen Ornat anzulegen und auf seinem Lager zu schlafen, um festzustellen, ob dieselbe Erscheinung sich auch bei ihm einstellt; und die Erscheinung bedroht tatsächlich auch den Onkel. Das göttliche Zeichen bringt schließlich beide dazu, sich für den Feldzug zu entscheiden. Die Entscheidung entspringt letztlich also nicht einer rationalen Debatte, sondern dem Traum, der sich bei einem Mann einstellt, wenn er den Mantel eines Königs trägt. Herodot tut nichts weiter, als die Geschichte zu erzählen, aber man kann darin unschwer die herakliteischen Ideen von den Schlafwandlern erkennen, die, abgeschnitten vom *xynon*, in ihren Privatwelten leben. Die Debatte in der Ratsversammlung, dem *xynon*, wendet sich gegen das Abenteuer; es bedarf eines Traumes, um ein Volk ins Verhängnis zu stürzen. Man wird ferner an die Einsicht Platons erinnert, daß ein Tyrann im Handeln das realisiert, was andere nur träumen. Und schließlich erinnert der Aufbau der Episode der Ratsversammlung und des Traums an die andere Episode mit Traum und Ratsversammlung vor der katastrophalen Schlacht der Achäer im II. Buch der *Ilias*. Herodot transponiert die Episode Homers in literarischer Form in das Medium der Geschichte; aufgrund ihrer Psychologie stellt sie ein wichtiges Bindeglied zwischen Heraklit und Platon dar.

Die zweite Gruppe der Reden hat einen besonderen Platz in der Geschichte der Ordnung, denn sie ist die früheste erhaltene Auseinandersetzung über die beste Regierungsform. Nach ihrem erfolgreichen *coup d'état* treffen sich Dareios und die anderen Verschwörer, um eine Entscheidung darüber zu fällen, ob Persien eine Monarchie, eine Oligarchie oder eine Demokratie sein soll. Der Gedanke einer derartigen Debatte ist nicht so anachronistisch wie er sich zunächst anhört. Während wir sicher davon ausgehen dürfen, daß eine solche Debatte bei dieser Gelegenheit nicht stattfand, gilt es in Betracht zu ziehen, daß die geflüchteten Anhänger des Peisistratos, die am Hof des Dareios lebten, einiges über die athenischen Oligarchen und Demokraten sowie über die Überlegenheit ihrer Tyrannis zu sagen wußten. Debatten dieser Art müssen an der griechisch-persischen Grenze bereits im 6. Jahrhundert stattgefunden haben, obwohl sie der detaillierten Form nach, in der sie bei Herodot vorkommen, eher in die sophistische Periode gehören. Es war ein Thema, das sich in dem Konflikt zwischen Königen und Tyrannen auf der einen und Demokraten und Oligarchen auf der anderen Seite aufdrängte.

Otanes hält die erste Rede zugunsten der Demokratie (*isonomia*). Die Hybris des Kambyses hat die Hybris der Mager hervorgebracht. Bei Lichte besehen läßt sich an der Monarchie nichts Gutes entdekken. Der beste Mann wird, wenn ihm solch uneingeschränkte Macht zuteil wird, in Anmaßung und Neid verfallen, wird schändliche Taten begehen und das Gesetz auf den Kopf stellen. Die Regierung der Menge (*plethos*) hingegen ist am besten, wie der Name *isonomia,* Gleichheit vor dem Gesetz, besagt. Die Ämter werden durch das Los besetzt, die Amtsinhaber müssen Rechenschaft geben über das, was sie tun, und die Beschlüsse werden von der Volksversammlung gefaßt. Alles Gute liegt bei der Menge, und deshalb sollte deren Macht gestärkt werden (III, 80). Megabyzos, der die zweite Rede hält, ist ebenfalls der Meinung, daß die Monarchie nichts tauge; aber ein Mob sei noch schlimmer. Die Hybris eines Despoten gegen die Hybris eines Demos einzutauschen, wäre unerträglich. Es wäre wünschenswert, die Macht einer Gruppe der besten Männern zu übertragen, zu denen sie selber zählten (III, 81). Dareios, der als dritter spricht, stimmt mit Megabyzos' Einschätzung der Demokratie überein, aber nicht mit dem, was er über die Oligarchie sagt. Er gibt der Monarchie den Vorzug. Eine bessere Regierung als die des besten Mannes, dessen Urteil wohl auch das beste ist, lasse sich nicht finden. Außerdem seien die anderen Regierungsformen instabil. Die Oligarchie läßt Neid, Feindschaft und Parteienbildung unter den Mitgliedern der regierenden Gruppe entstehen, was zu Gewalttätigkeit und Blutvergießen führt; und aus der Unordnung (*stasis*) erhebt sich die Monarchie, die sich damit als die beste Regierungsform erweist. Und auch die Regierung des Demos führt zu Schlechtigkeit und Verschwörungen gegen das Gemeinwohl. Dies geht so lange, bis ein Anführer (*prostas*) des Volkes als dessen Beschützer auftritt und zum Monarchen wird. Und zum Schluß erinnert er die Freunde daran, daß den Persern die Freiheit weder vom Volk noch von einer Oligarchie, sondern von einem Monarchen gegeben wurde; sie sollten ihre altüberlieferten Institutionen (*patrious nomous*) nicht verwerfen (III, 82).

Die drei Reden haben zusammengenommen eine komplizierte Struktur. Sie argumentieren der Reihe nach, daß Monarchie, Demokratie und Oligarchie insofern schlechte Regierungsformen seien, als sie alle Gefahr liefen, durch die Hybris der Herrscher korrumpiert zu werden. In derselben Reihenfolge argumentieren sie, daß Demokratie, Oligarchie und Monarchie insofern die besten Regierungsformen seien, als die Regierenden die Besten seien und sich auf intelligente Weise um das Gemeinwohl bemühten. Keiner der beiden Argumentationsstränge setzt den anderen außer Kraft; wir bewegen uns im Kreis, und das Ergebnis ist ein Unentschieden. Herodot durchbricht den Kreis dieser antilogischen Argumentation, indem er zu dem tiefer liegenden Kreis der historischen Realität vorstößt. Das Gute jeder Regierungsform hat bestenfalls transitorischen Charakter; und wenn eine Regierungsform in der Realität durch Hybris korrumpiert wird, muß dem Mißstand durch das Handeln eines Führers abgeholfen werden. Der gute Monarch ist das Heilmittel bei Despotismus, Tyrannis ist das Heilmittel bei Oligarchie, und Führerschaft das Heilmittel bei Demokratie. Die Regierung eines Einzelnen stellt die Güte der Ordnung wieder her; und Monarchie in diesem dynamischen Sinn ist die stabilisierende Konstante, die den Zyklus der statischen Formen überdauert. Die empirische Beobachtung kann jedoch kein Argument für Monarchie als statische Form werden, die als solche derselben Korruption ausgesetzt ist wie die anderen Regierungsformen; auf dieser Ebene muß die Frage der besseren Regierungsform im Rekurs auf die konkrete historische Situation entschieden werden. Und Dareios appelliert in der Tat an die historische Situation, wenn er seine Präferenz dadurch untermauert, daß er das Lob der Freiheit, die Kyros für die Perser errungen hat, und der altehrwürdigen monarchischen Institutionen in Persien singt. Nichtsdestoweniger läßt dieser Appell die Frage weiter offen, ob sich in der konkreten revolutionären Situation der beste Mann finden läßt, der die statische Form der Monarchie dynamisch auszufüllen vermag. Diese letzte Frage läßt sich nicht mehr diskutieren; sie muß durch konkretes Handeln entschieden werden. Wie in der Xerxes-Debatte geht die historische Entscheidung nicht aus der rationalen Argumentation hervor, sondern entspringt den Kräften der Realität selbst. Dareios wird der Monarch, weil er seine Konkurrenten durch einen Trick überlistet (III, 83-87). Die Debatte mündet also in den Gang der Geschichte und das Rad der menschlichen Angelegenheiten dreht sich weiter.

Die Umdrehungen des Rades sind unerbittlich. Herodots Pessimismus macht sich in der Geschichte vom Vorrücken der Skythen auf das Land der Kimmerier offen bemerkbar, eine Geschichte, der er vor den anderen Versionen dieses Ereignisses den Vorzug gibt (IV, 11). Als die Skythen, die den Kimmeriern zahlenmäßig hoffnungslos überlegen sind, heranrücken, kommt das bedrohte Volk zur Beratung zusammen. Der königliche Clan will das Land verteidigen; der Demos möchte kampflos abziehen und anderswo siedeln; keine Seite vermag die andere zu überzeugen. Die Fürsten möchten lieber sterben und in dem Land ihrer Geburt, wo sie glücklich waren, begraben sein. Entschlossen teilen sie sich in zwei Gruppen und kämpfen miteinander bis der letzte Mann erschlagen ist. Darauf begräbt der Demos sie und zieht fort; die Skythen ergreifen Besitz von dem entvölkerten Land.

§ 2. Der Alte Oligarch

Als Teil der Werke Xenophons ist eine kurze Abhandlung mit dem Titel *Verfassung der Athener* erhalten geblieben, die in der literarischen Form einer Rede abgefaßt ist. Über die Zeit ihrer Entstehung gehen die Meinungen der Philologen auseinander. Die ältere Meinung bevorzugt die Zeit zwischen 431 und 424 v. Chr., die jüngere Meinung argumentiert sehr überzeugend für ein Datum vor Ausbruch des Peloponnesischen Krieges. Falls die jüngere Meinung, besonders das sorgfältige Argument von Fritsch[1] sich als haltbar erweist (wovon wir überzeugt sind), würde der Traktat an Bedeutung gewinnen, weil in diesem Falle seine Darstellung der perikleischen Politik nicht durch nachträgliche Einsichten in bezug auf den Krieg beeinflußt wäre. Was den anonymen Autor angeht, sprechen bestimmte Details dafür, daß

1 Hartvig Fritsch, *The Constitution of the Athenians*, Kopenhagen, 1942.

er Athener war, womöglich einen hohen Rang in der Flotte bekleidete, der oligarchischen Oberschicht angehörte und als politischer Emigrant in einer Umgebung von Flüchtlingen und anderen Hellenen lebte, die Athen von Herzen verabscheuten. Inhaltlich ist die fiktive Rede eine kühle Darstellung der Vorzüge der athenischen Demokratie vor einer Zuhörerschaft, der, wie dem Autor selbst, die demokratische Ordnung verhaßt ist. Die Rede ist eine Warnung davor, daß persönliche Vorlieben und Abneigungen in Sachen Politik den Lauf der Geschichte nicht im geringsten beeinflussen und daß die Ordnung Athens in hervorragender Weise auf den Erfolg der Demokratie zugeschnitten ist, so unmoralisch und vulgär das Schauspiel auch sein mag.

Die zwiespältige Haltung des Autors, der Riß, der seine Bewertungen durchzieht, sind von größtem Interesse für die Entstehung von Geschichtsbewußtsein im allgemeinen sowie für die besondere Form, die es in der zweiten Hälfte des 5. Jahrhunderts annimmt. Die eigentümlichen Probleme des Geschichtsprozesses geraten in den Blick, wenn eine konkrete politische Einheit rasch ihre soziale Struktur, ihre politische Linie und ihre Wertmaßstäbe verliert, obwohl sie ihre Identität behält. Die perikleische Stadt ist weiterhin Athen, aber sie wird nicht mehr von den Aristokraten regiert, die sie ins Leben gerufen und geformt haben; es gibt weiterhin ein athenisches Volk, das mächtiger ist als je zuvor, aber es akzeptiert das Ethos Homers und Pindars nicht mehr; Athen ist weiterhin der Verteidiger von Hellas, aber nicht mehr die Stadt der Hopliten, die bei Marathon siegreich waren; das Pathos Athens ist bei Perikles sehr lebendig, aber es ist nicht mehr das Pathos Attikas und läuft Gefahr, das Pathos des Piräus zu werden. Wenn die Geschichte also das Wesen einer Stadt fortschwemmt, werden einige noch nicht einmal mehr ihre Identität wiedererkennen; ein fremdes Ungeheuer hat sich an den Platz der Polis gesetzt, die sie liebten. Diesem romantischen Ressentiment hält der Autor des Traktats die Vitalität, die intelligente Politik und die triumphierende Lebensfähigkeit des demokratischen Athen entgegen; das Ende der Welt ist noch nicht gekommen, die Geschichte geht einfach weiter. Er kann diese Haltung jedoch nur einnehmen, weil er die Identität der Polis mit ihrem aristokratischen Ethos, das der Vergangenheit angehört, auf ihre Existenz als eine Machteinheit in Geschichte überträgt, die sie, wie in der Vergangenheit, auch in der Gegenwart ist. Die essentielle Verlagerung vom Ethos zur Macht bringt sowohl die Vorstellung von Geschichte als Medium hervor, in dem Machteinheiten trotz eines sich wandelnden Ethos mit sich selbst identisch bleiben, wie die Vorstellung von politischen Einheiten, die in dem Maße Geschichte haben, in dem ihr Ethos sich wandelt. In der Behandlung dieses gewaltigen Problems hat der anonyme Autor weder die Einsicht noch die Disziplin eines Thukydides, der nie seine eigenen Bewertungen einfließen ließ, wenn er den Zusammenbruch des Ethos beschrieb; und noch weniger hat er den Horizont und die Vision eines Platon, der den Vorgang als Zivilisationsverfall verstand. Sein Traktat kehrt das Ethos des Oligarchen heraus, der in krassem Gegensatz zur Realität der Demokratie steht. Und derselbe Riß geht durch seine Sprache, wenn er das Vokabular des alten Ethos seit Homer zusammen mit dem der neuen sophistischen Ära benutzt. Zuweilen verwendet er sogar Wörter in ihrer alten und neuen Bedeutung, wie zum Beispiel im Falle von *poneroi*, das regelmäßig als technische Bezeichnung für „die unteren Schichten", „die Proletarier", auftaucht, und dann ohne Vorwarnung unter der alten Bedeutung „schlecht" erscheint.[2]

Die Abhandlung als ganze argumentiert ausführlich gegen die falsche Auffassung, die Vorzüge der athenischen Demokratie ließen sich vom Standpunkt des oligarchischen Ethos aus beurteilen. Nicht, daß das Urteil der Oligarchen unfundiert wäre; im Gegenteil. Der Autor versichert seinen Zuhörern, daß er die athenische Verfassung ebenso mißbillige wie sie, weil sie das gemeine Volk auf Kosten der Guten (oder: Rechtschaffenen, Besten) bevorzuge. Aber diese Mißbilligung sollte nicht an der Tatsache vorbeisehen, daß die politische Praxis Athens, die die strenge Kritik der Oligarchen auf den Plan ruft, so hervorragend kalkuliert ist, daß sie die Demokratie im Inneren stärkt und die Macht der Polis außenpolitisch vermehrt.

Eine erste Gruppe von Kritikpunkten und Gegenargumenten beschäftigt sich mit der Vorherrschaft der Unterschicht in Athen und seinem Herrschaftsbereich.* „Die Tagelöhner, die Armen und das Volk" werden „gerechterweise" den „Vornehmen und Reichen" vorgezogen aus dem guten Grund, daß es die einfachen Menschen sind, die die Schiffe rudern, auf denen, mehr als auf der schwerbewaffneten Infanterie, die Stärke Athens beruht. Deshalb werden sie zurecht durch Los und Wahl zu Ämtern zugelassen und dürfen sich in der Versammlung zu Wort melden (I, 2). Die niederen auf Kosten der oberen Schichten zu begünstigen und reicher zu machen, ist nur vernünftig; denn wenn es den Tagelöhnern und den Armen gut geht,

2 Zu den sprachlichen Problemen vgl. das Kapitel „Sophistics and Sociology" in Fritsch, *Constitution of the Athenians*.

wird die Demokratie gestärkt (I, 4). Denn in jedem Land gibt es die Spannung zwischen Aristokraten und gewöhnlichen Menschen; die besten Menschen sind diejenigen, die am wenigsten zügellos und ungerecht sind und einen Blick für sittliches Verhalten haben; beim gemeinen Volk gibt es ein hohes Maß an Unwissenheit, Unordnung und Schlechtigkeit (*poneria*) (I, 5). Wenn es also nur den Besten gestattet wäre, in der Versammlung zu sprechen und den Gang der Geschäfte zu bestimmen, würden sie tun, was gut für sie, aber nicht gut für die Proletarier (*anthropos poneros*) wäre (I, 6). Die gewöhnlichen Menschen wissen, daß einer der Ihren das sagen wird, was ihnen „nützt" (I, 7). Eine solche Polis wird nicht die beste sein, aber die Demokratie in der richtigen Weise erhalten. Denn die Menschen wollen nicht Sklaven in einer wohlgeordneten (*eunomia*) Verfassung sein; sie wollen frei und mächtig sein, ganz gleich ob die Verfassung gut oder schlecht (*kakonomia)* ist. „Denn was *ihr* nicht für eine gute Ordnung haltet, ist gerade der Zustand, in dem das Volk mächtig und frei ist" (I, 8). Der Leser wird bemerken, daß die Argumentation sich auf den oben besprochenen Wechsel vom alten Ethos zum neuen Utilitarismus der Macht stützt.

Dieselben Überlegungen gelten für die Behandlung der tributpflichtigen Poleis des athenischen Herrschaftsbereichs. Die Athener versuchen, die Oberschichten der von ihnen beherrschten Städte zu ruinieren, wenn es sein muß, durch fingierte Anschuldigungen. Der Oligarch wird eine solche Politik sicher mißbilligen, aber aus athenischer Sicht ist dies nur richtig. Denn die Oligarchen der beherrschten Städte hassen die Unterschichten Athens, und die Oberschichten Athens unterstützen die Oligarchen innerhalb des athenischen Herrschaftsbereichs. Folglich wird die Demokratie in Athen gestärkt, wenn in seinem Herrschaftsbereich die Oberschichten ausgeplündert, ins Exil geschickt und getötet werden. Gewiß, der Reichtum der Städte wird dadurch gemindert, aber politisch ist es einträglicher, ihren Reichtum nach Athen fließen zu lassen und dem lokalen Pöbel genau so viel zum Leben zu lassen, daß er weder Zeit noch Mittel hat, Revolutionen anzuzetteln (I, 14-15). Es ist ferner politisch geschickt, wenn die Rechtskonflikte in Athen entschieden werden, weil sich die Urteilssprüche durch diese Methode ohne weiteres zu Ungunsten der Oligarchen manipulieren lassen (I, 16). Wenn die Verfahren an Ort und Stelle von athenischen Generälen, Admirälen und Botschaftern entschieden würden, könnten diese Personen eine Machtposition erlangen, die dem Demos von Athen zum Schaden gereichen würde (I, 18).

Die zweite Gruppe von Argumenten befaßt sich mit der Stellung Athens als Seemacht. Der Autor erhebt keine spezifischen Vorwürfe, auf die seine Argumentation sich richtet; aber es ist ihr zu entnehmen, daß der Aufbau einer Seemacht als solcher die Oligarchen überall in Hellas verärgert haben mußte. Er gibt sich deshalb Mühe, die Vorzüge der Seestreitmacht über die Landstreitmacht aufzuzeigen. Zunächst einmal beschwichtigt er seine Zuhörer durch die Beteuerung, die athenische Infanterie sei nichts, worauf man stolz sein könne; einer erstklassigen Landstreitmacht könne sie nicht standhalten, aber sie werde absichtlich nur so stark gehalten, daß sie gegen die tributpflichtigen Städte einsetzbar sei (II, 1). Mehr sei nicht nötig, weil die militärische Überlegenheit durch die Flotte sichergestellt sei. Rebellierende Untertanen des Inselreiches können nicht auf Erfolg hoffen, weil sie ihre Kräfte nicht in der Weise vereinen können wie die benachbarten Poleis auf dem Kontinent; solange die Athener das Meer beherrschten, brauchten sie sich nur mit einzelnen, schwachen Feinden zu befassen. Die größeren Inlandsstädte unter athenischem Regiment würden durch Einschüchterung unter Kontrolle gehalten, die kleineren ausschließlich durch ihre Bedürftigkeit; keine von ihnen könne durchhalten, wenn ihnen die Importe und Exporte gesperrt würden (II, 2-3). Wenn sie gegen einen überlegenen Gegner kämpften, könnten die Athener ihre Flotte als Transportmittel einsetzen und unter für sie günstigen Bedingungen Überfälle machen (II, 5). Ökonomisch seien sie weitgehend unabhängig von Mißernten, weil derartige Unglücksfälle nie ihren ausgedehnten Herrschaftsbereich als ganzen träfen; durch den Handel ständen ihnen die Luxusgüter der ganzen Welt zur Verfügung; mit ihren reichen Gewinnen verschönerten sie ihre Stadt und versorgten die Massen mit Gymnasien und öffentlichen Bädern; sie beherrschten den internationalen Handel und verfügten damit über alle Rohstoffe für den Unterhalt ihrer Flotte (II, 6-12). Ihre Lage habe nur unter einen Nachteil – Athen liege nicht auf einer Insel. Wenn die Beherrscher des Meeres Inselbewohner wären, könnten sie anderen Schaden zufügen, ohne Vergeltung befürchten zu müssen. Wie es steht, müssen die Bauern und die Reichen Athens, die ihre Güter und ihren Besitz in Attika haben, deren Verwüstung durch einen Feind befürchten; das kümmert die Masse der Menschen, die in der Stadt und in Piräus leben und in einem Krieg nichts zu verlieren haben, jedoch wenig. Wenn sie auf einer Insel lebten, wäre ihre Demokratie außerdem vollkommen sicher vor Verrat durch die oberen Schichten, weil diese auf dem Landweg keine Unterstützung erhalten könnten. Dieser Defekt werde jedoch weitgehend aufgewogen durch eine kluge Politik, die Besitz an die Inseln verteilt und Attika im Kriegsfalle der Verwüstung anheim gibt (II, 14-16).

Zum Schluß greift der Autor die Frage nach Ethos und Macht wieder auf. Er behauptet, die Athener wüßten sehr wohl, welche Bürger gut und welche Schurken seien; bewußt gäben sie denen den Vorzug, die sich dem Demos verschrieben und ihm nützten, ganz gleich, was für Schurken sie seien, und haßten die Guten, weil sie überzeugt seien, daß angeborene Tugend dem Volk nicht zum Wohle sondern zum Schaden gereiche. Andererseits gebe es einige Menschen, die aufrichtig Partei für das Volk ergriffen, obwohl sie von Natur nicht zum Massentypus (*demotikoi*) gehörten. Der Autor ist durchaus bereit, dem Demos die Demokratie nachzusehen, denn es ist verzeihlich, daß jeder seine eigenen Interessen verfolgt; diejenigen aber, die vorziehen, in einer Demokratie zu leben, obwohl sie nicht zum Demos gehören, begeben sich auf den Weg der Unmoral (*adikein*), weil sie sehr wohl wissen, daß in einer Demokratie ein schlechter Charakter leichter durchkommen kann als in einer Oligarchie.

Der Traktat zeichnet sich weder in denkerischer noch in literarischer Hinsicht aus. Sein anspruchsloser Charakter macht ihn zu einer wertvollen Informationsquelle über das, was ein intelligenter Athener von der Politik seiner Zeit zu wissen pflegte und in welchem Maße er Verständnis für die sozialen Kräfte hatte, die bald in der großen Krise zum Ausbruch kommen sollten. Dieses Wissen ist erstaunlich klar und scharfsichtig; es deckt die Grundlagen des allgemein herrschenden Verständnisses auf, auf die Thukydides mit seiner meisterhaften Untersuchung aufbauen konnte. Die Grundzüge der perikleischen imperialen Politik werden gut herausgearbeitet: die absichtliche Bevorrechtigung des Demos, weil er die Flottenbesatzung stellte; die Verteidigungsstrategie gegenüber der peloponnesischen Landstreitmacht, die Attika der Verwüstung preisgab und sich auf den Piräus und die Langen Mauern konzentrierte, die ihn mit den Befestigungsanlagen der Stadt verbanden; die Offensivstrategie im Hinblick auf die Herrschaft über die Insel- und Küstenregion, die auf dem Bollwerk des Piräus beruhte; die Degradierung der Grundbesitzer und Bauern Attikas zu Bürgern zweiter Klasse im Vergleich mit den städtischen Massen; die erbarmungslose Unterminierung und Zerstörung der Oberschichten in den tributpflichtigen Poleis des athenischen Herrschaftsbereichs, die sie zu etwas wie Satellitenstädten mit „Volksdemokratien" machte; die Bereicherung des athenischen Demos über Tributzahlungen, Handelszölle und Gerichtskosten; und sogar, wie zwar nur diskret angedeutet wird, der Mißbrauch von Bundesgeldern zur architektonischen Verschönerung der Stadt. Des weiteren taucht das Bild von sozialen Schichten, die unterschiedliche Lebensweisen repräsentieren, auf sowie der unstillbare Haß und der mehr oder weniger offene Krieg zwischen ihnen. Die Kategorie des Vorteilhaften, des *sympheron*, wird eingeführt, um die Motivationen des Demos zu beschreiben und zu verstehen, der nur frei sein und nach seiner eigenen Fasson leben möchte; und die Erkenntnis, daß die Massen, ohne Einschränkung durch aristokratische Verhaltensregeln, frei sein und ihre Macht spüren wollen erfordert, zwischen verschiedenen Menschentypen zu unterscheiden, nämlich zwischen den natürlichen Aristokraten und den natürlichen Massenmenschen (*demotikoi*). Ordnungstypen werden also auf Menschentypen bezogen, die politisch und sozial dominant sind. Man kann in diesen offenbar zufälligen Klassifizierungen die Grundlagen erkennen, auf denen die Politik von Platon und Aristoteles aufbaut, die zwischen mehreren Menschentypen unterscheidet, welche alle in einer stabilen, ausgewogenen Verfassungsordnung ihre Platz finden müssen. Und in dem festen Entschluß, sowohl die Maßstäbe der Bewertung wie das Spiel der Macht anzuerkennen, zeichnet sich letzten Endes bereits die Haltung von Aristoteles ab, der nach den Maßstäben seiner philosophischen Anthropologie eine paradigmatische Verfassung entwirft und zugleich erkennt, daß in der historischen Situation seiner Zeit das Paradigma keine Chance hat, verwirklicht zu werden.

§ 3. Thukydides

Thukydides wurde ca. 460 v. Chr. in eine der ersten Familien Athens geboren und war mit Kimon und Miltiades verwandt. Seine öffentliche Karriere war glücklos und kurz: Im Jahr 424 wurde er zum Strategos gewählt und mit einem Entlastungsfeldzug für Amphipolis betraut; er scheiterte mit seiner Mission, weil die ihm zur Verfügung gestellten Mittel unzureichend waren und wurde in die Verbannung geschickt. Die folgenden zwanzig Jahre bis zum Ende des Krieges lebte er in Thrakien, wo er offenbar etwas Grundbesitz hatte; im Jahr 404 kehrte er nach Athen zurück und starb dort, wahrscheinlich kurz nach 399. Viel mehr ist über sein Leben nicht bekannt; zu seiner Zeit war er eine unauffällige Gestalt, denn das große Werk, auf dem sein Ruhm beruht, war zur Zeit seines Todes ein unveröffentlichtes Fragment.

1. Die Syngraphe

In einer kritischen Studie kann nicht fraglos als Tatsache hingenommen werden, daß Thukydides eine „Geschichte des Peloponnesischen Krieges" geschrieben hat. Das Werk, das in heutigen Übersetzungen unter diesem Titel läuft, wurde von seinem Autor, wenn überhaupt, einfach (mit dem Titel) „Syngraphe" versehen, ein Wort, das sich am besten umgangssprachlich mit „Zusammenfassung" übersetzen läßt; und was er zusammenfaßte, war „der Krieg zwischen den Peloponnesiern und Athenern" (*synegraphe ton polemon*, etc.). In welchem Sinn des Wortes das Ergebnis seiner Bemühung eine „Geschichte" war, ist die Frage, die es zu untersuchen gilt.

Diese Frage ist untrennbar mit dem Gegenstand der *Syngraphe* verbunden. Heute wird unter dem Einfluß von Thukydides als Tatsache akzeptiert, daß es ein solches Ereignis wie den „Peloponnesischen Krieg", der 27 Jahre – von 431 bis 404 – dauerte, gegeben hat. Die Zeitgenossen von Thukydides waren sich dieser Tatsache allerdings nicht bewußt. Sie wußten nur von einem Archidamischen oder Zehnjährigen Krieg, der von 431 bis 421 dauerte, und von einem Dekelischen oder Ionischen Krieg, der von 414 bis 404 dauerte. Die sieben Jahre dazwischen waren nicht gerade friedlich, aber die planlosen kleineren Zusammenstöße gingen, zumindest aus Sicht der Zeitgenossen, nicht über die gewohnten Unterbrechungen dessen hinaus, was die Hellenen als Frieden unter ihren Poleis bezeichneten; und die große Expedition Athens gegen Sizilien von 415-413 war kein Krieg gegen die Peloponnesier. Selbst nach 404 änderte sich die Klassifizierung von Krieg und Frieden nicht, da das Werk von Thukydides noch nicht veröffentlicht war; zumindest in der ersten Hälfte des 4. Jahrhunderts wußte niemand, daß es einen großen Peloponnesischen Krieg gegeben hatte.

Zudem steht nicht fest, wann Thukydides selbst den Gegenstand seines Werkes entdeckte. Die *Syngraphe* wird mit der Erklärung des Autors eröffnet, daß er „den Krieg der Peloponnesier und Athener" aufgezeichnet habe, eine Eröffnung, die sozusagen das gesamte Werk abdeckt. Aber in Buch V, 26 findet sich ein zweiter Eröffnungssatz, in dem es heißt, daß „der gleiche Thukydides" die Ereignisse seit dem Frieden des Nikias bis zum Ende der Athenischen Herrschaft* aufgezeichnet habe, als „der Krieg alles in allem 27 Jahre gedauert hatte". Diese zweite Eröffnung ohne Erklärung legt nahe, daß Thukydides den Archidamischen Krieg vielleicht in einer weniger ausführlichen Form beschrieben und bekannt gemacht hatte als diejenige, die uns erhalten geblieben ist. Wie jeder andere nahm er an, daß der Krieg an sein Ende gekommen war; und erst einige Zeit nach Wiederaufnahme der Feindseligkeiten im Jahre 414 hatte er die große Geschehenseinheit konzipiert, die die beiden Kriege, den Frieden und die Sizilische Expedition überwölbte. Die Schau dieser großen Einheit und ihrer besonderen Bedeutung wäre dann seine geniale Leistung; indem er diese Einheit schuf – die auf der pragmatischen Ebene des Geschehens nicht existierte und den Zeitgenossen entging – schuf er „Geschichte".

Die Natur dieser Einheit läßt sich nicht in einer knappen Definition zusammenfassen, es sei denn, man begnügte sich mit einem summarischen Hinweis auf den „Niedergang der Athenischen Herrschaft". Die neue Schöpfung bedurfte nicht nur einer Theorie, sondern auch sehr ernsthafter Anstrengungen hinsichtlich einer methodischen Klärung. Im folgenden Abschnitt werden wir uns erstens mit der Methode von Thukydides und zweitens mit seiner Theorie der neuen historischen Einheit selbst beschäftigen.[3]

2. *Die Methode*

Thukydides nannte den von ihm geschaffenen Typus der Einheit *kinesis*; der Krieg, den er beschrieb, war eine Bewegung, eine Erschütterung. Er war die größte *kinesis*, die sich jemals ereignet hatte, da sie nicht nur „die Hellenen, sondern auch einen Teil der Barbaren, ja sozusagen den größten Teil der Menschheit" in Mitleidenschaft zog. Die Größe der *kinesis* im quantitativen Sinn war offenbar ein starkes Motiv für Thukydides' Beschäftigung mit den Kriegsereignissen. Seine Aufzeichnungen beginnen direkt mit dem Ausbruch der Feindseligkeiten, weil die Protagonisten sich auf der Höhe ihrer Kriegsmacht befanden und die übrigen Griechen entweder die eine oder die andere Seite unterstützten. Er konnte sehen, daß der Krieg „größer und bedeutender" werden würde als alle vorausgegangenen (I, 1). Den Beweis für diese Einschätzung erbrachte er durch die *Archäologie*, einen

---

3 Für diesen Abschnitt wurden benutzt: Thucydides, *Historiai*, hrsg. von W. H. S. Jones und J. E. Powell, Oxford, 1942; A. W. Gomme, *Essays in Greek History and Literature*, Oxford, 1937; A. W. Gomme, *A Historical Commentary on Thucydides*, I, Oxford, 1945; das Kapitel über Thukydides in W. Jaeger, *Paideia* I, a.a.O.; Finley, *Thucydides*; G. B. Grundy, *Thucydides and the History of His Age*, I, 2. Aufl., Oxford, 1948; David Greene, *Man in His Pride. A Study in the Political Philosophy of Thucydides and Plato*, Chicago, 1950; ferner die Übersetzungen von B. Jowett, R. Crawley und C. F. Smith.*

Überblick über die hellenische Geschichte von den frühesten Zeiten bis in die Gegenwart. Dieser Überblick zeigte, daß Bevölkerungsstärke, Reichtum, militärische Ausrüstung und Machtapparat in Hellas nie zuvor auch nur annähernd eine solche Größenordnung erreicht hatten wie bei Ausbruch des Krieges (I, 2-19). Hinzu kam, daß der Peloponnesische Krieg ohnegleichen war, was seine Dauer und das Unglück anging, das er über Hellas brachte. Nie wurden so viele Städte erobert, zerstört und entvölkert; nie wurden so viele in der Schlacht getötet; nie gab es so viel Verbannung und Blutvergießen durch Bürgerkrieg innerhalb der Städte (I, 23).

Thukydides ist eigentümlich stolz auf die Größe der Katastrophe. Diese Empfindung ist zwar selten, aber nicht einzigartig; sie taucht bei italienischen Schriftstellern des 15. Jahrhunderts wieder auf, die über den Stolz auf die Erschütterungen ihrer Zeit ihre Unabhängigkeit von einer paradigmatischen Antike behaupten; die Größe der *kinesis* verstärkt ein „modernes" Selbstbewußtsein gegenüber den „Alten". Auch bei Thukydides verrät das Insistieren auf der Größe eine Ablehnung der Vergangenheit, ein Bewußtsein für die spezifischen Probleme einer neuen Zeit. Der Trojanische Krieg war eine vergleichsweise unbedeutende Angelegenheit, behindert durch unzureichenden Nachschub; und der entscheidende aber kurze Persische Krieg war bereits nach vier Schlachten - zwei Seeschlachten und zwei zu Land – vorbei (I, 11 und 23). Derartige Überlegungen verkleinern nicht nur die Bedeutung der Vergangenheit, sondern verweisen auf die Perspektive, in der Thukydides sein Werk in Relation zu Homer und Herodot gesehen haben möchte. Nicht, daß er mit ihren besonderen Leistungen konkurrieren möchte. Im Gegenteil, er hält seine eigenen Bemühungen, über eine *kinesis* zu berichten, dem Werk von Dichtern und Logographen insofern für überlegen, als er eine zuverlässige Beschreibung der Ereignisse anzubieten hat, die sich auf kritisch geprüfte Zeugnisse stützt und nicht auf deren übertriebene Ausschmückungen und unkritisches Hörensagen (I, 21). Seine Weigerung, sich auf Legendenhaftes einzulassen, werde das Werk vielleicht weniger ergötzlich machen, ihm sei es aber genug, wenn es von denen für nützlich gehalten werde, die das Gewesene genau verstehen und als Richtschnur für Künftiges verwenden möchten, das gemäß der menschlichen Natur (*kata to anthropinon*) gleich oder ähnlich sein wird. Sein Werk sei nicht auf den Beifall des Augenblicks aus, sondern als „dauernder Besitz" gemeint (I, 22).

Die Ablehnung der Vergangenheit wegen ihres Mangels an Größe geht also eng einher mit dem Bewußtsein von einer neuen Methode, die die Wahrheit genauer (*saphes*) wiedergibt. Während Thukydides die Methode lediglich anwendet, ohne sich in formaler Hinsicht zur Natur dieser Methode zu äußern, sind in dem Werk genügend Hinweise enthalten, um es mit methodischen Problemen in Zusammenhang zu bringen, die aus anderen zeitgenössischen Quellen bekannt sind. Besonders aufschlußreich ist die Reflexion über die relative Unbedeutendheit des Persischen Krieges, was impliziert, daß die Arbeit des „Logographen", der über ihn berichtet, gleichermaßen unbedeutend ist. Wie es sich fügt, handelt es sich bei dem „Logographen" um Herodot. Nun ist der Gegenstand von Herodots Werk, wie wir festgestellt haben, nicht der Persische Krieg, sondern der Krieg der Menschheit, der so alt ist wie das Gedächtnis der Menschen und der im Kriegszug des Xerxes seinen Höhepunkt erreicht. Selbst ein Thukydides würde zugeben, daß der Krieg der Menschheit als Ganzes einen „größeren" Geschehensablauf darstellt ist als irgendeine begrenzte *kinesis*, die nur einen Teil davon bildet. Wenn er das nicht zugibt, ist der Grund in seiner Weigerung zu suchen, den „Krieg der Menschheit" als eine methodisch legitime Geschehenseinheit anzuerkennen; er läßt nur die Unterabteilungen dieses Krieges als echte kinetische Einheiten gelten, so daß der Persische Krieg, die größte dieser Unterabteilungen, als der größte Einzelfall der Vergangenheit erscheint.

Die Gründe für die methodische Reinterpretation Herodots sind ausdrücklich in der zeitgenössischen medizinischen Literatur aufgeführt. Die hippokratische Abhandlung über *Die Natur des Menschen** beginnt mit der folgenden Passage:

> Wer gewöhnt ist, Diskussionen über die Natur des Menschen anzuhören, die über den Bereich der Medizin hinausgehen, der hat nichts davon, die folgende Rede zu hören. Denn ich stelle nicht die These auf, daß der Mensch im ganzen Luft oder Feuer oder Wasser oder Erde oder etwas anderes sei, was nicht offensichtlich im Menschen vorhanden ist. Das überlasse ich denen, die solche Diskussionen führen wollen. Allerdings scheinen mir die Vertreter dieser Thesen nicht richtig zu urteilen. Sie gehen alle von demselben Grundsatz aus, in der Durchführung aber widersprechen sie sich. Zwar sagt jeder dasselbe Sprüchlein zu seiner Lehre: sie behaupten nämlich, daß das, was ist, eins sei, und dieses sei das Ganze; in den Benennungen aber stimmen sie nicht überein: denn der eine von ihnen bezeichnet dieses Eine und Ganze als Luft, der andere als Wasser, der dritte als Feuer, der vierte als Erde, und ein jeder fügt seiner Lehre Zeugnisse und Beweise bei, die doch nichtig sind.[4]

---

4 „Nature of Man", in *Hippocrates*, IV, Loeb Classical Library. Ich habe die Übersetzung von W. H. S. Jones geringfügig verändert.*

Der Autor kämpft gegen spekulative Übergriffe auf eine empirische Wissenschaft. Er hat ein klares Verständnis davon, wie eine „Natur des Menschen" hinsichtlich ihrer konstituierenden Bestandteile beschrieben werden muß, auf die empirische Beobachter sich einigen können; und er befindet sich in der Defensive gegenüber Lesern, die offenbar erwarten, daß eine medizinische Abhandlung über die Natur des Menschen sich in Symbolen der ionischen Kosmologie und der eleatischen Spekulation über das Eine und Ganze ausdrückt. Diese eigentümliche intellektuelle Situation wird in der Abhandlung über *Die Alte Heilkunst* weiter erhellt. Die „alte Heilkunst" ist womöglich keine überholte Phase der Wissenschaft, die durch eine neue Methode ersetzt werden muß; im Gegenteil, sie ist die alte empirische Wissenschaft der Praktiker, die nun in Gefahr gerät durch die neue Mode (*kainos tropos*), das Studium der naheliegenden Ursachen (*aitioi*) der Krankheiten zugunsten einer spekulativen Hypothese (*hypothesis*) von einem letzten Grund aufzugeben. Solche Hypothesen, räumt der Autor ein, mögen nützlich sein, wenn man die Dinge im Himmel und unter der Erde erforscht, wo Aussagen sich ohnehin nicht verifizieren lassen, aber sie haben keinen Platz in einer gut ausgebildeten Wissenschaft, die ein Prinzip (*arche*) und eine Methode (*hodos*) hat.[5]

Was die Position von Thukydides angeht, so ist die Parallele deutlich. Obwohl er es nicht ausdrücklich sagt, verwirft er die auf Anaximander und Heraklit zurückgehende „Hypothese" Herodots, nämlich die Hypothese, daß Aufstieg und Verfall aller existierenden Dinge einander aufwiegen und dies das Erklärungsprinzip für den Verlauf der menschlichen Angelegenheiten sei. Für Thukydides wie für die hippokratischen Autoren ist die ionische Hypothese nutzlos bei der Untersuchung der naheliegenden Ursachen eines Phänomens, das in bezug auf seine Natur mehr oder weniger klar definiert ist. Die Hypothese lenkt nicht nur die Aufmerksamkeit von den Ursachen ab, sondern verdunkelt auch die Natur des Phänomens, ob es sich nun um ein Phänomen der Bewegung (*kinesis*) oder der Krankheit (*nosos*) handelt.

Die Schwierigkeiten, diese empirische Position zu definieren und aufrecht zu erhalten, erwachsen daraus, daß keine adäquate Terminolgie vorhanden ist, um sie zum Ausdruck zu bringen. Man kann nicht mehr als die Richtung erkennen, in die das neue methodische Bewußtsein sich sprachlich bewegt. In *Die Alte Heilkunst*, Abschnitt XV, gibt es einen interessanten Versuch der Begriffsklärung. Der

5 „Ancient Medicine", i, ii, xiii, *Hippocrates* I.

Autor kritisiert die Befürworter von Hypothesen, weil sie mit Sicherheit noch nicht ein „Warmes oder Kaltes, Trockenes oder Feuchtes" entdeckt haben, das „ein Ding an sich" wäre und „mit keiner anderen Form Gemeinschaft hat". Das „Ding an sich" (*auto eph heoutou*) ist ein Versuch, den Begriff von einem Wesen zu bilden, das kein Akzidens ist; Warmes und Kaltes, Trockenes und Feuchtes, die verschiedenen genannten Hypothesen also, sind Akzidentien, die an einer Form (*eidos*) partizipieren. Aber der Wortgebrauch von *eidos* ist noch nicht konsistent – im Kontext der *Alten Heilkunst* XII weist der Autor darauf hin, daß mehr als ein *eidos* der Medizin (d.h. ein „Zweig" der Wissenschaft) einen hohen Grad an Exaktheit erreicht habe.[6] Thukydides tendiert dazu, das Wort in der Bedeutung von Wesen und seinen Bestandteilen zu gebrauchen. Beim Auftreten der Pest spricht er vom *eidos*, der Natur der Krankheit, das jeder Beschreibung spotte (II, 50), und etwas später nennt er die Gesamtheit der Symptome die *idea* der Krankheit (II, 51). Wenn er die Wucht der Epidemie betont, verwendet er im selben Kontext für Krankheit den Terminus *metabole* (Störung, Umwälzung, Aufruhr) und bringt die Bedeutung von Krankheit in einen engen Zusammenhang mit der allgemeinen *kinesis*, die er untersucht (II, 48). Wir dürfen also sagen, daß Thukydides durch die Methoden der hippokratischen Schule stark beeinflußt war. Er benutzte das medizinische Krankheitsverständnis als Modell für seine *kinesis*; er war auf der Suche nach einem *eidos* oder einer *idea* der *kinesis* sowie nach deren Ursachen; er wollte dieses Wesen erforschen und bestimmen, um eine Grundlage für Zukunftsvorhersagen (*prophasis*) zu schaffen; und deshalb verwarf er die ionische Hypothese, mit deren Hilfe Herodot die Einheit für seine Untersuchungen gestaltete.

Daß Thukydides die hippokratische Methode als Modell benutzte, ist einigermaßen sicher. Dabei bleibt jedoch die Schwierigkeit bestehen, daß er sie als neue Methode der älteren von Herodot gegenüberstellen konnte, während die Ärzte sie als die alte Methode den neuen ionischen Moden gegenüberstellten. Das Methodenproblem am Ende des 5. Jahrhunderts war offensichtlich komplexer als gemeinhin angenommen wird, und es wird ratsam sein, gewisse historiographische Konventionen zu überprüfen und zu qualifizieren: (1) Wenn die Methode, Hypothesen aufzustellen für die empirische Wissenschaft ein Hindernis war, kann man schwerlich uneingeschränkt behaupten,

6 Derselbe inkonsistente Wortgebrauch bei Demokrit. In B 167 hat *idea* die Bedeutung von Form, in B 11 die Bedeutung von „Wissenszweig".

die Philosophen des 6. und des frühen 5. Jahrhunderts seien die Vorläufer der Wissenschaft gewesen; (2) wenn die Ärzte diese Philosophie für eine neumodische Einmischung in ihre alte Wissenschaft hielten, muß es Anfänge der Wissenschaft gegeben haben, die unabhängig von der ionischen Spekulation existierten; (3) wenn Thukydides gegenüber den Logographen auf der Neuheit seiner Methode beharren konnte, muß die Situation in der Wissenschaft vom Menschen in Gesellschaft sich erheblich von der Situation des Menschen in der Medizin unterschieden haben; und (4) wenn die Methode von Thukydides, die eng mit der sophistischen Psychologie verwandt war, zur Suche nach dem *eidos* oder der *idea* gesellschaftlicher Bewegungen führen konnte, muß Platons Suche nach der Idee* der empirischen Methode der Sophisten mehr verdankt haben, als gemeinhin zugegeben wird. Die Fragen, die sich angesichts dieser Überlegungen stellen, sind so schwierig, daß es einer Monographie bedürfte, um sie zu beantworten; sie können in dem vorliegenden Kontext nicht nebenher behandelt werden. Wir können nur einige Hinweise geben, die zusammenfassen, was im Hinblick auf diese Problematik im Zuge unserer eigenen Untersuchung zu Tage getreten ist.

Das Eindringen philosophischer Hypothesen in die Medizin, das die Ärzte beklagten, war offenbar Teil des allgemeinen Immanentisierungsprozesses, den wir in unserer Untersuchung der sophistischen Fragmente analysiert haben. Symbole, die für die Erklärung von Transzendenzerfahrungen ihren guten Sinn hatten, wurden bei der Spekulation über weltimmanente Phänomene verwandt; und dieser Gebrauch führte zu hypothetischen Konstruktionen, die aus Sicht der empirischen Wissenschaft Sackgassen waren, wie zum Beispiel die atomistische Physik Demokrits. Die Ausweitung der immanentistischen Spekulation hatte, je nach den Phänomenbereichen, auf die sie sich erstreckte, unterschiedliche Auswirkungen. Wenn es eine empirische Wissenschaft hinsichtlich des fraglichen Phänomens noch nicht gab, begegnete die hypothetische Konstruktion nicht dem Widerstand von Emipirikern; die kosmologische Spekulation von den ionischen Anfängen bis zu Anaxagoras und Demokrit konnte sich frei entfalten, weil es keine Wissenschaft der Physik gab; Widerstand war vielmehr durch einen Konflikt mit volkstümlichen Glaubenshaltungen bezüglich der Götter und der Struktur des Universums zu befürchten. Bis zu einem gewissen Punkt stellte die spekulative Physik daher einen echten Wissensfortschritt dar; die Ergebnisse empirischer Untersuchung von Seiten der Physiker hatten ihren Wert, auch wenn ihnen „hypothetische" Fehlkonstruktionen zugrunde lagen; und der

Fortschritt war echt bis zu dem Punkt, an dem er keinen Gewinn mehr brachte, weil die hypothetische Konstruktion die Verarbeitung von Tatsachen und sogar deren Beobachtung verhinderte. Wenn die hypothetische Konstruktion sich jedoch auf einen Phänomenbereich erstreckte, der bereits von einer empirischen Wissenschaft besetzt war, wie dies bei der Medizin der Fall war, wurde der Widerstand der Wissenschaftler geweckt. Also gab es hypothetische Spekulation unter verschiedenen Perspektiven gemäß dem jeweiligen Reifegrad, den eine empirische Wissenschaft damals erreicht hatte. Für einen Physiker mit seiner alten Wissenschaft waren die Hypothesen etwas Neumodisches. Für einen Thukydides, der sich mit Politik beschäftigte, waren dieselben Hypothesen verbraucht und obsolet, weil durch seine Bemühungen und die seiner Zeitgenossen eine politische Wissenschaft gerade im Entstehen begriffen war.

Die empirische Wissenschaft ist ein unabhängiger Faktor in der Geistesgeschichte; und vor allem gilt es, ihre Unabhängigkeit von der Entwicklung der Philosophie anzuerkennen. Wenn man keine vorgefaßte Meinungen über den Ursprung von Wissenschaft hat, kann das Vorhandensein dieses Faktors nicht allzu überraschend sein; denn ein mehr oder weniger umfassendes Wissen über Ursachen und Wirkungen in der Welt, die den Menschen umgibt, ist selbst auf primitiven Stufen der Zivilisation eine unabdingbare Voraussetzung menschlichen Überlebens. Und wo immer dieses Wissen durch handwerkliche Spezialisierung intensiviert wird, ist die Grundlage zur systematischen Entwicklung einer empirischen Wissenschaft gegeben. In allen Zivilisationen, des Westens wie des Ostens, der Antike wie des Mittelalters, hat die empirische Wissenschaft ihren Ursprung nicht in der Philosophie, sondern im Wissen der Handwerker. Wenn solch ein Korpus empirischen Wissens professionellen Theoretikern in die Hände fällt, kann es zu einer Wissenschaft erblühen, falls die Methoden (wie zum Beispiel Experiment und Mathematisierung) angemessen sind; aber offensichtlich kann es auch zerstört werden, wenn die Methode einer Mode gehorcht oder eine irreführende Spekulation ist. Das war die Gefahr, der sich eine recht hoch entwickelte Wissenschaft wie die griechische Medizin gegenübersah. Aber dasselbe Schicksal konnte das empirische Wissen der Politik ereilen, das in der Kunst der Staatsmänner, den Praktikern der Politik, anzutreffen war. Ein Vorgeschmack dessen, was in dieser Hinsicht geschehen konnte, lieferten die Fälle von Hippodamos und Phaleas. Ersterer wurde von Aristoteles als der erste Privatmann, das heißt als der erste Nichtpraktiker, herausgestellt, der, offenbar anhand einer pythagoreischen „Hypothese", über die beste Regierungsform spekulierte. In dieser Entwicklung hat Thukydides seinen Platz als der erste Praktiker, der das empirische Wissen der Politik in eine Wissenschaft umzuwandeln suchte und zu diesem Zweck die Wissenschaft der Medizin als Modell benutzte. Die Reden der Syngraphe erhalten unter diesem Aspekt eine besondere Bedeutung, weil Thukydides darin die politischen Praktiker, nämlich die führenden Staatsmänner, Generäle und Botschafter, das *eidos* der *kinesis* entwickeln und formulieren ließ, das er als Wissenschaftler beschrieb.

Mit der Umformung des handwerklichen Wissens zu einer Wissenschaft vollbrachte Thukydides eine Großtat, die jedoch unvermeidlich schwerwiegende Probleme für die Zukunft der politischen Wissenschaft aufwarf. *Kinesis* war eine „Krankheit" der politischen Ordnung; die Praktiker, die ihr *eidos* gestalteten und bestimmten, waren die Totengräber von Hellas, als die Platon sie im *Gorgias* charakterisierte; und die politische Wissenschaft von Thukydides war eine Modellstudie zum Selbstmord eines Volkes, aber kaum ein Entwurf zu einer erfolgreichen politischen Ordnung. Wenn Platons Diagnose zufolge Kimon, Miltiades und Perikles schlechte Staatsmänner waren, weil sie eine *kinesis* in Gang setzten und dadurch die Ordnung der athenischen Polis und ihres Herrschaftsbereichs zerstörten, wo war der kompetente Praktiker und wie sah er aus, der eine gerechte Ordnung gestalten konnte? Platons Antwort auf diese Frage war der Philosophenkönig, der Herrscher, der die richtige Ordnung in seiner Seele trägt und, als Praktiker, die Ordnung der Polis nach dem Bild, dem Paradigma, seiner Seele gestalten konnte, die ihrerseits nach dem im Himmel aufgestellten Paradigma gestaltet war. Thukydides' Wissenschaft untersuchte nur die *idea* der *kinesis*, der Ordnungsstörung; Platon untersuchte die *idea* der Ordnung selbst. Diese Beziehung zwischen Thukydides und Platon muß betont werden, weil gelegentlich noch der nostalgische Seufzer zu hören ist, welch wunderbare Fortschritte die politische Wissenschaft hätte machen können, wenn andere in die Fußstapfen von Thukydides getreten wären und wenn diesem vielversprechenden Beginn einer Wissenschaft der Politik unter dem Einfluß der Philosophie Platons nicht ein Ende gemacht worden wäre. Dieses Vorurteil der Empiristen übersieht die Tatsache, daß beide Denker einander ergänzen: Thukydides untersuchte eine politische Gesellschaft in der Krise und schuf die empirische Wissenschaft von der tödlichen Krankheit der Ordnung; Platon schuf die andere Hälfte der Politik, die empirische Wissenschaft der Ordnung. Wenn Platon seine Aufgabe als Suche nach den Ideen der Tugend im allgemeinen und der Gerechtigkeit im besonderen verstand, und zu diesem Zweck dieselben Termini *eidos* und *idea* wie die Ärzte und Thukydides benutzte, sollte dieser Wortgebrauch nicht als philologische Kuriosität angesehen werden, sondern als Schlüssel zu Platons Intentionen. Das Verständnis für diese komplizierte Phase der griechischen Geistesgeschichte wird mit Sicherheit zunehmen, wenn man Platon nicht dadurch abtut, daß man ihn als einen philosophischen „Idealisten" klassifiziert, sondern in ihm den ausgewiesenen Praktiker erkennt, der versuchte, das *eidos* der Ordnung in Gesellschaft zu bestimmen und zu gestalten, indem er die immanente Ordnung mit ihrem transzendenten Ursprung im Agathon verband.

3. Die Theorie

Die Zeitgenossen von Thukydides teilten seine Auffassung, daß ein großer Peloponnesischer Krieg stattgefunden habe, wie gesagt nicht. Wenn sie Krieg sagten, meinten sie eine Reihe von Schlachten und Feldzügen, die einen formalen Anfang mit einer Kriegserklärung und ein formales Ende mit einem Friedensvertrag hatten. Wenn Thukydides Krieg sagte, meinte er eine Bewegung, die mehr war als eine Reihe diplomatischer und militärischer Aktionen sofern sie, über physische Zusammenstöße und kollidierende Leidenschaften hinaus, eine Bedeutungsdimension hatte, die bis zum moralischen Zusammenbruch und völligen Gestaltwechsel reichte. Auf der pragmatischen Ebene politischen und militärischen Handelns war die Herrschaft Athens als eine Macht zunächst zur Größe aufgestiegen und dann in der Niederlage untergegangen; auf der Ebene der thukydideischen Historiographie folgten Aufstieg und Niedergang nicht zeitlich aufeinander, sondern waren in ein außerzeitliches Sinngefüge verwoben. Es war ein verwickeltes Gewebe, und zuweilen fragt sich der Leser, ob der Historiker selbst sich immer ganz sicher war, welches Muster er webte. Der Aufstieg Athens zur Macht war physisch und emotional ein Kraftausbruch, eine Vergrößerung der hegemonialen Stadt auf Kosten der schwächeren Verbündeten und Nachbarn; obwohl dies, moralisch gesehen, in skrupellose Rechtsverletzungen und die Befriedigung von Habgier ausuferte, in einen Zusammenbruch des Ethos, einen großen Verfall, der den Keim der späteren politischen Katastrophe in sich barg.

So viel ist klar; aber da Thukydides kein moralisierender Intellektueller ist, der Imperialisten eine Lehre erteilt, ist das nicht alles. Gewiß, aggressive Expansion und Zersetzung des Ethos gehörten untrennbar zusammen; aber daraus folgte nicht, daß aggressive Expansion schlecht war. Obwohl der äußere Aufstieg durch die verrottende moralische Substanz vergiftet war, erschloß er ein Feld an großen Möglichkeiten und gab Menschen die Freiheit, ihre Fähigkeiten, ihren Erfindungsreichtum und ihre Phantasie unter Beweis zu stellen; der Aufstieg Athens zur Macht bot ein prächtiges Schauspiel, angefangen mit den Kriegsschiffen, die die Meere beherrschten, bis hin zur architektonischen Ausschmückung der Herrscherstadt; die Vulgarität, die Brutalität, die Greuel und die generelle Gemeinheit, die Thukydides ebenso klar erkannte wie Der Alte Oligarch, waren der Preis, der für die Akropolis und die Pracht des perikleischen Goldenen Zeitalters bezahlt werden mußte. Athen, wie Thukydides es sah, war eine progressive Macht in der Geschichte, und sein zivilisatorisches Potential hätte sich ohne die imperiale Ausbeutung seiner Verbündeten und Untertanen nicht realisieren lassen. Aber wieder ist Vorsicht geboten. Obwohl Thukydides kein Moralist war, war er auch kein Hurra-Patriot, der imperiale Vorherrschaft aufgrund einer zivilisatorischen Überlegenheit des Aggressors rechtfertigen würde. Er ergriff eindeutig Partei für Athens Unternehmungsgeist und innovative Aktivität, aber er war entsetzt über den Sittenverfall und die physische Zerstörung, die, wie es schien, notwendigerweise das Gegengewicht zu dem kurzlebigen Glanz des perikleischen Athen bildeten.

Weitere Aspekte der *kinesis* gerieten in den Blick, wenn die offensichtliche Notwendigkeit dieses Zusammenhangs genauer geprüft wurde. Die Verantwortung für die eigentümliche Form, die die politische und zivilisatorische Expansion annahm, lag nicht bei Athen allein. Um Hellas gegen die persische Bedrohung verteidigen zu können, bedurfte es einer starken Flotte, das hatte Salamis gezeigt, und die delischen Verbündeten waren durchaus gewillt, Athen die Last energischen Handelns tragen zu lassen. Die Konzentration der Seestreitkräfte auf Athen war weitgehend auf die Tatsache zurückzuführen, daß die Mitglieder des Delischen Bundes lieber durch Geldzahlungen zu Bau, Unterhalt und Bemannung ihrer Flotten beitrugen; sie finanzierten das Instrument zu ihrer Unterjochung aus ihrem eigenen Vermögen und waren militärisch selbst nicht stark genug, um den Übergriffen der hegemonialen Stadt zu widerstehen, als deren Macht auf ihre Kosten anwuchs. Als nach dem Kalliasfrieden die persische Gefahr weniger bedrohlich geworden war, hatte sich die soziale Struktur Athens von der halb-aristokratischen, landwirtschaftlichen Polis Marathons zu einer geschäftigen, von Industrie und Handel geprägten Demokratie gewandelt und war zu einem Zentrum des Schiffbaus für das Bündnis und zu einer Seemacht geworden. Kein Staatsmann konnte die Entwicklung gegen das Interesse und den Willen des Volkes rückgängig machen. Athen hatte sich den Erfordernissen des neuen Zeitalters angepaßt; und nun mußten sich die früheren Verbündeten dem neuen Athen anpassen und sich darein fügen, daß der Delische Bund zum Attischen Seebund wurde.

Ein ähnliches Problem entstand in bezug auf den Peloponnesischen Bund. Die Peloponnesier hatten gewiß Grund, die neue und immer weiter anwachsende Macht Athens zu fürchten. Aber sie mußten sie fürchten, weil die Lakedaimonier und ihre Verbündeten es vorzogen, ihr altes Lebensmuster beizubehalten. Es fehlte an Willen und Vorstellungskraft, der Umgestaltung Athens mit derselben radikalen Anpassung der Politik und der konstitutionellen Ordnung zu begegnen. Die Machtverhältnisse waren dabei sich zu verändern, und unter den hellenischen Poleis war nur Athen flexibel und risikofreudig genug, um damit fertig zu werden. Die Peloponnesier, die Inseln und die asiatischen Griechen neigten dazu, in der neuen Ordnung einen Rechtsbruch und in der revolutionären Macht einen Aggressor zu sehen.

Die Reibereien, die aus den sich verändernden Kräfteverhältnissen erwuchsen und die von Thukydides sorgfältig im einzelnen beschrieben werden, lieferten dem Historiker Material für Reflexionen über die Kausalität politischen Handelns und dessen Konflikt mit den Rechtsprinzipien. Der Feldzug von Xerxes war eine brutale historische Tatsache gewesen, eine Ursache, die eine Kettenreaktion auslöste. Die erste dieser Reaktionen war die Flottenpolitik von Themistokles, durch die die Unabhängigkeit von Hellas gewahrt wurde. Der Erfolg bei Salamis stellte sich als eine weitere Ursache heraus, die maßgebend wurde für die kontinuierliche Flottenpolitik des Delischen Bundes und wiederum die Umgestaltung Athens bewirkte. Mit dem Jahr 450 war die neue Ordnung Athens eine vollendete Tatsache geworden; und ihre Irreversibilität wurde die Ursache für die Entstehung der imperialen Politik. Der Feldzug von Xerxes, die Schlacht von Salamis, die Gründung des Delischen Bundes und die Umgestaltung Athens bilden eine Kette aus Ursache und Wirkung, an deren Ende die irritierende Macht der hegemonialen Stadt steht; wir befinden uns im Bereich der *aitiai* und deren mit Notwendigkeit sich ergebenden Auswirkungen. Kausalität ist in Fragen von Gerechtigkeit und Moral jedoch kein Argument. Thukydides erwartet von den athenischen Massen nicht, daß sie gegen ihre Interessen handeln, auf ihre gewinnbringenden Beschäftigungen und ihr angenehmes Leben verzichten und, sobald die persische Gefahr vorüber ist, wieder als bescheidene Bauern unter ärmlichen Bedingungen den Boden Attikas bestellen; sie sind „gezwungen", ihre Herrschaft auszubauen. Und da sie einmal so brutal ausgebaut worden ist, kann man nicht von ihnen erwarten, sie aufzugeben und zum Zeichen der Beschwichtigung ihre Flotte abzuschaffen, denn ihre früheren Untertanen würden sich dann untereinander oder mit Sparta verbünden und sich an den einstigen Unterdrückern rächen; also sind sie „gezwungen", sie rücksichtslos aufrechtzuerhalten. Nichtsdestoweniger ist der „Zwang", Ungerechtigkeiten und Greueltaten zu verüben, immer noch ein moralisches Scheitern; und nie ist dies offensichtlicher, als wenn der Zwang der Interessen zum Gesetz des Handelns erhoben wird, das Verletzungen der Moral und Rechtsbrüche rechtfertigt.

Der Konflikt zwischen Notwendigkeit und Gerechtigkeit wird ferner durch das fragwürdige Verhalten der Feinde Athens kompliziert. Das zunehmende Machtgefälle zwischen der imperialen Stadt und ihren Feinden wird nur zu einem Teil durch das Handeln Athens verursacht; zum anderen Teil geht es auf die Untätigkeit der Mitglieder der Symmachie und der Peloponnesier zurück. In der Ethik der Tragödie ist Untätigkeit jedoch ein Ausweichen vor Dike; der Mensch, der den Verhältnissen nicht mit entschiedenem Handeln begegnet, vernachlässigt seine Pflichten. Es ist unmoralisch, sich aufgrund wechselnder Umstände Schwäche zu gestatten, wenn heilsames Tun die Kraft aufrechterhalten oder wiederherstellen könnte. Eine Macht, die durch Untätigkeit relativ schwach geworden ist, kann nicht eine stärkere Macht, die ihre Chancen wahrnimmt, für ihr Mißgeschick verantwortlich machen. Thukydides stand vor dem Problem, daß gerade die schöpferische Kraft, der Mut und die Tatkraft Athens, die Hellas gerettet hatten, sowie die ständige Betätigung der frei gewordenen Kräfte, die materiellen Gewinn und kulturelle Leistungen hervorbrachte, in einem zivilisatorischen Umfeld aus weniger tatkräftigen Partnern verheerende Konsequenzen hatte. Es ist ein nie endendes Problem, wie eine progressive Macht sich auf ihre langsameren Nachbarn auswirkt. Sollte es als Rechtsprinzip in gesellschaftlichen Beziehungen im allgemeinen und in politischen Beziehungen im besonderen erachtet werden, daß ein Mensch oder eine Gesellschaft, die gewillt sind, ihre Energien gut umzusetzen, sich zurückhalten müssen, um aus Höflichkeit mit den randständigen Nachzüglern und Bummlern Schritt zu halten? Zumal wenn das tatkräftige Handeln im Kern dem gemeinsamen Interesse dient und die Verfechter des *status quo* mit ihrem Widerstand die Sicherheit der Gemeinschaft gefährden? Thukydides entscheidet sich für die progressive Seite. Das Problem wird deutlich bei der berühmten Meinungsverschiedenheit zwischen Thukydides und Platon über die Verdienste von Archelaos, des Königs von Makedonien. Thukydides sieht in ihm den Wohltäter seines Landes, der die Befestigungen errichtete, die Makedonien zum ersten Mal vor Invasionen schützten, ein neues Straßensystem baute, eine Streitmacht aufstellte und die Mittel zur Verteidigung stärker vermehrte als die acht Könige vor ihm (II, 100). In Platons *Gorgias* erscheint derselbe Archelaos als der Prototyp des schmierigen Politikers, der durch Mord und Verbrechen aller Art an die Macht gelangt. Die Schwierigkeit ist, daß wahrscheinlich beide Portraits stimmen; es gibt Situationen, in denen die Art des Widerstands brutale Mittel erfordert, um politische Ziele zu erreichen, die in sich wünschenswert sind.

Das bohrende Fragen nach Struktur und Sinn der großen Bewegung endet aber nicht in der Flachheit intentionalistischer Ethik. Die Mittel bleiben Mittel zu einem Zweck in der Kausalordnung und werden nicht zur Würde moralisch gerechtfertigten Handelns erhoben, weil der Zweck wertvoll ist; und wenn die Mittel Verbrechen sind, bleiben sie Verbrechen in der Moralordnung. Nur anläßlich einer bedeutenden Gelegenheit, nämlich in der Gefallenenrede, bringt Thukydides ein Argument vor, das die Kluft zwischen den Ordnungen der Notwendigkeit und der Moral überbrücken soll. Das geschieht, wenn er Perikles plädieren läßt: „Für keinen Feind ist es eine Erniedrigung, wenn er von einer solchen Stadt besiegt wird, und die Untertanen klagen nicht, daß sie von einem unwürdigen Herrn regiert werden" (II, 41). Wenn es innerhalb der Ordnung der Notwendigkeit Eroberer und Besiegte, Herren und Untertanen geben muß, erhält diese sinnlose Trostlosigkeit durch die Würde des Eroberers oder Herrn einen Sinn. Die Notwendigkeit von Macht ist so etwas wie ein Schicksal, das alle Menschen ertragen müssen – der Herr erleidet es ebenso wie der Untertan; und in der Würde des Herrn erfährt der Untertan (oder sollte es erfahren) so etwas wie eine allgemeine Repräsentation menschlicher Größe. Offensichtlich ist das Argument schwach; Thukydides selbst bringt Beispiele von potentiellen Untertanen, die lieber die Vernichtung riskieren, als sich durch athenische Würde repräsentieren zu lassen. Nichtsdestoweniger ist genau diese Schwäche von Bedeutung, insofern sie die Ausweglosigkeit des Dilemmas offenbart. Nicht einmal der führende Staatsmann von Athen würde in der Darstellung von Thukydides so tief sinken, daß er die brutale Realität mit dem Schleim moralischer Scheinheiligkeit überziehen würde. Thukydides bleibt nichts weiter übrig, als auf den Stolz Athens zurückzugreifen; und in seinem Pathos ist zu spüren, wie er unter der Last einer Notwendigkeit leidet, für deren Schande Athen büßen muß.

Es gibt keine Lösung für diesen Konflikt. Die tiefste Schicht, die in der Theorie der *kinesis* berührt werden kann, ist die Verzweiflung. Athen bewegt sich unter dem Druck der Notwendigkeit weiter, und jeder Schritt führt tiefer in den Morast der Unrechts. Die brillante Expansion ist selbstzerstörerisch im allerwörtlichsten Sinne einer Zerstörung der moralischen Persönlichkeit. Der Prozeß, der von der öffentlichen auf die private Sphäre übergreift, beginnt damit, daß man sich an unrechtes Handeln in Staatsangelegenheiten gewöhnt, und endet damit, daß sich Ehrlichkeit, Loyalität und Schamgefühl in den persönlichen Beziehungen auflösen. Thukydides beschreibt diesen Prozeß und seine Folgen mit der Leidenschaft eines Anatomen, der ein krankes Organ seziert; und mit einem an seiner Beschreibung geübten Blick können wir in den sophistischen Fragmenten des letzten Viertels des 5. Jahrhunderts sowie bei den von Platon portraitierten Sophisten die Verzweiflung erkennen, die die Korrosion der Persönlichkeit verursachte. Der Rat, durch Gesetzesübertretung dem *sympheron* zu folgen, die bösartigen Behauptungen, Recht sei, was dem Stärksten nütze, die Ansprüche, der Stärkere herrsche von Rechts wegen, weil er der Bessere sei, diese „Theorien" über Gesetz und Recht als Erfindungen der Schwachen, um die Starken niederzuhalten – all dieses verzweifelte ‚Meinen', das nie auch nur in die Nähe theoretischer Kohärenz gelangt, spiegelt die moralische Verwirrung der großen *kinesis* wieder. Diese vielfältigen *doxai* beleuchten Aspekte des Konflikts zwischen Notwendigkeit und Gerechtigkeit, der das Zeitalter erschütterte.

Selbst die intellektuelle Disziplin eines Thukydides vermochte sich der tiefen Verwirrung, die der Konflikt mit sich brachte, nicht ganz zu entziehen. Hier und da begegnen wir Reflexionen, daß trotz aller Notwendigkeit der tatsächliche Geschehensverlauf nicht unvermeidlich gewesen wäre. Gewiß, der Krieg war unvermeidlich, aber Athen hätte ihn nicht unbedingt verlieren müssen. Die Politik von Perikles, die durch übermäßige Expansion in den 60er und 50er Jahren entstandenen Verluste zu begrenzen, Attika im Kriegsfalle den Invasoren zu überlassen und die Herrschaft durch die Beherrschung des Meeres aufrecht zu erhalten, hätte den Sieg garantiert. Aber nach seinem Tod im Jahre 428 wurden unter der Führung des emotionalen und ehrgeizigen Kleon die besten Chancen für einen Friedensschluß nach den Ereignissen von Pylos verpaßt; und weder Kleon noch seine Nachfolger besaßen die Integrität und die Persönlichkeit, die den imperialistischen Pöbel hätten in Schach halten und katastrophale Abenteuer hätten verhindern können. Thukydides tendiert dazu, solches Versagen der persönlichen Führung, durch das ein Krieg verloren ging, der nach militärischer Berechnung hätte gewonnen werden müssen, für Zufall zu halten, für ein unvorhersehbares Mißgeschick, das sich auf die Abstimmung der Mittel und Zwecke innerhalb der Ordnung der Notwendigkeit ebenso verheerend auswirkte wie die Pest auf die wohldurchdachten Pläne des Perikles.

Solche Überlegungen zeigen, daß Thukydides hinsichtlich des Zusammenhangs zwischen Rationalität und Ethos keine eindeutige Haltung hatte. Offensichtlich war sein Empfinden, wie das seiner sophistischen Zeitgenossen, abgestumpft, und er vermochte nicht zu sehen, daß die Sphäre der Macht und des pragmatischen Rationalismus nicht autonom, sondern Teil der menschlichen Existenz ist, die als ganze die Rationalität geistiger und sittlicher Ordnung in sich enthält. Wenn die Herrschaftsfunktion der geistigen und moralischen Ordnung zusammenbricht, unterliegt die Gestaltung der Zwecke in der pragmatischen Ordnung der Irrationalität der Leidenschaften; die Zweck-Mittel-Koordination mag weiterhin rational sein, aber das Handeln wird nichtsdestoweniger irrational, weil die Zwecke vom Standpunkt geistiger und moralischer Ordnung keinen Sinn mehr ergeben. Wenn die Korrosion der Vernunft bis in eine gewisse Tiefe vorgedrungen ist und einen hinreichend großen Teil des Volkes befallen hat, wird effektive Führung im Sinne der Vernunft schwierig und vielleicht unmöglich, selbst wenn der Mann an der Spitze unter günstigeren Bedingungen eine solche Führung ausüben könnte; nimmt der Grad der Korrosion zu, wird ein Mann mit solchen Qualitäten, gerade weil er sie besitzt, feststellen, daß es unmöglich ist, die Führungsposition zu erreichen; und in einem letzten Stadium verhindert die Gesellschaft durch ihre Korruption womöglich, daß ein Mann mit solchen Qualitäten sich überhaupt herausbildet, auch wenn er von Natur aus nicht unbegabt ist. Diesen Zusammenhang zwischen der Korruption der Gesellschaft und der Unmöglichkeit rationaler Führerschaft wollte Thukydides nicht eingestehen. Er konnte oder wollte nicht sehen, daß eine Gesellschaft und ihr politisches System dem Untergang geweiht war, wenn sie ihre Existenz nur durch das Wunder aufrechterhalten konnte, daß es einen Perikles nach dem anderen gab; noch konnte er eingestehen, daß mit zunehmender Zersetzung des Ethos die athenische Gesellschaft kaum noch einen Perikles hervorbringen würde. Und wahrscheinlich kam er nie auf den Gedanken, daß einem erstrangigen Mann nicht daran liegen könnte, der politische Führer Athens zu werden und er sich lieber einer weniger ekelerregenden Tätigkeit zuwenden würde.

Wir sind ans Ende von Thukydides' *kinesis*-Theorie gelangt und können das Ergebnis zusammenfassen. Bei der Ausführung seines Plans mußten offenbar die zeitlichen Begrenzungen der *kinesis* über den formalen Kriegsbeginn hinaus ausgedehnt werden. Die Eröffnungssätze bezeichnen den „Krieg" selbst als *kinesis*; da aber Thukydides mehr als einen Bericht über die militärischen und diplomatischen Ereignissen geben wollte, mußte er die sinngebende Einheit erweitern und die Ätiologie der Krise, die ihren Höhepunkt in der tatsächlichen Kriegführung erreichte, mitbehandeln. Zu diesem Zweck schob er in das Erste Buch die *Geschichte der Fünfzig Jahre* ein, die Geschichte von Salamis bis zum Kriegsausbruch (I, 89-117). Durch diese Erweiterung wurde die große Störung der Welt der Poleis im Gefolge der Perserkriege die Bewegung, die alles in allem von 480-404 dauerte. Die Untersuchung des *eidos*, der Natur der Bewegung, beleuchtete dann die zahlreichen Aspekte eines komplizierten strukturellen Dilemmas: von Macht und Gerechtigkeit, Notwendigkeit und Moral, Fortschritt und Rückständigkeit, zivilisatorischem Aufstieg und Zusammenbruch des Ethos. Die Genialität von Thukydides offenbarte sich in der Disziplin, mit der er der Versuchung widerstand, die dilemmaartige Struktur politischer Existenz durch irgendeinen Versuch der Rationalisierung zu verschleiern. Dieser Leistung wegen muß er als der wahre Erbe der tragischen Tradition angesehen werden. Aber aufgrund des Inhalts markiert sein Werk zugleich das formale Ende der Tragödie, insofern es die Geschichte vom Tod des Helden erzählt, der einst die Ordnung des Zeus gegen die Unordnung verursachende Hybris der Macht repräsentierte. Die Dike des Zeus war aus der Ordnung Athens verschwunden, und die tragische Empfindung hatte sich vom Volk in einzelne Menschen zurückgezogen, die als Kontemplierende den Sinn der Ordnung bewahrten, indem sie die sie umgebende Unordnung an den erinnerten Maßstäben maßen.

Hier stoßen wir an die Grenze von Thukydides' Leistung. Es ist der Mühe wert, seine Schwierigkeit mit der ähnlich gearteten von Machiavelli zu vergleichen. Beide Denker reagierten sensibel auf das Dilemma von Macht und Moral, beide fanden sich ab mit der Notwendigkeit krimineller Mittel zu einem in ihren Augen wünschenswerten Zweck. Aber Machiavelli war sich in höchstem Maße bewußt, daß der Fürst nicht mehr als eine äußere Ordnung verwirklichen konnte, während echte Ordnung der Gemeinschaft durch einen geistigen Reformer eingeimpft werden mußte. Obwohl Thukydides sich auf derselben Ebene politischen Handelns bewegte wie Machiavelli, konnte er sich offensichtlich keine Alternative zu seinem perikleischen Fürsten vorstellen – was ihm kaum zu verargen ist, weil er, anders als Machiavelli, keine Erfahrung mit prototypischen Rettern hatte. Nicht nur, daß es in der Realität Athens keine geistigen Reformer gab, sondern daß selbst Thukydides sich eine solche Persönlichkeit nicht vorstellen konnte, zeigt deutlich, daß ein Zeitalter politischer Kultur unwiderruflich an sein Ende gelangt war. Die Zeit der Polis lief ab; eine neue Epoche der Ordnung begann mit Sokrates und Platon.

4. Die Form

Die *Syngraphe* ist ein Fragment, das im 21. Jahr der 27 Kriegsjahre abbricht. Zudem haben die späteren Bücher wahrscheinlich nicht die Form, die der Autor ihnen letztlich gegeben hätte. Eine Untersuchung der literarischen Form muß sich deshalb vor allem auf die ersten vier Bücher stützen. Eine kurze Betrachtung dieses Themas ist nötig, weil bei Thukydides die literarische Form aufs engste mit seiner Theorie zusammenhängt.

Thukydides trug seine Theorie nie diskursiv vor, sondern deutete sie durch wechselseitig sich erläuternde Ereignisse und Reden an und streute nur gelegentlich direkte Reflexionen ein. Dieses literarische Mittel wurde, wie wir gesehen haben, von Herodot zu dem Zweck entwickelt, Geschichte anhand einer „Hypothese“ zu interpretieren, aber es erhielt eine neue Bedeutung, als Thukydides es dazu benutzte, politische Realität zu untersuchen. Die immer noch viel debattierte Frage, was Thukydides unter Realität verstand, ist von entscheidender Bedeutung, um die Wechselbeziehung zwischen seiner Form und seiner Theorie zu verstehen. In unserem heutigen intellektuellen Klima, das immer noch stark den Strömungen des Positivismus ausgesetzt ist, läuft die Frage darauf hinaus, ob Thukydides ein im modernen Sinn zuverlässiger Historiker war. Sie jedoch in diese Richtung umzubiegen, ist zwar nicht völlig unstatthaft, aber unrichtig genug, um das Wesen des Problems zu verzerren. Wäre die *Syngraphe* nichts weiter als ein Bericht über „historische Tatsachen“ auf der pragmatischen Ebene, wäre er nie geschrieben worden; denn auf der pragmatischen Ebene gab es, wie wir ausführlich dargestellt haben, kein Vorkommnis wie einen Peloponnesischen Krieg. Die *kinesis* ist eine Einheit, insofern sie das katastrophale Drama von Menschen ist, die in dem verwirrenden Dilemma von Notwendigkeit und Ethos gefangen sind; und diese dramatische Einheit konnte nicht durch eine bloße Schilderung der Ereignisse geschaffen werden, sondern bedurfte der Reden, die, wie ein Chor in der Tragödie, das Dilemma klar zu Bewußtsein brachten. Die Realität bei Thukydides ist also dramatisch in dem Sinn, daß von Handlungen nicht nur als Ereignissen in Zeit und Raum berichtet wird, sondern daß sie über das Hilfsmittel der Reden für das Drama der Seele durchsichtig gemacht werden. Folglich läßt sich die Frage nach „historischer Zuverlässigkeit" im modernen Sinn nicht mit einem einfachen Ja oder Nein beantworten, sondern bedarf einer Unterscheidung, die Thukydides selbst vornimmt. In Buch I, 22 unterscheidet er zwischen Reden (*logoi*) und Ereignissen (*erga*) und den Graden der Genauigkeit (*akribeia*), die er beim Berichten über die zwei Klassen von historischen Materialien zu erreichen vermochte. Was die Ereignisse anging, habe er die Methode verwendet, Augenzeugenberichte zu sammeln, sie miteinander zu vergleichen und soweit wie möglich die Wahrheit in Erfahrung zu bringen, wenn sie einander widersprachen. Was die Reden anging, habe er nicht versucht, sie wörtlich wiederzugeben, da seine eigene Erinnerung sowie die der anderen ein zu unvollkommenes Instrument sei. Vielmehr habe er ermittelt, in welcher Situation die Rede gehalten wurde und welchen generellen Tenor das tatsächlich Gesagte hatte, um dann seinen Rednern die Sprache in den Mund zu legen, die für den Anlaß „passend" (*ta deonta*) war. Die Reden geben deshalb weder den genauen Wortlaut noch den Stil des Redners wieder, sondern bringen die „passenden" Argumente vor, die einheitlich in Thukydides' rhetorischen Stil transponiert werden.

Die Reden lassen sich nicht von den Ereignissen trennen. Es ist nicht zulässig, die Ereignisse aus dem Werk zu extrahieren und sich mit einer Ausbeute an zuverlässigen „Tatsachen" über die griechische Geschichte zufriedenzugeben; die Ereignisse sind nur so lange wahr wie sie Teile des Ganzen bleiben, das durch die literarische Form konstituiert wird. Das wirft ein heikles Problem auf. Einerseits sind die Reden selbst ein integraler Bestandteil der Realität, indem sie die Zuhörer zu einer spezifischen Handlung, den Ereignissen, überreden und bewegen; andererseits sind sie eindeutig ein literarisches Mittel, das mit künstlerischer Umsicht dazu eingesetzt wird, eine Sinneinheit zu schaffen. Und in dieser letztgenannten Funktion gehen sie allmählich in die direkten Reflexionen des Autors selbst über. Wo endet unter diesen Umständen die Realität und wo beginnt die literarische Form? Es scheint nur eine Antwort möglich: Diese eigentümliche Struktur kann nur unter der Bedingung beanspruchen, eine Beschreibung der Realität zu sein, daß die Realität selbst die formalen Elemente enthält, die ohne Verzerrung zur künstlerischen Form gesteigert werden können. Konkret gesprochen: Die Weise, in der Thukydides die Reden verwendet, setzt den kontinuierlichen Zusammenhang einer politischen Kultur mit der Kultur voraus, die die Tragödie als ihren repräsentativen Ausdruck hervorbrachte; Herrschaft durch Argument und Überredung ist die Realität, die durch den Sinn, der von strategisch angeordneten Reden ausstrahlt, unverfälscht zu fest umrissenen Geschehensabläufen gesteigert werden kann. Zudem muß eine solche Anordnung nicht unbedingt in Konflikt mit der Realität stehen. Wir dürfen mit Sicherheit davon ausgehen, daß bei den von Thukydides ausgesuchten Gelegenheiten solche Reden gehalten wurden - und zwar aus dem guten Grund, daß es zum Stil hellenischer Politik gehörte, bei jeder Gelegenheit Reden zu halten. Anstatt die drei Reden des Perikles, von denen die *Syngraphe* berichtet, anzuzweifeln, sollte man davon ausgehen, daß er noch viele ähnlichen Typs gehalten hat. Und auch hinsichtlich ihres Inhalts gibt es keinen Grund, an ihrer in der Substanz korrekten Wiedergabe zu zweifeln; es ist jedoch möglich und sogar wahrscheinlich, daß Thukydides in den von ihm ausgewählten Reden eine Fülle von Argumenten zusammenfaßte, die in Wirklichkeit über mehrere Redeanlässe verstreut waren. Generell sind die Reden wahrscheinlich zusammengesetzte Bilder einer unbestimmten Dauerdebatte, die unter den Griechen über diese brennenden Fragen im Gange war. Eine derartige Präformation der Realität durch Debatte und Überredung ließ sich zur dramatischen Form repräsentativer Reden erhöhen; und die dadurch erreichte dramatische Erhellung der Geschichte konnte sowohl durch die Gestaltungskunst des Autors wie durch die Einsprengsel seiner persönlichen Reflexionen zu dem großen Drama der *kinesis* gesteigert werden.

Die thukydideische Form der Historiographie ist einzigartig in dem Sinne, daß sie das Aufblühen der hellenischen politischen Kultur im 5. Jahrhundert darstellte; sie konnte nicht als literarisches Modell unter anderen Verhältnissen nachgeahmt werden. Ihre künstlerischen Mittel waren allerdings in dieser Zeit nicht einzigartig. Die künstlerische Steigerung menschlicher Realität in große Typen war generell möglich in einer Kultur, die einen ausgeprägten Sinn für Form hatte, die eine Gabe und die geschulte Fähigkeit besaß, das Typische in menschlichen Situationen, Funktionen und Handlungen zu erkennen und willens war, die Realität in Richtung auf die erkannten Typen zu stilisieren; und diese Bereitwilligkeit, das Leben zu einem Drama des Typischen auszugestalten, konnte durch die Schaffung großer Paradigmen von Seiten der Dichter bestärkt und gefördert werden. Soweit die literarischen Aufzeichnungen zurückreichen, war in der hellenischen Kultur überall dieses mimetische Wechselspiel zwischen den Lebens- und Kunsttypen anzutreffen. In den homerischen Epen wurde der paradigmatische Mythos zur Beeinflussung des Verhaltens der Helden verwandt, und die Helden waren bereit, ihre Handlungen nach dem Bild von Paradigmen zu bilden. Die Epen selbst wurden dann die große Vorratskammer für paradigmatische Weisheit und Taten bis hin zur Imitation des Achilleus durch Alexander. Ferner beruhte der Tragödienkult darauf, daß die politische Entscheidung für Dike durch die tragischen Helden und die heroische Entscheidung für Dike durch die Bürgerversammlung der Polis einander repräsentierten. Diese wechselseitige Gestaltung von Paradigma und Realität erreichte schließlich ihren Höhepunkt in der Figur des Sokrates, der so vollständig hinter den von der sokratischen Literatur geschaffenen Typen verschwand, daß wir nahezu nichts von ihm wissen, es sei denn, wir nehmen an, daß die Realität seines Lebens und Denkens den literarischen Typen entsprach. Gegen Ende des 5. Jahrhunderts kamen neue Typen in der Realität auf, und die Paradigmenbildung ging von den Dichtern auf die Historiker und Philosophen über; aber die Beziehung zwischen Realität und Typen änderte sich im Prinzip nicht. In unserer Untersuchung über die Sophisten bestand eines der großen Probleme darin herauszufinden, bis zu welchem Grad die platonischen Portraits als historische Quelle verwendet werden konnten; und die Analyse der Fragmente von Primärquellen legte nahe, daß die wirklichen Sophisten den von Platon entwickelten Typen recht nahe kamen. Und der Höhepunkt war dann, daß Platon aus der Wirklichkeit der sokratischen Existenz den Typus des Philosophen bildete. Im Kontext dieses Problems bestand die besondere Leistung von Thukydides darin, daß er den Typus der *kinesis* aus einer Realität bildete, die ihrerseits bereits stark auf diesen Typus verwies.

5. Formulierungen

Die Entwicklung der Theorie im Sinne einer subtilen Steigerung des Typischen in der Realität kann als das Wesen der klassischen Kultur bezeichnet werden. Der gründliche Realismus solchen Theoretisierens, der sich so eng an den Gegenstand hält, daß die Resultate vom Gegenstand selbst kaum zu unterscheiden sind, stellt jedoch den Historiker, der ihn adäquat beschreiben will, vor große Schwierigkeiten. Die im vorigen Abschnitt dargestellte Theorie des Thukydides mußte eher aus den in der Erzählung und besonders in den Reden der *Syngraphe* enthaltenen Hinweisen als aus den Reflexionen des Autors abgeleitet werden. Thukydides vermittelte seine Theorie der *kinesis*, indem er den Gegenstand so präsentierte, daß er sich in Reden und Debatten selbst artikulierte. Folglich gab unser Extrakt weder die Worte des Thukydides noch die Sprache der Reden wieder. Gewiß, die Theorie konnte abgeleitet werden, aber die Großartigkeit ihres Ausdrucks ging dabei verloren. In der Tat vermag keine Darstellung die Lektüre des Werkes selbst zu ersetzen. Um diesen Verlust zumindest teilweise zu beheben, geben wir eine Auswahl bestimmter Schlüsselstellen.[7]

Die erste dieser ausgewählten Stellen enthält Passagen aus den Reden der korinthischen und athenischen Abgesandten zu der ersten Versammlung in Sparta, die die Positionen der großen Protagonisten des Krieges zusammenfassen (I, 68 ff.).

Der Delegierte Korinths vertrat die Sache der peloponnesischen Verbündeten:

> Das Vertrauen, Lakedaimonier, das ihr in eure Verfassung und eure Gesellschaftsordnung habt, macht euch uns gegenüber mißtrauisch, wenn wir Vorwürfe gegen andere erheben; zwar geht daraus eure Besonnenheit hervor, aber auch eure Unwissenheit über das, was außerhalb eures Landes geschieht.

Nachdem er die Übergriffe Athens aufgezählt hatte, fuhr er fort:

> Für all das seid ihr verantwortlich. Denn zuerst habt ihr sie ihre Stadt befestigen und dann ihre Langen Mauern bauen lassen. Ihr beraubt nicht nur diejenigen der Freiheit, die sie zu Sklaven gemacht haben,

---

7 Für die folgenden Abschnitte habe ich die Übersetzungen von B. Jowett, R. Crawley und C. F. Smith benutzt und sie verändert, wo eine genauere Wiedergabe des Sinns angebracht erschien.

sondern auch diejenigen, die jetzt noch eure Verbündeten sind. Denn in Wahrheit versklavt derjenige ein Volk, der die Macht hat, die Versklavung zu verhindern, sie aber nicht nutzt. ... Und wir wissen, auf welchem Wege die Athener Schritt für Schritt Übergriffe auf ihre Nachbarn verüben. Sie sind sich ihrer Sache sicher, solange sie das Gefühl haben, daß ihr zu stumpfsinnig seid, sie zu beobachten; wenn sie aber wissen, daß ihr gar nicht eingreifen wollt, werden sie zuschlagen und euch nicht schonen. Von allen Hellenen seid ihr Lakedaimonier die einzig Untätigen; ihr allein verteidigt euch nicht durch Taten, sondern durch Vorsätze, und ihr versucht nicht, den Feind zu zerschmettern, solange er noch in den Kinderschuhen steckt, sondern erst wenn er seine volle Stärke erreicht hat ... Die Athener sind Neuerer und sind ebenso schnell im Entwerfen neuer Pläne wie in deren Ausführung; ihr aber seid nur darauf bedacht zu bewahren, was ihr habt, ihr erfindet nichts und handelt nicht, nicht einmal dann, wenn Handeln überaus notwendig ist ... Sie sind Draufgänger und ihr seid Zauderer; sie sind immer unterwegs, und ihr bleibt immer zuhause ... Man könnte wahrlich sagen, sie seien in die Welt gekommen, um sich selbst keine Ruhe zu gönnen und anderen keine zu lassen.

Ihr seht einfach nicht, daß der Frieden am längsten denen erhalten bleibt, die nicht nur ihre Stärke gerecht einsetzen, sondern auch entschlossen sind, keine Ungerechtigkeit zu dulden. Eure Vorstellung von Gerechtigkeit scheint zu sein, anderen nicht weh zu tun, so daß ihr keinerlei Gefahr eingeht, nicht einmal zur Selbstverteidigung. Diese Politik wäre kaum erfolgreich gewesen, selbst wenn eure Nachbarn so wären wie ihr; aber im vorliegenden Fall sind eure Lebensgewohnheiten altmodisch im Vergleich mit ihren. Und notwendigerweise wird in der Politik wie in den Künsten das Neue die Oberhand über das Alte gewinnen ... Durch den Reichtum an Erfahrung ist Athen auf dem Wege der Neuerung weiter gekommen als ihr.

Schluß nun mit eurem Zaudern ... Treibt uns nicht zur Verzweiflung und in ein anderes Bündnis ... Die wahren Vertragsbrüchigen sind nicht diejenigen, die sich anderen anschließen, wenn sie im Stich gelassen werden, sondern diejenigen, die ihre Verbündeten im Stich lassen, die zu verteidigen sie geschworen haben.

Nach dem Korinther sprach der athenische Abgesandte, der die Herrschaft (*arche*) Athens verteidigte:

Die Herrschaft Athens kam nicht durch Gewalt zustande; aber ihr wolltet ja nicht ausharren und den Barbaren ein Ende bereiten, und die Verbündeten kamen aus eigenem Antrieb und baten uns, die Führung zu übernehmen. Von da an zwangen uns die Umstände, unsere Macht auszubauen; unser erstes Motiv war Furcht, dann war es Ehre und schließlich unser Vorteil. Nachdem wir uns den Haß der meisten unserer Verbündeten zugezogen hatten; nachdem einige von ihnen schon abtrünnig geworden und unterworfen waren; nachdem ihr nicht mehr dieselben Freunde wie früher wart, sondern argwöhnisch und übelgesinnt wurdet, konnten wir unseren Griff nicht lockern, ohne uns selbst zu gefährden, denn sonst wären die Städte, die von uns abfielen, zu euch übergelaufen. Und keinem ist zu verargen, wenn er in äußerster Gefahr tut, was für ihn am vorteilhaftesten [*ta sympheronta*] ist. Wenn ihr, und nicht wir, so lange in der Führung der Verbündeten ausgeharrt hättet, um euch verhaßt zu machen, wäret ihr ihnen ebenso unerträglich geworden wie wir jetzt, und ihr wäret gezwungen gewesen zu wählen, ob ihr mit Härte regieren oder euch selbst gefährden wolltet. Ihr habt keinen Grund, euch zu wundern, daß wir, der menschlichen Natur gemäß handelnd, eine Herrschaft annahmen, die sich uns anbot und uns dann weigerten, sie aufzugeben, besiegt von drei so übermächtigen Motiven wie Ehre, Furcht und Vorteil. Auch haben wir keinen Präzedenzfall geschaffen, denn es war immer so, daß der Schwächere dem Stärkeren untertan sein soll. Und wir glauben, unserer Stellung würdig zu sein, und bis jetzt glaubtet ihr das auch, wenn ihr, eurer Interesse [*ta sympheronta*] berechnend, mit der Gerechtigkeit kommt – eine Überlegung, die noch nie jemanden davon abgehalten hat, sich gewaltsam nach Kräften zu bereichern. Ja, diejenigen verdienen würdig genannt zu werden, die zwar, ihrer menschlichen Natur folgend, andere beherrschen, sich dabei aber gerechter zeigen als sie sein müßten.

Thukydides schloß die Einleitung zu den Reden mit einer eigenen Überlegung, daß die Lakedaimonier sich nicht deshalb für den Krieg erklärten, weil die Argumente der Verbündeten sie überzeugt hatten, sondern weil sie Angst vor der wachsenden Macht Athens hatten.

Einer der wichtigsten Faktoren der *kinesis*, nämlich das Pathos Athens, läßt sich gar nicht in theoretische Aussagen übersetzen. In diesem Falle geht es in den Reden, die es zum Ausdruck bringen, nicht in erster Linie um die Bereitstellung von Argumenten, sondern um eine Manifestation des Existenzstolzes. Einige Passagen aus den Reden des Perikles vermitteln dieses Pathos. Eine erste Gruppe haben wir aus der Rede für die Gefallenen ausgewählt (II, 35 ff.):

Vor dem Lobpreis der Gefallenen will ich darlegen, durch welche Methoden wir zur Macht gekommen sind, mit welcher Verfassung und durch welche Lebensform unsere Herrschaft groß geworden ist ... Mit Namen heißt sie Demokratie, weil sie für die Vielen ausgeübt wird, nicht für die Wenigen. Obwohl aber das Gesetz allen bei ihren privaten Auseinandersetzungen gleiches Recht zusichert, wird auch der Anspruch der Vortrefflichkeit anerkannt ... Es gibt in unserem öffentlichen Leben keine Exklusivität, und in unserem privaten Umgang miteinander mißtraut nicht einer dem anderen oder grollt seinem Nachbarn, wenn der tut, was ihm gefällt ... Obwohl wir also privat ungezwungen miteinander umgehen, ist unser öffentliches Handeln durch den Geist der Ehrerbietung geprägt; die Achtung vor der Amtsgewalt und vor den Gesetzen hindert uns daran, Unrecht zu tun.

Unsere Männer der Öffentlichkeit müssen sich neben der Politik auch um ihre eigenen Angelegenheiten kümmern; und unsere gewöhnlichen Bürger haben, obwohl sie ihren Geschäften nachgehen, auch in öffentlichen Angelegenheiten ein gutes Urteil. Nur ist in unseren Augen ein Mann, der keinen Anteil an öffentlichen Angelegenheiten nimmt, nicht harmlos, sondern unnütz; und wenn auch nur wenige von uns schöpferisch sind, haben wir in politischen Angelegenheiten doch alle ein gesundes Urteilsvermögen. Wir sehen in der Diskussion kein Hindernis für das Handeln, vielmehr die unentbehrliche Vorbereitung zu weisem Handeln überhaupt. ... Zusammenfassend sage ich, daß Athen die Schule von Hellas ist, und daß der einzelne Athener in seiner Person, wie es scheint, die Kraft hat, sich mit äußerster Gewandtheit und Anmut auf die unterschiedlichsten Tätigkeiten einzustellen. ... Kein Feind, der sie angreift, ist erbittert über die Niederlagen, die er von seiten einer solchen Stadt erleidet; kein Untertan beklagt sich, daß seine Herren seiner nicht würdig seien. ... Wir brauchen nicht die Preislieder eines Homer oder eines anderen Lobsängers, dessen Dichtung für den Augenblick entzücken mag, auch wenn seine Darstellung der Tatsachen dem Licht des Tages nicht standhält. Denn zu jedem Land und zu jedem Meer haben wir uns durch unseren Kampfesmut Zugang erzwungen und haben überall ewige Denkmäler unserer Freundschaft und unserer Feindschaft errichtet.

Ich möchte, daß ihr euren Blick Tag für Tag fest auf die Größe Athens heftet, bis ihr von Liebe zu ihm erfüllt seid; und wenn ihr vom Anblick seiner Herrlichkeit beeindruckt seid, bedenkt, daß diese Herrschaft von Männern erworben wurde, die ihre Pflicht kannten und den Mut hatten, sie zu tun, denen in der Stunde des Kampfes die Angst vor Unehre stets gewärtig war und die, wenn sie je bei einer Unternehmung Unglück hatten, es nicht zugelassen hätten, daß ihr Land nicht auf ihre Tugenden zählen konnte, sondern aus freien Stücken ihr Leben für Athen hingaben, das schönste Opfer, das sie zu seinem Fest darbringen konnten.

Aber selbst das perikleische Pathos droht unter den Kriegsbelastungen, die durch die Pest verschärft werden, zu zerbrechen (II, 64):

Ihr müßt erkennen, daß eure Stadt deswegen so hoch gerühmt ist bei allen Menschen, weil sie sich keinem Unglück je gebeugt hat, daß sie mehr Menschenleben und Mühsal im Krieg drangegeben hat als irgendeine andere und daß sie die größte Macht errungen hat, die es bisher gab. Selbst wenn wir eines Tages von ihr lassen müssen (denn alles, was gewachsen ist, muß vergehen), wird die Erinnerung bleiben, daß von allen Hellenen keine Polis über so viele Hellenen herrschte wie wir; daß wir in den größten Kriegen gegen sie alle zusammen oder gegen einzelne von ihnen standgehalten haben; und daß unsere Stadt am besten gedieh und Überfluß an allem hatte.

Haß und Anfeindung ist stets das Los derer gewesen, die nach Herrschaft über andere strebten. ... Doch der Haß währt nicht lange; der heutige Glanz und der Nachruhm aber bleiben auf immer im Gedächtnis.

Nichts wird bleiben als die Erinnerung an kurzlebigen Glanz und vergängliche Macht. Dieses Pathos ähnelt sehr dem archaischen Glauben bei Tyrtaios, daß ein Mensch unsterblich wird, wenn das Volk ihm eine dankbare Erinnerung bewahrt. Allerdings ist das Volk nun die Menschheit geworden; dennoch, es ist ein frostiger Anachronismus um diesen Trost, daß sowohl glorreiche wie korrupte Taten im Gedächtnis fortleben. Und wenn man sich heute an Athen erinnert, dann in der Tat nicht, weil es einmal eine Seemacht war.

Der Ruhm, der erinnert werden sollte, wurde über den zunehmenden Kriegsschrecken immer fadenscheiniger. Als wahrscheinlich beabsichtigten Kontrapunkt stellte Thukydides dem Pathos des Perikles seine eigene Beschreibung der Greueltaten gegenüber, in die der Parteienstreit zwischen Oligarchen und Demokraten ausartete (III, 82):

Als die Unruhen in den Städten einmal begonnen hatten, trugen diejenigen, die sich anschlossen, den aufrührerischen Geist immer weiter und wollten unbedingt die Kunde von dem bereits Geschehenen durch den Einfallsreichtum ihrer Unternehmungen und die Ungeheuerlichkeit ihrer Rachemaßnahmen übertreffen. Die bislang gültige Bedeutung der Namen für die Dinge wurde von ihnen willkürlich geändert. Rücksichtslose Verwegenheit galt nun als ergebene Tapferkeit; wohlüberlegtes Zögern als feige Ausflucht; Mäßigung als die Bemäntelung unmännlicher Schwäche; die Fähigkeit, alle Seiten einer Frage zu sehen, als Unfähigkeit, sich für eine handelnd zu entscheiden. ... Wer die Gewalt liebte, war immer glaubwürdig, wer ihm widersprach, war verdächtig. ... Die Bande der Partei waren stärker als die Bande des Bluts, denn ein Parteigänger war viel eher bereit, etwas zu riskieren, ohne zu fragen weshalb. ... Das Siegel der Treue war nicht das göttliche Gesetz, sondern das gemeinsam begangene Unrecht. ... Alle Vereinbarungen, auf die jede der beiden Parteien einen Eid schwor, wenn es nicht anders ging, waren nur so lange bindend, wie beide machtlos waren. ...

> Die Ursache von all dem war das Machtstreben, die aus Unersättlichkeit* und Ehrsucht entsprang, sowie der Parteiengeist, den sie schürten, wenn Männer sich auf einen offenen Wettstreit einließen. Denn die Führer auf beiden Seiten gebrauchten bestechende Worte, indem die eine Seite beteuerte, sie verfechte „die politische Gleichberechtigung der Massen unter dem Gesetz", die andere „eine gemäßigte Aristokratie", während sie das Gemeinwohl, dem sie dem Namen nach dienten, in Wirklichkeit zu ihrer Beute machten. ... Und die Bürger, die sich keiner der beiden Parteien anschlossen, fielen beiden Parteien zum Opfer, entweder, weil sie nicht gemeinsame Sache mit ihnen machten, oder aus bloßem Neid, sie könnten überleben.
>
> Überall verbreitete sich eine Haltung heimtückischer Feindseligkeit; denn kein Wort hatte so viel bindende Kraft, kein Eid war fürchterlich genug, die Feinde zu versöhnen. Jeder war nur fest davon überzeugt, daß nichts sicher sei; daß er auf seine eigene Sicherheit bedacht sein müsse und es sich nicht leisten könne, anderen zu vertrauen. ... Schwächere Köpfe waren gemeinhin am erfolgreichsten. Denn da sie sich ihrer eigenen Mängel bewußt waren und die Fähigkeit ihrer Gegner fürchteten, ... schlugen sie frech und ohne Zögern zu.

Des Pathos entkleidet und auf nackte Gewalt reduziert, wurde der Zusammenbruch des Ethos im Melier-Dialog schließlich manifest. In den folgenden zwei Passagen geht es um die Gerechtigkeit und um die Götter (V, 89 und 105):

> Ihr wißt so gut wie wir, daß in menschliche Erörterungen die Gerechtigkeit nur eingeht, wo der Druck der Notwendigkeit auf beiden Seiten gleich stark ist. Im übrigen setzen die Mächtigen durch, was sie können, und die Schwachen gewähren, was sie müssen.
>
> Von den Göttern glauben wir und von den Menschen wissen wir, daß sie gemäß einer Notwendigkeit der Natur herrschen, wo immer sie können. Weder haben wir dieses Gesetz gemacht, noch waren wir die ersten, die danach handelten; wir haben festgestellt, daß es vor uns bestand, und wir werden es hinterlassen und es wird ewig bestehen nach uns; wir wenden es lediglich an und wissen, daß ihr und jeder andere ebenso handeln würde, wenn er so mächtig wäre wie wir.

Die Melier unterwarfen sich nicht; als ihre Stadt erobert wurde, wurden alle Männer abgeschlachtet und die Frauen und Kinder in die Sklaverei verkauft.

Die Athener hatten Gelegenheit, sich ihrer Untaten wieder zu erinnern, als bei Aigospotami ihre letzte Seestreitmacht zerstört wurde und das Ende gekommen war. In den *Hellenika,* der Fortsetzung von Thukydides *Syngraphe*, beschrieb Xenophon die Szene, als die Nachricht von der Katastrophe eintraf: „Es war Nacht, als die *Paralos* [eines der schnellen Kurierschiffe, das entkommen war] in Athen mit der Unglückskunde eintraf, und es war ein Wehgeschrei von Piräus über die Langen Mauern bis in die Stadt zu hören, als einer dem anderen die Nachricht weitergab; und in dieser Nacht schlief keiner, alle trauerten, nicht nur um die Umgekommenen, sondern noch viel mehr um sich selbst, weil sie glaubten, daß ihnen dasselbe widerfahren würde, was sie den Meliern angetan hatten."[8] Den Korinthern und den Thebanern stand in der Tat der Sinn danach, die Stadt zu zerstören. Hätten die Lakedaimonier, eingedenk der Hilfe Athens im Persischen Krieg, sich diesem Vorgehen nicht widersetzt, wäre dies das Ende der Geschichte Athens gewesen.

8 Xenophon, *Hellenica*, II, ii, 3, übers. v. C. L. Brownson, Loeb Classical Library.*

Register

Anmerkungen der Übersetzerinnen

1. Die deutsche Ausgabe von *Order and History* ist in Teilbände aufgegliedert; daher beginnt der vorliegende Band mit Kapitel 6, S. 1.

Bei der Transkription der griechischen Wörter wird, wie im amerikanischen Original, auf die Kennzeichnung der langen Vokale und der Betonung verzichtet. Die griechischen Termini schreiben wir wie im Original mit Ausnahme einiger im Englischen klein und nicht kursiv geschriebener, im Deutschen aber geläufiger Fremdwörter wie Pathos, Polis, Psyche etc.

Runde und eckige Klammern verwenden wir wie in der Originalfassung. In doppelte eckige Klammern setzen wir die in den deutschen Textausgaben differierenden Seitenzahlen und Fragmentziffern.

Voegelins Hervorhebungen von relevanten Ausdrücken durch doppelte und einfache Anführungszeichen sowie durch Kursivschreibungen wurden übernommen. Die im englischen Text auffallende Hervorhebung von Wörtern durch große Anfangsbuchstaben wurde nur im Fall der griechischen Termini übernommen. Auf die Fälle, in denen die Großschreibung der Hervorhebung bestimmter Symbole der Voegelinschen Erfahrungsanalyse dient, machen wir in den Anmerkungen aufmerksam.

2. Da Voegelin gewöhnlich die ihm vorliegenden Übersetzungen von Zitaten im Sinne seines Text- und Problemverständnisses präzisiert und oft nicht nachweist, halten wir uns an seine Fassung und stützen uns auf die deutschen Übersetzungen, die Voegelins Wortlaut am nächsten kommen. Bei längeren Zitaten folgen wir möglichst den Standardübersetzungen unter Berücksichtigung von Voegelins Wortwahl.

3. Das Zeichen * im Text verweist auf Anmerkungen, in denen Erläuterungen zur Übersetzung und Literaturnachweise gegeben werden. Das Zeichen * in den Fußnoten verweist auf Anmerkungen zu bibliographischen Ergänzungen.

Anmerkungen zu Kapitel 6

* zu Seite 18: Zitiert nach: Homer, *Ilias*, übertragen von Hans Rupé, München, 1961, S. 17.

* zu Seite 22: Die folgenden Bände von *Order and History* und damit auch die Untersuchungen, die Voegelin hier ankündigt, sind in der damals geplanten Form nicht erschienen.

* zu Seite 22, Fußnote 2: Dieser Band erscheint in deutscher Übersetzung unter dem Titel: *Ordnung und Geschichte*, Bd. II, *Israel und die Offenbarung – Die Geburt der Geschichte*, hrsg. von Jörg Jeremias und Friedhelm Hartenstein, München, im Druck.

* zu Seite 23: Wir benutzen außerdem die auf der vorliegenden Analyse Voegelins basierende Schrift von Peter Weber-Schäfer, *Einführung in die antike politische Theorie*, 1. Teil, Darmstadt, 1976, Kapitel *Politisches Denken von Homer bis zur Tragödie* und *Griechische Geschichtsschreibung und Sophistik*.

* zu Seite 23, Fußnote 3: Voegelin verweist auf die englische Ausgabe. Wir zitieren im folgenden nach der deutschen Ausgabe: Werner Jaeger, *Paideia. Die Formung des griechischen Menschen*, Buch I, ungekürzter photomechanischer Nachdruck in einem Band, Berlin – New York, 1989.

** zu Seite 23, Fußnote 3: Neuere deutsche Ausgabe: 2. Aufl., Basel, Stuttgart, 1968.

*** zu Seite 23, Fußnote 3: Deutsche Ausgabe: Werner Jaeger, *Die Theologie der frühen griechischen Denker*, 2. Aufl., Stuttgart, 1964. Im folgenden zitieren wir nach der deutschen Ausgabe.

**** zu Seite 23, Fußnote 3: Neuere Ausgabe: 4. Aufl., Göttingen, 1975.

* zu Seite 24: Wir zitieren B 11, B 14 und B 15 nach Werner Jaeger, *Die Theologie der frühen griechischen Denker*, a.a.O., S. 60, dessen Wortwahl in diesen Fällen der Voegelins näher ist als die von Diels-Kranz.

* zu Seite 25: *Noema*, das Voegelin mit „thought" wiedergibt, übersetzen wir mit „Gedanken" wie Diels-Kranz, a.a.O., und Wolfgang Schadewaldt, *Die Anfänge der Philosophie bei den Griechen*, Frankfurt a.M., 1978, S. 305. Vgl. Eric Voegelin, *Die Neue Wissenschaft der Politik*, München, 1959, S. 102, (Neuauflage, München, 2004) wo „thought" mit „Geist" übersetzt wird.

** zu Seite 25: Engl. „Without effort it sways all things through its thought". Vgl. Wolfgang Schadewaldt, *Die Anfänge der Philosophie bei den Griechen*, a.a.O., S. 305: „...sondern fern von Anstrengung schwingt er alles mit dem geistigen Sinn (*phren*) des Nus" und Diels-Kranz, a.a.O., B 25: „Doch sonder Mühe erschüttert er alles mit des Geistes Denkkraft."

*** zu Seite 25: Engl. „say the full truth" übersetzen wir nach Wolfgang Schadewaldt, *Die Anfänge der Philosophie bei den Griechen*, a.a.O., S. 306; Voegelin übersetzt *dokos* hier (B 34) sowie oben unter (2) und weiter unten mit „fancy". Wir variieren im Ausdruck: hier „Schein", oben „Phantasievorstellung", weiter unten „Schein-Meinen".

* zu Seite 26: Engl. „much learning" für *polymathie*, im Unterschied zu „much-knowing" für *polys*, einige Sätze weiter. Wir übernehmen nur hier den polemisch zugespitzen Ausdruck „Vielwisserei" von Diels-Kranz. Wo Voegelin *polymathie* mit „much-knowing" (Kap. 10, S. 88, 95, 113, und Kap. 11, S. 152, 173) wiedergibt, übersetzen wir mit „Vielwissen".

** zu Seite 26: Die Übersetzung der *genera theologiae* nach Eric Voegelin, *Die Neue Wissenschaft*, a.a.O., S.118 f; Voegelins Wortwahl weicht hier erheblich von der Werner Jaegers ab. Das Fragment *De rebus divinarum* ist enthalten in M. Terentius Varros Hauptwerk *Antiquitates rerum humanarum et divinarum, libri XXXXI* (Altertümer menschlicher und göttlicher Institutionen).

* zu Seite 27: Deutsche Übersetzung: Hesiod, *Theogonie – Werke und Tage*, übers. von Albert v. Schirnding, München, 1991.

* zu Seite 30, Fußnote 6: Deutsche Ausgabe: Eric Voegelin, *Ordnung und Geschichte*, Bd. I, *Die kosmologischen Reiche des Alten Orients – Mesopotamien und Ägypten*, hrsg. von Jan Assmann, München, 2002, S. 136.

* zu Seite 30, Fußnote 7: Die hier verwendete deutsche Ausgabe: Edward B. Tylor, *Die Anfänge der Cultur*, Leipzig, 1873.

* zu Seite 30, Fußnote 8: Dieses und die folgenden Zitate nach der deutschen Ausgabe von Tylor, *Die Anfänge der Cultur*, a.a.O.

* zu Seite 33: Engl. „the One God". Weitere Großschreibungen in diesem Kapitel: Heaven, the Boundless, Apeiron, Nous, the Divine.

** zu Seite 33: Wir ersetzen hier den Wortlaut des Zitats von B 32 mit der korrekten Version in Kap. 11, S. 185.

*** zu Seite 33: Engl. „one god". Damit „one" als Attribut kenntlich wird, übernehmen wir deshalb hier und im folgenden die Übersetzung des Fragments 23 von Diels-Kranz: „ein einziger Gott".

**** zu Seite 33: Johann Wolfgang Goethe, *Maximen und Reflexionen*, in: *Werke*, Hamburger Ausgabe, Bd. XII, 12. Aufl., München, 1994, S. 372.

* zu Seite 34: Wir stützen uns hier auf Diels-Kranz und Wolfgang Schadewaldt, *Die Anfänge der Philosophie bei den Griechen*, a.a.O., S. 302 ff.

* zu Seite 35: Vgl. Anmerkung ** zu S. 25.

Anmerkungen zu Kapitel 7

* zu Seite 39: Zitiert nach Diels-Kranz, a.a.O., unter Berücksichtigung von Voegelins Übersetzung von *sophie* mit „wisdom".

* zu Seite 41: Voegelin übersetzt *arete* mit „excellence" und „virtue"; wir variieren je nach Kontext mit „Vortrefflichkeit" und „Tugend" bzw. „Tüchtigkeit".

* zu Seite 43, Fußnote 2: Wir geben hier und im folgenden jeweils in doppelten ekkigen Klammern die Nummern der Fragmente auch nach der Zählung von Ernst Diehl an, die den deutschen Übersetzungen der Fragmente von Tyrtaios und Solon zugrundeliegt: *Schriften und Quellen der Alten Welt*, hrsg. v. Zentralinstitut f. Alte Geschichte und Archäologie der Deutschen Akademie der Wissenschaften zu Berlin, *Frühgriechische Lyriker*, Erster Teil, *Die frühen Elegiker*, deutsch v. Zoltan Franyó, griechischer Text bearbeitet von Bruno Snell, Berlin, 1971.

* zu Seite 44: Wir übersetzen Fragment 9,1-16 (unter Berücksichtigung von Voegelins Übersetzung von *xynon esthlon* weiter unten) nach der deutschen Ausgabe von Werner Jaeger, *Paideia*, a.a.O., S. 130 f, und nach Peter Weber-Schäfer, *Einführung in die antike politische Theorie*, a.a.O., S.114 f.

* zu Seite 47: „Life" und „Death" sind durch Großschreibung hervorgehoben. Weitere Wörter mit großem Anfangsbuchstaben in diesem Kapitel: Dike, Arete, Aretai,

Agathon, Eunomia, Mnemosyne, Fate/Moira, Politeia, Doxa, Time, Sophia, Eros, unseen Measure.

* zu Seite 50, Fußnote 5: Vgl. die deutsche Ausgabe der Fragmente von Solon: *Schriften und Quellen der Alten Welt*, a.a.O. Zur Übersetzung von Solon vgl. auch Werner Jaeger, *Paideia* I, a.a.O., S. 195 und 203, sowie Peter Weber-Schäfer, *Einführung in die antike politische Theorie*, a.a.O., S.116-118.
* zu Seite 52: Engl. „illusions" wird mit „Illusion" oder „Verblendung" übersetzt. Im solonischen Kontext wählt Voegelin für *doxa* auch „delusion" und „appearance", im parmenideischen Kontext verwendet er nur „delusion" (s. Kapitel 8, Anmerkung zu S. 63).
* zu Seite 53: Wir folgen bei der Übersetzung von Solon, Fragment 16 [[16]] Voegelin in *Anamnesis*, München, 1966, S.124 (dort: *Solon* 4, 17). Den Wortlaut der folgenden zwei Fragmente 17 [[17]] und 34, 6 [[24]] entnehmen wir Eric Voegelin, *Die Neue Wissenschaft der Politik*, a.a.O., S. 102 f (dort: 4, 17).

** zu Seite 53: Zur Bedeutung von „Politeia" vgl. Eric Voegelin, *Ordnung und Geschichte*, Bd.VI, *Platon*, hrsg. von Dietmar Herz, München, 2002, Register, bes. S. 76-79 und 141-44.

* zu Seite 57: *Sappho*, griechisch und deutsch, hrsg. von Max Treu, übers. von Hans Rupé, München, 1963, S. 35; die Fragmentzählung nach Diehl in doppelten eckigen Klammern.
* zu Seite 58: *Archilochos*, griechisch u. deutsch, hrsg. von Max Treu, München, 1959, S. 37; hier und in Fußnote 11 die Fragmentzählung nach Diehl in doppelten eckigen Klammern.
* zu Seite 59: Mt 5, 21-44, Luther-Übersetzung. Voegelins Zitat im Englischen weicht geringfügig von der King James-Version ab.
* zu Seite 59, Fußnote 12: Zitiert nach Friedrich Schleiermacher (Übers.), Platon, *Apologie*, Heidelberg, 1982. Vgl.den englischen Text bei Voegelin: „For the victor gives you the illusion of happiness, but I give you its reality."

Anmerkungen zu Kapitel 8

* zu Seite 61: Engl. „Way of Truth"; weitere großgeschriebene Wörter in diesem Kapitel: Doxa, unseen Measure, Eunomia, Way, Truth, Reason, Revelation, Delusion, House of Night, Light, Darkness, Themis, Dike, Moira, the Divine, Thanatos, Being, Notbeing, Soul, Nous, Logos, God, Now, Becoming, Ananke/Necessity, Politeia, Myth, Eros, Demiurge, Pistis/Faith.
* zu Seite 63: Engl. „Meet is it for you to learn all things: the unshaken heart of the well-rounded Truth [*aletheia*] of the mortals in which there is no true reliance at all. And this you will learn thoroughly – how going through all things one shall discern clearly the delusions [*dokounta*]." Wir übersetzen nach Diels-Kranz. Voegelin übersetzt *doxa* (bzw. großgeschrieben: Doxa) in diesem Kapitel sonst mit „delusion" (bzw. „Delusion"). Diels-Kranz folgend übersetzen wir mit „Schein", „Meinung" bzw. „Schein-Meinen/Meinung". Vgl. auch Wolfgang Schadewaldt, *Die Anfänge der Philosophie bei den Griechen*, a.a.O., S. 317: „ ... denen nicht innewohnt sich nicht entziehende Gewähr, und zwar so, wie dies, das nur den Anschein (*dokounta*) hat, auf eine probehaltige Weise (*dokimos*) sein sollte, indem es alles ganz und gar durchdringt." (d. Hrsg.)

* zu Seite 63, Fußnote 3: Gemeint ist: Werner Jaeger, *Die Theologie der frühen griechischen Denker*, a.a.O., S.116 und Anmerkung 23, bzw. *Theology*, a.a.O., S. 98, und Anmerkung auf S. 225.

* zu Seite 66: Engl. „beginning“; in *Anamnesis*, a.a.O., S.138 f, gibt Voegelin *arche* mit „Anfang“ und „Ursprung“ wieder.

* zu Seite 68: Engl. „thinking“; vgl. Voegelins Paraphrase von Zitat B 3 in *Anamnesis*, a.a.O., S. 307: „Parmenides sagt, dasselbe sei Denken (*noein*) und Sein (*einai*)“ sowie das Zitat von B 3, a.a.O., S. 143: „Denn dasselbe ist Erkennen (*noein*) und Sein (*einai*).“

* zu Seite 70: Vgl. Eric Voegelin, *Anamnesis*, a.a.O., S. 308: „Der Enthusiasmus der neu erfahrenen Spannung des Menschen zu seinem Grund und der Wille zum Wissen um den göttlichen Grund, der als überzeugendes Ist (*esti*) in ihr aufleuchtet, verwischt jedoch noch manches, das zu unterscheiden wäre...“

* zu Seite 71: Engl. „uncreated, imperishable, whole (or complete), unmoved (or immovable), and without end (*ateleston*)“; wir stützen uns hier auf Wolfgang Schadewaldt, *Die Anfänge der Philosophie bei den Griechen*, a.a.O., S. 332. Vgl. Eric Voegelin, *Anamnesis*, a.a.O., S. 140.

** zu Seite 71: Zitiert nach Wolfgang Schadewaldt, *Die Anfänge der Philosophie bei den Griechen*, a.a.O., S. 337.

* zu Seite 73: Engl.: „The equivocations between immanent being and the Being which grammatically explicated the experience of ‚Is!‘ led to the ...“. Hier wird die Großschreibung des Anfangsbuchstabens („Being“) als sinnfälliges Differenzmerkmal für das exegetische Symbol von Parmenides' Transzendenzerfahrung im Gegensatz zum Ausdruck immanenter Erfahrung bei den Sophisten („being“) eingeführt. Vgl. Kapitel 11, Anmerkung zu S. 168.

** zu Seite 73: Engl. „Politeia“. Zur Konzeption von *politeia* als Seelenverfassung des Philosophen siehe Eric Voegelin, *Ordnung und Geschichte*, Bd. VI, *Platon*, a.a.O., S. 114 f., 141-144.

* zu Seite 77: Vgl. Eric Voegelin, *Ordnung und Geschichte*, Bd. VI, *Platon*, a.a.O.

Anmerkungen zu Kapitel 9

* zu Seite 81: Engl. „Is“; weitere großgeschriebene Wörter in diesem Kapitel: Beyond, Logos, Notbeing, Being, Necessity, the One, the Wise, the Alone-Wise, Revelation, Phronesis, Nous, Time, Polis of the Idea, the All-Wise, Eris, War.

* zu Seite 83: Engl. „demon“. An weiteren Stellen in der englischen Vorlage wird der griechische Terminus *daimon* ebenfalls in dieser Weise und nicht in der dem Griechischen näheren „daemon“ geschrieben; Voegelin verwendet letztere z.B. in *Order and History, Platon and Aristotle*, Baton Rouge und London, 1956, S. 55, im Falle des Heraklit-Fragments B 119, das hier auf S. 85 zitiert wird. Wir übersetzen immer mit „Daimon“ bzw. in Kapitel 10 „demonic“ mit „daimonisch“.

* zu Seite 87, Fußnote 9: Diogenes Laertius, *Leben und Meinungen berühmter Philosophen*, hrsg. und übers. von Otto Apelt, Berlin, 1955, Bd. II, Buch IX, S. 159.

* zu Seite 88: Vgl. Anmerkung* zu S. 26.

* zu Seite 89: Zitiert nach Werner Jaeger, *Paideia* I, a.a.O., S. 243.

* zu Seite 90: So übersetzt Voegelin Heraklit B 54 in *Die Neue Wissenschaft der Politik*, a.a.O., S.102, mit Verweis auf Diels-Kranz. Auch den Wortlaut der hier fol-

genden Fragmente B 18 und B 86, die von der Diels-Kranz'schen Fassung abweichen, übernehmen wir von dort.

** zu Seite 90: Vgl.Voegelins Wortlaut in *Die Neue Wissenschaft*, a.a.O., S. 173. Voegelin hält sich in der englischen Vorlage im wesentlichen an die Version der King James Edition des Neuen Testaments.

* zu Seite 92, Fußnote 12: Diogenes Laertius, a.a.O., S. 171.

* zu Seite 95: Wir übernehmen für das hier unter 5.) ganz zitierte und unter 4.) abgekürzte Fragment die Fassung in Kapitel 11, S. 180: *xyn nooi* übersetzt Voegelin hier mit „mind", dort mit „intellect". Vgl. auch Voegelins Paraphrase von B 114 in *Anamnesis*, a.a.O., S. 121.

** zu Seite 95: Wir übernehmen hier die Version von B 80 in Kap. 12, S. 214.

*** zu Seite 95: Wir übernehmen hier die Version von B 53 in Kapitel 11, S. 180.

* zu Seite 96: Wir wählen hier den vollständigeren Wortlaut der Version von Anaximander B 1 (in Fußnote 16 steht irrtümlich: 9) in Kapitel 12, S. 214. Vgl. Voegelins Paraphrase dieses Zitats in *Anamnesis*, a.a.O., S. 109.

* zu Seite 97: Engl. „the Polis of the Idea". Zur platonischen Konzeption s. Eric Voegelin, *Ordnung und Geschichte*, Bd. VI, *Platon*, a.a.O.; Register unter „Idee".

* zu Seite 98, Fußnote 17: Deutsche Ausgabe: *Des Clemens von Alexandreia ausgewählte Schriften*. Bd. I, *Der Erzieher*, Buch I, hrsg. und übers. von Otto Stählin, München, 1934.

* zu Seite 98, Fußnote 18: Deutsche Ausgabe: Euripides, *Die Kinder des Herakles*, übertragen und erläutert von Ernst Buschor, Zürich, 1979.

* zu S. 100, Fußnote 21: Wir zitieren dieses bei Diels-Kranz nicht übersetzte Fragment unter Berücksichtigung der Wortwahl Voegelins für *ekpyrosis* nach Diogenes Laertius, *Leben und Meinungen berühmter Philosophen*, a.a.O., S. 162. Das erste Glied des Gegensatzes wird dort als Fragment 80 bezeichnet.

* zu Seite 103: Luther-Übersetzung.

Anmerkungen zu Kapitel 10

* zu Seite 107: Engl. „Great Awakening" bezeichnet die geschichtliche Erscheinung der protestantischen Erneuerungsbewegung in den amerikanischen Kolonien 1725-70 (d. Hrsg.)

* zu Seite 107, Fußnote 1: Deutsche Ausgabe: Henri Bergson, *Die beiden Quellen der Moral und der Religion*, Olten/Freiburg, 1980.

* zu Seite 110: Vgl. Eric Voegelin, *Ordnung und Geschichte*, Bd. IV, *Die Welt der Polis – Gesellschaft, Mythos und Geschichte*, hrsg. von Jürgen Gebhardt, München, 2002, S. 146, 149 ff.

* zu Seite 112: Deutsche Ausgabe: Aristoteles, *Poetik*, griechisch-deutsch, übers. und hrsg. von Manfred Fuhrmann, Stuttgart 1982, Kap. VI, 1(!), S. 19, unter Berücksichtigung der Wortwahl Voegelins im letzten Satz: „ ... representing through action, not through narrative – and through pity and fear effecting catharsis of these and other emotions."

* zu Seite 113: Engl. „reenacting"; vgl. Eric Voegelin, *Die Neue Wissenschaft*, a.a.O., S. 108.

* zu Seite 113, Fußnote 4: Aristoteles, *Poetik*, a.a.O., S. 29.

* zu Seite 114, Fußnote 5: In Eric Voegelin, *Die Neue Wissenschaft der Politik*, a.a.O., S. 108, Fußnote 39, wird dasselbe Werk von Erik Wolf zitiert mit der Seitenangabe 345-356.

* zu Seite 116: Engl. „the King". Voegelin hebt das Wort „king" hier und im folgenden durch Großschreibung hervor, um es als Symbol wahren Königtums in der mythologischen Ordnungsspekulation bei Aischylos zu kennzeichnen. Im vorliegenden Kapitel sind weitere in diesem Sinne von Voegelin hervorgehobene Wörter: „the Chorus" (die Okeanostöchter), Themis, Dike, Ananke (Necessity), Fore-Thought (Prometheus), Power (Kratos), Force (Bia), Persuasion/Peitho, Valor.

** zu Seite 116: Wir zitieren (Verse 377-378) aus EricVoegelin, *Die Neue Wissenschaft*, a.a.O., S. 106. Zu den weiteren Zitaten (Verse 376-380, 407 ff., 523, 623-624) und Paraphrasen siehe den Passus über *Die Schutzflehenden*, dort S. 105-109. Sonst zitieren wir unter Berücksichtigung von Voegelins Präzisierungen nach: Aischylos, *Tragödien und Fragmente*, übers. u. hrsg. von Oskar Werner, München, 1966.

*** zu Seite 116: Vgl. Eric Voegelin, *Die Neue Wissenschaft*, a.a.O., S. 107. Dort verweist die Fußnote 37 auf das Heraklit-Fragment B 45 bei Diels-Kranz.

* zu Seite 118: Zu „Handlung" im Sinne von *drama* bei Aischylos siehe Eric Voegelin, *Die Neue Wissenschaft der Politik*, a.a.O., S. 110. Je nach Kontext übersetzen wir „action" auch mit „Handeln".

* zu Seite 119: Aischylos, *Tragödien und Fragmente*, hrsg. von Oskar Werner, a.a.O., S. 294.

* zu Seite 121: Die sog. „Promethie" besteht aus: „Der Gefesselte Prometheus", „Der Befreite Prometheus" und „Feuerträger Prometheus", vgl. Aischylos, *Tragödien und Fragmente*, hrsg. von Oskar Werner, a.a.O., S.180-210.

** zu Seite 121: Auch zu den folgenden Paraphrasen und Zitaten aus *Prometheus* vgl. Aischylos, *Tragödien und Fragmente*, hrsg. von Oskar Werner, a.a.O., Verse 977, 1026 ff., 545, 546-47, 977, 982.

* zu Seite 125: Engl. „You, the *sophistes*, bitter beyond all bitterness".

* zu Seite 134: Vgl. den ausführlicheren Passus über *Die Troerinnen* in Eric Voegelin, *Die Neue Wissenschaft der Politik*, a.a.O., S. 109.

Anmerkungen zu Kap. 11

* zu Seite 138: Wir halten uns an die Wortwahl Voegelins; vgl. Aristoteles, *Politik*, übersetzt von Franz Susemihl, München, 1965, S. 280.

* zu Seite 139: Engl. „ataraxy".

* zu Seite 141: Engl. „classified polyhistory".

* zu Seite 142: Gemeint ist griech. *aristeia*, „Heldentat", d.h. die paradigmatische Großtat.

* zu Seite 143: Engl. „reverence and justice".

* zu S. 145: Voegelin gibt den Titel wieder mit *On Being*; wir übersetzen ihn nach Hellmut Flashar (Hrsg.), *Die Philosophie der Antike*, a.a.O., S. 46: *Über das Nichtseiende* oder *Über die Natur*.

** zu Seite 145: Zur Übersetzung des Zitats von Gorgias B 3 (= Sextus Empiricus, Adversus Mathematicos, VIII 65-87) vgl. Peter Weber-Schaefer, *Einführung in die antike politische Theorie*, a.a.O, S. 155.

* zu Seite 147: Engl. „Antilogies". Hellmut Flashar (Hrsg.), *Die Philosophie der Antike*, a.a.O., S. 30 und S. 31, hält die bei Diogenes Laertios an verschiedenen Stellen aufgeführten Werktitel *Antilogikoi* („Antilogiker") oder *Antilogika* („Antilogische Darstellungen") und *Antilogiai* („Antilogien") für identisch. Vgl. *Historisches Wörterbuch der Rhetorik*, Hrsg. Gert Ueding, Darmstadt, Tübingen, 1992, Bd. I, S. 701-708, Stichwort „Antilogie": das griechische Wort *antilogia* wird übersetzt mit „Gegenrede" oder „Gegenargument". Vgl auch die Anmerkung zu S. 170.

* zu Seite 152, Fußnote 9: Deutsche Ausgabe: Xenophon, *Erinnerungen an Sokrates*, griechisch-deutsch, hrsg. von Peter Jaerisch, München und Zürich, 1987, IV, 4, S. 281-295.

* zu Seite 157: Band III von Eric Voegelin, *Order and History* trägt den Titel: *Plato and Aristotle*, Baton Rouge und London, 1957. Deutsche Übersetzung: *Ordnung und Geschichte*, Bd. VI., *Platon*, hrsg. von Dietmar Herz, München, 2002.

** zu Seite 157: Voegelin übersetzt *euboulia* mit „prudence" und gibt es in *Anamnesis*, a.a.O., S. 244 mit „weises Urteil" wieder; zu diesem Abschnitt über Platons Protagoras siehe dort S. 244-247.

* zu Seite 159: Voegelin hebt das Wort „Sophist" hier durch Großschreibung hervor; weitere großgeschriebene Wörter in diesem Kapitel: Being, Notbeing, One, Many, Truth, Measure, Physis, Nomos.

* zu Seite 165: Im Englischen wird in diesem Passus zwischen Being (großgeschrieben) und being (kleingeschrieben) unterschieden, um das Symbol der Transzendenzerfahrung bei Parmenides (vgl. Kapitel 8, Anmerkung zu S. 73) vom „being of immanent experience" bei den Sophisten abzusetzen.

** zu Seite 165: Engl. „mind"; so auch im folgenden Abschnitt (S. 166: „declaration of the independence of the mind").

* zu Seite 168: Vgl. die verschiedenen Schreibweisen im Englischen für Nicht-Sein: hier: „Non-Being"; im Parmenides-Kapitel „Notbeing" und „Not-Being".

* zu Seite 169: Engl. „antilogical reasoning" und zwei Sätze weiter „antilogical technique" vgl. *Historisches Wörterbuch der Rhetorik*, Hrsg. Gert Ueding, Darmstadt, Tübingen 1992, Bd. 1, Eintrag „Antilogie", S. 703. Vgl. auch Hellmut Flashar (Hrsg.), *Die Philosophie der Antike*, a.a.O., S. 98 f.

* zu Seite 170: Engl. „Twofold Arguments" (Übersetzung von *Dissoi Logoi*); vgl. *Historisches Wörterbuch der Rhetorik*, a.a.O., S. 704: „Die pädagogische Antilogie, die als zweiseitiges Argument oder Debatte beschrieben werden kann." Und auf S. 701: „nach zwei Seiten hin diskutieren", als eine andere Bezeichnung für „Antilogie"; vgl. Anmerkungen zu S. 147 und S. 169.

* zu Seite 172: Engl. „No more [or higher, stronger, *mallon*] the Aught than the Naught"; hier weichen wir ab von Diels-Kranz: „Das Nichts existiert ebenso wie das Ichts."

* zu Seite 175: Abweichend von Diels-Kranz übersetzt Voegelin hier *logos* mit „intellect".

** zu Seite 175: Diogenes Laertius, hrsg. und übers. von Otto Apelt, a.a.O., S. 182. Wir haben die von Voegelin nicht übersetzten griechischen Termini in diesem Zitat beibehalten.

* zu Seite 180: Fragment 53 wird auch in Kapitel 9, S. 95 zitiert.

** zu Seite 180: Fragment 114 wird auch in Kapitel 9, S. 95 zitiert. Vgl. die Übersetzung in Eric Voegelin, *Anamnesis*, a.a.O., S. 121.

* zu Seite 183: Herodot, *Historien*, I. Bd., griechisch-deutsch, hrsg. von Josef Feix, München, 1963, S. 395 f.; wir ersetzen das Wort „Sitten" durch das von Voegelin verwendete „Nomoi".

* zu Seite 185: Fragment 32 wird auch in Kapitel 6, S. 33 zitiert.

* zu Seite 187: Wir zitieren unter Berücksichtigung der für Voegelin wichtigen Termini nach Hippokrates, *Ausgewählte Schriften*, hrsg, und übers. von Hans Diller, Stuttgart, 1994, S. 157 f., und übersetzen den Titel wie Voegelin wörtlich aus dem Lateinischen *De aere aquis locis;* vgl. Hellmut Flashar, *Antike Medizin*, Darmstadt, 1971, S. 491.

* zu Seite 189: Antiphon; Diels-Kranz, Fragment 44.

* zu Seite 192, Fußnote 18: Deutsche Ausgabe: Hippokrates, *Schriften. Die Anfänge der abendländischen Medizin*, hrsg. und übers. von Hans Diller, Reinbek bei Hamburg, 1962, S. 208.

* zu Seite 196: Zu Thrasymachos vgl. Eric Voegelin, *Platon*, a.a.O., das Kapitel „Politeia"; zu Polos vgl. das Kapitel „Gorgias".

* zu Seite 197: Wir zitieren Diels-Kranz und berücksichtigen dabei die für Voegelin wichtigen Termini.

* zu Seite 203, Fußnote 21: Mit „Scholion" ist die Anmerkung eines anonymen Scholiasten gemeint, s. *Commentaria in Aristotelem, Graeca*, Band 21, hrsg, von Hugo Rabe, Berlin, 1896, S. 74.

* zu Seite 203, Fußnote 22: Aristoteles, *Rhetorik*, hrsg. und übers. von Gernot Krapinger, Stuttgart, 1999, S. 161.

* zu Seite 204: Vgl. S. 188 die Schrift *Wahrheit;* dazu und *Über Eintracht* vgl. Hellmut Flashar, *Die Philosophie der Antike*, a.a.O., S. 72, 74.

Anmerkungen zu Kapitel 12

* zu Seite 210: Engl. „nation" wird durchweg mit „Volk" übersetzt.

* zu Seite 211: In *Anamnesis*, a.a.O., S. 108, nennt Voegelin die Jahreszahl 547. Vgl. seine Darstellung der historiographischen Konstruktion Herodots dort S. 107-109.

** zu Seite 211: Engl. „Athenian Empire"; gemeint ist der Attische Seebund unter athenischer Vorherrschaft. Wir gleichen die Übersetzung hier und auf S. 240 der Wortwahl in Eric Voegelin, *Ordnung und Geschichte*, Bd. IV: *Die Welt der Polis – Gesellschaft, Mythos und Geschichte*, hrsg. von Jürgen Gebhardt, München, 2003, S. 155 f., an.

* zu Seite 212: Engl. „the record of inquiry" für *histories apodeixis*; wir übersetzen nach Wolfgang Schadewaldt, *Die Anfänge der Philosophie bei den* Griechen, a.a.O., S. 113; vgl. Eric Voegelin, *Anamnesis*, a.a.O., S. 108: „*historiai*, ... schriftlicher Bericht über Ergebnisse von Nachforschungen". Voegelin macht keine Angaben zu Herodot-Übersetzungen und Sekundärliteratur. Wir stützen uns auf: Herodot, *Historien*, Bd. I, griechisch-deutsch, hrsg. und übers. von Josef Feix, a.a.O.; Herodot, *Die Bücher der Geschichte* I-IV, übertragen von Walther Sontheimer, Stuttgart, 1972; Herodot, *Historien*, deutsche Gesamtausgabe, übers. von A. Horneffer, hrsg. von H. W. Haussig, 4. Aufl., Stuttgart, 1971.

* zu Seite 214: Das Fragment Anaximander B1 wird auch in Kapitel 9, S. 18 zitiert; Voegelin übersetzt *tisis* hier mit „reparation", dort mit „compensation"; *adikia* hier mit „transgression", dort mit „injustice". In *Anamnesis*, a.a.O., S. 109, paraphrasiert Voegelin dies Zitat folgendermaßen: „Denn die Rechtsverletzungen sind in Paaren angeordnet, so daß der Schuld die Sühne entspricht, gemäß dem Diktum Anaxi-

manders, daß die seienden Dinge aus dem Apeiron werdend in es hinein wieder vergehen, die gerechte Strafe und Buße zahlend für die Ungerechtigkeit nach dem Dekret der Zeit."

** zu Seite 214: Das Fragment Heraklit B 80 wird auch in Kapitel 9, S. 95 zitiert. Voegelin übersetzt *dike* hier mit „right", dort mit „justice"; *chreon* hier mit „atonement", dort mit „need [or necessity]".

*** zu Seite 214: Voegelin übersetzt *mathemata* mit „wisdom", das heißt, er übersetzt sinngemäß und nicht, wie in den deutschen Übersetzungen üblich, mit „Lehre". Zur Deutung des von Aischylos verwendeten sprichwörtlichen Ausdrucks „Lernen durch Leid" (*pathei mathos*) im Eröffnungschor der *Orestie*, *Agamemnon* 160-183, vgl. Peter Weber-Schäfer, *Einführung in die antike politische Theorie*, a.a.O., S. 120-122, und Gregor Sebba, *Die Tragödie*, in: Peter Weber-Schäfer (Hrsg.), *Das politische Denken der Griechen*, München, 1969, S. 30.

**** zu Seite 214: Vgl. den letzten Satz mit Voegelins Wortlaut in *Anamnesis*, a.a.O., S. 109 (Herodot I, 207).

* zu Seite 224: Engl. „empire" im Sinne von *arche*, vgl. S. 251; wir übersetzen hier und im folgenden mit „Herrschaftsbereich" oder „Herrschaft"; in dieser Bedeutung auch die verwandten Ausdrücke auf S. 226 und S. 238 „cities of the empire", „empire city", „island empire"; S. 227 „coastal empire"; S. 229 und S. 238 „Athenian Empire".

* zu Seite 229: Engl. „Athenian Empire". Zur Übersetzung hier und im folgenden vgl. die Anmerkung zu S. 224. Zu Athens hegemonialem Anspruch, der aber, anders als bei den mesopotamischen, ägyptischen und persischen Reichen, nicht dazu führte, imperiale Institutionen zu entwickeln, vgl. Eric Voegelin, *Ordnung und Geschichte*, Bd. IV: *Die Welt der Polis – Gesellschaft, Mythos und Geschichte*, a.a.O., S. 68, und *Anamnesis*, a.a.O., S. 105 ff.

* zu Seite 230, Fußnote 3: Wir stützen uns auf: Thukydides, *Geschichte des Peloponnesischen Krieges*, übers. von Georg P. Landmann, 2 Bde., München, 1993; Thukydides, *Der Peloponnesische Krieg*, vollst. Ausgabe, übertr. von August Horneffer, Essen, 1997.

* zu Seite 232, Fußnote 4: Wir zitieren nach: Hippokrates, *Die Natur des Menschen*, in: Hippokrates, *Schriften. Die Anfänge der abendländischen Medizin*, hrsg. und übers. von Hans Diller, a.a.O., S. 167.

* zu Seite 235: „Idea" ist hier im Englischen durch Großschreibung hervorgehoben.

* zu Seite 255: Engl. „pleonexy", vgl. Wolfgang Schadewaldt, *Die Anfänge der Geschichtsschreibung bei den Griechen*, Frankfurt am Main, 1982, S. 292, 295, der „Mehrhabenwollen" übersetzt.

* zu S. 256, Fußnote 8: Vgl. Xenophon, *Hellenika*, griechisch-deutsch, hrsg. von Gisela Strasburger, München, 1970, S. 89; Xenophon, *Hellenika*, hrsg. von Walter Müri, Wiesbaden, 1978, S. 282; Peter Weber-Schäfer, *Einführung in die antike politische Theorie*, a.a.O., S. 147-148.

Jürgen Gebhardt

Die Ordnungserfahrung der ‚Philosophen' und die bürgerschaftliche Welt der Polis

Der Bruch mit dem Mythos und die Genesis des selbstreflexiven Denkens

Der hier unter dem Titel *Vom Mythos zur Philosophie* vorgelegte zweite Teilband des Voegelinschen Werkes *Die Welt der Polis* führt die philosophisch-historische Untersuchung der symbolischen Ausdrucksformen der Ordnungserfahrung in der hellenischen Welt bis zu jenem kritischen Punkt fort, an dem im Werk des Thukydides offenbar wurde, „daß ein Zeitalter politischer Kultur unwiderruflich an sein Ende gelangt war", wie Voegelin zum Abschluß seiner Darstellung feststellte: „Die Zeit der Polis lief ab; eine neue Epoche der Ordnung begann mit Sokrates und Platon."[1] In der sokratischen Dialektik von Kritik und Krise vollendet sich jene symbolische Form, die eine neuartige Ordnungserfahrung in Opposition zur Polis markiert. Im platonischen Philosophieren erfuhr der postachsenzeitliche Seinsprung im griechischen Ordnungsdenken seine definitive symbolische Gestaltung.

Der für diesen Teilband gewählte, konventionell klingende Titel ist insofern gerechtfertigt als das Eingangskapitel vom „Bruch mit dem Mythos" handelt, dem die symbolische Form der Philosophie entspringt. Dieses Ereignis manifestiert sich in der neuartigen Semantik einer Reihe von Denkern, die Voegelin als „Mystiker-Philosophen" bezeichnet. Sie destruieren den mytho-poetischen Kosmos der archaischen Polis, deren Selbstverständnis sie namens ihrer eigenen Idee der Ordnung herausfordern. Voegelin verfolgt die denk- und erfahrungsgeschichtlichen Auswirkungen des durch die Mystiker-Philosophen spekulativ vollzogenen Bruchs mit dem Mythos im Prozeß der hellenischen Selbstverständigung, der im bürgerpolitischen Ordnungsverständnis des demokratischen Athens kulminierte.

Insofern für Voegelin der Kontext der achsenzeitlichen Revolution und das hierdurch induzierte Spannungsverhältnis von transzenden-

---

1 S. oben S. 246.

ter und temporaler Ordnung gleichsam die Rahmenhandlung seiner Darstellung des geistesgeschichtlichen Übertritts vom Mythos zur Philosophie vorgegeben hatte, mußte diese universalhistorische Perspektive den Gang der Untersuchung vorrangig bestimmen. So tritt aus erzählsystematischen und forschungsstrategischen Gründen die gesamthellenische Poliserfahrung in den Hintergrund, wenngleich die von Voegelin ausgewählten Repräsentanten des ,vorsokratischen' Denkens dem kulturellen Mutterboden der archaischen Polis entstammten. Voegelin faßte diesen Zusammenhang eher allgemein, und seine kursorischen Mitteilungen über die Geschichte der Polis zeugen von dem noch wenig differenzierten Forschungsstand der vierziger und fünfziger Jahre. Er beschränkt sich auf den allerdings zentralen Hinweis auf die „einzigartigen historischen Bedingungen", welche die Emergenz des philosophischen Geistes beförderten. Jenseits des Zugriffs der nahöstlichen imperialen Mächte formierte sich in einem „geopolitischen Paradies" in den Poleis ein zivilisatorischer Stil, ein von temporalen und ekklesiastischen Bürokratien unbelasteter Typus der freien Gemeinschaft. Dieser für die Formierung der Polis charakteristische Freiraum erlaubte es Dichtern und Philosophen sich als „intellektuelle Abenteurer" ungehindert durch machtgestützte Traditionen auf individuell motivierte symbolische Existenzauslegungen einzulassen.[2] Dieses hochgradig individualisierte Unternehmen der Symbolschöpfung kennzeichnet nach Voegelin das Denkgeschehen von Homer, Hesiod, den milesischen Denkern Thales, Anaximander und Anaximenes bis zu den Mystiker-Philosophen Xenophanes, Parmenides und Heraklit. Das personale Moment spielt eine sachentscheidende Rolle, was Voegelin durch den Ausdruck „intellektuelle Abenteurer" ausdrücken möchte, wobei er den philosophiegeschichtlich gängigen Begriff der ,Vorsokratik' weitgehend vermeidet. Nur im Fall der Pythagoreer und der orphischen Bewegung sieht Voegelin kultisch-politische Gemeinschaftsbildungen am Werke, deren Einfluß sich unmittelbar in den spekulativen Bemühungen der Mystiker-Philosophen niederschlugen. Mit Blick auf die jüngere Forschung zur politisch-religiösen Struktur der archaischen Polis kann aber –wie schon bemerkt- mit Christian Meier die Bildung einer panhellenischen „autonomen Intelligenz „ angenommen werden, die Träger einer religiös-politischen Denkbewegung war und in polis-übergreifen-

---

2 S. oben S. 18.

den Institutionen sakraler Autorität wie dem Orakel von Delphi ihre geistig-politischen Bezugspunkte hatte[3]

In eine ähnliche Richtung weist auch der Aufstieg eines panhellenischen Zeuskultes in Olympia im 6. Jahrhundert. Der hier zelebrierte Kult des Zeus als höchste ordnungsverbürgende Gottheit der Poliswelt verfügte über eine polis-weite zentrale Sakralautorität, gerade weil er außerhalb der politischen Machtzentren angesiedelt war. „Eine der wesentlichen Grundlagen für diese Entfaltung überregionaler Anziehungskraft des Zeusheiligtums dürfte gerade in der gleichzeitigen Zurückhaltung der Polisgemeinschaften gelegen haben, die Verehrung von Zeus in ihrem Innern in einem machtvollen Kult zu bündeln" und beispielsweise für eine Polis und ihre Herrscher legitimationspolitisch zu vereinnahmen. „Der olympische Zeus wurde das Symbol für die Grundlage jeder Ordnung, ohne deren Konkretisierung in den jeweiligen sozialen Regionen zu determinieren."[4] In dieser herrschaftsungebundenen panhellenisch artikulierten symbolischen Präsenz einer obersten Gottheit als autoritativer Ordnungsgrund und Maßstab menschlicher Lebensführung war die spekulative Exploration des Erfahrungszusammenhanges von Göttlichem und Menschlichem auf den ihrer Ordnung gemeinsamen transzendenten Grund hin angelegt. Sie lud gleichsam die autonome Existenz zu einem „intellektuellen Abenteuer" ein als welches Voegelin die mythoskritischen Theologie des Xenophanes in dem Eingangskapitel dieses Bandes präsentiert. Die Binnenentwicklung der Polis involvierte eine Neutralisierung der sakralen Autorität, insofern die Gestaltung der kultischen Angelegenheiten in Abwesenheit einer hierarchisch organisierten heilsverwaltenden Priesterschaft der bürgerpolitischen Entscheidung oblag. Deswegen war die vielgestaltige kultische Praxis zwar durch vorgegebene Traditionen bestimmt, doch nicht gefesselt, die Handlungsspielräume für kultische Umgestaltung und Innovation waren gegeben.[5] Also steht zu vermuten, daß hinter dem „intellektu-

3 Vgl. hierzu Jürgen Gebhardt, Die Ursprünge der symbolischen Form menschlicher Selbstverständigung in der griechischen Antike, in: Eric Voegelin, *Ordnung und Geschichte*, hrsg. von Peter J. Opitz und Dietmar Herz, Bd. IV: *Die Welt der Polis – Gesellschaft, Mythos und Geschichte*, hrsg. von Jürgen Gebhardt, München: Fink, 2002, S. 220-236, 231ff.

4 Bernhard Linke, Zeus als Gott der Ordnung, in: Peter Funke (Hrsg.), *Kult – Politik – Ethnos*, i.E., .zit. mit freundlicher Erlaubnis des Verfassers nach dem Manuskript, S. 23f.

5 Vgl. hierzu Bernhard Linke, *Untersuchungen zu den religiösen Rahmenbedingungen für Herrschaftslegitimation im archaischen Griechenland*, Habilitationsschrift TU Dresden, Dresden, 2000.

ellen Abenteuer", auf das sich die Repräsentanten eines neuen Ordnungsdenkens einließen, durchaus eine polis-übergreifende wenngleich auch nicht in Schulen organisierte Bewegung stand: Sie war dem Ganzen der hellenischen Ordnung verpflichtet und repräsentierte jenen kritischen Geist, aus dem sich die Opposition der Mystiker-Philosophen zur Praxis der archaischen Poliskultur speiste. Erst aus diesem Zusammenhang erklären sich die „Anstrengungen einzelner Menschen , die jenseits der Ordnung der Polis die Ordnung der menschlichen Psyche entdeckten und ihre Entdeckung in der symbolischen Form artikulierten, die sie Philosophie nannten.... eine symbolische Form, die bestimmte Ordnungserfahrungen in Opposition zur Polis zum Ausdruck brachte."[6] Diese kritische Position spiegelt die Haltung einer autonomen panhellenischen Intelligenz wider, in der die „intellektuellen Abenteurer" gesellschaftlich zu verorten sind. Voegelin selbst führt hierzu aus, „Philosophie ist keine ‚intellektuelle' oder ‚kulturelle' Aktivität, die in einem Vakuum ohne Bezug zu den Problemen der menschlichen Existenz in Gesellschaft „ stattfinden – somit ist davon auszugehen, daß auch die Wurzeln der Philosophie in der Ordnung der Polis zu finden sind.[7]

Die Bedeutung dieser Tatsache für die spezifisch hellenische Erscheinungsform des Sprungs in der menschlichen Seinserfahrung verdeutlicht Voegelin in der universalgeschichtlich vergleichenden Betrachtung von Hellas und Israel. Beiden Fällen einer achsenzeitlichen Transformation ist der Durchbruch zu der universal gültigen Wahrheit des einen Gottes für die gesamte Menschheit gemeinsam. Doch im israelischen Fall verkörpert sich diese Wahrheit in der „historischen Existenz eines Volkes unter Gott", während in Hellas es sich „um die Form der personalen Existenz individueller menschlicher Wesen unter Gott" handelt. Insofern diese Entdeckung durch individuelle Bürger der Polis gemacht wurde, war sie tentativ an die Poliskultur gebunden, konnte sich aber letztlich historisch von ihrem polis-politischen Quellgrund lösen. Doch von ihrem Ursprung her rückte „die neue Ordnung der Seele" sobald sie von ihren Entdeckern und Urhebern propagiert wurde „unvermeidlich in die Opposition zur öffentlichen Ordnung, da sie die Mitbürger stillschweigend oder explizit dazu aufforderte, ihr persönliches Verhalten, die Sitten der Gesellschaft und letzten Endes die Institutionen in Übereinstimmung mit der neuen Ordnung zu reformieren." Somit wuchs der helleni-

6 S. oben S. 21.
7 Ebd.

schen Philosophie zunehmend die Funktion der symbolischen Explikation der „wahren Ordnung der Existenz innerhalb des institutionellen Rahmens einer hellenischen Polis“ zu.[8]

Das Kernstück der Untersuchung der Welt der Polis stellt die hermeneutische Rekonstruktion der „transzendentalen Irruption“ dar, welche die fragmentarischen Texte der Mystiker-Philosophen Xenophanes, Parmenides und Heraklit dokumentieren. In der Generation dieser Denker vollzog sich ein epochales Ereignis in der Menschheitsgeschichte mit bis heute tiefgreifenden Auswirkungen auf das Problem der gesellschaftlichen Ordnung, die sich aus dem autoritativen Geltungsanspruch des philosophierenden Geistes ergeben haben. Im „spirituellen Durchbruch zur Transzendenz“ tritt die individuelle Psyche des charismatischen Denkers als „tentative Quelle der Ordnung in Konkurrenz zum Mythos und zur aristokratischen Kultur der archaischen Polis in Erscheinung“.[9] Doch aus den bekannten Gründen bleibt in Voegelins Darstellung der Entfaltung des reflexiven Selbstbewußtseins der Mystiker-Philosophen deren gesellschaftliche Lokalisierung in eben dieser archaischen Polis unbestimmt. Voegelin betont durchaus, daß der Bruch mit dem Mythos verwoben war mit der Genese eines neuen bürgerschaftlichen Ethos und der damit verknüpften Restrukturierung des politischen und kultischen Lebens der Polis. „(D)ie Revision der politischen *aretai* durch Tyrtaios und Solon, Tyrannis und Demokratisierung, die orphische Bewegung und die öffentliche Anerkennung der dionysischen Kulte – sie alle hatten zur Erfahrung der Seele und ihrer Ordnung beigetragen“, die nun zur motivierenden Kraft in den Werken der Mystiker-Philosophen wurden.[10] Doch Voegelin sieht hierin keinen ursächlichen Zusammenhang, wenngleich das der Analyse der Mystiker-Philosophen vorgeschaltete Kapitel *Die aretai und die Polis* dieses zumindest nahelegen. Hier erörtert Voegelin die polisinterne Denkbewegung, in welcher die neue ‚polismenschliche‘ Idee der bürgermenschlichen Exzellenz den Prozeß der Selbstverständigung vorantreibt von der heroischen Tugendlehre des Spartaners Tyrtaios und der *arete* der wohlgeordneten Psyche des Solon bis hin zur „apolitischen“ Erfahrung des Menschlichen in der Lyrik einer Sappho. „Bei Tyrtaios wird der tapfere Mensch im Erinnerungs-Pathos der Polis unsterblich; bei Solon wird die Doxa des Menschen durch die Erfahrung des ‚unsichtbaren

8 S. oben S. 22.
9 S. oben S. 23.
10 Ebd.

Maßes' innerhalb der Polis zur Eunomia gemildert; bei Xenophanes reicht die Sophia des Mystiker-Philosophen über die Polis hinaus in Richtung auf ein universales, auf die Menschheit verweisendes Realissimum."[11] Hierin zeigt sich eine vom ausgehenden siebten Jahrhunderts bis in das fünfte Jahrhundert durchgehend wirksame Entwicklungsrichtung der Erfahrung in der Poliswelt, die sich in neuartigen Formen der Symbolisierung ausdrückt.

In der Person des Parmenides erreicht der Prozeß jenen Punkt, an dem sich die Psyche ihrer transzendenten Bestimmung bewußt wird. Was sich bei der Interpretation der Fragmente des Xenophanes für Voegelin noch als methodisch problematisch erwiesen hatte, nämlich die hermeneutische Erschließung des Erfahrungsprozesses selbst, konnte in der Analyse des *Lehrgedichtes* des Parmenides erfolgreich vorgeführt werden. Hier konnte Voegelin zeigen, daß die Natur dessen, was die symbolische Form der Philosophie letztlich in ihrem Sinngehalt bestimmt, nicht im diskursiven Reden *über* Philosophie begriffen werden kann, sondern „durch das Eintreten in den spekulativen Prozeß bestimmt" werden muß, „in dem der Denker seine Ordnungserfahrung expliziert".[12] In der „ Erfahrung der mystischen Entrückung" des ‚Ist' enthüllt sich dem „visionären Philosophen" die „Präsenz einer höchsten Realität" des ‚Ist', zu dem der „Weg der Wahrheit" führt.[13] Die Erfahrung des ‚Ist' sowie seine logische Artikulation im spekulativen Begriff sind von „einer Symbolik der Offenbarung durch göttliche Mächte umgeben."[14] Dieser Offenbarungskomplex ist in gleicher Weise ein Ausdruck der parmenidischen Erfahrung und zugleich der Inhalt der Offenbarung selbst. Damit wird die ‚religiöse' Dimension der hellenischen Transzendenzerfahrung empirisch ausgewiesen, die letztlich ausschlaggebend ist für Voegelins Parallelisierung der universalgeschichtlich gedeuteten Sprünge in der Seinserfahrung in Hellas und in Israel.

In *The Ecumenic Age* wird das verbindende revelatorische Moment wie folgt herausgearbeitet: „In einer philosophischen Untersuchung ... müssen die Theophanien des Philosophen ernst genommen werden ... Wenn wir uns nicht in außerordentlichen theologischen Annahmen einlassen wollen, war der Gott, der den Philosophen erschien, und der Parmenides den Ausruf ‚Ist' entlockte, derselbe Gott,

---

11 S. oben S. 61.
12 S. oben S. 23.
13 S. oben S. 70.
14 S. oben S. 77.

der sich Moses offenbarte als der ‚Ich bin der (oder was) ich bin‘, als der Gott, der ist, was er ist in der konkreten Theophanie, auf welche der Mensch antwortet“.[15] Der Seinsbegriff, den das *Lehrgedicht* in der Folge spekulativ entfaltet, verdankt sich einem Prozeß der Seele, „in dem Sein als absolute Transzendenz letztlich erfahrungsmäßig faßbar wird“[16] und zur Ausbildung von Nus und Logos als realitätsauslegende Erkenntnisorgane der Psyche führt. Es ist die in dieser Erfahrung des ‚Ist‘ angelegte Differenzierung von Transzendenz und Immanenz, welche die „kritische Spekulation, Philosophie im technischen Sinn“ entstehen läßt.[17]

In Voegelins hermeneutischer Vergegenwärtigung der Geschichte des hellenischen Ordnungsdenkens hat Parmenides eine Schlüsselstellung, denn er repräsentiert den achsenzeitlichen Durchbruch zur Philosophie jenseits des Mythos im Prozeß der symbolischen Selbstverständigung der Hellenen. Hier findet die geistigen Weichenstellung statt, die für Voegelins Deutung des Denkgeschehens in der ‚Welt der Polis‘ entscheidend ist, insofern es in der Philosophie Platons kulminiert und schließlich über die Polis hinaus auf die hellenisch-christliche Synthese in der westlichen Zivilisation hinausläuft. „Parmenides und Platon sind die Urheber der Philosophie im strikten Sinn, jenem aus der himmlischen Wurzel wachsenden Baum der Spekulation.“[18]

Hat Parmenides die innere Dimension der Seele als Quellgrund der Ordnungserfahrung und -auslegung entdeckt, so mußte die Weiterentwicklung der Spekulation sich auf die systematische Ergründung dieser inneren Dimension hinbewegen. Unter diesem Gesichtspunkt interpretiert Voegelin die Fragmente des Heraklit, in denen es – vorsichtig ausgedrückt – um eine „Philosophie der Ordnung ging, deren Erfahrungszentrum die Ordnung der Seele war, die in die Ordnung der Gesellschaft und des Kosmos ausstrahlte“.[19] Der Logos als der gemeinschaftsstiftende Sinn der Gesellschaft erscheint bei Heraklit als ordnungspolitischer Imperativ, der die durch die philo-

---

15 *The Collected Works of Eric Voegelin*, Vol. 17: *Order and History*, Vol. IV: *The Ecumenic Age*, ed. with an Introduction by Michael Franz, Columbia and London: University of Missouri Press, 2000, S. 229; dt.: *Ordnung und Geschichte*, Bd. 9: *Das Ökumenische Zeitalter. Weltherrschaft und Philosophie*, hrsg. von Manfred Henningsen, Paderborn: Fink, i.E.

16 S. oben S. 67.

17 S. oben S. 72.

18 S. oben S. 73.

19 S. oben S. 92.

sophische Einsicht ‚Erweckten‘ auf das ihnen Gemeinsame der Vernunft verpflichtet. Auch für Heraklit arbeitet Voegelin die für die Mystiker-Philosophen charakteristische Distanz zur Polis, den überkommenen Autoritäten und der Meinung der ‚Vielen‘ heraus, verstärkt aber gleichzeitig mit der Betonung der ‚ordnungsphilosophischen‘ Tendenz in Heraklit den platonischen Richtungsfaktor seiner Deutung: Das Verhältnis von Philosophie und Polis artikuliert sich in der Spannung von Geist und Macht, das erst von Platon auf seinen reflexiven Begriff gebracht wurde in Gestalt einer Ordnungsinterpretation, für die erstmals – wie Voegelin betont – der Terminus ‚Philosophie‘ in Anspruch genommen wird. In Platon vollendet sich – dem reflexionsgeschichtlichen Ansatz Voegelins entsprechend – der Sprung in der hellenischen Seinserfahrung der Mystiker-Philosophen, welche den welthistorisch entscheidenden Wendepunkt innerhalb der ‚vorsokratischen Philosophie‘ markieren.

Zurecht verweist Voegelin auf Platon, der für das sokratisch-platonische Unternehmen der Symbolschöpfung die semantische Prägung *philosophein* erdachte, den ‚Philosophen‘ als Repräsentant autoritativen Wissens vom Weisheitslehrer und Sophisten unterschieden wissen wollte. Im vorliegenden Werk folgt auch Voegelin durchweg der vorherrschenden Konvention im Gebrauch des Wortes ‚Philosophie‘. Die in den Bemerkungen über Platons Begrifflichkeit anklingende Problematisierung dieser Konvention soll abschließend eine zusätzliche Erläuterung erfahren.

Voegelin legte – im Unterschied zur philosophiegeschichtlichen Tradition – in seiner Wortwahl durchaus Wert auf eine begriffliche Differenzierung, insofern er Xenophanes, Parmenides und Heraklit durch die Konnotation ‚Mystiker-Philosophen‘ von ihren Vorgängern unterschieden wissen wollte. Voegelin übernahm diese Wortprägung von F. M. Cornford.[20] Dessen Arbeiten und vor allem Werner Jägers Analysen[21] hatten im Vergleich zu anderer von Voegelin konsultierten Literatur einen erkenntnisleitenden Einfluß auf Voegelins Forschungen, wenngleich seine eigene Interpretation im reflexionsgeschichtlich entscheidenden Punkt der „transzendentalen Irruption“ eigene Wege ging. Cornford, Jäger und andere Autoren wie auch Voegelin selbst

---

20 F. M. Cornford, *From Religion to Philosophy*, New York, 1957 (1912), S. 214; vgl. auch Ders., *Plato and Parmenides*, London, 1939.

21 Werner Jäger, *Paideia*, Vol. I, Berlin, 1936; Ders., *Die Theologie der frühen griechischen Denker*, Darmstadt, 1964.

ließen sich nicht auf begriffsgeschichtliche Erörterungen zur Soziogenese des Begriffs der *Philosophie* ein. Sie folgten insofern der philosophiegeschichtlichen Tradition, die sich auf die retrospektive Deutung der hellenischen Denkgeschichte durch Platon und insbesondere des Aristoteles berufen konnte,[22] obwohl „der Begriff für die Vorsokratiker noch nicht existiert. Er tritt erst ein bei jener Tätigkeit, die eben wirklich schon Philosophie ist ... und das ist bei Platon." Nach Schadewaldt haben wir es mit einem Ausdruck der „höheren Umgangssprache zu tun", der erst bei Sokrates-Platon jenes dialogische „der Wahrheit nachgehen" meint, dem ein „ auf Verständigung beruhendes Wissen" entspringt, welches das herkömmliche Orientierungswissen der Weisheitslehrer, der Sophisten als Scheinwissen, Doxa, delegitimiert. Doch betrachtet man die beiden authentischen Stellen seines ersten Auftretens (Herodot I, 30 und Thukydides II, 40, Heraklit B 35 ist problematisch!), so hat das Wort *philosophein* doch einen für die polis-politische Denkgeschichte signifikanten Stellenwert. Herodot bezieht es auf Solon, der nach Abschluß seines Gesetzeswerkes auf Reisen gegangen sei, um der *theoria* willen als ein *philosopheon,* jemand, so Schadewaldt, der „sich Wissen aneignet". Es ist wohl kein semantischer Zufall, daß diese auf Solon, den ersten ‚Ordner‘ Athens gemünzte Bezeichnung bei Thukydides in seiner sorgfältig konstruierten Totenrede des Perikles auf den athenischen Bürger schlechthin ausgedehnt wird. Perikles rekapituliert in seiner Vorstellung des Paradigmas athenischer politischer Kultur die aus Herodot bekannten Elemente des Politischen und beschließt seine Beschreibung des Modell-Bürgers mit der Feststellung: „Wir eignen uns das Schöne an (*philokaloumen*) – und zwar in Schlichtheit, und wir eignen uns das Wissen an (*philosophoumen*) – und zwar ohne Verweichlichung"[23] Die Aneignung des Schönen und des Wissens markiert das Formprinzip der athenischen Bürgerschaft – der Bürger im eigentlichen Sinn des Wortes ist ein *philosopheon* – durchaus auch im Vollzug des ‚sophistischen‘ Erziehungsprogramms. Den widerständigen Bürger Sokrates, der seine Mitbürger auf ihr Wissen hin prüft und deren Korrumpierung widersteht, ruft Platon in seiner *Apologie* zum letzten Repräsentanten dieser Bürgeridee aus, er bezeichnet ihn als den Einzigen ‚der noch ein *philosopheon* ist. Dem paradigmatischen Anspruchs Athens, Schule Hellas' zu sein, folgend konzipiert Platon das Para-

22 Aristoteles, *Metaphysik*, A 3, 928 b6 und b11.
23 Wolfgang Schadewaldt, *Die Anfänge der Philosophie bei den Griechen*, Frankfurt, 1978, S. 12-15; Übersetzung des Thukydides-Zitats folgt Schadewaldt.

digma einer Polis, in der allein diejenigen regieren, die durch bewußte Erziehung zur Aneignung des Schönen und des Wissens geleitet werden, somit ‚wahre' Bürger sind.

Macht und Geist in Athen

Der in einer poetisch-spekulativen Formensprache artikulierte spirituelle Durchbruch der Mystiker-Philosophen fand in der gesellschaftlichen Realität der *présence civique* (Christian Meier) Athens seinen geschichtlichen Ort. So gilt der abschließende Teil der *Welt der Polis* einer großangelegten und souverän durchkomponierten Darstellung des „Athenischen Jahrhunderts": „Im Pathos der Polis", dem Perikles seine Stimme gab, fanden Macht und Geist in einer „goldenen Stunde der Geschichte" zueinander. [24]
Voegelin gesteht den Athenern des fünften Jahrhunderts eine weltgeschichtliche Rolle zu, denn es gelang, die Ordnungs- und Sinngehalte der Poliskultur für einen geschichtlichen Augenblick der philosophischen Erfahrung anzuverwandeln. Diesen Eintritt Athens in die Denkgeschichte der philosophischen Reflexion läßt Voegelin sich recht unvermittelt ereignen, obwohl diese seit Solon mit dem bürgerpolitischen Prozeß verflochten war und anders wohl die demokratische Revolutionierung der Polis seit Kleisthenes nicht erklärbar ist. Christian Meier hebt dieses Zusammenspiel von Polis und philosophischem Ordnungsdenken hervor. Letzteres drückt aus, „was auch andere zumindest ahnen konnten." Nicht daß die athenischen Bürger Theoretiker waren, „(s)ie werden gewöhnlich recht einfach und alltäglich gedacht und geredet haben, primär am Naheliegenden orientiert. Trotzdem muß in ihre Position etwas von dem eingegangen sein, was ihre politischen Weisen erarbeiteten. Das ergibt sich schon daraus, daß der damalige Prozeß politischen Denkens eine beachtliche Resonanz in den breiten Schichten gehabt haben muß. Der Zugänglichkeit und Diskutierbarkeit dieses Wissens muß die wachsende Bereitschaft entsprochen haben, Wissen für wichtig zu halten und sich nach ihm zu richten."[25] Voegelin beschreibt dieses sich Öffnens Athens für die neue Geistigkeit der charismatischen Denker mit einer aus der amerikanischen Geschichte entlehnten Metapher als die „Große Erweckung". Athen folgt gleichsam kollektiv Heraklits Aufruf

24 S. oben S.
25 Christian Meier, *Athen*, Berlin, 1993, S. 178f..

an die Bürger, sich als durch den Logos ‚Erweckte‘ auf die Gemeinsamkeit der Vernunft zu besinnen. Dieser eindrucksvolle metaphorische Kunstgriff deutet die politisch-kulturelle Formierung der Bürgerpolis als ein „Erwachen“ zu einem neuen Gemeinschaftsbewußtsein im Gefolge der Perserkriege. Doch anders als die Wortprägung von der „Großen Erweckung“ suggeriert, war die Begegnung von Poliserfahrung und Philosophie dem einzigartigen, doch zeitlich sich über nahezu hundert Jahre erstreckenden dynamischen Prozeß der politisch-kulturellen Umgestaltung Athens, d.h. der ‚Politisierung‘ der Gesellschaft geschuldet.

Voegelin ging es nicht um eine Gesamtdarstellung der vielgestaltigen symbolischen Welt des klassischen Athen, ihm kam es auf das ordnungs- und symbolgeschichtlich Wesentliche an. So betrachtet er die Tragödie, die Sophistik und die Historiographie auf ihre jeweilige Stellung im symbolischen Haushalt der Polis-Kultur hin. Zwei zentrale Momente manifestieren sich in diesen geistig-kulturellen Figurationen: Zum einen offenbaren sich in ihnen jeweils unterschiedliche Formen der Verarbeitung der philosophischen Ordnungserfahrung, zum andern spiegeln sie, jede auf ihre Weise, den Aufstieg und Niedergang Athens wider.

Der krisenhafte Verlauf der athenischen Geschichte liefert die Rahmenhandlung für die einzelnen Verlaufsgeschichten von Tragödie, Sophistik und Historiographie im fünften Jahrhundert. Die Binnenlogik dieser Rahmenhandlung erschließt Voegelin jedoch aus der denkgeschichtlichen Bewegung, die in der platonischen Vollendung der Philosophie als symbolische Form die welthistorische Bedeutung der Polis in den Blick bringt. Jenseits dieses, die Gesamtkonzeption der *Welt der Polis* strukturierenden reflexionsgeschichtlichen Ansatzes stellen jedoch die drei Abhandlungen jeweils eigenständige Analysen dieser – wie Voegelin es nennt – Problemgruppen des athenischen Ordnungsdenkens dar.

Die Tragödie als symbolische Repräsentation einer selbstbewußt handelnden Bürgerschaft hatten schon andere Autoren – in Sonderheit Werner Jäger – vor Voegelin auf ihre gesellschaftspolitischen Zusammenhang hin interpretiert. Voegelin folgte dieser Linie der Deutung, setzt aber in seiner exemplarisch arbeitenden, auf das Werk des Aischylos fokussierten Erörterung ausgewählter Tragödien (*Die Schutzflehenden, Der gefesselte Prometheus, Orestie*) seine eigenen theoretischen Akzente. Mag auch im Licht der neueren Forschung[26] manches an Voegelins Sicht heute kontrovers zu diskutieren sein, so wird er doch in entscheidenden Punkten seiner Analyse bestätigt. „Die Tragödie", schreibt Meier, „ wäre dazu dagewesen, das Neue immer im Alten durchzuspielen, mit dem Alten zusammenzudenken – und damit zugleich alte Zweifel, die dunklen Aspekte der Wirklichkeit wach zu halten und in einer neuen Form in die neue Welt einzubringen, mithin für die Fortbildung jenes Wissens, auf das Menschen sich zu beziehen pflegen, anders gesagt: für das mentale Unterfangen der Politik zu sorgen."[27] Voegelin verdeutlicht, daß der durch den kryptischen Ausdruck „mentales Unterfangen der Politik" umschriebene Sachverhalt sich der neuen differenzierten der Wahrheit der Seele verdankt, die sich in Gestalt der Tragödie der bürgerschaftlichen Ordnung anverwandelt. „Die neu entdeckte Humanität der Seele weitet sich auf den Bereich der Handlung aus." Die Tragödie als solche untersucht die menschliche Seele im Prozeß der Entscheidungsfindung wie sie einem reifen verantwortlichen Bürgermenschen Verpflichtung ist.[28] Die jeweilige dramatische Gestaltung der Tragödie konstruiert die zum Handeln zwingenden Entscheidungssituationen unter dem Horizont einer jeder Ordnungserfahrung widerständigen Realität. In der schicksalhaften Verkettung der Handlungen enthüllt sich das Tragische dergestalt, daß die seelisch apperzipierte Ordnung der Realität nur mühsam und momentan abgerungen werden kann. „Der Verlauf der menschlichen Angelegenheiten wird zum Verlauf von Geschichte, wenn die Ordnung der Seele zur ordnenden Kraft der Gesellschaft wird" – Aufstieg und Fall des Gemeinwesens reflektieren die wirkkräftige Aktivierung psychischer Ordnungssubstanz in den Bürgern einerseits und die Erosion psychischer Ordnung andererseits.[29] Von diesem psychische Zerfallsprozeß zeugen die dramatischen Gestaltungen des Sophokles und Euripides. Die *Troerinnen* des Euripides signalisieren jene Korruption des athenischen Ethos, die Thukydides in seinem *Melierdialog* nüchtern konstatiert – „sie fallen genau in das Jahr der Sizilianischen Expedition", durch welche der

26 Vgl. Peter Euben (Hrsg.), *Greek Tragedy and Political Theory*, Berkeley, 1986; Ders., *The Tragedy of Political Theory*, Princeton, 1990; Christian Meier, *Die politische Kunst der griechischen Tragödie*, München, 1988; Wolfgang Schadewaldt, *Die griechische Tragödie*, Frankfurt, 1991; Joachim Latacz, *Einführung in die griechische Tragödie*, Göttingen, 1993.

27 Meier, *Kunst der politischen Tragödie*, S. 52.

28 S. oben S. 114.

29 S. oben S. 131.

Untergang Athens besiegelt wird."[30] Die „goldene Stunde" der Versöhnung von Macht und Geist war abgelaufen.

Die Tragödie war die authentische Inszenierung des demokratischen Gemeinschaftssinnes des sich selbstregierenden Demos, dessen Machtentfaltung nach den Perserkriegen Athen zur kulturellen Kapitale der hellenischen Welt aufrücken ließ. Sie entfaltete eine zentrifugale Kraft, in deren Sogwirkung die Intelligenzija der Poliswelt nach Athen strömte. Dort stellten sie das kulturelle Kapital dar, dessen sich die demokratisch restrukturierte Bürgerschaft in einem zunehmend agonal gestalteten politischen Prozeß bedienen konnte. Dieser ‚sophistischen' Elite, ihrer Ideenwelt und ihrem Programm der bürgerpolitischen Erziehung widmet Voegelin ein umfangreiches, in seinem Materialreichtum und seiner interpretatorischen Stringenz beeindruckendes Kapitel

Was für den Begriff der ‚Philosophie' gilt, trifft auch auf den philosophiegeschichtlich geprägten Begriff der ‚Sophistik' zu: Er bleibt bis zu Platon unspezifisch und meint den Typus des Weisheitslehrers schlechthin. Seinen heute gültigen Bedeutungsgehalt gewinnt er erst durch Platons denkgeschichtliche Differenzierungsleistung.[31] Diese resultiert nicht zuletzt daraus, daß – wie Voegelin ausführt – „die Politik bei Platon in sehr hohen Maße auf den Leistungen der Sophisten, vor allem des Protagoras beruht"[32], von denen sich semantisch abzusetzen geboten war.

Voegelin spricht den Sophisten nicht unbedingt den Charakter einer intellektuellen ‚Avantgarde in der Poliskultur' ab[33], die deren althergebrachte Ordnung unter dem Eindruck des gesellschaftlichen Umbruchs in Frage stellte.[34] Wenn aber in der neueren Diskussion der Sophistik aus den überlieferten Fragmenten eine ‚liberaldemokratische Theorie' als antiplatonische Alternative rekonstruiert wird[35], dann zeigt Voegelins systematische Bearbeitung des gesamten sophistischen Textkorpus die prinzipiellen Grenzen einer solchen Interpretation auf. Voegelin ordnet die Sophistik in den geistesgeschichtli-

30 S. oben S. 134f.

31 Vgl. Hellmut Flashar (Hrsg.), *Sophistik, Sokratik, Mathematik, Medizin* = *Die Philosophie der Antike* Bd. 2/1, Basel, 1998, S. 7.

32 S. oben S. 144.

33 Vgl. Thomas Buchheim, *Die Sophistik als Avantgarde des normalen Lebens*, Hamburg, 1986.

34 Meier, *Athen* , S. 514

35 Vgl. Cynthia Ferrar, *The Origins of Democratic Thinking*, Cambridge, 1988.

chen Zusammenhang des nach-mythischen Denkens ein und deutet die entscheidenden Denkmotive dieser Bewegung als Reaktion der hellenischen Intelligenz auf die vorsokratische Seinserfahrung in ordnungspolitischer Absicht. Das Gemeinsame der unter dem Begriff der Sophistik laufenden symbolischen Form stellt sich als anthropologisch begründete Ontologisierung der durch die Seinsspekulation ausdifferenzierten Weltinhalte dar, die den spirituellen Erfahrungskern des Ordnungsdenkens negierte und auf eine naturalistische Rekonzeptionalisierung der Existenz- und Ordnungsprobleme der polisbürgerlichen Kultur hinauslief. Nicht überraschend steht das sophistische Phänomen für Voegelin für jene geschichtliche Phase in der symbolischen Selbstverständigung Athens, für die Parmenides den *terminus a quo* und Platon den *terminus ad quem* markiert.

Voegelins Komposition der *Welt der Polis* als Erinnerungsgeschichte berief sich zum Eingang seiner großen Studie ausdrücklich auf das kulturelle Gedächtnis der Hellenen, dessen historische Tiefe und intellektuelle Struktur die Begründer der Historiographie, Herodot und Thukydides ausgelegt hatten. Im kulturellen Gedächtnis dokumentierte sich die menschheitsgeschichtliche Bedeutung der hellenischen Zivilisationsgeschichte, die das platonische Philosophieren auf seinen reflexiven Begriff bringen sollte. Der Evokation der Philosophie lag jenes historische Bewußtsein zu Grunde, daß im Diskurs der Historiker seinen kategorialen Ausdruck gefunden hatte, indem dieser das spannungsträchtige Zusammenspiel von Ordnung und Unordnung in seiner entmythisierten machtpragmatischen Zufälligkeit freilegte. „Die Welt des Historikers ist ein offenes Feld der Erfahrung für den Forschenden, eine Mannigfaltigkeit an Völkern und Zivilisationen mit ihren unterschiedlichen *nomoi* und vor allem unterschiedlichen Göttern; und in dieser Welt findet, beflügelt von Furcht und Gier, von Leidenschaft und Hoffnung, ein Machtkampf zwischen Mensch und Mensch, Herrschaft und Untertan, Volk und Volk statt."[36] Im Historiker-Diskurs wird das prekäre Verhältnis von gemeinschaftlichem im kulturellen Gedächtnis gestifteten Sinn und dessen Gefährdung durch die menschlichen Machtspiele offen gelegt, das sich im Aufstieg und Niedergang Athens enthüllt.

Im Werk des Thukydides verdichtet sich das geschichtliche Bewußtsein zu einer empirischen Wissenschaft von den Bewegungsgesetzen des geschichtlichen Prozesses. Damit sind auch schon die Be-

36 S. oben S. 210.

dingungen der Möglichkeit und der Grenzen einer solchen Wissenschaft formuliert: „Thukydides untersuchte eine politische Gesellschaft in der Krise und schuf eine empirische Wissenschaft von der tödlichen Krankheit der Ordnung; Platon schuf die andere Hälfte der Politik, die empirische Wissenschaft der Ordnung“[37], indem er „die immanente Ordnung mit ihrem transzendenten Ursprung im Agathon verband.“[38]

Im Lichte des Epochenbewußtseins der Philosophen verliert die Binnengeschichte der Poliswelt ihre eigentliche Sinnstruktur, denn wie Voegelin zum Eingang seiner Platonanalyse schreibt, „Platon transferierte die Autorität der athenischen Ordnung auf sich selbst.“[39] Damit stellt sich die in der neueren Forschung diskutierte Frage, inwieweit sich der historiographische und philosophische Krisendiskurs mit der Tatsache der Restabilisierung der Demokratie nach 403 vertrage.[40] Die ideen- und institutionenpolitische Revitalisierung der durch die Nomothesie stabilisierten athenischen Demokratie in den Jahrzehnten nach 403 prägte wohl die philosophische Ordnungswissenschaft in größerem Maße als Voegelin dies sehen wollte, denn die das Institut der Nomothesie fundierende Konzeption von Gerechtigkeit, Recht und Gesetz ging in die reflexive Thematisierung des Wesens einer Gesetzesherrschaft bei Platon und Aristoteles ein, nicht allerdings in Gestalt einer dogmatischen Beschwörung der überkommenen Polisordnung, sondern in Form einer rationalen Explikation von deren Ordnungs- und Sinngehalt.[41] Unbestreitbar aber ist ein anderes Moment der historischen Krisenerfahrung, nämlich daß dieser Gewinn an innerer Stabilität den Verlust der politischen Selbstständigkeit der Poleis befördert hat. Die Insistenz der Poleis auf die Bewahrung ihrer inneren Ordnung, ihr Polis-Patriotismus hinderte sie am Aufbau neuer polis-übergreifender politischer Organisationsstrukturen, welche die Unterwerfung der griechischen Städte unter

---

37 S. oben S. 237.

38 S. oben S. 238.

39 *Collected Works*, Vol. 16: *Order and History*, Vol. III: *Plato and Aristotle*, edited with an Introduction by Dante Germino, Columbia and London: University of Missouri Press, 2000, S. 60.

40 Vgl. Walter Eder, Die athenische Demokratie im vierten Jahrhundert v. Chr. – Krise oder Vollendung, in: Ders. (Hrsg.), *Die athenische Demokratie im vierten Jahrhundert v. Chr.*, Stuttgart, 1995, S. 11-28; John K. Davies, The Fourth Century Crisis, in: ebd., S. 27-36.

41 Vgl. S. Sara Monoson, *Plato's Democratic Entanglements*, Princeton, 2000; Eckart Schütrumpf, Politische Reformmodelle im vierten Jahrhundert, in: Eder, *Athenische Demokratie*, S. 271-301.

die makedonische Territorialmonarchie verhindert hätten. Der Peloponnesische Bruderkrieg hatte in der Tat das Ende der Poliszivilisation als eine eigenständige geschichtliche Formation eingeleitet.

Wo immer man die ‚Krise' der Welt der Polis ansetzt, sie lief letztlich auf die Emanzipation der Philosophie als symbolischer Form von der Poliskultur hinaus. „Diese Welt mit ihren kleinen, selbstständigen Poleis, mit ‚Großmächten', die auf den damaligen Landkarten kaum zu sehen waren, konnte nur eine Zwischenstufe sein, ja nur im Vorübergehen und, was Athen anging, im ständigen Vorwärtsdrängen sich halten – bis zu dem Punkt, wo sie das Wichtigste hervorgebracht oder doch in Gang gesetzt hatte, was von ihr in Zukunft ausgehen sollte."[42] Die in der Akademie kreierten Symbole der neuen Ordnung der Weisheit trugen die hellenische Denkbewegung über die Welt der Polis hinaus. Platon scheiterte in dem Bemühen die Ordnung der hellenischen Zivilisation zu reanimieren, doch war ihm ein Erfolg jenseits seiner Erwartungen beschieden als Schöpfer einer Symbolordnung nicht für Hellas allein, sondern für die Menschheit. In diesem historische Überschritt wächst dem Sinnzusammenhang von ‚Ordnung und Geschichte' eine neue Dimension zu, die Voegelin in dem Platon und Aristoteles gewidmeten Folgeband hermeneutisch erschließt.

---

42 Meier, *Athen*, S. 682.